LA MODERNISATION DE LA JUSTICE AU SÉNÉGAL

Vers la recherche de la performance

Cheikh Tidiane LAM

LA MODERNISATION DE LA JUSTICE AU SÉNÉGAL

Vers la recherche de la performance

L'Harmattan Sénégal

10 VDN, Sicap Amitié 3, Lotissement Cité Police, DAKAR

http://www.harmattansenegal.com
senharmattan@gmail.com
senlibrairie@gmail.com

ISBN : 978-2-343-16604-9
EAN : 9782343166049

PRÉFACE

Il est toujours satisfaisant, pour un directeur de thèse, de voir aboutir la recherche de l'un de ses doctorants ; et le sentiment de la mission accomplie, à la fois pour le tout nouveau docteur mais aussi pour son tuteur, est d'autant plus agréable lorsque le travail s'avère *in fine* de qualité.

Ce fut le cas avec le manuscrit de Cheikh Tidiane LAM dont j'ai le plaisir de préfacer la version publiée.

C. T. LAM, en dépit de ses fonctions certes éminentes mais néanmoins particulièrement lourdes au sein de l'Inspection générale de l'administration de la Justice de son pays, et surtout malgré des problèmes de santé récurrents et ô combien pénalisants, a su en effet conduire jusqu'au bout une recherche sur la modernisation de la Justice au Sénégal, le titre exact de sa thèse étant *« La modernisation de la Justice au Sénégal : vers la recherche de la performance »*, recherche dont le jury a reconnu les mérites lors de sa soutenance de thèse.

Le Sénégal, après avoir mis en place en 1960 –au lendemain de son indépendance– un système original d'unité de juridiction à dualité de contentieux, a en effet procédé à des réformes majeures multiples de son organisation judiciaire *lato sensu* au cours des dernières décennies, plus précisément en 1984, en 1992, en 2008 et enfin en 2014. Par ailleurs, ce pays a signé le traité de Port-Louis instituant l'OHADA, lequel a mis en place une Cour commune de justice et d'arbitrage, une école de la magistrature et pris dix actes uniformes régissant le droit des affaires dans les 17 États parties. Bref, le Sénégal a donc engagé, depuis plusieurs années, un vaste programme de rénovation de la Justice, avec comme objectifs proclamés non seulement d'améliorer de façon générale le cadre institutionnel mais aussi plus précisément et plus spécifiquement d'accroître l'accessibilité et l'efficacité de sa justice, en somme d'avoir une institution judiciaire à la hauteur des enjeux du monde contemporain et digne d'un véritable État de droit.

La mise en œuvre de toutes les réformes entreprises, réformes souvent coûteuses en dépit parfois de leur caractère cosmétique, a certes pu donner des résultats non négligeables, et Cheikh Tidiane LAM en rend compte avec précision et rigueur en expliquant à chaque fois le pourquoi, les avancées et les faiblesses des changements intervenus. De ce point de vue, son travail constitue, à l'évidence, un témoignage et une somme incomparables sur l'histoire et l'analyse du système juridictionnel sénégalais, qui s'est très largement complexifié au cours des dernières années, mais dont il n'est cependant pas assuré que les performances actuelles donnent totalement satisfaction à tous les justiciables, citoyens personnes physiques mais aussi entreprises et investisseurs.

La thèse de C. T. LAM, qui du reste relève très largement de la science administrative plutôt que de telle ou telle branche du droit public, démontre en effet avant tout, que même si l'on adopte des normes *a priori* pertinentes et même si l'on s'efforce de mettre en place des institutions juridictionnelles *a priori* cohérentes et centrées sur l'intérêt des justiciables, l'appareil judiciaire peut ne pas fonctionner, ou à tout le moins, peut ne pas fonctionner de façon optimale, s'il n'y a pas les moyens humains (du fait d'un manque de magistrats, de greffiers et des autres auxiliaires de justice), financiers et matériels (des locaux jusqu'aux ordinateurs, imprimantes et autres photocopieuses !) appropriés, et donc que la modernisation de la Justice ne saurait oublier les réalités de terrain. Le travail de Cheikh Tidiane Lam démontre encore que l'on ne saurait ignorer les réalités socioculturelles et leurs spécificités, et en particulier, la préférence des citoyens sénégalais pour la recherche de modes amiables de règlement des conflits plutôt que pour la confrontation judiciaire : en somme, la thèse de Cheikh Tidiane LAM est aussi, en vérité, une parfaite illustration des travers voire des dangers de l'acculturation.

L'ouvrage de C. T. LAM est appelé à constituer un ouvrage de référence, tant pour la doctrine universitaire que pour les praticiens mais aussi –voire surtout– les dirigeants politiques de son pays. L'auteur, en dépit de ses lourdes responsabilités et des servitudes quotidiennes liées au métier de juge et à celles de gestionnaire du service public de la Justice, a su en effet prendre du recul sur les réformes intervenues, dont il a été souvent, au demeurant, l'une des chevilles ouvrières pour livrer une réflexion approfondie tout en étant équilibrée et mesurée sur les politiques publiques intervenues dans son pays en matière de Justice, sur leurs objectifs, sur leur exécution et leur planification, et donc en fin de compte sur leur évaluation, leur portée et leur valeur.

Aussi, tout chercheur, tout praticien, tout citoyen mais aussi tout dirigeant politique intéressé par et impliqué dans la mise en œuvre des transformations du système judiciaire sénégalais pourra donc trouver dans l'ouvrage de Cheikh Tidiane LAM des éléments déterminants et pertinents pour éclairer ses analyses et ses réflexions et pour entreprendre d'éventuelles démarches en vue de concevoir et de conduire des réformes en la matière au Sénégal.

Jean-Luc PISSALOUX
Professeur des Facultés de droit
Professeur de Droit public à l'Institut d'Études Politiques de Lyon
Membre du Conseil National des Universités
Expert auprès du HCÉRES
Vice-Président du Conseil scientifique du GRALE

DÉDICACE

Je dédie ce livre :

A ma mère Aïssatou,

A mon défunt père Ibrahima,

A mon épouse Maïmouna,

A ma fille Safyatou,

A mes sœurs et frères Aminata, Papa Yaya, Hawa, Doudou, Amadou, Babacar, Kalidou et Fatou,

A mon défunt frère Alpha Yaya

A ma famille africaine, et

A toutes les femmes et tous les hommes qui œuvrent pour la préservation du capital éthique de l'humanité.

REMERCIEMENTS

Je tiens à exprimer mes remerciements les plus sincères et ma profonde gratitude à Monsieur le Professeur Jean-Luc PISSALOUX pour la confiance qu'il m'a témoignée en acceptant de diriger cette recherche, pour sa disponibilité, sa patience et sa bienveillance, pour ses conseils critiques et ses encouragements, et tout simplement pour son aide si précieuse tout au long de ces dernières années.

Je tiens également à remercier très vivement tous les membres du jury : Madame Danièle LAMARQUE, Conseiller-Maître à la Cour des Comptes et membre de la Cour des Comptes européenne ; et Messieurs les Professeurs Gilles FERRÉOL, Jean-Marie PONTIER et Olivier RENAUDIE ; pour avoir accepté de participer à mon jury de thèse, pour le temps qu'ils ont bien voulu dès lors consacrer à la lecture de mon manuscrit, et pour toutes leurs observations et suggestions sur mon travail.

Mes remerciements les plus profonds vont aussi à Madame Aminata TOURE, ancien Premier ministre et Garde des Sceaux, qui m'a suggéré l'idée de faire une thèse, ainsi qu'aux différents ministres de la Justice, Messieurs Cheikh Tidiane SY, Sidiki KABA et Ismaëla Madior FALL qui m'ont accompagné et soutenu dans la phase de maturation de mes travaux.

Je tiens à remercier mes Collègues de l'Inspection générale de l'Administration de la Justice, Messieurs Mamadou Abdoulaye DIOUF, Inspecteur général, Mansour DIOP et Hamidou Amadou KANE, Inspecteurs, pour leur appui constant, ainsi que mes Collègues Moustapha BA, Conseiller délégué à la Cour suprême, Seydina Issa SOW, Conseiller référendaire à la Cour suprême, pour leurs conseils avisés et leur soutien dans la documentation, les docteurs Djiby CISSE, Cheikh Omar SALL, Victor C. AMOUSSOU, Mamour DIENG, Sara Boury GNING et Casimir MONE pour leur soutien moral et leur délicatesse, Monsieur Ousmane MBAYE, Maitre-assistant à l'UCAD pour la relecture, les suggestions et les éclairages du juriste, Messieurs Mbaye KANE, Addy SALL, Mouhamadou Makhtar CISSE, Mamadou Bambeya BA et Madame Néné SALL pour leur soutien et leurs encouragements constants, Monsieur Mame Mody DIOP pour son accompagnement constant dans la recherche et la mise en forme de cet ouvrage.

Je remercie vivement le Président du Conseil Constitutionnel Pape Oumar SAKHO, le Premier Président de la Cour Suprême Mamadou Badio CAMARA, le Procureur général près ladite Cour Cheikh Tidiane COULIBALY ainsi que tous les autres chefs de Cour pour leurs appuis et leurs encouragements constants.

Je remercie mes collègues et ami (e)s Fatoumétou KA, Mouhamadou Bachir SEYE, Amady BA, Abibatou BABOU WADE, Mamadou DIAKHATE, Ibrahima SAMB, Ahmadou TALL, Ousmane DIAGNE, Jean louis TOUPANE, Aissé Gassama TALL, Marième Diop GUEYE, Henriette Diop TALL, Abdou Aziz SECK, Malick LAMOTTE, Ibrahima BAKHOUM, Mansour MBAYE, Abdoulaye NDIAYE, Madièyna Bakhoum DIALLO, Aïssatou DIALLO BA, Mademba GUEYE ainsi que tous les autres condisciples de la promotion Maître Babacar SEYE, pour les encouragements réitérés et la saine émulation. Je remercie en outre Mamadou DIA, DAGE de la Primature, maître Yacouba Jean SAVADOGO, GEC de l'IGAJ et maître Maguette DIOP, chef du personnel du Ministère de la Justice pour leur soutien.

Je remercie chaleureusement Monsieur Alé DIOP pour son encadrement paternel et sa fidélité.

Je remercie particulièrement le Grand Serigne de Dakar Abdoulaye Makhtar DIOP pour ses conseils avisés et son soutien moral.

Je remercie profondément les autorités de la Faculté des Sciences Juridiques et Politiques (FSPJ) en particulier leur Doyen, le Professeur Mamadou BADJI pour l'appui décisif en vue de la parution du présent ouvrage. J'associe à ces remerciements Monsieur Ousmane DIOP, pour la relecture du manuscrit.

SOMMAIRE

Préface 7
Dédicace 11
Remerciements 13
Sommaire 15
Liste des sigles 17
Introduction générale 23

PREMIÈRE PARTIE

D'UNE APPROCHE INITIALE SECTORIELLE ET FRAGMENTÉE DE LA MODERNISATION DE LA JUSTICE

TITRE I : De la première étape de modernisation intervenue à la suite de l'indépendance 43

Chapitre 1 : La mise en place d'un modèle juridictionnel spécifique 45
Chapitre 2 : Le programme sectoriel justice 73

TITRE II : De la nécessité de réformer le modèle initial 95

Chapitre 1 : Les réformes touchant plusieurs secteurs de la justice .. 97
Chapitre 2 : Les réformes spécifiques 129
Conclusion de la première partie 193

DEUXIÈME PARTIE

À UNE VISION RÉCENTE PLUS GLOBALE DE LA MODERNISATION DE LA JUSTICE

TITRE I : Les préalables à la modernisation de la justice 199

Chapitre 1 : Une nécessaire nouvelle vision de la Justice au sens organique et matériel 203
Chapitre 2 : Une meilleure perception des incohérences du système 231

TITRE II : **L'impératif de la mise en œuvre d'un système innovant et performant** 255

Chapitre 1 : La consécration de nouveaux paradigmes 257
Chapitre 2 : L'instauration d'une nouvelle organisation institutionnelle 327

Conclusion de la deuxième partie 359
Conclusion générale 361
Bibliographie 369
Annexes 381
Postface 445
Liste des figures et des tableaux 449
Table des matières 451

Liste des sigles

ADG : Administrateur des greffes
ADIE : Agence de l'informatique de l'État
AG : Avocat général
AHJUCAF : Association des hautes juridictions ayant en partage l'usage du français
ANSD : Agence nationale de la statistique et de la démographie
ARMP : Agence de régulation des marchés publics
Art : Article
ASP : Agents de sécurité de proximité
CA : Cour d'appel
CADH : Convention africaine des droits de l'homme
CADHP : Cour africaine des droits de l'homme et des peuples
CAE : Chambres africaines extraordinaires
CAKL : Cour d'appel de Kaolack
CASL : Cour d'appel de Saint-Louis
CAZG : Cour d'appel de Ziguinchor
CC : Conseil constitutionnel
CC : Cour des comptes
CCAP : Commission consultative d'aménagement des peines
CCE : Comité de coordination et d'évaluation
CCJA : Cour commune de justice et d'arbitrage
CCS : Comité de coordination des statistiques
CDSMT : Cadre de dépenses sectorielles à moyen terme
CEDAF : Cellule d'exécution administrative et financière du programme sectoriel de la justice
CEDEAO : La Communauté économique des États de l'Afrique de l'Ouest

CEDEF :	Convention pour l'élimination des discriminations à l'égard des femmes
CELCORJ :	Cellule de coordination de la réforme de la Justice
CENTIF :	Cellule nationale de traitement des informations financières
CF :	Code de la famille
CFJ :	Centre de formation judiciaire
CIMA :	Conférence interafricaine des Marchés d'Assurance
CNAJ :	Centre National des archives judiciaires
CNRI :	Commission nationale de Réforme des Institutions
CO :	Conseiller
COA :	Code des obligations de l'administration
COCC :	Code des obligations civiles et commerciales
COCOES :	Comité de coordination des enquêtes statistiques
COPIJ :	Cellule opérationnelle de l'informatique judiciaire
CP :	Code pénal
CPP :	Code de procédure pénale
CREI :	Cour de répression de l'enrichissement illicite
CS :	Cour suprême
CSM :	Conseil supérieur de la Magistrature
CST :	Commission de suivi des textes
CVCCEP :	Commission de vérification des comptes et de contrôle des entreprises publiques
DACG :	Direction des affaires criminelles et des grâces
DACS :	Direction des affaires civiles et du sceau
DAF :	Direction de l'automatisation des fichiers
DAGE :	Direction de l'administration générale et de l'équipement
DAP :	Direction de l'administration pénitentiaire
DDH :	Direction des droits humains
DESPS :	Direction de l'Éducation surveillée et la Protection sociale
DI :	Direction de l'informatique
DIMJ :	Direction de l'informatique du Ministère de la Justice

DIUCAD :	Direction de l'informatique de l'Université Cheikh Anta Diop
DLG PR :	Délégué du Procureur de la République
DMTA :	Direction du matériel et du transit administratif
DPEE :	Direction de la prévision et des études économiques
DPJAE :	Direction des palais de justice et autres édifices
DSJ :	Direction des services judiciaires
DSRP :	Document de Stratégie de Réduction de la Pauvreté
DUE :	Délégation de l'Union européenne
ENA :	École Nationale d'Administration
ENAP :	École nationale de l'administration pénitentiaire
ENFOM :	École nationale de la France d'outre-mer
FCAG :	Fonds commun des agents des greffes
FED :	Fonds européen de développement
GAR :	Gestion axée sur les résultats
GEC :	Greffier en chef
IDLI :	Institut international de droit du développement
IGAJ :	Inspection générale de l'administration de la Justice
IGE :	Inspection générale d'État
IGF :	Inspection générale des finances
IGSJ :	Inspection générale des services judiciaires
IRD :	Institut de recherches pour le développement
JAP :	Juge de l'application des peines
JGsup :	Juge suppléant
JME :	Juge de la mise en état
LDP :	Loi sur la protection des personnes
LOSI :	Loi d'orientation sur la société de l'informatisation
LTE :	Loi sur les transactions numériques
NTIC :	Nouvelle technologie de l'information et de la communication
OFNAC :	Office national de lutte contre la corruption
OHADA :	Organisation pour l'harmonisation en Afrique du droit des affaires

ON :	Ordonnateur national
ONLPL :	Observateur national des lieux de privation de liberté
ORSTOM :	Office de recherche scientifique et technique de l'outre-mer
ORTS :	Office de Radiodiffusion Télévision du Sénégal
OSIWA:	Open Society Initiative for West Africa
PARED :	Projet d'appui à la réforme et au développement de la justice
PC :	Président de chambre
PCRBF :	Projet de coordination des réformes budgétaires et financières
PG :	Procureur général
PNBG :	Programme national de Bonne Gouvernance
PP :	Premier président
PPIP :	Projet de promotion de l'investissement privé
Pr Vi Prési :	Premier vice-président
PRA :	Procureur de la République adjoint
PREF :	Programme de redressement économique et financier
PSJ :	Programme sectoriel Justice
PTF :	Partenaires techniques et financiers
RCCM :	Registre du commerce et du crédit mobilier
RFCMJ :	Réseau francophone des Conseils de la magistrature judiciaire
RI :	Règlement intérieur
SAGE :	Service de l'administration générale et de l'équipement
SEDAB :	Service de documentation, des archives et de la bibliothèque
SG :	Secrétaire général
SMART :	Spécifique, mesurable, adapté, réaliste et quantifiable dans le temps
SSN :	Système statistique national
SubG :	Substitut général
TD :	Tribunal départemental
TDPIKINE :	Tribunal départemental de Pikine

TR : Tribunal régional
TGI : Tribunal de grande instance
TGIHCD : Tribunal de grande instance hors classe de Dakar
TI : Tribunal d'instance
TIC : Technologie de l'information et de la communication
TPI : Tribunal pénal international
TPIR : Tribunal pénal international pour le Rwanda
TPIY ou TPY : Tribunal pénal international pour l'ex-Yougoslavie
TRHCD : Tribunal régional hors classe de Dakar
TTHCD : Tribunal du travail hors classe de Dakar
UA : Union africaine
UCAD : Université Cheikh Anta Diop
UEMOA : Union économique et monétaire ouest-africaine
UMS : Union des magistrats du Sénégal
UNIFEM : Fonds de développement des Nations Unies pour la femme

INTRODUCTION GÉNÉRALE

L'Afrique, en plus d'être le berceau de l'humanité, a été le siège de civilisations puissantes qui ont rayonné des siècles durant, voire des millénaires.

La plus fascinante a été la civilisation égyptienne qui a duré 3.000 ans et a connu 30 dynasties. Cette civilisation, dont le caractère nègre a fini par être démontré et accepté par la communauté scientifique, a influencé durablement les autres civilisations africaines, qui, au contact avec le monde arabo-musulman, ont incorporé d'autres enrichissements avec des empires qui ont connu leur apogée au XIIIe siècle.

Puis, au contact du monde occidental, l'Afrique entra dans la longue nuit de l'esclavage, puis de la colonisation. Cette évolution historique a déteint sur l'évolution des institutions et de l'organisation judiciaire dans nombre de pays africains. De systèmes de types traditionnels et animistes, l'on est en effet passé à des théocraties puis à des colonies.

Le Sénégal, qui faisait partie de l'Afrique-Occidentale française, dont il était le socle par ses communes de plein exercice, sa position géographique, ses élites assimilées, a connu un système juridique original, qui discriminait les populations, d'une part, selon le statut de citoyen français ou de sujets français et, d'autre part, selon leur religion.

Ce système, qui n'a pas varié dans sa philosophie première malgré le régime d'autonomie interne et l'instauration de la communauté française en 1958 avec le référendum d'autodétermination organisé par le concepteur de la Ve République, le Général De Gaulle, n'a pris fin qu'avec l'indépendance en 1960. À partir de cet évènement majeur, il a fallu bâtir un État sur des fondements solides, en gommant au mieux les stigmates et les traumatismes nés d'une longue domination marquée par une pernicieuse politique assimilationniste faite de discriminations, de brimades et de négation des droits de ceux qui, à tort, étaient considérés comme des indigènes sans éducation et sans foi qu'il fallait civiliser et christianiser.

Sans concertation notable, le jeune État va tout de suite porter les oripeaux d'une République laïque s'inspirant largement de la République française et considérant le droit de celle-ci comme étant le droit moderne. Ce substrat de base allait être la lame de fond et la pierre de touche de toute la réflexion qui devait aboutir à un système judiciaire rénové.

Cependant, il a fallu aussi tenir compte des insuffisances en ressources humaines et financières et de l'ancrage des populations dans des traditions, qui pouvaient apparaître rétrogrades et dépassées aux yeux des élites francisées ayant la lourde tâche de bâtir un État cloné sur la métropole.

Face à ce besoin de justice, les hommes ont proposé plusieurs modèles pour distribuer la justice : le modèle judéo-chrétien, le modèle musulman, le modèle soviétique, le modèle hindou, le modèle chinois, sans oublier le modèle égyptien ancien. Si certains de ces modèles sont fortement arrimés à la religion, d'autres en sont totalement déconnectés.

Les modèles qui ont été expérimentés en Afrique sont essentiellement basés sur une déstructuration des modèles traditionnels préexistants, et leur ont substitué des succédanés de systèmes tirant leurs sources des règles judéo-chrétiennes ou musulmanes, et ce dans le sillage d'une longue période esclavagiste suivie de la colonisation.

Il y a lieu, cependant, de préciser que les populations ouest-africaines connaissaient une forme de justice qui avait d'abord des soubassements traditionnels, tels que la médiation, la conciliation, le prix du sang, le bannissement, avant d'aller vers un système de type théocratique avec les Grands empires du XIIIème siècle tels que le Songhay[1], le Mali[2] ou le Ghana[3] ainsi que des royaumes comme le Fouta-Toro[4], le Ngabou[5], le Djolof[6] et le Tékrour[7]. Par la suite, il y a eu

---

1 L'Empire songhaï, ou empire des Songhaï, est un État d'Afrique de l'Ouest ayant existé entre le XVe et le XVIe siècle (cf. https://fr.wikipedia.org/wiki/Empire_bsongha%C3%AF).

2 L'Empire du Mali est un État africain médiéval. Fondé au XIIIe siècle par Soundiata Keita, il connut son apogée au XIVe siècle. Il serait à l'origine de la charte du Manden (cf.https://fr.wikipedia.org/wiki/Empire_du_Mali).

3 L'empire du Ghana est un ancien royaume africain, qui a existé du IIIe au XIIIe siècle de notre ère, dont le centre se trouve dans la zone frontalière actuelle entre le Mali et la Mauritanie, et dont la capitale était Koumbi-Saleh. Il est le premier des trois grands empires marquant la période impériale ouest-africaine (cf. https://fr.wikipedia.org/wiki/Empire_du_Ghana).

4 Le Fouta-Toro était un royaume de la vallée du fleuve Sénégal, sur le Sud de l'actuelle Mauritanie et le Nord de l'actuel Sénégal, où avait été fondé plus anciennement le royaume du Tékrour. C'est Coly Ténguélla BA, un grand guerrier peul déniankobé, qui, en 1512, réalisa l'unité du pays, désormais appelé le Fouta-Toro.

les systèmes pré-tékrouriens dont le modèle le plus achevé fut celui du Cayor.

Dans le Cayor[8], le pouvoir judiciaire organisait l'ordre intérieur au sein de la communauté ; il reposait sur un appareil judiciaire qui connaissait des règles précises de compétences et de hiérarchies ; il était nourri par une substance juridique puisant dans les règles et les attitudes institutionnalisées par la tradition ; il s'exprimait par des jugements ou « Atte »[9]. On le retrouvait réparti au même échelon que le pouvoir politique dont il ne se distinguait pas.

Enfin, assurer une fonction de juge, c'est se situer en position d'arbitre par rapport à ses pairs. Le statut des parties et la nature des délits ou conflits contribuent à préciser la compétence de tel ou tel dépositaire de l'ordre. Le chef de lignée, le maître des terres ou des

---

[5] Ce sont les traditions orales mandingues qui retracent la genèse du Kaabu (ancien royaume mandingue du Sénégal et de la Guinée-Bissau) ... Elles donnent Tiramaghan Traoré comme conquérant et fondateur du Kaabu ; … les traditions du Manding (Mali) font état de l'expédition de Tiramaghan envoyée par Soundjata pour combattre Djolofing Mansa (Roi du Djolof). Cf. Djibril Tamsir Niane, *« Les sources orales de l'histoire du GABU »*, Ethiopiques n° 28, numéro spécial, octobre 1981.

[6] C'est entre la fin du XIIe siècle et au début du XIIIe siècle que le Djolof fut bâti par le clan Ndiaye. Le Djolof était un empire situé dans l'actuel Sénégal. L'empire du Djolof englobait les États du Cayor, Baol, Walo, Sine, Saloum, une partie du Fouta-Toro et le Bambouk. Toutes ces régions correspondent à l'espace sénégambien et englobaient également une partie de l'actuelle Mauritanie (cf. https://fr.wikipedia.org/wiki/Djolof).

[7] Le Royaume du Tékrour (aussi connu comme Tekrur ou Takrur) aurait été fondé avant le IXe siècle. Le mot Tékrour apparaît dans les textes arabes (XIe – XIIe siècles) pour désigner un État, mais aussi une ville ou un souverain. Plus tard, les écrits portugais du XVe siècle précisent qu'il s'agit d'un État situé à l'est du Djolof sur le fleuve Sénégal. Il fut d'abord dirigé par la dynastie des Dia Ogo.

[8] Le Royaume du Cayor est un ancien royaume du Sénégal (1566-1886) situé entre les fleuves Sénégal et Saloum. Le Kadior était dirigé par le Damel qui arrivait au pouvoir selon une filiation matrilinéaire, et un régime de monarchie constitutionnelle. Le Damel était élu par l'assemblée (où toutes les couches de la société étaient représentées), dirigée par le grand Diaraf, et le Diaoudin-Boul, qui est le chef de la classe des nobles au Kadior, le Diaraf buntu keur, entre autres. Les candidats à l'élection du Damel devaient appartenir à l'une des sept dynasties (Muyoy, Guedj, Djonay,...) du royaume (cf. http://fracademic.com/dic.nsf/frwiki/1457912).

[9] Si Até était un verbe égyptien recensé, et si cette racine avait pour sens « juger », Atef signifierait en égyptien même *« il juge »*. Il est intéressant de constater qu'Atef, en valaf, signifie « qu'on juge » (Cf. Diop, C. A., *L'Afrique Noire précoloniale*, p. 121.

eaux, les chefs d'une minorité ethnique, d'un ordre ou d'une caste sont autant de juges spécialisés dans des domaines où l'on ne conteste pas leurs compétences[10].

Le dépositaire de l'ordre choisi comme juge doit donc sa fonction à des responsabilités sociales qui, pour être assumées, impliquent la détention d'une partie du pouvoir. Le juge est le pair des sujets justiciables. Il connait leurs problèmes qui sont aussi les siens. Il est toutefois placé au-dessus d'eux. Grâce au pouvoir qui lui est confié, les jugements bénéficient à la fois de l'indépendance requise pour la sérénité de la Justice et de l'autorité nécessaire pour leur conférer une force d'exécution réelle. Ainsi conçu comme moyen d'arbitrage et de maintien de la cohésion interne, le pouvoir judiciaire a contribué à imposer et à développer l'appareil politique. Celui-ci est son instrument ; il offre un support à son action. Ce qui explique que la distribution du pouvoir politique coïncide avec celle des fonctions de juge. Le chef du pouvoir central exerce l'autorité politique la plus élevée ; il est en même temps la dernière instance juridictionnelle ; ses jugements ont force de loi. Ce sont là les principes, qui seront – évidemment– plus ou moins respectés dans l'histoire du pays. Dans l'ensemble, l'évolution de cette conception du pouvoir judiciaire et celle des règles de son exercice seront étroitement liées à la lutte politique.

Chaque fois que les juges abandonneront leur position d'arbitre pour exercer le pouvoir politique dans le dessein de renforcer leur propre emprise sur les communautés dont ils ont la charge, ils compromettront cette conception d'une justice arbitrale. Une justice d'autorité

---

[10] Le chef de lignée est le premier interprète du droit familial. C'est au Lamane dépositaire du droit foncier qu'il revient de tenter un premier règlement des différends qui surgissent entre les familles du monde rural. Quand la justice familiale ou locale rencontre des difficultés, on peut alors requérir un nouvel arbitrage. Il faut des motifs de gravité suffisante pour gravir les échelons qui séparent la justice rendue par les familles, les ordres, les communautés ethniques ou locales et l'arbitrage pour solliciter le chef de pays en dernière instance. Le droit kayorien institutionnalise des attitudes et des règles qui régissent une communauté au sein de laquelle la cohésion familiale et l'expérience paysanne sont les faits dominants. La législation afférente aux rapports sociaux au sein de la famille (droit de filiation, de succession, etc.) et la réglementation des modalités d'appropriation et d'utilisation du sol et de ses produits y occupent une place essentielle. Mais cette législation s'étend à bien d'autres domaines (droits politiques, règles d'appropriation et de transmission des esclaves et des biens de toute nature, règles contractuelles, etc.).

s'installera, alors plus attentive à la volonté propre des souverains qu'aux règles traditionnellement admises au sein de la communauté.

Cependant, outre cette tendance caractérisée par l'évolution d'une *justice arbitrale* en une *justice d'autorité*, la transformation du pouvoir judiciaire sera encore fortement marquée par l'introduction d'un droit nouveau avec l'islamisation. L'insertion du « Figh » (droit musulman) entrait dans la logique même du système. La présence d'une communauté impliquait que les chefs de cette communauté jugent eux-mêmes leurs congénères. Le fait marquant est évidemment la place que ce droit va prendre progressivement.

D'abord plus ou moins intégralement adopté sur les terres contrôlées par les Serignes, ce droit devait revêtir une place telle qu'on verra à l'époque des crises institutionnelles aiguës liées au Khraudane (grand dignitaire du Pays), lequel pouvait appartenir à n'importe quel ordre du pays[11] et l'évoquer. Les cadis[12] qui sont des juges musulmans se multiplièrent au Cayor ; une fonction de Cadi du Cayor se créera ; et on verra un des personnages l'exerçant à la fin du XVIIe siècle jouer un rôle de premier plan dans la vie politique locale. Ce personnel musulman de l'appareil judiciaire posera par son souci d'indépendance d'assez graves problèmes aux autorités traditionnelles. Nombre de chefs du pays tenteront néanmoins de se le concilier[13].

Le Sénégal, depuis son accession à la souveraineté internationale s'évertue de mettre en place un système judiciaire répondant aux exigences de la démocratie, de la garantie des droits et libertés des citoyens et de l'ancrage de l'État de droit. Dans un premier temps, tenant compte de ses faibles ressources et du nombre limité de magistrats professionnels dont il disposait, il a bâti un système original d'unité de juridictions à dualité de contentieux avec au sommet une Cour Suprême et une Cour d'appel, et à la base, des tribunaux de grande instance et des justices de paix.

---

11 Voir les propos de Thialaw Dembniane à ce sujet dans la note de M. de Serres – archives du Gouvernement.

12 Un cadi est un juge musulman remplissant des fonctions civiles, judiciaires et religieuses. Le cadi est un juge de paix et un notaire, réglant les problèmes de la vie quotidienne : mariages, divorces, répudiations, successions, héritages, etc. Le mot « cadi » vient d'un verbe signifiant « juger », « décider ».
Voir : https://fr.wikipedia.org/wiki/Cadi

13 Pathé Diagne, *Pouvoir politique traditionnel en Afrique occidentale*. Paris, Présence Africaine, 1967, p. 100 à 102.

Les juridictions connaissaient de tous les types de contentieux (civil, commercial, social, familial, etc.), avec quelques spécificités selon le degré de juridiction et la nature des contentieux. C'est ainsi, que pour le contentieux administratif, la Cour Suprême avait la compétence exclusive en matière de plein contentieux où elle était donc saisie en premier et dernier ressort ; les tribunaux régionaux ne connaissaient que des affaires de responsabilité administrative tandis que les juridictions départementales n'avaient aucune compétence en la matière. Par contre, ces dernières étaient les juridictions de droit commun en matière familiale et successorale et pour tout ce qui avait trait aux rectifications d'erreur matérielle dans les pièces d'état civil, à charge d'appel devant le tribunal régional ; elles avaient également une compétence d'attribution en matière délictuelle, et constituaient les tribunaux de simple police. Et à ce niveau, il arrivait souvent que les attributions du procureur, du juge d'instruction et du juge du siège fussent exercées par une seule personne, à savoir le président du tribunal qui statuait à juge unique[14].

Quant à la juridiction régionale, elle constituait la juridiction de droit commun pour les matières civile, commerciale, fiscale, maritime et aérienne à charge d'appel devant la Cour d'appel. Le tribunal régional était également compétent en matière correctionnelle. La Cour d'appel connaissait de tous les appels, tant des tribunaux départementaux que des tribunaux régionaux pour les affaires pénales, et exclusivement des appels des tribunaux régionaux dans les autres matières[15].

En 1984, il y a eu une première grande réforme instituant la collégialité au niveau des tribunaux de grande instance supplantés par les tribunaux régionaux et les justices de paix par des tribunaux départementaux, réforme qui a revu la carte judiciaire pour davantage

---

[14] L'article 3 alinéa 2 du décret n° 84-1194 du 22 octobre 1984 fixant la composition et la compétence des cours d'appel, des tribunaux régionaux et des tribunaux départementaux est ainsi rédigé :*« pour les tribunaux départementaux qui ne comportent pas de ministère public ou, en cas d'absence du délégué du procureur de la République, l'action publique est exercée par le chef de la juridiction qui est investie par des pouvoirs de procureur de la République dans les conditions fixées aux articles 36 et 38 du Code de Procédure Pénale »*.

[15] Selon l'article 13 al. 2, *« l'appel des jugements rendus par les tribunaux départementaux dans les affaires correctionnelles réservées à leur compétence et sur l'action civile directe engagée conjointement à l'action publique dans lesdites affaires est portée devant la cour d'appel »*. L'article 22 du décret précité ajoute que l'appel des jugements rendus par les tribunaux régionaux est porté devant la cour d'appel.

rapprocher la justice du justiciable, qui a encore fixé les postes budgétaires et introduit la notion de spécialisation des juges[16].

En 1992, la Cour Suprême a été supprimée, et sur ses cendres ont été créés le Conseil Constitutionnel[17], le Conseil d'État[18] et la Cour de cassation[19]. Cette réforme a introduit la notion de spécialisation dans les cours et tribunaux, la démocratisation de la composition du Conseil supérieur de la Magistrature (CSM) par l'admission, en son sein, de membres élus par leurs pairs à côté des membres de droit, et a supprimé des juridictions d'exception telle que la Cour de Sûreté de l'État.

Quelques années plus tard en 1999, sur la base d'une directive de l'UEMOA[20], la Cour des comptes a été érigée sur les flancs du Conseil d'État. Pour rappel, à la suite de la révision constitutionnelle de 1999, deux lois organiques ont été promulguées : la loi organique n° 99-70 du 17 février 1999 sur la Cour des comptes, et la loi organique n° 99-73 du 17 février 1999 portant statut des magistrats de la Cour des comptes et le décret n° 99-499 du 8 juin 1999 fixant les modalités d'application de la loi organique n° 99-70 du 17 février 1999 sur la Cour des comptes. Le Sénégal devient ainsi le premier pays de la sous-région à appliquer l'une des directives de l'UEMOA du 10 janvier 1994 sur l'obligation de mettre en place une juridiction des comptes indépendante[21].

Ce qui entraîna ainsi une rupture *épistémologique* dans la philosophie première de nos institutions judiciaires, puisque, par de telles réformes, l'on est passé d'une unité de juridictions à dualité de contentieux à une spécialisation au sommet avec maintien de l'unité à la base.

Cette architecture interne allait être complexifiée par la création de cours supranationales, telles que la Cour Commune de Justice et d'Arbitrage (CCJA), la Cour de justice de la CEDEAO et la Cour de justice de l'UEMOA, qui, par leur droit dérivé, ont « siphonné » des

---

16 Loi n° 84-19 du 2 février 1984 fixant l'organisation judiciaire, loi N° 84-20 du 2 février 1984 fixant les attributions des tribunaux départementaux en matière correctionnelle et, loi N° 84-21 du 2 février 1984 portant statut de la magistrature.

17 Loi organique n° 92-23 du 30 mai 1992 instituant le Conseil Constitutionnel.

18 Loi organique n° 92-24 du 30 mai 1992 instituant le Conseil d'État.

19 Li organique n° 95-25 du 30 mai 1992 relative à la création de la Cour de Cassation.

20 Directive N° 04/99/CM/UEMOA.

21 BEYE, Samba Penda, *Diagnostic de l'organisation et du processus de contrôle de la Cour des Comptes du Sénégal*. MBA- Audit et Contrôle de Gestion, Centre Africain d'Etudes Supérieures en Gestion (CESAG), Dakar, 2016, chap. 2, p. 17.

pans entiers du droit interne. Le cas le plus prégnant a été la CCJA, qui a supplanté la Cour suprême de quasiment tout le contentieux de la cassation en matière commerciale, qui lui était initialement dévolu avant l'entrée en vigueur des dix actes uniformes[22]. Cette incursion progressive et importante du droit communautaire dans le droit interne n'est d'ailleurs pas étrangère à la modification de l'ossature institutionnelle interne.

Le droit international, par le biais des multiples conventions internationales que le Sénégal a été prompt à signer et à ratifier, influe fortement sur l'organisation et le fonctionnement de la justice sénégalaise. C'est ainsi, que sur la base de la ratification du traité de Rome instituant la Cour Pénale internationale (CPI)[23], elle a réceptionné dans son droit interne des crimes de guerre, de génocide et de crimes contre l'humanité dont les traits caractéristiques sont l'imprescriptibilité et la trans-nationalité[24] ; et elle a, par ce canal, en

---

[22] Ces 10 actes sont : (1) l'acte uniforme (A.U.) relatif au droit commercial général (AUDCG) adopté le 17 avril 1997, modifié le 15 décembre 2010 ; (2) l'acte uniforme relatif au droit des sociétés commerciales et du G.I.E. (AUSCGIE) adopté le 17 avril 1997, modifié le 30 janvier 2014 ; (3) l'acte uniforme portant organisation des sûretés (AUS) adopté le 15 décembre 2010 ; (4) l'acte uniforme sur les procédures simplifiées de recouvrement er des voies d'exécution (AUPSRVE) adopté le 10 avril 1998 ; (5) l'acte uniforme sur les procédures collectives d'apurement du passif (AUPCAP) adopté le 10 avril 1998. (6). L'acte uniforme relatif au droit de l'arbitrage (AUA) adopté le 11 mars 1999 ; (7) l'acte uniforme portant organisation et harmonisation des comptabilités des entreprises auxquels est annexé le système comptable OHADA adopté le 24 mars 2000 ledit acte uniforme est remplacé depuis le 26 janvier 2017 par l'acte uniforme relatif au droit comptable et à l'information financière (AUDCIF) ; (8) l'acte uniforme relatif aux contrats de transport de marchandises par route adopté le 22 mars 2003 ; (9) l'acte uniforme relatif au droit des sociétés coopératives (AUSCOOP) adopté le 15 décembre 2010 ; (10) L'acte uniforme relatif à la médiation adopté le 23 novembre 2017.

[23] Ratifié et signé en 1999 par le Sénégal. Le Sénégal a été le premier État à avoir ratifié le traité de Rome instituant la CPI en 1999.

[24] Le présent document est consacré à l'analyse de la loi n° 2007-02, modifiant le Code pénal de la République du Sénégal, et de la loi n° 2007-05, modifiant le Code de Procédure pénale de la République du Sénégal, visant à mettre en œuvre le Statut de Rome de la Cour pénale internationale (CPI) au regard des principes énoncés par Amnesty International dans un document publié le 1er août 2000 et intitulé « Liste des principes à respecter en vue d'une mise en œuvre efficace du Statut de Rome de la Cour pénale internationale », Cf. Amnesty International Sénégal, *Analyse de la Loi n° 2007-02 et de la Loi n° 2007-05 visant à mettre en œuvre le Statut de Rome de la Cour pénale internationale*, octobre 2007, p. 1.

vertu d'un mandat donné par l'Union Africaine[25], jugé et condamné l'ancien chef d'État du Tchad pour des crimes commis durant son « règne » de 1982 à 1990 dans son pays.

Par ailleurs, dans leur volonté de lutter contre l'impunité et l'enrichissement illicite, les nouvelles autorités issues de la seconde alternance ont réactivé la Cour de répression de l'enrichissement illicite (CREI) qui était en hibernation depuis 1983[26].

Par une loi de 2014[27] suivie de ses décrets d'application[28], la nouvelle carte judiciaire consacre le retour aux tribunaux de grande instance et aux tribunaux d'instance, la création de chambres criminelles au niveau des tribunaux de grande instance, le relèvement et l'augmentation des compétences des tribunaux d'instance et l'introduction en leur sein de la collégialité.

Dans le processus de modernisation de la Justice, qui, il faut le dire, est à géométrie variable, certains auxiliaires de justice et officiers ministériels sont « laissés en rade ». C'est le cas des avocats, des huissiers, des commissaires-priseurs, des cadis, des interprètes et des archivistes. À titre d'exemples : le barreau est essentiellement confiné à Dakar, alors qu'il y a cinq cours d'appel fonctionnelles sur les six existantes (Dakar, Kaolack, Saint-Louis, Thiès et Ziguinchor) ; les cabinets d'huissier de l'intérieur sont sérieusement menacés du fait du manque de moyens et des dettes de l'État. Mieux : dans certaines régions du pays, il n'y a ni cabinet d'avocat, ni cabinet d'huissier, ni étude de notaire, faute d'attractivité économique et de politique incitative pour rendre les cabinets ou charges viables.

Au niveau de l'Administration centrale également, il y a eu la création de nouvelles structures, notamment : le Secrétariat général du ministère de la Justice, la direction de l'administration générale et de l'équipement (DAGE), le centre de formation judiciaire (CFJ), la direction informatique (DI), l'inspection générale de l'administration de la justice (IGAJ) et la direction des droits humains (DDH). Et, dans le

---

25 Le 2 juillet 2006, sur la base du rapport du « Comité d'Éminents Juristes Africains » (CEJA), l'Union africaine demande au Sénégal de juger Habré « au nom de l'Afrique ». Le Président Wade accepte d'exécuter cette décision.

26 Loi n° 81-53 du 10 juillet 1981 relative à la répression de l'enrichissement illicite.

27 Loi n° 84-19 du 2 février 1984 fixant l'organisation judiciaire.

28 Décret n° 2015-1145 du 03 août 2015 fixant la composition et la compétence des cours d'appel, des tribunaux de grande instance et des tribunaux d'instance (J.O. n° 6869 du mardi 18 août 2015).

même sillage, la Direction de l'Administration pénitentiaire (DAP) a migré du ministère de l'Intérieur vers celui de la Justice en 1998, et connaîtra plus tard son premier directeur magistrat[29] : ce processus avait pour objectif de privilégier la réinsertion au détriment de l'incarcération, et d'assurer le primat de la logique de protection des droits sur celle de la répression telle que le préconisait la Commission des Droits de l'Homme des Nations Unies.

Mais en dépit de ces multiples réformes et de la volonté affichée des Pouvoirs publics, des partenaires au développement et des justiciables, la justice sénégalaise était loin des niveaux de performance attendus : elle était jugée *« lente, chère, peu accessible, peu crédible, peu prévisible »*[30]. En définitive, il n'y avait pas également de sécurité juridique et judiciaire susceptible de favoriser l'investissement privé et de garantir les droits et libertés des justiciables.

Dans le sillage d'un mouvement qui a débuté au Canada pour essaimer vers l'Europe avant d'arriver en Afrique, il y a eu le développement de politiques publiques tendant à considérer le citoyen non pas comme un *justiciable lambda*, mais plutôt comme un *client* à l'image de celui d'une entreprise privée escomptant des prestations de qualité.

Cette nouvelle donne va rencontrer cependant des limites objectives liées à la nature même du pouvoir judiciaire et de l'«acte de juger » ainsi que des contraintes budgétaires.

Néanmoins, le questionnement né de l'exigence des citoyens de plus en plus conscients de leurs droits et de plus exigeants par rapport au fonctionnement de la Justice va entraîner de nécessaires ajustements en termes de structures et d'infrastructures pour faciliter l'accès concret à la Justice mais également d'allègement des procédures et des coûts pour permettre au maximum de citoyens de bénéficier de l'offre publique de la justice, ainsi que de la célérité et de la qualité des décisions rendues pour une meilleure garantie de leurs droits.

C'est pourquoi, à l'instar de la France dont le système judiciaire constitue la principale source d'inspiration des États africains francophones, le Sénégal a entrepris une politique de modernisation pour aller vers la performance.

---

29 Il s'agit de M. Cheikh Tidiane Diallo, actuel Procureur général près la Cour d'appel de Thiès.

30 Programme Sectoriel de Justice, Synthèse de l'étude relative au programme sectoriel Justice, Ministère de la Justice, République du Sénégal, juin 2004, p. 44.

Que faut-il entendre par *modernisation de la Justice au Sénégal* ?

Si l'on remonte aux années 1960, il faut penser à une remise en cause d'un système colonial basé sur deux catégories de citoyens et fortement arrimé à la métropole. Comment quitter des organisations traditionnelles déstructurées vers une certaine modernité ? Comment migrer d'un système qui combine des juridictions de type « moderne » avec des juridictions coutumières appliquant – selon leur aire géographique– des coutumes locales et des tribunaux musulmans où officient non pas des juges étatiques mais des cadis ? Comment supplanter les coutumes de nature locale par des lois de portée nationale ?

C'est pourquoi M. Alioune Badara M'Bengue, Garde des Sceaux, ministre de la Justice, ouvrant en 1996 les travaux de la Commission des options, a énoncé les questions qu'il fallait résoudre et les principes à mettre en œuvre pour y parvenir : *« Il n'existe pas d'État solide qui ne recouvre une Nation dotée d'un seul et même statut. Nous sommes actuellement en présence d'un statut moderne et d'une foule de statuts particuliers qu'on peut regrouper en trois catégories : les statuts islamisés, les statuts animistes, le statut chrétien qui se confond pratiquement avec le statut moderne qui régit, non pas exclusivement, mais la quasi-totalité des chrétiens.*

Une codification ne prend tout son sens que si elle aboutit à leur unification. L'unicité du statut des personnes ne sera atteinte que si l'on se réfère plutôt à la philosophie du droit coutumier qu'à telle ou telle règle, celle-ci serait-elle reconnue de façon certaine et pratiquée effectivement par la majorité des populations. Par-dessus la lettre ou plus exactement les lettres en l'occurrence, bornons-nous à respecter l'esprit.

En cas d'uniformité des dispositions coutumières, le statut unique héritera presque automatiquement. J'introduis une réserve car la défense des valeurs traditionnelles ne saurait être une fin en soi et il parait souhaitable de se débarrasser du boulet des habitudes anachroniques ou mal adaptées à notre politique de développement socio-économique. »[31]

[31] Allocution prononcée le 26 mars 1966 lors de l'installation du comité des Options par M. Alioune Badara M'bengue, Garde des Sceaux, ministre de la Justice.

Mais, chemin faisant, la notion a évolué dans les années 2000[32] vers des améliorations possibles en termes de rationalité, d'efficacité, d'efficience, puis de sécurité de l'environnement juridique et judiciaire favorisant le climat des affaires et attractif pour l'investissement, ainsi qu'en termes de performance et de transparence.

La performance est désormais au cœur de l'action publique avec le programme national de bonne gouvernance (PNBG), le programme sectoriel justice (PSJ), le programme de gouvernance économique, le cadre de dépenses sectoriel à moyen terme.

Il s'agit d'un mode de pilotage fondé sur deux principes : l'affichage des résultats à atteindre (culture du résultat), et la mesure desdits résultats (culture de l'évaluation et du suivi). Les objectifs doivent exprimer les priorités stratégiques, et sont mesurés au travers d'indicateurs de performance : on pense naturellement aux indicateurs d'efficience visant l'optimisation des ressources, mais également à ceux de la satisfaction de l'usager de la justice qui escompte des prestations de qualité.

Mais il faut dire et souligner que l'idée de modernité et de modernisation est consubstantielle à la mise en place de notre système judiciaire, et qu'elle a traversé toutes les réformes que le système initial a connues.

Face à ce constat alarmant, les autorités judiciaires ont entamé de larges concertations avec tous les acteurs pour créer une synergie capable de provoquer un choc psychologique suffisamment fort, afin que des mesures concrètes et courageuses soient prises pour éradiquer le mal.

Les concertations et les études subséquentes ont abouti à un programme de modernisation décennal, dénommé Programme Sectoriel Justice (PSJ), devant aller de 2004 à 2013, avec comme objectifs

---

[32] Dans l'exposé des motifs du décret n° 2001-1151 du 31 décembre 2001 (Journal officiel du 22 Juin 2002), qui a institué le juge de la mise en état, il est dit dans le rapport de présentation que : *« l'évolution actuelle du droit judiciaire et les exigences du règlement des différends appellent des réformes constantes de la procédure civile... Des innovations et des améliorations techniques, importantes doivent être apportées à la procédure civile pour lui permettre de remplir davantage son objet qui est de donner aux justiciables des règles claires et efficaces pour la mise en œuvre de la reconnaissance ou de la constitution de leurs droits, à travers le système juridictionnel de notre pays. »*

majeurs d'accroître l'efficacité de la justice, son accessibilité, et la sécurité juridique et judiciaire.

Le PSJ, décliné en programme d'actions prioritaires de trois ans, est piloté par la cellule administrative et financière créée à cet effet. Celle-ci est composée de spécialistes de la passation des marchés, des statistiques, de l'informatique et d'économistes qui viennent en appoint aux directions et services du département pour mener à bien les réformes.

Ce vaste programme, évalué à cent-dix (110) milliards de francs CFA, montant validé en 2002, n'a effectivement démarré qu'en 2005 avec le concours financier de l'Union Européenne dans le cadre du 9ème FED, celui de la France dans le cadre du fonds de soutien prioritaire (FSP) et de la Banque mondiale dans le cadre du programme national de bonne gouvernance (PNBG). Ce retard dans le démarrage est en partie lié à des difficultés d'appropriation des documents de base par tous les acteurs impliqués et des problèmes de bouclage du financement, au point que la clé du déclenchement des activités a été d'attraire les projets déjà ficelés par ailleurs dans le champ du PSJ en jouant sur la synergie des objectifs et en évitant que certains secteurs soient prioritairement et doublement financés au détriment d'autres laissés en rade.

Malgré ce retard, la mise en œuvre du PSJ a donné des résultats tangibles en termes de construction de nouvelles juridictions, d'informatisation, d'équipement des juridictions, de formation initiale et continue, de revalorisation des statuts des magistrats et autres personnels, de développement de la justice de proximité, d'accélération des procédures et de prise en compte des besoins des justiciables concernant leur accueil, leur information et leur orientation. Mais de nombreux chantiers restent encore à parfaire, et des incohérences demeurent.

Ces incohérences sont exacerbées par des réformes au compte-goutte de la carte judiciaire, du Code pénal et du code de procédure pénale, du code de procédure civile, des statuts des différents corps, ce qui accentue les problèmes sans y apporter des solutions curatives durables et adaptées.

Ce qui fait qu'il subsiste toujours des goulots d'étranglement à plusieurs niveaux, à savoir : de la gestion des personnels et des carrières ; du rythme de mise en œuvre des réformes ; de la tenue et du recueil des statistiques ; du management des juridictions ; du suivi et de l'évaluation des réformes déjà entreprises ; de la formation continue ; de la carte judiciaire ; de la maîtrise du temps du procès ; de l'exécution des décisions de justice ; de l'exécution des budgets ; de l'informatisation des différentes chaînes judiciaires ; de la tenue des archives ; de la gestion des scellés et des pièces à conviction et de la gestion des procédures urgentes.

Comme nous le voyons, le sujet de la modernisation de la Justice et de la recherche de la performance revêt un double intérêt. Au plan théorique, il permet de diagnostiquer les politiques de modernisation au Sénégal en particulier, et dans les États de l'espace francophone en général (car, le plus souvent, le Sénégal leur sert de référence et de modèle, et parfois de laboratoire), et d'en cerner les difficultés et les obstacles qui sont source de leur échec ou de leur relative réussite.

Au-delà des problèmes de conduite du changement, de vision stratégique, d'efficacité et d'efficience dans un environnement mondialisé avec des budgets contraints, il faut aussi souligner la prégnance du jacobinisme qui se traduit par un centralisme excessif dans la gestion et l'administration des entités étatiques, un taux d'alphabétisation bas, des ressources rares, une citoyenneté en construction et un pluralisme juridique qui se déploie de plus en plus en faveur d'une justice communautaire et internationale complexe et difficilement maîtrisable.

Au plan pratique, notre réflexion permettra, à partir du vécu dans les juridictions et au sein de l'administration centrale ainsi que des missions d'expertise et d'imprégnation dans d'autres pays, de mieux appréhender, dans une perspective de droit comparé, le processus de modernisation de la justice pour en tirer les meilleures pratiques afin de proposer des solutions dynamiques et innovantes capables de hisser la justice sénégalaise au niveau des standards internationaux d'efficacité et de performance garantissant la paix sociale et le développement économique du Sénégal.

Au-delà, il s'agit aussi de donner des pistes de solutions pratiques à une justice interafricaine qui appellera forcément des convergences et des synergies dans l'approche et dans la réflexion. Surtout si la Justice veut apporter sa pierre à la préservation de nos ressources si précieuses et si convoitées et de nos États dont l'équilibre est encore fragile malgré plus d'un demi-siècle d'indépendance, des droits et des libertés de nos citoyens en majorité jeunes qui aspirent à plus d'autonomie, d'épanouissement et de liberté dans un monde unipolaire marqué par le triomphe des technologies de l'information et de la communication (T.I.C.).

Il s'agit d'expliquer, à partir d'un processus de modernisation enclenché par une série de réformes structurelles législatives et de politiques publiques, les chemins qui mènent à un système juridique plus performant, parce que plus efficace, plus efficient, et plus accessible.

En réalité, l'une des causes essentielles des errements observés ces dernières années est liée à un manque de vision partagée et à un déficit de stratégie dans le pilotage et la mise en œuvre des projets et à l'occultation des phénomènes de résistance au changement. Et pourtant, les tentatives de rectification, d'ajustement, de relance n'ont pas manqué, mais, inexorablement, les réformes majeures tardent à prendre forme : tel Sisyphe, on se remet à l'ouvrage ; et les mêmes complaintes et récriminations des justiciables et même des acteurs refont surface.

Il faut se poser alors une série de questions pour apprécier, au-delà du déficit dans le pilotage, les éléments qui grippent la machine et empêchent à la Justice de jouer son véritable rôle :

- Le système est-il adapté à la vision et à la philosophie du peuple ?
- Les différentes réformes du système judiciaire ont-elles suffisamment pris en compte la politique de décentralisation et de déconcentration ?
- Les moyens mis en place sont-ils à la hauteur des ambitions affichées ?
- Les acteurs sont-ils suffisamment outillés et motivés pour relever les défis d'une justice moderne ?
- L'évaluation des différentes politiques publiques mises en œuvre a-t-elle été objective et complète pour servir de terreau à de nouvelles avancées dans l'atteinte de la performance ?
- Les décideurs ont-ils suffisamment conscience du rôle et de la place de la justice dans la consolidation des acquis démocratiques et dans l'atteinte des objectifs de développement ?
- La justice dispose-t-elle des moyens intellectuels, matériels et techniques de faire face aux ambitions affichées des autorités publiques d'éradiquer la délinquance à col blanc, la corruption, la

cybercriminalité, le terrorisme, les atteintes graves à l'environnement et les crimes internationaux tels que le génocide et les crimes de guerre ?

- Peut-on moderniser la justice et parler de performances sans dispositif de recueil et d'analyse des données statistiques, sans état civil et casier judiciaire fiables, sans archives sécurisées et exploitables ?

L'étude de la modernisation de la Justice au Sénégal montre que celle-ci a été originairement entreprise et conduite selon une approche initiale que l'on peut qualifier de sectorielle et fragmentée, qui sera analysée dans une première partie, et qui a donné lieu à de multiples réformes, tantôt globales, tantôt sectorielles, se traduisant parfois aussi sous forme de modifications des normes législatives et règlementaires de l'organisation judiciaire et de ses modalités de fonctionnement et d'autres fois par des projets ou programmes d'importance variable. Ce processus dynamique de modernisation implémenté sur un système original d'unité de juridiction à dualité de contentieux a produit des résultats probants d'un pouvoir judiciaire qui s'est efforcé, tant bien que mal, de contenir les chocs de l'évolution de la société sénégalaise et de maintenir sa démocratie.

Mais la survivance des difficultés et des contraintes a conduit à s'interroger sur les causes des échecs et sur la persistance des difficultés afin de mettre en place un système plus innovant de modernisation de la justice, qui sera étudié dans une seconde partie, système ayant comme axes la médiation et la conciliation non pas comme modes alternatifs de règlement des conflits mais comme constituants de base de la justice étatique. Cette évolution a le mérite d'interconnecter les *maisons de justice*[33] déjà existantes à l'organisation judiciaire et d'aller jusqu'à l'échelon administratif le plus bas (le village) avec la *case de justice* pour y rendre une justice efficace, accessible et peu chère. Ce processus sera accompagné nécessairement par le redimensionnement des structures de l'administration centrale par la création d'une grande direction de la justice de proximité qui aura en charge le déploiement des maisons de justice et des cases de justice ainsi que le recrutement, la

---

[33] L'objectif de rapprocher la justice du justiciable avait amené les Pouvoirs publics à instituer, par un décret n° 99-1124 du 17 novembre 1999, des maisons de justice chargées d'organiser des procédures de médiation et de conciliation (Cf. Décret n° 2007-1253 du 23 octobre 2007 modifiant le décret n° 99-1124 du 17 novembre 1999 relatif aux maisons de justice, à la médiation et à la conciliation, *J.O.R.S.* du 12 janvier 2008).

formation et la mise en synergie de tous les acteurs réels ou potentiels des processus de médiation et de conciliation.

Pour les juridictions classiques, l'innovation va consister à revoir de fond en comble la carte judiciaire pour véritablement rapprocher la justice du justiciable et pour disposer de juridictions plus efficaces et plus efficientes du fait d'une clé de répartition des compétences plus équilibrée et plus rationnelle, d'une part, et d'une meilleure allocation des ressources et d'une meilleure gestion des personnels, d'autre part.

De quelle modernité s'agit-il et pour quelle(s) performance(s) ?

La modernité dans la bouche du législateur sénégalais a révélé plusieurs aspects au fil du temps et des réformes. Elle s'est traduite par le rapprochement de la justice du justiciable, la suppression des tribunaux d'exception, la simplification des procédures, la spécialisation des juges, la célérité dans la distribution de la justice, la réduction des coûts d'accès à la justice, l'augmentation de la productivité des juridictions et des juges, de l'adaptation de la carte judiciaire aux nouvelles réalités socio-économiques, la poursuite de la sécurité juridique et judiciaire, le désengorgement des prisons, l'humanisation de la détention, le renforcement des capacités managériales des chefs de cour et de juridiction ainsi que des cadres de l'administration centrale, le renforcement de la formation initiale et continue qui s'est traduite par la création du Centre de formation judiciaire (CFJ), de l'École *Nationale d'Administration Pénitentiaire* (ENAP) et par la perspective d'aller vers une école nationale de la magistrature, à côté d'une école des métiers du droit, l'ouverture de nouvelles filières au sein du CFJ (administrateurs des greffes, inspecteurs de l'éducation surveillée, éducateurs spécialisés, secrétaires interprètes, etc.), une meilleure répression des crimes et délits financiers avec la mise en place d'organes tels que la Cellule nationale de traitement des informations financières (CENTIF), l'Office national de lutte contre la corruption (OFNAC), l' Agence de régulation des marchés publics (ARMP), la Cellule de lutte contre la traite des personnes plus particulièrement de la femme et de l'enfant (CLTPTE), le renforcement des valeurs éthiques et déontologiques ayant abouti à l'élaboration d'un manuel de déontologie des magistrats en attendant celui des greffiers dont la réflexion est entamée, la création de l'Inspection générale de l'administration de la justice (IGAJ), de l'Inspection générale des cours et tribunaux (IGCT), de l'Inspection générale des parquets (IGP) et de l'Observatoire national des lieux de privation de liberté (ONLPL).

L'atteinte de cet objectif polysémique et polymorphe de modernisation a donc semblé constituer une quête permanente par le biais de réformes législatives sectorielles et dispersées, avant que n'intervienne un cadre plus global et plus structurant s'étalant sur une durée plus longue, à savoir le programme décennal de modernisation de la justice dénommé PSJ.

Ce programme a connu des succès importants mais également des échecs patents qui suscitent des interrogations sur la vision stratégique, la conduite du changement, la volonté politique, sur la capacité de la justice à gérer les désordres qu'elle sécrète. Le questionnement est *a priori* permanent sans que l'on voie véritablement le bout du tunnel.

Le Sénégal a mal à sa justice, et les rapports entre les populations et l'institution arbitre deviennent problématiques et suscitent un sentiment de fascination-répulsion, de révolte, d'indignation parfois, et –de plus en plus surtout– de suspicion sur sa véritable indépendance.

Au-delà des positions de défense manichéennes selon le bord où l'on se situe, nous avons voulu nous inscrire dans une démarche –prospective et libre– de réflexion pour essayer d'identifier les solutions innovantes qui pourront se faire rencontrer l'idéal et le besoin de Justice des populations sénégalaises et le fonctionnement au quotidien de la Justice. Cette justice, qui, au fond, ne peut transcender la société pour laquelle elle agit et tranche, et qui doit, par conséquent, s'interroger sur ses aspirations et ses valeurs.

Notre justice étant dans une dynamique permanente de modernisation devant la conduire à plus de performance, nous avons estimé plus judicieux de traiter le sujet en deux temps correspondant aux deux approches successives mises en œuvre : d'abord, une approche initiale –sectorielle et fragmentée– de la modernisation (1ère partie) intervenue à la suite de l'indépendance avec la mise en place d'un modèle juridique spécifique (Titre I), qui a appelé par la suite des réformes nécessaires d'adaptation (Titre II) ; puis, la vision récente plus globale de la modernisation (2e partie), ce qui permettra d'évoquer, dans un premier temps les préalables d'une modernisation réussie (Titre I), et, dans un second temps, la mise en œuvre d'un système innovant et performant (Titre II).

PREMIÈRE PARTIE

D'UNE APPROCHE INITIALE SECTORIELLE ET FRAGMENTÉE DE LA MODERNISATION DE LA JUSTICE

Dès l'indépendance, il a fallu trouver parmi les systèmes juridiques existants un modèle adapté à un pays naissant, sorti de la colonisation, portant encore les stigmates d'un combat pour l'égalité des peuples, des races, des langues et des religions et subissant les dures réalités d'une économie extravertie, et en proie à un sous-développement endémique.

Les rares élites avaient la redoutable charge de mettre en place une architecture qui devait inscrire l'État de droit dans le marbre, gommer les inégalités nées de la colonisation, assurer l'unité nationale, et cela tout en préservant les us et coutumes faisant l'identité de l'Africain en général et du sénégalais en particulier.

Le modèle choisi, à mi-chemin entre le droit marocain et le droit français, avait une certaine originalité, puisqu'il consacrait une unité de juridiction à dualité de contentieux, tout en présentant également une certaine cohérence du fait de sa structure pyramidale simplifiée. L'expérimentation de ce modèle original allait constituer la première phase de modernisation de la justice sénégalaise (Titre I). La mise en œuvre du système originel durera quasiment un quart de siècle avant que la nécessité de le réformer ne se fît sentir, afin de l'affiner et de mieux l'adapter aux exigences d'une justice moderne (Titre II).

TITRE I

DE LA PREMIÈRE ÉTAPE DE MODERNISATION INTERVENUE À LA SUITE DE L'INDÉPENDANCE

La vocation première du législateur étant d'assurer l'uniformité de la justice aussi bien par le droit que par les institutions, les autorités exécutives, agissant sur habilitation de l'Assemblée nationale, vont par une série d'ordonnances mettre en place une organisation juridictionnelle spécifique (Chapitre 1), tant dans sa structuration que dans ses règles d'organisation et de fonctionnement.

Mais durant ses années de maturation, le système n'est cependant pas resté immuable : il a connu des retouches çà et là tendant à le rendre plus fonctionnel et plus moderne.

En 2002, l'institution judiciaire a fait l'objet d'un diagnostic sévère quant à son organisation et son fonctionnement. Ce qui a conduit à l'adoption d'un plan plus global et plus cohérent de modernisation de la justice dénommé Programme sectoriel Justice (chapitre 2) ayant pour ambition de changer en profondeur la physionomie et le fonctionnement de la justice par le biais de projets structurants tendant à l'amélioration de l'accessibilité et de l'efficacité de la justice sans occulter celle de son cadre institutionnel.

CHAPITRE 1

LA MISE EN PLACE D'UN MODÈLE JURIDICTIONNEL SPÉCIFIQUE

En 1960, il y avait urgence à mettre en place un nouvel État, et dès lors, un nouveau système judiciaire qui puisse aider à consolider la Nation et à pacifier le nouveau territoire pour en faire un espace de développement. Il fallait, par conséquent, gommer les disparités juridiques entre les citoyens, prendre en compte les coutumes, les traditions et les religions, mais également la faiblesse des moyens budgétaires et humains et du taux d'alphabétisation des populations. Cette réflexion, qui a plus été le fait d'une petite élite francisée que de consultations nationales, a donné un système original d'unité de juridiction à dualité de contentieux (section 1) reposant sur une architecture institutionnelle simplifiée (section 2).

SECTION 1. UN SYSTÈME ORIGINAL ET COHÉRENT

L'unité de juridiction à dualité de contentieux allait se manifester par une uniformisation des juridictions : les citoyens sénégalais seront désormais jugés par des juridictions de même nature et de type moderne, c'est-à-dire des juridictions structurées en siège pur, parquet et instruction, officiant avec des juges professionnels qui appliquent des lois communes à tous.

Cette unité se traduit par la suppression des juridictions particulières, comme les tribunaux coutumiers et les tribunaux musulmans.

Le système mis en place se caractérise par une unité de juridictions : en d'autres termes, il n'y a pas deux ordres de juridiction comme en France, mais un seul, qui traite tous les types de contentieux. Le recours au cadi, qui était juge de droit dans les tribunaux musulmans, devient facultatif en matière de statut personnel ou de succession nécessitant l'application des règles du droit musulman.

Cette unité de juridictions se caractérise également par une dualité du contentieux, qui se manifeste par le traitement des contentieux judiciaire et administratif par le même juge, à la seule différence que la saisine pour les affaires administratives est soumise à des règles spécifiques déterminées par les articles 729 et suivants du code de procédure civile (CPC).

D'autres règles s'appliquant spécifiquement au contentieux administratif sont fixées par le code des obligations de l'administration contrairement au contentieux administratif français, essentiellement encadré par la jurisprudence. C'est pourquoi nous allons voir d'abord les principes qui gouvernent l'organisation de ce modèle spécifique (§1), avant d'aborder l'architecture institutionnelle simplifiée qui en fut la résultante (§2).

§1. Les principes d'organisation

L'organisation judiciaire initiale va reposer sur deux principes d'organisation : d'une part, le choix d'un ordre de juridiction unique pour tenir compte des contraintes en ressources humaines et budgétaires (A) ; et d'autre part, la différenciation des contentieux judiciaires et administratifs par l'institution de règles de saisine spécifiques pour prendre en compte la particularité de l'État et de ses démembrements (B).

A.- Le choix d'un ordre de juridiction unique

Si beaucoup de pays ont choisi une organisation judiciaire basée sur plusieurs ordres[34], le Sénégal a opté pour un ordre unique, se traduisant par l'existence de juridictions de droit commun, ayant des compétences embrassant la quasi-totalité des matières. C'est ainsi que les tribunaux des différents degrés connaissent aussi bien les affaires civiles, commerciales, familiales, sociales, qu'administratives, Il est important de préciser que « l'ouverture aux influences étrangères notamment à celle de l'ancienne métropole et du Maroc et l'adaptation de ces apports extérieurs au contexte local semblent avoir réussi sur ce point. L'adoption du système marocain d'unité de juridiction a été réalisée en

---

[34] Cas de la France.

pleine conformité avec le principe français de la séparation du pouvoir au Sénégal. Si ce mode d'organisation de la justice administrative avait été contraire à leurs principes constitutionnels, les États africains ne l'auraient certainement pas adopté. Mais à la vérité, les considérations d'ordre logique et théorique n'ont pas occupé la plus grande place parmi les raisons du choix d'un système d'unité de juridiction ».[35]

Les motivations d'une telle option étaient en effet dictées d'abord par une insuffisance des ressources humaines (1) doublée d'un niveau limité des conditions socio-économiques des populations (2).

1. Un choix dicté par une insuffisance de ressources humaines.

L'une des raisons de ce choix vient du fait que non seulement le nouvel État n'avait pas suffisamment de ressources mais qu'il ne disposait pas non plus de suffisamment de magistrats et de personnels qualifiés.

En effet, de 1960 à 1963, le Sénégal n'a eu que sept (7) magistrats autochtones[36] exerçant dans des juridictions, qui, pour l'essentiel, étaient animées par des coopérants français. Avec la prise de fonction effective de Madame Ricou née Crespin, et de Messieurs Gilbert André, Ousmane Camara et El Hadji Diouf, le 29 septembre 1961, ce nombre est passé à 11 magistrats sénégalais.

2. Un choix dicté par la situation socio-économique des populations.

L'autre raison était liée au taux élevé d'analphabétisme et d'illettrisme. En effet, avec le système colonial qui avait imposé la langue française comme langue officielle et réduit l'accès de celle-ci à

---

[35] KANTE, Babacar : Unité de juridiction et droit administratif : l'exemple du Sénégal. Thèse, Dakar, 1983, p 102.

[36] Monsieur Ousmane Camara a affirmé, que le 29 septembre 1961, au moment où il a pris ses fonctions avec trois autres camarades de promotion, *« tous les postes de la magistrature sont occupés par des coopérants français, à l'exception de sept magistrats sénégalais qui sont : Issac FORSTER, Président de la Cour suprême, Ibrahima BOYE, Procureur général près la Cour suprême, Kéba MBAYE, Amadou Louis GUEYE, Laïty NIANG, Ousmane GOUNDIAM, membres de la Cour suprême, Abdoulaye Maturin DIOP, juge de paix à Matam. »*, CAMARA O., *Mémoires d'un juge africain - Itinéraire d'un homme libre*. Dakar, KARTHALA-CREPOS, 2010, p. 71.

une petite élite, la majorité des Sénégalais était confinée dans l'analphabétisme et l'illettrisme. Cette situation était exacerbée par l'absence totale d'une politique d'alphabétisation et de valorisation des langues locales qui étaient considérées comme des langues « vernaculaires ».

Le démantèlement des universités dispensant un enseignement religieux, telle que l'Université de Pire,[37] n'a pas permis non plus, à cette époque, l'alphabétisation des populations en langue arabe. Les quelques « Daara » qui ont survécu aux tentatives d'éviction de l'administration coloniale, ont plutôt développé des techniques de communication telle que le « wolofaal », c'est-à-dire l'utilisation de l'alphabet arabe pour transcrire la langue wolof.

Voilà autant de maux qu'un système complexe et hermétique n'a cessé d'exacerber, éloignant ainsi les justiciables de leur justice !

B.- La différenciation des contentieux judiciaire et administratif.

La différenciation des contentieux va se manifester par l'établissement d'un corps de règles propres à la saisine des juridictions en matière administrative (1) et de règles dérogatoires du droit commun (2).

1. Les règles de saisine spécifiques au contentieux.

Le principe de l'unité de juridiction est posé par l'article 3 de la loi n° 84-19 du 2 février 1984 fixant l'organisation judiciaire au Sénégal qui dispose :

« Sous réserve des compétences d'exception en premier et dernier ressort de la Cour suprême, de la Cour d'appel et des Cours d'Assises et, en premier ressort des Tribunaux du Travail, des Tribunaux départementaux et des organismes administratifs à caractère juridictionnel, les Tribunaux régionaux sont juges de droit commun en première instance en toute matière. »

---

[37] Khaly Amar Fall (1555-1638) fonde au début du XVIIe siècle (1603) le centre universitaire de Pire (province de Saniokhor, département de Tivaouane au Sénégal), qui fut l'une des premières universités d'Afrique noire. Durant 300 ans, l'Université de Pire allait être la plus prestigieuse et la plus influente du Sénégal et de la sous-région (cf. https://nofi.fr/2017/07/universite-de-pire-senegal/39131).

Ils sont notamment compétents pour connaître :

1. de toutes instances tendant à faire déclarer débitrices les collectivités publiques, soit en raison de marchés conclus par elles, soit en raison des travaux qu'elles ont ordonnés soit en raison de tous actes de leur part ayant occasionné préjudice à autrui ;

2. de tous litiges relatifs à l'assiette, au taux et au recouvrement des impositions de toute nature et particulièrement des demandes en déchéance ou réduction formulées par les contribuables ainsi que les demandes en annulation des actes de saisies ou de poursuites administratives ;

3. de tous les litiges portant sur les avantages pécuniaires ou statutaires reconnus aux fonctionnaires et agents des diverses administrations, doivent être portés devant les mêmes juridictions, les actions intentées par les administrations contre les particuliers.

Ces dispositions qui reprennent textuellement celles –en vigueur depuis l'indépendance– de l'ordonnance n° 60-56 du 14 novembre 1960 actuellement abrogée, résument toute la conception unitariste de la juridiction administrative au Sénégal et marque une rupture brutale avec la conception dualiste, collégiale, voire traditionnaliste de la justice administrative française telle que nous l'avons reçue avec les Conseils du contentieux administratif des colonies qui avaient remplacé en 1881 les anciens Conseils privés coloniaux.

La loi précitée institue dans un langage quelque peu sibyllin un seul ordre juridictionnel en consacrant les Tribunaux régionaux, juges de droit commun, en toutes matières judiciaires ou administratives, sauf en ce qui concerne les compétences réservées qu'elle qualifie d'exceptionnelles.

Elle ira jusqu'à énumérer les domaines administratifs de compétence en citant :

1. en matière contractuelle, les marchés publics et en matière extracontractuelle les actes dommageables des administrations ;

2. en matière fiscale, le contentieux de l'assiette et le contentieux du recouvrement ;

3. en matière de contentieux de la fonction publique, le plein contentieux relatif aux rapports entre l'administration et ses agents.

Enfin, elle renvoie aux mêmes juridictions la compétence des actions dirigées par les administrations contre les particuliers. En somme au Sénégal, il n'existe pas un ordre juridictionnel judiciaire mais plutôt une unicité d'ordre juridictionnel englobant une pluralité de matières : la juridiction unique embrasse une multiplicité de matières même si la procédure et le droit applicable peuvent varier d'une matière à l'autre.

La justice administrative signifiera donc pour nous matière administrative et plus précisément contentieux administratif, vocable riche de particularités tant du point de vue de la forme que du fond.

L'existence d'un ordre de juridiction unique présente certes des vertus simplificatrices, mais ne tient pas compte des spécificités de tous les types de contentieux. C'est pourquoi, prenant en considération la particularité de l'État et de ses démembrements dotés par conséquent de prérogatives de puissance publique liées à la poursuite d'objectifs d'intérêt général, le législateur a prévu une procédure particulière pour le règlement des contentieux administratifs.

Cette procédure, prévue par les articles 729 et suivants du code de procédure civile, pose le principe d'un recours administratif préalable[38],

---

[38] L'article 729 du code de procédure civile (CPC) dispose que : « *Toute action en justice doit être précédée d'une demande adressée à l'autorité administrative désignée pour recevoir l'assignation aux termes de l'article 39. Le silence gardé plus de quatre mois par l'autorité saisie vaut décision de rejet. L'assignation doit, à peine d'irrecevabilité, être saisie dans le délai de deux mois qui suit, soit l'avis donné de la décision de l'administration, soit l'expiration du délai de quatre mois valant décision implicite de rejet. Elle doit, à peine de nullité, viser la réponse implicite ou explicite donnée par l'administration à la demande préalable. Si c'est l'administration qui est demanderesse, l'assignation est délivrée à la requête du ministre compétent ou à celle des autorités visées à l'article 39* ».

Les dispositions dudit article du CPC précisent que :

« *Sont assignés :*

1. *l'État en la personne de l'agent judiciaire de l'État ou en ses bureaux, à charge pour ce dernier de saisir le fonctionnaire compétent pour plaider au fond, s'il y a lieu;*
2. *les établissements publics de toute nature en la personne de leur représentant légal ou en ses bureaux;*
3. *les communes en la personne du maire à son domicile ou au siège de la municipalité;*
4. *les autres collectivités publiques en la personne de leur représentant légal. Dans les cas ci-dessus, l'original est visé par celui à qui copie de l'exploit est laissée: en cas d'absence ou de refus, le visa est donné par le Procureur de la République auquel, en ce cas la copie est laissée;*
5. *les sociétés de commerce tant qu'elles existent en leur maison sociale ou au lieu de leur principal établissement et s'il n'y en a pas en la personne ou au domicile de l'un de leurs représentants légaux;*
6. *les unions et directions de créanciers en la personne ou au domicile de l'un des syndics ou directeurs;*

à peine d'irrecevabilité pour toute requête visant l'État et ses démembrements.

2. Des règles dérogatoires du droit commun.

Outre cet aspect procédural sur l'action en justice contre l'administration, cette dernière en tant que justiciable bénéficie d'un certain nombre de privilèges qu'on peut considérer à certains égards d'exorbitants du droit commun :

- immunité d'exécution de l'article 194[39] du code des obligations civiles et commerciales (COCC) qui l'a protège de l'action forcée sur son patrimoine. Immunité étendue aux personnes morales de droit privé concessionnaires de service public, cette immunité de l'article 194 parce que partie du COCC s'applique même lorsque le droit applicable à l'Administration est le droit privé ;
- interdiction de lui faire des injonctions (ou obligations de faire ou de ne pas faire), de la mettre sous astreintes ;
- faculté de faire prononcer par le juge de cassation en vertu de (l'article 54 de la loi organique sur la Cour suprême) le sursis à exécution des décisions définitives prononcées contre elle, objet de recours de cassation lorsque de telles décisions sont susceptibles de lui causer un préjudice irréparable[40] ;

---

7. *ceux qui n'ont aucun domicile connu au Sénégal sont assignés au lieu de leur résidence actuelle; si le lieu n'en est pas connu l'exploit est exposé au tableau d'affichage du tribunal où la demande est portée; une seconde copie est donnée au Procureur de la République lequel vise l'original;*
8. *ceux qui habitent à l'étranger peuvent être assignés au parquet du Procureur de la République près le tribunal régional dans le ressort duquel la demande est portée; celui-ci vise l'original et envoie la copie au ministre de la Justice ou à toute autre autorité déterminée par les conventions diplomatiques. »*

[39] L'article 194 du code de procédure civile en son alinéa 2 dispose : *« Il n'y a pas d'exécution forcée ni de mesures conservatoires contre l'Etat, les collectivités locales et les établissements publics. Lorsque l'exécution forcée et les mesures conservatoires sont entreprises à l'égard de personnes morales autres que celles-ci-dessus énumérées et sont de nature à porter gravement atteinte à la continuité du service public, le juge peut, pour prévenir ou mettre fin au trouble, prendre toutes mesures appropriées. »*

[40] Dans l'arrêt n° 5 du 23 janvier 1985 *ORTS/ Mansour Seck et autres*, le juge de cassation à l'occasion de la saisie de véhicules de cet établissement public a prononcé le sursis à exécution de la saisie opérée à cause de la gêne fonctionnelle

- en matière contractuelle, possibilité d'introduire dans l'acte contractuel des dispositions unilatérales imposables au cocontractant, non applicabilité de la règle *non adimpleti contractus*, pouvoir de modification unilatérale de contrat, pouvoir de résiliation administrative du contrat, etc. ;
- responsabilité ni générale ni absolue de l'administration, dont le fonctionnement défectueux s'apprécie en tenant compte de la rupture du service, des difficultés qu'elle rencontre et des moyens dont elle dispose, les tiers ne pouvant obtenir réparation que d'une partie du dommage anormal et spécial que leur a causé l'administration[41] ;
- protection spéciale de ses actes qui ne peuvent être remis en cause en annulation que par une procédure appropriée, volontairement balisée d'écueils et diligentée devant la plus haute juridiction nationale à savoir le Conseil d'État, ce qui ne rapproche point cette forme de justice de son justiciable ;
- faculté de se faire justice dans certains cas à elle-même par le privilège de l'exécution d'office ou même par recours à la force publique sans passer par l'investiture du juge, notion liée au privilège du préalable qui lui permet de modifier le droit par la prise d'un acte administratif revêtu du caractère exécutoire de plein droit ;
- non opposabilité du taux de dernier ressort à l'administration qui peut toujours faire appel.

En effet l'article 732 du code pénal dispose que : *« les jugements en matière administrative sont toujours susceptibles d'appel, l'appel est toujours suspensif de l'exécution du jugement ».* En conséquence, pas d'exécution provisoire en matière administrative. Un tel justiciable bénéficiaire d'un droit inégalitaire à son profit peut paraître redoutable même dans un cadre de primauté du droit, mais cette armature dont il est revêtu n'en fait pas moins un justiciable soumis à la légalité, seule sa vocation à sauvegarder l'intérêt de tous, face à l'intérêt des particuliers, lui vaut de telles attributions, lesquelles ne peuvent inquiéter que lorsque les hommes qui personnifient l'administration la détournent de sa vocation première et abusent de ces pouvoirs à des fins non identifiables à l'intérêt de tous, ce que la justice administrative a vocation de prévenir et de guérir. C'est à ce stade qu'interviennent les

---

que pourrait causer une telle privation de l'ORTS dans son fonctionnement en tant que service public.

41 Voir l'arrêt de principe : C.A., 9 janvier 1970, *Mor DIAW - Commune de Dakar*.

rapports entre les administrés dans l'exercice de leurs droits et l'administration, devant cette justice administrative conçue dans l'ordre juridictionnel unique qui prévaut au Sénégal où les ordres judiciaire et administratif se confondent devant le juge.

§ 2. Le schéma institutionnel

L'architecture institutionnelle mise en place va reposer sur des juridictions de droit commun, c'est-à-dire des juridictions ayant des compétences larges touchant plusieurs matières (A), et des juridictions spécialisées ne traitant que de contentieux spécifiques (B).

A.- Les juridictions de droit commun

Si le principe des juridictions de droit commun est posé par l'octroi de compétences larges à des juridictions déterminées (1), ce principe subit des atténuations qui brouillent la délimitation des compétences (2).

1. Le principe des juridictions de droit commun

Les juridictions de droit commun sont les juridictions qui ont des compétences étendues à plusieurs matières. C'est ainsi que les TPI constituent les juridictions de droit commun en matière correctionnelle, en matière civile et commerciale et en matière de plein contentieux.

Les justices de paix sont les juridictions de droit commun en matière familiale et successorale, en matière de rectification d'erreurs matérielles dans les actes d'état civil et en matière contraventionnelle.

2. Les tempéraments au principe

Plusieurs tempéraments sont apportés par la loi au principe de juridictions de droit commun. C'est ainsi que le TPI, juridiction de droit commun en matière correctionnelle, est privé du traitement de trente-quatre délits au profit de la justice de paix[42]. Ladite juridiction, qui est la juridiction de droit commun en matière familiale, est elle-même

[42] Loi n° 67-18 du 28 février 1967 fixant les attributions des justices de paix en matière correctionnelle. Il s'agit là d'une compétence d'attribution, puisque, en principe, les justices de paix n'ont pas vocation à trancher des délits.

privée de la connaissance de l'attribution préférentielle et de la vente sur licitation-partage.

À l'aune de la pratique, ces dérogations vont être sources de conflits de compétences et parfois causes de retards dans le traitement des contentieux, puisque, dans certaines affaires de succession et de partage, le juge de paix est obligé de surseoir à statuer si l'un des héritiers demande la licitation-partage ou l'attribution préférentielle en attendant que le TPI se prononce, à charge d'appel, avant de reprendre l'instance pour rendre son jugement de partage.

B.- Les juridictions spécialisées

À côté des juridictions de droit commun, une série de juridictions spécialisées a été instituée : il s'agit, d'une part, de juridictions rattachées aux TPI (1), et, d'autre part, de juridictions rattachées aux Cours (2).

2. Les juridictions rattachées aux tribunaux de première instance (TPI)

Il s'agit du tribunal pour enfants, du tribunal du travail et du tribunal militaire.

Le tribunal pour enfants est institué auprès de chaque TPI pour trancher les litiges concernant les mineurs, délinquants ou en danger moral. Ce tribunal est présidé par un juge du TPI nommé par arrêté du Garde des Sceaux ; ce président est assisté par des éducateurs spécialisés et un greffier.

Quant au tribunal militaire, il a la particularité d'être seulement institué au TPI de Dakar : il est compétent pour juger les délits commis par les militaires (des soldats aux officiers subalternes). Auprès de chaque TPI, est institué, un tribunal du travail composé d'un juge – nommé par le Président par décret après avis du CSM– et de deux assesseurs (un employeur et un travailleur). Le tribunal du travail a compétence pour trancher les différends entre les travailleurs et leurs employeurs.

3. Les juridictions rattachées aux Cours

Il s'agit des Cours d'assises rattachées à la Cour d'appel et de la Haute Cour de justice rattachée pour l'instruction à la Cour d'appel et pour le jugement à la Cour suprême.

Les Cours d'assises sont composées d'un président et de deux conseillers (tous magistrats) et de jurés qui sont des citoyens choisis sur la base de leur probité et de leur qualité de citoyen exemplaire. Les Cours d'assises sont compétentes pour trancher les crimes, et la Haute Cour de justice pour statuer sur les crimes et délits commis par le Président de la République et les ministres dans l'exercice de leur fonction.

La Haute Cour de justice est composée du Premier président de la Cour suprême complété par des députés choisis par leurs pairs pour juger le Président de la République en cas de haute trahison et les ministres coupables de crimes ou de délits dans l'exercice de leur fonction.

SECTION 2. UNE ARCHITECTURE INSTITUTIONNELLE SIMPLIFIÉE

L'architecture institutionnelle adoptée reflète une certaine simplicité, en ce que, d'une part, elle met en place des Cours et des juridictions uniques aux différents étages du contentieux (§ 1) et non pas plusieurs cours et juridictions comme il en existe dans d'autres systèmes ; ce qui donne une Cour suprême au sommet, une Cour d'appel comme seule instance d'appel de l'ensemble des tribunaux de première instance, des justices de paix et des tribunaux de première instance à la base. Cette architecture institutionnelle consacre, d'autre part, l'uniformité des juridictions de base (§ 2), qui va se traduire par la suppression des juridictions coutumières et la généralisation des juridictions modernes (les justices de paix et les tribunaux de première instance) pour connaître des litiges de tous les citoyens sénégalais quelle que soient leur statut et leur religion.

§ 1. L'unicité des cours

A été mise en place une architecture pyramidale, avec –au sommet– une Cour suprême, une Cour d'appel unique ayant une compétence nationale et – à la base – des tribunaux de grande instance et des justices de paix.

À côté de cette ossature de base, existent des juridictions spéciales (les tribunaux du travail, les tribunaux pour enfants et les tribunaux militaires) et des juridictions d'exception (la Cour de sûreté de l'État).

A.- La Cour suprême

L'ordonnance n° 60-17 du 3 septembre 1960 a créé et placé la Cour suprême au sommet de l'édifice hiérarchisé de l'organisation judiciaire, au Sénégal ; elle était calquée sur la Haute Cour judiciaire du Maroc, issue du Dahir du 27 septembre 1957, pour faire, selon Gabriel d'Arbousier, *« l'expression marocaine d'unité de juridiction et de séparation des contentieux »*[43].

Installée le 14 novembre 1960, la Cour suprême était composée de deux sections, la première faisant fonction de Cour de cassation, et la seconde de juge soit du contentieux de pleine juridiction relative à la responsabilité délictuelle ou contractuelle de l'administration, soit de l'excès de pouvoir des autorités administratives. Les sections étaient composées d'un président, de deux conseillers au moins, et d'un greffier.

L'ordonnance du 3 septembre 1960, portant loi organique sur la Cour suprême du Sénégal, a prévu une formation solennelle constituée par les sections réunies de la Cour, présidée par son Premier Président, et une assemblé générale consultative composée de magistrats et de personnalités situées dans la sphère d'activité du pouvoir exécutif, nommées pour un an, conseillers en service extraordinaire. Les sections réunies constituaient la formation chargée de contrôler la constitutionnalité des lois, des actes réglementaires et des traités ; elles statuaient également pour fixer la doctrine de la Cour, en cas de résistance des juges du fond. La Cour suprême était désignée par la Constitution comme arbitre, lorsqu'un conflit de compétences opposait l'exécutif et le législatif.

---

[43] Gabriel D'Arboussier (1908-1976), fut un administrateur des colonies au Sénégal à la fin des années 1930. Il a œuvré pour l'émancipation des colonies : il est à l'initiative de plusieurs lois qui donnent de nouveaux droits aux peuples colonisés. Après l'indépendance des colonies africaines, il est devenu Garde des Sceaux, ministre de la Justice de la République du Sénégal (1960-1962) dans le premier Gouvernement formé par le Président Léopold Sédar Senghor.

En créant la Cour des comptes, encore appelé 3e section et la commission de vérification des comptes des établissements publics, respectivement, l'ordonnance n° 63-6 du 3 juin 1963 et la loi n° 72-48 du 12 juin 1972 ont complété la structuration de la Cour suprême. Les magistrats financiers veillaient à la gestion des recettes publiques et au bon fonctionnement des établissements publics.

Voilà, pour l'essentiel, ce par quoi Monsieur le Premier Président Ousmane Camara explique le dessein du législateur de 1960, qui, à la suite du constituant, lequel parlait *« d'autorité judiciaire »*[44], avait *« voulu que l'institution mise en place soit originale, simple, efficace et réponde aux conditions économiques et sociales du moment. C'était la préoccupation du législateur. Une autre était d'intégrer la justice sénégalaise dans l'œuvre de construction nationale orientée vers le développement harmonieux de la société sénégalaise »*.

La Cour suprême comportait des formations juridictionnelles et des formations non juridictionnelles.

1. Les formations juridictionnelles

La Cour suprême était composée, sur le plan des formations juridictionnelles, de trois sections :

- la première section, qui avait des compétences en matière civile, commerciale et pénale, et qui regroupait les fonctions des Chambres civile et commerciale, d'une part, et pénale, d'autre part, la Cour de cassation issue de la réforme de 92 ;

- la deuxième section, qui connaissait des pourvois en cassation contre les décisions juridictionnelles dans les affaires non pénales où une personne morale de droit public était partie en matière électorale et en matière sociale, qui connaissait également des recours en annulation pour excès de pouvoir, et qui cumulait en fait les compétences du Conseil d'État et de la Chambre sociale de la Cour de cassation ;

- la troisième section, qui jouait le rôle de véritable section des comptes, étant observée que la création de la commission de vérification des comptes et de contrôle des établissements publics en

---

[44] Le mot de *« pouvoir »* remplace celui d'*« autorité »* depuis la Constitution de 1963 : dans l'exposé des motifs de la loi n° 92-22 du 30 mai 1992 portant révision de la Constitution, révision qui prépare et annonce les lois organiques n° s 92-23, 92-24, 92-25 respectivement sur le Conseil constitutionnel, le Conseil d'État, et la Cour de cassation, le législateur parle de *pouvoir judiciaire*.

1972 renforcera davantage la mission de contrôle de l'activité économique de l'État.

La troisième section était le pendant plus ou moins de l'actuelle Cour des comptes. La spécificité de la mission assignée à cette troisième section justifiait l'originalité dans le recrutement des membres de cette formation. Aussi, pour marquer son caractère juridictionnel, était-elle dirigée par un magistrat professionnel, membre de la Cour suprême. L'adjonction de membres non magistrats spécialisés dans les questions financières ou comptables se justifiait en raison de la technicité de la tâche qui lui était dévolue.

Outre ces trois sections, il y'avait la formation juridictionnelle des sections réunies, qui avait des compétences en matière constitutionnelle, puisqu'elle était chargée d'assurer le respect de la répartition matérielle des compétences entre le pouvoir législatif et le pouvoir exécutif, le contrôle de la Constitutionnalité des lois et des engagements internationaux et le contentieux des élections. Ces chambres réunies remplissaient donc le rôle de l'actuel Conseil constitutionnel, outre celui présentement dévolu aux chambres réunies de la Cour suprême (rabat d'arrêt, résistance des juges du fond contre la jurisprudence de la Cour suprême.

2. Les formations non juridictionnelles

Il existait des formations non juridictionnelles, dont l'assemblée générale consultative de la Cour suprême, qui comprenait la totalité des magistrats du Siège, du Parquet et des Conseillers en service extraordinaire, et qui assistait le gouvernement dans l'élaboration des projets de loi et de décret ; elle lui donnait, en outre, des avis sur les difficultés qui pouvaient s'élever en matière administrative. Ce rôle incombe désormais au Conseil d'État, qui, à travers son assemblée générale consultative, exerce sa mission de conseiller des Pouvoirs publics.

L'assemblée générale consultative tenait, en principe, une séance par semaine, à jour fixe, et des séances supplémentaires en cas d'urgence. Elle pouvait constituer des commissions spéciales devant lesquelles le premier Président, le bureau de la Cour entendu, pouvait renvoyer certaines affaires (article 17 du règlement intérieur) ; devant ces commissions, il était procédé comme devant l'assemblée générale consultative. L'avis de la commission tenait lieu de délibération de l'assemblée générale consultative.

L'assemblée générale consultative pouvait désigner en cours de séance une commission *ad hoc* chargée d'étudier un problème particulier et de faire rapport devant elle. Parmi les formations non juridictionnelles de la Cour suprême, il y avait aussi l'assemblée intérieure et le bureau de la Cour.

L'assemblée intérieure comprenait, outre le Premier Président et le Procureur général, les Présidents de section, le Premier avocat général, le Secrétaire général, les conseillers, les avocats généraux, les conseillers référendaires, les auditeurs et le greffier en chef. Elle délibérait sur toutes les questions intéressant l'ensemble de la Cour et se réunissait aussi souvent qu'il était nécessaire, et au moins une fois tous les trois mois (article 16 règlement intérieur).

Le bureau de la Cour, chargé d'assister le Premier Président pour l'administration et la discipline de la Cour, était formé, sous la présidence du Premier Président, du Procureur général, des Présidents de section et du Premier Avocat général, et se réunissait aussi souvent qu'il était nécessaire, et au moins une fois par mois. Le Secrétaire général pouvait être invité par le Premier Président à assister aux réunions du bureau (article 15 règlement intérieur).

B.- La Cour d'appel

La Cour d'appel est régie par le titre III du décret n° 60-390 du 10 novembre 1960 fixant la composition et la compétence des cours d'appel, des tribunaux de première instance et des justices de paix du Sénégal, décret complétant l'ordonnance n° 60-17 du 3 septembre 1960 fixant l'organisation judiciaire de la République du Sénégal ainsi que les principes fondamentaux applicables aux litiges de droit privé.[45]

1. Le champ de compétence de la Cour d'appel

Le ressort de la Cour d'appel de Dakar s'étend à l'ensemble de la République du Sénégal. En toutes matières, ses arrêts sont rendus par

[45] À la suite de la naissance récente de l'État du Sénégal (28 août 1960), il y avait urgence à mettre en place les institutions de la nouvelle République, d'où le recours aux ordonnances pour légiférer.

trois magistrats au moins. En audience solennelle, la Cour doit être composée de cinq magistrats au moins.

En cas d'absence ou d'empêchement momentané, l'un des magistrats de la Cour d'appel peut être remplacé, pour le service d'une audience déterminée, par un magistrat du tribunal de Dakar, par ordonnance du Premier Président.

En matière correctionnelle, en cas de difficulté inopinée à constituer une chambre, le Président y pourvoit en appelant à siéger, soit un membre du tribunal de première instance n'ayant pas connu l'affaire, soit un avocat présent à la barre et pris dans l'ordre du tableau.

La Cour d'appel connaît, tant en matière civile et commerciale qu'en matière correctionnelle et de simple police, de l'appel des jugements rendus en premier ressort par les tribunaux de première instance.

La Cour d'appel est également juge d'appel des décisions des justices de paix en matière correctionnelle et des tribunaux du travail.

2. La composition et le fonctionnement de la Cour d'appel

Le Premier Président établit au commencement de chaque année judiciaire le roulement des conseillers dans les différentes chambres après avoir pris l'avis des Présidents de chambre et du doyen des conseillers et après avoir entendu le Procureur général. Il répartit en même temps le service des différentes chambres entre les différents Présidents. Il établit, dans les mêmes conditions, le roulement des audiences de vacation qui sont portées à la connaissance des justiciables par voie d'insertion au journal officiel et d'affiches à la porte du palais.

Il préside les audiences solennelles les assemblées générales et les audiences de la Chambre civile. Il préside aussi, quand il le juge convenable, toute autre chambre. En cas d'empêchement ou d'absence momentanée, il est remplacé par le président de chambre le plus ancien ou à défaut le plus ancien conseiller présent. Les Présidents de Chambre sont remplacés par les conseillers par ordre d'ancienneté.

La composition de la chambre d'accusation et ses attributions sont réglées conformément aux dispositions du code d'instruction criminelle (code de procédure pénale). Le Président de la Chambre d'accusation s'assure du bon fonctionnement des cabinets d'instruction de la Cour d'appel, et s'emploie à ce que les procédures ne reçoivent aucun retard injustifié ; il peut saisir la chambre d'accusation afin qu'il soit statué par elle sur le maintien en détention d'un inculpé détenu préventivement.

Toutes les fonctions du ministère public sont spécialement et personnellement confiées au Procureur général. Les Avocats généraux et les Substituts généraux ne participent à ces fonctions que sous sa directive. Le service auprès des chambres de la Cour d'appel est distribué par le Procureur général.

C.- Les tribunaux de première instance

L'article 2 du décret n° 60-390 du 10 novembre 1960, en son alinéa 2 dispose *« qu'il est créé un tribunal de première instance au chef-lieu de chaque région »*. C'est pourquoi il existe sept (7) tribunaux de première instance (TPI) pour les sept régions administratives. Ces juridictions statuent à juge unique.

1. Le champ de compétence du tribunal de première instance

Sous réserve des compétences d'exception en premier et en dernier ressort de la Cour suprême, de la Cour d'appel et des Cours d'assises, et en premier ressort des tribunaux du travail, des justices de paix et des organismes administratifs à caractère juridictionnel, les tribunaux de première instance sont juges de droit commun en première instance en toutes matières.

Les TPI sont notamment compétents pour connaître : de toutes instances tendant à faire déclarer débitrices les collectivités publiques, soit à raison de marchés conclus par elles, soit à raison des travaux qu'elles ont ordonnés, soit à raison de tous actes de leur part ayant occasionné préjudice à autrui ; de tous litiges relatifs à l'assiette, au taux et au recouvrement des impositions de toutes natures et particulièrement des demandes en décharge ou réduction formulées par les contribuables ainsi que des demandes en annulation des actes de saisies ou de poursuites administratives ; et de tous litiges portant sur les avantages pécuniaires ou statutaires reconnus aux fonctionnaires et agents des diverses administrations.

Doivent être portées devant les mêmes juridictions les actions intentées par les administrations publiques contre les particuliers.

Les jugements rendus par les TPI sont en dernier ressort, jusqu'à la valeur de 80.000 francs CFA en principal et 8.000 francs CFA de revenu annuel, calculé soit par rente, soit par prix de bail ; au-dessus de ces sommes, les jugements ne sont rendus qu'en premier ressort à charge d'appel ; il en est de même lorsque le litige n'est pas évaluable en argent. Les jugements rendus en matière administrative sont toujours susceptibles d'appel. En vertu de l'article 11 du décret n° 60-390 du 10 novembre 1960 : *« les tribunaux de première instance sont juges d'appel des décisions rendues par les justices de paix... »*.

2. Composition et organisation du tribunal de première instance

Le Président du tribunal de première instance, qui peut toujours présider l'audience quand il le juge convenable, répartit le service entre les juges. En cas d'absence ou d'empêchement, il est remplacé dans les conditions prévues par l'article 77 de l'ordonnance n° 60-47 du 9 novembre 1960 portant statut de la magistrature.

Le jugement des mineurs et le service des audiences correctionnelles sont assurés par des juges plus spécialement désignés par ordonnance du président du tribunal. Ces emplois peuvent se cumuler avec le service des autres chambres.

Dans chaque tribunal de première instance, l'un des juges désigné par arrêté du Garde des Sceaux, ministre de la Justice, remplit les fonctions de juge d'instruction. Ses attributions sont fixées par le Code d'instruction criminelle (Code de procédure pénale). Il pourra être établi plusieurs juges d'instruction dans les tribunaux de première instance quand les besoins du service l'exigeront. En cas d'absence ou d'empêchement momentané, le juge d'instruction est remplacé dans les conditions prévues au Code d'instruction criminelle (Code de procédure pénale). S'il n'y a qu'un juge présent au siège du tribunal, il remplit d'office les fonctions de juge d'instruction.

Lorsque le tribunal statue comme juge d'appel des décisions des juges de paix rendues dans une des matières énumérées par l'article 25 du présent décret, il doit s'adjoindre, avec voix consultative, deux assesseurs pris parmi les citoyens ayant conservé leur statut traditionnel, c'est-à-dire les citoyens relevant des 69 coutumes et dont les litiges étaient tranchés antérieurement par les tribunaux coutumiers. Dans l'attente de l'installation des juridictions modernes dans leurs localités, les dispositions transitoires prévoyant le maintien des juridictions coutumières pour ne pas créer un vide juridique.

Ces assesseurs, au nombre de douze au moins par tribunal de première instance, sont nommés par arrêté du Garde des Sceaux, ministre de la Justice, et choisis parmi les notables. La liste des assesseurs doit être établie de telle manière que les justiciables du ressort puissent être jugés par des notables pratiquant leur coutume. Dans le cas où la coutume des parties ou de l'une d'elles, ne serait représentée par aucun des douze assesseurs, le tribunal invitera à siéger un notable de ladite coutume s'il s'en trouvait un au lieu du siège du tribunal ou à proximité. Ce notable sera obligatoirement consulté, et mention en sera faite au juge.

Il y a auprès de chaque tribunal de première instance, un Procureur de la République chargé d'exercer les fonctions de ministère public telles qu'elles sont définies par la loi. En cas d'absence ou d'empêchement, il est remplacé par le plus ancien des substituts.

D.- Les justices de paix

Les justices de paix ont leur siège aux chefs-lieux de région ou de département. Leur ressort respectif peut s'étendre à un ou plusieurs départements de la même région ou ne comprendre qu'une fraction de commune.

1. Composition et organisation (Décret n° 67-148 du 10 février 1967)

Les justices de paix sont constituées d'un ou plusieurs juges qui, sous réserve des dispositions de l'article 17, rendent seuls la justice dans les matières qui sont de leur compétence.

Au cas où une justice de paix comprend plusieurs juges, l'un d'eux, désigné par décret, est nommé juge directeur et répartit les affaires selon les besoins du service. Il n'y a pas de ministère public auprès des justices de paix. Chacune d'elle est rattachée à un tribunal de première instance, dont le Procureur exerce auprès d'elle l'action publique.

Le juge doit s'adjoindre, pour le jugement des affaires prévues par l'article 25 du décret n°67-148 du 10 février 1967, avec voix consultative, deux assesseurs pris parmi les citoyens ayant conservé leur statut traditionnel et désignés dans les conditions prévues à l'article 4 dudit décret.

Dans les chefs-lieux de région ou de cercle[46] où siège un tribunal de première instance et où il n'a pas été institué de justice de paix, les attributions du juge de paix sont, sous réserve des dispositions de l'article qui suit, exercées par le tribunal, et un ou plusieurs juges de ce tribunal sont désignés par le Président pour en assurer les fonctions qu'ils peuvent cumuler avec celles de juges au tribunal. Dans ce cas, les dispositions de l'article 16 ne sont pas applicables, et le Procureur de la République remplit auprès du juge ainsi délégué, les fonctions de ministère public.

Toutes les autres dispositions concernant les justices de paix sont applicables aux tribunaux de première instance statuant en matière de justice de paix.

Dans les localités où siège un tribunal de première instance, ainsi que dans celles où existe déjà un Cadi, les affaires prévues à l'article 10 de l'ordonnance n° 60-65 du 14 novembre 1960 fixant l'organisation judiciaire concernant les citoyens de coutume musulmane sont jugées par un Cadi et un Cadi suppléant, qui, au même titre que les juges, font partie intégrante de la justice de paix. Ces deux magistrats sont nommés par décret sur proposition du Garde des Sceaux, ministre de la Justice ; ils rendent seuls la Justice, et les dispositions de l'article 17 qui précède ne leur sont pas applicables.

Toutes les dispositions concernant les justices de paix sont, sous cette réserve, applicables aux justices de paix instituées au siège d'un tribunal. Les dispositions du deuxième paragraphe de l'article précédent

---

[46] Le cercle était la plus petite unité de l'administration dans les colonies africaines de la France de 1895 à 1946 dirigée par un Européen. Un cercle était composé de plusieurs cantons, qui eux-mêmes se composaient de plusieurs villages. Les commandants de cercle étaient également les juges du Code de l'Indigénat dans leur secteur. Au moment de l'indépendance du Sénégal, en 1960, les cantons de l'époque coloniale sont remplacés par des arrondissements qui sont au nombre de 85 à l'origine. Les arrondissements sont alors les subdivisions des cercles, eux-mêmes coiffés par sept régions. Une série de remaniements de l'organisation territoriale interviennent en 1961, 1964, 1972, 1984, 1990, 1996, 2002 et 2008, mais l'arrondissement reste une simple circonscription administrative sous la direction d'un sous-préfet qui représente l'État, dont il coordonne les services civils dans l'arrondissement. Le sous-préfet – qui a porté jusqu'en 1972 le titre de chef d'arrondissement – est aussi officier d'état civil ; il procède chaque année au recensement des populations et contrôle également l'action des présidents de conseils ruraux (cf. https://fr.wikipedia.org/wiki/Cercle_(France)).

sont applicables dans toutes les justices de paix instituées au siège d'un tribunal.

2. Compétence

Les juges de paix connaissent de tous les faits qualifiés de contravention de police commis dans l'étendue de leur ressort, ainsi que des délits pour lesquels la loi leur a spécialement donné compétence.

Outre les attributions qui leur sont dévolues par les textes particuliers actuellement en vigueur, les juges de paix connaissent à l'égard de toutes personnes, et jusqu'à la valeur de 20.000 francs, de toutes actions civiles ou commerciales purement personnelles ou mobilières. Ils connaissent aussi de tous incidents ou difficultés de procédure ou d'exécution et de toutes voies d'exécution lorsque l'objet du litige entre dans leur compétence et n'excède pas 20.000 francs.

Les juges de paix connaissent également, à l'égard de toutes personnes, de toutes difficultés entre bailleurs et locataires, lorsque les locations verbales ou écrites n'excèdent pas 20.000 francs annuellement.

Les juges de paix connaissent encore des demandes de pension alimentaire n'excédant pas en totalité 20.000 francs par an. Ils connaissent aussi de toutes les demandes reconventionnelles ou en compensation qui, par leur nature ou leur valeur, sont dans les limites de leur compétence alors même que ces demandes –réunies à la demande principale– excèdent les limites de leur juridiction. Ils connaissent, en outre, comme de la demande principale elle-même, des demandes reconventionnelles en dommages-intérêts fondées exclusivement sur la demande principale à quelque somme qu'elles puissent monter ; lorsque plusieurs demandes procèdent de causes différentes et non connexes sont formés par la même instance, la compétence du juge de paix est déterminée par la valeur totale de ces demandes.

La demande formée par plusieurs demandeurs contre plusieurs défendeurs, collectivement en vertu d'un titre commun, est jugée en dernier ressort si la somme totale est inférieure à 20.000 francs, sans égard à la part de chacun d'eux dans cette somme.

Les juges de paix connaissent à l'égard des personnes ayant conservé leur statut traditionnel, et ce, quelle que soit la valeur du litige de toutes actions concernant les matières prévues aux articles 10 et 12 de l'ordonnance n° 60-56 du 14 novembre 1960 fixant l'organisation judiciaire. Ils connaissent en toutes matières à l'égard des mêmes personnes et quelle que soit la valeur du litige, de tous litiges régis par les usages locaux dérivant de la coutume.

Dans toutes les affaires prévues aux articles précités et dans l'attente de la codification par la loi des diverses coutumes, les juges de paix doivent, en cas d'appel, joindre au jugement un rapport où sera consigné explicitement le texte de la coutume applicable et les sources où elle a été recherchée.

E.- Le tribunal spécial

Le Tribunal spécial a été institué par la loi n° 61-57 du 21 septembre 1961. Il avait compétence sur l'ensemble du territoire pour juger les crimes et délits de nature politique. En effet, en vertu de l'article premier de cette loi, le Tribunal spécial avait vocation à statuer sur : les crimes et les délits contre la sûreté intérieure et la sûreté extérieure de l'État, prévus par le Code pénal (troisième livre, titre I, chapitre premier) ; les crimes et les délits politiques, ceux de droit commun qui leur sont connexes ; et les crimes et les délits de droit commun déterminés en tout ou en partie par des motifs d'ordre politique.

Le Tribunal spécial siège à Dakar. Toutefois, lorsque les circonstances l'exigent, il peut se transporter dans une autre localité pour y connaitre d'une ou plusieurs affaires déterminées. La décision est prise par simple ordonnance du Président sur réquisitions du Commissaire du Gouvernement.

1. La composition du Tribunal spécial

Le Tribunal spécial se compose d'un magistrat, Président, et de deux assesseurs, d'un Commissaire du Gouvernement exerçant l'action publique, assisté de substituts et d'un greffier. Un ou plusieurs magistrats sont désignés pour remplir les fonctions de juge d'instruction. Les magistrats et greffiers sont nommés conformément aux règles constitutionnelles et statutaires les concernant ; ils n'ont pas à renouveler leur serment.

Les assesseurs sont désignés par décret du Président du Conseil parmi les citoyens sénégalais âgés d'au moins 30 ans et jouissant des droits politiques et civils ; avant leur installation, ils prêtent devant la cour d'appel le serment des magistrats.

Les membres du parquet peuvent être choisis hors de la magistrature ; dans ce cas, ils sont désignés, et prêtent serment dans les mêmes conditions que les assesseurs. Il peut être désigné pour chaque emploi autant de suppléants qu'il est nécessaire à la bonne administration de la juridiction.

Le président, les assesseurs, leurs suppléants et les juges d'instruction sont nommés pour une durée d'un an. Leur nomination est renouvelable (article 2).

2. Le fonctionnement du Tribunal spécial

Le fonctionnement du tribunal spécial est réglementé par les articles 5 à 11 de la loi.

Le Commissaire du Gouvernement procède ou fait procéder par tous officiers de police judiciaire à tous actes nécessaires à la recherche, à la constatation et à la poursuite des crimes et délits de la compétence du tribunal spécial ; il a dans les affaires de sa compétence les mêmes attributions que les Procureurs de la République.

La procédure d'instruction et son règlement, tant en matière criminelle que délictuelle, obéissent aux dispositions du code et des lois concernant l'information en matière de délits sous les réserves suivantes : les exemptions d'incompétence ne peuvent être soulevées par l'inculpé devant le juge d'instruction ; et les oppositions aux ordonnances statuant sur la détention sont portées devant le tribunal spécial. Celui-ci est saisi sans délai par le commissaire du Gouvernement. Il statue dans les mêmes formes que la chambre des mises en accusation saisie d'une opposition à une ordonnance du juge d'instruction.

Les autres recours contre les décisions du juge d'instruction seront portés devant la Chambre des mises en accusation de la Cour d'appel. À cette fin, le dossier de la procédure est transmis au Procureur général par le Commissaire du Gouvernement avec ses réquisitions. Le Procureur général saisit la Chambre des mises en accusation pour qu'il soit statué sur les réquisitions du Commissaire du Gouvernement. La Chambre des mises en accusation de la Cour d'appel doit statuer dans les dix jours de sa saisine.

La procédure d'examen et de jugement devant le Tribunal spécial est, quelle que soit l'infraction poursuivie, celle prévue par le code d'instruction criminelle devant le tribunal correctionnel.

En outre, le Président est investi du pouvoir discrétionnaire prévu par les articles 268 et 260 du code d'instruction criminelle. Le Tribunal spécial peut délivrer un mandat de dépôt ou un mandat d'arrêt conformément aux dispositions de l'article 193 du code d'instruction criminelle, quelle que soit l'infraction retenue, si la peine prononcée est d'au moins un an d'emprisonnement.

En matière de délits, la procédure de citation directe et celle de flagrant délit peuvent toujours être suivies, sauf lorsque sont en cause des relégables ou des mineurs.

Le Tribunal spécial statue en dernier ressort ; aucun appel de ses décisions n'est recevable. Toute déclaration faite au greffe relative à une voie de recours non recevable sera non avenue et jointe à la procédure sans qu'il y ait lieu à décision sur sa recevabilité. Les tribunaux de droit commun continueront à être compétents pour connaitre des infractions prévues par la présente loi, lorsque le commissaire du Gouvernement ne s'en sera pas saisi.

Le Commissaire du Gouvernement pourra demander aux juridictions de droit commun de se dessaisir des infractions qu'il estimera être de celles prévues par la présente loi, tant que les débats sur le fond n'auront pas commencé devant la juridiction de jugement. Il adressera à cette fin ses réquisitions au parquet compétent, qui les transmettra sans délai au juge saisi. Celui-ci est tenu d'y déférer et de transmettre le dossier des poursuites au commissaire du Gouvernement. Aucun recours n'est possible contre le dessaisissement du juge de droit commun. En cas de dessaisissement des juridictions de droit commun les actes d'instruction valablement accomplis n'ont pas à être refaits.

L'application des règles de compétence et de procédure prévues par la loi du 21 septembre 1961 sera sans effet sur l'application de la peine qui reste celle prévue par les codes et lois pour l'infraction poursuivie. Cependant, la contrainte par corps devra toujours être prononcée, quelle que soit l'infraction retenue. Les constitutions de partie civile ne sont pas recevables devant le Tribunal spécial.

FIGURE 1 : LE SYSTÈME JUDICIAIRE DU SÉNÉGAL EN 1960[47]

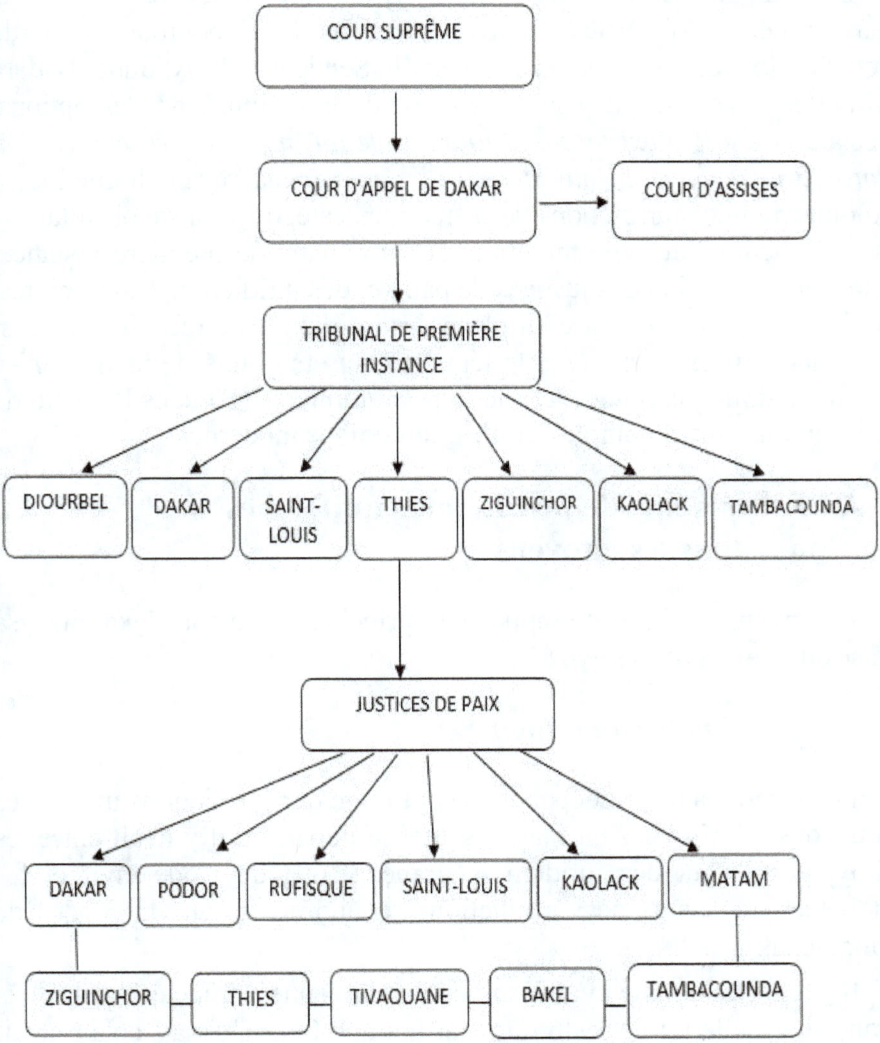

Ce schéma représente l'architecture des juridictions issues des lois de 1960. Il s'agit de la première structuration institutionnelle de la justice post indépendance. On voit bien sa structure pyramidale.

47 Figure réalisée par Cheikh Tidiane LAM.

§ 2. L'uniformité des juridictions de base

Dans un État de droit moderne, tous les citoyens doivent être régis par les mêmes lois et les mêmes institutions. C'est pourquoi le Garde des Sceaux, ministre de la Justice du Sénégal, M. Alioune Badara M'bengue, dans son discours inaugural de la commission des options, déclarait qu'*« Il n'existe pas d'État solide qui ne recouvre une Nation dotée d'un seul et même statut »* [48]. Le Sénégal ayant hérité de la colonisation des juridictions de différentes catégories, à savoir à la fois des juridictions de type moderne, des tribunaux de première instance, une Cour d'appel et des justices de paix, et des juridictions coutumières, il y avait urgence à mettre en place des juridictions uniformes. Mais si le principe a été retenu (A), le législateur a été obligé de maintenir –à titre transitoire– certaines juridictions coutumières (B) dans l'attente de leur remplacement complet par des juridictions modernes.

A.- Le principe de juridictions uniformes pour tous les citoyens

Il convient d'abord de rappeler le principe (1) avant d'examiner sa mise en œuvre progressive (2).

1. L'énoncé du principe

Les réformes post indépendance ont érigé des juridictions uniformes pour tous les citoyens en faisant sauter le départ qu'il y avait entre les citoyens relevant des juridictions françaises et du Code civil et les indigènes relevant des juridictions coutumières et du code de l'indigénat.

Il y a certes eu une évolution vers la citoyenneté française des sujets français avec la loi de 1946 dite "loi Lamine Guèye", mais cela n'avait pas gommé pour autant les disparités des régimes juridiques, certaines coutumes ayant survécu à cette nouvelle réalité du fait de la profondeur de l'attachement des populations à leur religion et à leurs traditions.

En effet, comme l'a soutenu avec pertinence le professeur Bernard Durand : *« les jeunes États d'Afrique noire ont à encadrer des groupes de populations parfois fort différents 'quant à leur dimension, leur*

[48] M. Alioune Badara M'Bengue, op.cit. p. 22.

dynamisme, leur pratique culturelle et leur degré de modernisation'. Ils doivent tenir compte dans leur politique législative des influences conjuguées du modernisme et de la tradition ; quelle que soit en définitive leur option en faveur d'un système résolument "moderne", d'un système "authentique", ou celui d'une voie "moyenne", le droit des pays africains reflète cette originalité de ne pouvoir faire table rase de la diversité. »[49]

2. Sa mise en œuvre

Désormais, ce sont les mêmes juridictions qui jugent tous les citoyens sans distinction ; et la Justice n'est désormais rendue que par des juges professionnels, en principe. Les administrateurs civils, les chefs de canton et les chefs de village ne participent plus à l'exercice de la justice.

B.- Les exceptions au principe

Les juridictions coutumières et les juridictions musulmanes sont supprimées. Il y a lieu de préciser, cependant que, compte tenu de la difficulté à couvrir l'ensemble du territoire en juridictions et en juges professionnels, certaines juridictions coutumières ont dû être maintenues provisoirement.

Par ailleurs, le cadi qui officiait comme juge plein dans le tribunal musulman est maintenu au niveau des justices de paix, mais son rôle est désormais confiné à un statut d'autorité à consulter dans les cas où le juge professionnel doit appliquer le droit musulman[50].

1. La survie provisoire des juridictions coutumières

L'ambition du législateur de couvrir le territoire national en juridiction uniforme et moderne ne pouvant se réaliser dans l'immédiat, on ne pouvait pas laisser des pans entiers de la population sans aucune structure susceptible de prendre en compte le traitement de leur litige. C'est pourquoi, le législateur a opté pour une démarche prudentielle

49 DURAND B., *Droit musulman. Droit successoral*, France, Revue internationale de droit comparé, année 1992, p. 121.

50 Auprès de chaque justice de paix, sont nommés par décret un cadi titulaire et un cadi suppléant.

tendant au dépérissement progressif des juridictions coutumières au fur et à mesure de l'implantation des nouvelles juridictions.

Ces mesures étaient d'autant plus nécessaires que le nouvel État ne disposait ni de suffisamment de ressources budgétaires ni encore moins de juges professionnels pour prendre en charge le déploiement optimal de la carte judiciaire mise en place par l'ordonnance de 1960 et ses décrets d'application.

2. Le maintien du Cadi dans le dispositif judiciaire

La nouvelle organisation judiciaire va se traduire par la mise à l'écart de tous les juges non professionnels, à l'exception notable du Cadi. En effet, ce dernier sera maintenu, mais verra son rôle amoindri puisqu'il est désormais confiné au rang de simple assistant dont l'avis facultatif du reste, n'est requis que lorsque le juge de paix est appelé à trancher un différend de nature familiale ou successorale, appelant l'application des règles du droit musulman.

Il est utile de rappeler, à ce niveau, que les Sénégalais, musulmans de confession, ont gardé le privilège de se marier selon les règles du droit musulman, mais également de voir leur succession dévolue selon ce droit en référence aux 69 coutumes codifiées. Ses privilèges seront ultérieurement consacrés par les dispositions du code de la famille adopté en 1972 et entré en vigueur en 1973.

Ainsi, au niveau de chaque Justice de paix, la loi exige la nomination d'un Cadi titulaire et d'un Cadi suppléant par décret du Président de la République.

CHAPITRE 2

LE PROGRAMME SECTORIEL JUSTICE

De 1960 à 2004, la justice sénégalaise s'est déployée par des réformes conduites de manière fragmentée et dispersée. L'expression de *modernisation* apparaissait parfois en filigrane dans les exposés de motifs ou était invoquée dans des discours officiels. Mais ce n'est en vérité qu'avec l'instauration du programme sectoriel justice (PSJ), précédée d'une étude diagnostique de 2002 menée par deux cabinets d'experts[51] et validée en 2004, qu'a été adopté un plan décennal de modernisation de la justice, ainsi dénommé programme sectoriel justice.

Ce programme, qui avait pour objectifs d'accroître l'efficacité et l'accessibilité de la Justice et d'améliorer le cadre institutionnel, et qui comprenait huit (8) volets, sera séquencé en trois périodes (2005-2007, 2008-2010, 2011-2013). Si le Sénégal a connu deux grandes réformes d'envergure de son système judiciaire, le programme sectoriel justice est le premier programme global ayant pour seule vocation de moderniser la justice, d'où son autre dénomination de *programme décennal de modernisation de la Justice*.

C'est pourquoi il apparaît indispensable de présenter le programme sectoriel justice (section 1), dans ses ambitions et ou ses objectifs principaux (§1) et dans ses différents axes de programmation (§2), avant d'étudier sa mise en œuvre effective (section 2) qui a fait connaître à l'administration de la Justice des avancées significatives (§1) mais qui a également connu des limites voire des échecs (§2).

[51] Cabinet de Maitre Mame Adama GUEYE et associés (avocats) et cabinet de Sakhir DIAGNE (expert-comptable).

SECTION 1. PRÉSENTATION DU PROGRAMME SECTORIEL JUSTICE (2004-2013)

Pour présenter le programme sectoriel justice, seront successivement analysés ses objectifs (§1) puis ses axes (§2).

§1. Les objectifs du programme sectoriel justice

Le programme sectoriel justice visait avant tout à améliorer l'accessibilité de la Justice, ce qui passait par une série de facilitations dont, entre autres, le recours aux modes alternatifs de règlement des conflits, à l'allégement des procédures, à la réduction des délais de traitement des décisions, à l'assistance judiciaire ; cependant, il ne suffit pas que la Justice soit accessible, encore faut-il qu'elle soit aussi efficace pour être le garant des droits et libertés. Mais ces deux objectifs –accessibilité et efficacité (A) – ne peuvent pas être atteints si le cadre institutionnel n'est pas lui-même amélioré (B).

A.- Accroître l'accessibilité et l'efficacité de la Justice

La principale critique faite à la Justice est liée aux difficultés de son accès mais aussi et surtout à son efficacité. Du fait des lenteurs dans la disponibilité des décisions et des difficultés dans leur exécution, la Justice sénégalaise donne en effet l'impression parfois d'une machine tournant à vide. Il n'est pas étonnant dès lors que les ambitions premières du PSJ fussent d'améliorer le fonctionnement de l'administration de la Justice sous l'angle de son accessibilité et de son efficacité.

1. L'amélioration de l'accessibilité de la Justice

La mise en place d'une Justice de proximité se fait par le renforcement du maillage territorial des juridictions, des services judiciaires d'administration, d'information, de médiation et de conciliation ; mais aussi par l'existence d'un dispositif opérationnel d'accès à l'aide juridictionnelle.

Trois principales missions sont poursuivies par le Programme Sectoriel Justice : la mise en œuvre de la réforme du secteur ; la promotion de la qualité du service public de la Justice, et la volonté d'approcher la justice du justiciable.

2. Le renforcement de l'efficacité de la Justice

Le renforcement de l'efficacité de la Justice se fait par l'amélioration de la qualité des prestations offertes aux usagers et par l'amélioration de l'environnement des affaires. Cette amélioration implique le parachèvement : du programme d'information des services et des juridictions, qui est aujourd'hui dans une phase de mise en opérationnalité au Palais de Justice de Lat Dior, du programme de construction et de réhabilitation des Palais de Justice et autres édifices, et du programme de renforcement des capacités des ressources humaines et des structures organisationnelles et de gestion, mais aussi par un vaste programme d'équipement.

B.- Améliorer le cadre institutionnel du ministère de la Justice

Plusieurs études ont montré un déficit dans le management des directions du ministère de la Justice. C'est d'ailleurs l'une des raisons ayant guidé l'éclatement de la Direction des services judiciaires (DSJ), qui gérait l'ensemble des personnels judiciaires et non judiciaires et le budget d'équipement du ministère, en deux directions à savoir ; la Direction des affaires administratives et de l'équipement (DAGE), et la Direction des services judiciaires (DSJ). En outre, beaucoup de sessions de formation en management et en techniques de gestion axée sur les résultats ont été organisées à leur intention.

Malgré tout, des problèmes de pilotage des directions et des services ont persisté.

1. Le renforcement des directions

C'est sans doute l'une des raisons qui ont fait que les initiateurs du PSJ ont retenu comme point essentiel l'amélioration du cadre institutionnel, car : *« la mise en œuvre du PSJ requiert un partenariat dynamique et efficace tant sur le plan de l'assistance technique pour l'acquisition et l'exploitation des équipements ainsi que la formation des personnels du système judiciaire que sur le plan du financement des différents volets du programme. Compte tenu de l'existence d'un savoir-faire local dans la conduite de programme intégré en faveur d'un appui institutionnel, et vue la complexité du PSJ, l'étude préconise le recours à l'expertise nationale et internationale, dont le programme, indiqué plus bas, doit permettre une appropriation rapide par la DAGE et/ou par la Cellule de Coordination de la Réforme de la Justice des techniques pouvant susciter une réelle dynamique de suivi du programme décennal. »*

2. Le renforcement des capacités

Cette assistance a été conçue comme un renforcement des capacités des principaux acteurs sur les points suivants : l'appui institutionnel par la mise en place de la Cellule (Création, mission, composition et membres, modalités de fonctionnement, d'administration et de contrôle et confection de la lettre de mission, budget et manuel de procédures ; capacité à mobiliser des partenaires institutionnels et le secteur privé autour d'actions communes,...) ; la sensibilisation de tous les acteurs, des professionnels et des usagers sur les enjeux de la réforme et ses implications ; la conception du programme de formation de l'ensemble du ministère au cours de la période décennale[52] ; l'appui à la passation des marchés pour les réhabilitations et les constructions, pour l'élaboration des différents plans directeurs informatiques, pour l'acquisition des équipements et progiciels informatiques ; l'appui à la mise en place d'une dynamique permettant l'optimisation de la Cellule pour le suivi des indicateurs de performances et d'impact de la Réforme de la justice sénégalaise ; la mise en place de mécanismes de financements du PSJ ; et enfin, la mise en place d'un système d'évaluation et de contrôle.

§ 2. Les axes du programme sectoriel de justice.

Le PSJ devait s'exécuter en trois phases clés, structurées par des programmes d'actions prioritaires (A), avec des financements ciblés provenant pour une partie du budget de l'État et pour l'autre des financements des partenaires techniques et financiers (B).

---

[52] Dans les domaines bureautique et informatique et sur le système de programmation budgétaire par objectifs.

A.- Les programmes d'actions prioritaires

Le PSJ devait s'exécuter sous forme de trois programmes axés sur les trois objectifs du projet décennal de modernisation : le premier programme concernait l'efficacité de la Justice (1) ; le deuxième était relatif à son accessibilité (2) tandis que le troisième avait trait à son cadre institutionnel (3).

1. Programme 1 : accroître l'efficacité de la Justice

Ce programme disposait de huit composantes avec des objectifs spécifiques, des extrants attendus et des structures chargées de la mise en œuvre (imputation responsabilité).

Dans ce programme les composantes étaient l'amélioration de l'exécution des décisions de justice, de la prise en charge des enfants en situation difficile, du cadre de vie et des conditions de détention (des détenus provisoires et des condamnés), du dispositif de préparation à la réinsertion des mineurs en situations difficiles et des condamnés, la définition d'un schéma directeur immobilier, la mise en place du Casier Judiciaire, la modernisation et fiabilisation du RCCM, le renforcement des capacités techniques et institutionnelles des juridictions et de la chancellerie.

L'ensemble de ces huit projets avaient pour objectifs spécifiques de réduire les délais d'exécution, d'assurer l'effectivité des décisions de justice, de renforcer les capacités de prise en charge des enfants en danger ou en conflit avec la loi, de renforcer les capacités de prise en charge des détenus, de renforcer les mesures facilitant la réinsertion des condamnés et des mineurs en situation difficile, de mettre en place un plan d'actions prioritaires pour la construction et la réhabilitation des juridictions et autres services déconcentrés, d'assurer la fiabilité du casier judiciaire et celle du RCCM, de réduire les délais de délivrance des décisions de justice, d'améliorer le cadre de travail et d'accroître les performances des acteurs.

Le tout devait aboutir au renforcement de la sécurité judiciaire, à l'amélioration du taux d'allocation et d'entretien des enfants, à l'humanisation de la vie carcérale, à la réinsertion sociale des enfants en conflit avec la loi et des condamnés, à la mise en œuvre du programme d'actions prioritaires (PAP) immobilier, du casier judiciaire fiable et délivré dans les délais rapides, du RCCM fiable et délivré dans les délais rapides, au renforcement de l'équipement de la chancellerie, des juridictions et services rattachés, sous le contrôle de la Direction des affaires civiles et du sceau (DACS), de la Direction des affaires criminelles et des grâces (DACG), de la Direction de l'éducation surveillée et de la protection sociale (DESPS), de la Direction de l'administration pénitentiaire (DAP), et de la Direction de l'administration générale et de l'équipement (DAGE).

2. Programme 2 : améliorer l'accessibilité de la justice

Ce programme dispose de trois composantes et repose sur treize activités avec des objectifs spécifiques, des extrants attendus et des structures chargées de la mise en œuvre comme le programme 1.

Ce programme avait l'ambition d'améliorer l'efficacité de l'aide juridictionnelle, de mettre en œuvre le plan de communication et de poursuivre la mise en place du dispositif « Justice de proximité » (maisons de justice, bureaux d'accueil et d'orientation, d'information).

Les objectifs visés étaient de rendre la justice plus accessible et plus équitable aux personnes démunies de moyens, de réduire le déficit de communication interne du ministère de la Justice, de réduire le déficit de communication externe du ministère de la Justice, de désencombrer les juridictions, d'améliorer l'accueil et l'orientation des justiciables.

Les résultats attendus étaient d'accroître le nombre de bénéficiaires, de mieux coordonner les activités, de rendre plus visibles ses réalisations, de réduire le délai et les coûts de traitement au niveau des juridictions et enfin de mieux informer les justiciables sur les procédures judiciaires.

L'atteinte de ses objectifs devait se faire sous le contrôle et la supervision de la Direction des affaires civiles et du sceau, de la Direction des affaires criminelles et des grâces et du Service de la communication du ministère de la Justice.

3. Programme 3 : améliorer le cadre institutionnel

Ce programme visant à améliorer le cadre institutionnel était composé de sept projets avec des objectifs spécifiques, des extrants attendus ainsi que des structures chargées de la mise en œuvre (imputation de responsabilité).

Ces projets visaient à améliorer les conditions d'application des textes, à mieux coordonner l'exercice de planification, à élaborer la nouvelle carte judiciaire, à finaliser le processus de réorganisation de la chancellerie, à organiser le système de la justice, à réformer les statuts des professions judiciaires et à renforcer la qualité des ressources humaines.

Ces projets devaient se traduire par la mise en conformité du droit sénégalais avec le droit communautaire et le droit international, par la maîtrise des outils de planification, par l'évaluation à mi-parcours du PSJ ; ils visaient aussi à assurer une meilleure implantation des services judiciaires, à optimiser la répartition des compétences du service public de la justice, à achever le processus de réorganisation des directions et services rattachés, à mettre en œuvre un schéma directeur statistique de la Justice (SDSJ), à améliorer les conditions d'exercice des professions de personnels judiciaires et des auxiliaires de justice et à accroître les performances des acteurs de la justice.

Les objectifs à atteindre, en lien avec la DACS, la CEDAF, la DSJ, le SG et le CFJ, étaient d'assurer la sécurité juridique et judiciaire, de rendre disponible et opérationnel le cadre de dépense sectorielle à moyen terme (CDSMT), de réviser le PSJ, d'avoir une meilleure couverture judiciaire et une meilleure distribution du service public de la Justice, d'accroître les capacités opérationnelles des directions, de rendre fiables et disponibles les statistiques, de motiver davantage les personnels judiciaires et enfin de mieux assurer la qualité du service public de la justice.

Il est évident que ces ambitieux programmes ainsi que leurs multiples activités ne pouvaient être réalisés sans des moyens financiers substantiels.

B.- Les financements du programme sectoriel justice

Le financement du PSJ était évalué à environ 110 milliards de francs CFA, mais au moment de son démarrage effectif en 2005, il y eut une difficulté à boucler son financement. Cette contrainte s'expliquait par la faiblesse du budget de l'État tout comme celui dédié au département du ministère de la Justice, d'une part, et par le comportement des partenaires au développement, toujours adeptes d'une démarche unilatérale plus à même de leur donner une certaine lisibilité, d'autre part.

L'État du Sénégal a dû recourir à une conférence des bailleurs de fonds pour leur présenter son projet et leur demander d'intégrer leurs activités ainsi que leurs financements dans le cadre structurant du PSJ. Au total, le PSJ a été financé en partie par l'État et pour l'autre par les partenaires techniques et financiers (PTF).

1. Les financements de l'État sénégalais

Malgré l'intérêt porté par les partenaires au développement sur le programme sectoriel justice du fait de son caractère innovant et prospectif, l'essentiel du financement du programme a été supporté par l'État du Sénégal. Cela s'est traduit par une augmentation substantielle du budget alloué au ministère de la Justice. C'est ainsi que le budget a connu une croissance continue de 2005 à 2009, passant ainsi de 11.950.521.000 francs CFA en 2005 à 20.067.674.000 francs CFA en 2006, puis à 24.639.314.000 francs CFA en 2007, ensuite à 26.490.640.000 francs CFA, et enfin à 26.705.935.000 francs CFA., soit une progression de 123,5 % par rapport à 2005.

De 2010 à 2013, l'État du Sénégal a continué son effort dans le soutien budgétaire du ministère de la Justice, malgré les contraintes nouvelles imposées par les lois de transposition de la directive 05/97/CM/UEMOA du 16 décembre 1997 qui ont placé le département de la Justice sous CDSMT. Mais en dépit de cet effort, l'État n'a pas atteint les 3 % de son budget global, seuil qui était recommandé par l'étude sur le PSJ pour impulser durablement la dynamique des réformes enclenchées par ledit PSJ.

L'appui des bailleurs de fonds était alors nécessaire pour accompagner et compléter l'action de l'État dans son programme de modernisation de la justice.

2. L'apport des partenaires au développement dans le financement du PSJ

L'État du Sénégal a été principalement soutenu dans ses efforts de financement du PSJ par l'Union Européenne, la Banque Mondiale et la Coopération française. À titre illustratif, la Banque mondiale à travers le projet Gouvernance Économique (PGE) a initié un projet d'appui au PSJ d'un coût total de 8 millions de dollars selon l'accord de crédit n° 4703-SN du 20 juillet 2010.

L'Union Européenne est intervenue dans le cadre du neuvième Fonds européen de Développement (FED) à hauteur de 5,7 millions d'euros pour soutenir les projets d'informatisation et d'interconnexion des chaines judiciaires.

Quant à la République française, elle a contribué à hauteur de 2 millions d'euros, avec une priorité accordée à la formation initiale et continue ainsi que la justice de proximité.

SECTION 2. LA MISE EN ŒUVRE EFFECTIVE DU PROGRAMME SECTORIEL JUSTICE

Le programme sectoriel justice a obtenu des résultats probants dans sa mise en œuvre permettant ainsi à la Justice sénégalaise de connaître des avancées significatives dans son processus de modernisation (§1) ; mais il a également rencontré des limites voire des contraintes (§2) qui ont poussé l'État sénégalais à renégocier avec ses partenaires techniques et financiers pour proroger la fin du projet au premier trimestre de 2015.

§ 1. Des avancées significatives

Le PSJ a eu des résultats significatifs dans beaucoup de secteurs, mais, indéniablement, c'est au niveau de la revalorisation des infrastructures et des équipements (A) et du renforcement qualitatif et quantitatif des personnels (B) que ses actions ont été les plus visibles et les plus palpables.

A.- La revalorisation des infrastructures et des équipements

Le programme sectoriel justice a sensiblement changé le visage de la Justice par la réhabilitation et la construction de juridictions et d'autres édifices rattachés au ministère de la Justice. Il a en outre relevé le niveau d'équipement desdites structures, contribuant ainsi à l'amélioration des conditions de travail d'une bonne partie des personnels.

1. L'amélioration du cadre de travail des personnels de la justice

Avant la mise en œuvre du PSJ, la Justice sénégalaise était dans un état déplorable en termes d'infrastructures, et ce pratiquement à tous les niveaux.

Les juridictions de Dakar, après avoir quitté précipitamment l'ancien Palais de justice qui menaçait ruine, ont été dispersées sur plusieurs sites, qui n'étaient pas conçus pour abriter des juridictions. Ainsi : la Cour suprême est partie occuper le site de l'ex-musée dynamique et les locaux d'un ancien ministère ; le tribunal hors classe de Dakar a été partagé entre une annexe de la Direction générale de la Gendarmerie et le bloc des Madeleines, bâtiment appartenant à la Direction des Douanes.

Plusieurs juridictions de l'intérieur étaient abritées dans de vieux bâtiments ayant servi de lieux de commerce des maisons bordelaises, tandis que le reste des juridictions officiaient dans des maisons d'habitation louées par l'État.

Avec le PSJ, outre la réhabilitation de plusieurs juridictions, des palais de justice ont été édifiés dans plusieurs régions, notamment à Dakar (Palais de justice Lat Dior), à Pikine-Guédiawaye, à Mbour, Kédougou, Foundiougne, Bignona, Oussouye, Louga, Thiès et Kaolack.

2. La revalorisation des équipements

Ces nouvelles constructions ont été équipées de matériels neufs. Les personnels, notamment les chefs de service, ont tous été dotés de véhicules de fonction. Pratiquement tous les personnels, tels les magistrats et les greffiers, disposent désormais d'ordinateurs fixes et parfois d'ordinateurs portables.

B.- La revalorisation des ressources humaines

1. L'augmentation des effectifs

En plus des investissements réalisés en matière d'infrastructures et d'équipements pour mettre les magistrats et greffiers dans les meilleures conditions de travail possible, ont été accrus leurs effectifs : de 2000 à nos jours, les efforts en matière de renforcement des ressources humaines ont fait passer l'effectif des magistrats de 229 à 466 (soit une augmentation de 104 %) et celui des greffiers en chef et greffiers de 102 à 288 (soit une augmentation de 182 %).

Au titre des années 2008, 2009 et 2010, un recrutement de 20 auditeurs de Justice et de 50 élèves greffiers a été fait chaque année.

Au titre de l'année 2011, le gouvernement a autorisé le recrutement de 50 magistrats et de 50 greffiers ainsi que de 84 agents pour l'Administration pénitentiaire.

2. L'amélioration des revenus

Cette politique de recrutement et de formation a été accompagnée de mesures d'amélioration du niveau de rémunération des personnels avec l'attribution d'une indemnité de participation à la judicature au profit des personnels des services des greffes et parquets, l'augmentation substantielle de l'indemnité de judicature des magistrats, l'octroi d'une indemnité de logement au personnel pénitentiaire, ainsi que l'allongement de l'âge de la retraite des gardiens de prison de 52 à 55 ans.

L'informatisation a assuré au système judiciaire une meilleure crédibilité, et contribue à garantir et à renforcer l'État de droit ; elle accroît la sécurité, et constitue le gage d'une plus grande transparence du système judiciaire ; elle assure la rapidité dans le traitement des dossiers, permet un paramétrage unique du système judiciaire, et instaure ainsi une harmonisation des pratiques et un respect des procédures.

§ 2. Les limites observées

Malgré les résultats positifs obtenus par le programme sectoriel justice, les difficultés dans certains domaines ont persisté, au point qu'en 2010, une convention de financement au projet d'appui du programme sectoriel justice de 7.900.000 euros a été signée dans le cadre du 10ème FED pour qu'en janvier 2015, l'accès et l'efficacité de la justice soient améliorés à travers trois axes et objectifs spécifiques, à savoir : faciliter l'accès à la justice et équilibrer l'activité des juridictions en la déconcentrant de Dakar vers les régions ; accroître la transparence et la rapidité du traitement des affaires judiciaires par l'informatique ; et maintenir la dynamique des réformes, c'est-à-dire renforcer les capacités de la chancellerie de piloter la modernisation de la justice et de développer un système d'information adéquat.

Ces trois objectifs ont donné lieu à trois résultats concrets : les locaux de quatre juridictions sont rendus fonctionnels, ce qui assure un meilleur fonctionnement de la justice ; les procédures judiciaires sont automatisées, ce qui permet et apporte transparence, sécurité et rapidité ; le pilotage et le suivi du PSJ sont rendus efficaces, avec notamment une maîtrise des données de l'activité judiciaire et une revue annuelle du fonctionnement de la justice.

Nous examinerons d'abord les difficultés du PSJ qui ont persisté (A) avant d'aborder les projets qui n'ont pas été menés à bon port (B).

A.- La survivance de certaines difficultés

La survivance des difficultés a trait au déploiement des chaines judiciaires (1), à la faible amélioration des conditions de détention (2) et à l'absence de politique de communication du ministère de la Justice (3).

1. Les difficultés de déploiement optimal des chaines judiciaires

Le projet d'informatisation de la chaîne pénale initié depuis le 9ème Fonds Européen de développement (FED) a atteint une avancée réelle avec la réception officielle de la version stable de l'application et son déploiement au niveau des juridictions de la région de Dakar pour des tests.

Le bilan partiel tiré de ce pré-déploiement a permis d'identifier certaines limites et contraintes qui ont retardé la mise en opération du nouveau système.

Ont ainsi été identifiés les points suivants : le retard dans le processus de développement et de validation des derniers modules de la Chaîne Pénale (Cabinet d'instruction, Appel et Statistiques) ; la non-validation des modules des autres chaînes (sociale, civile, commerciale et familiale) ; l'insuffisance de ressources humaines qualifiées ; le niveau –limité– de maîtrise de l'outil informatique par les agents judiciaires et le besoin en formation sur les modules validés du progiciel ; l'absence d'un dispositif efficace d'accompagnement et de maintenance ; la vétusté des locaux et les coupures d'alimentation électrique.

Pour tenter de remédier à ces problèmes, un plan d'actions a été mis en œuvre avec tous les acteurs : la Direction de l'informatique du ministère de la Justice (DIMJ), la Cellule d'Exécution Administrative et Financière du Programme Sectoriel de la Justice (CEDAF), la Direction de l'information de l'Université Cheikh Anta Diop (DIUCAD), l'Ordonnateur National (ON), la Délégation de l'Union Européenne (DUE), et cela plus précisément pour finaliser le déploiement au niveau de Dakar, de rendre fonctionnel le système au niveau des juridictions de Dakar, de valider les autres chaînes puis de démarrer le déploiement au niveau des régions.

Le plan couvre les volets suivants : l'instauration de « comités de validation » et la validation des modules déjà développés, la finalisation des modules non développés, l'actualisation et la mise à disposition du manuel de l'utilisateur, la formation des utilisateurs et des administrateurs, l'interconnexion des sites judiciaires au niveau national, l'achèvement de l'équipement complémentaire des juridictions, le déploiement de l'application au niveau de toutes les juridictions, la mise en place d'un dispositif d'accompagnement et de maintenance, l'appui au maintien de la dynamique des réformes.

La mise en œuvre des volets susmentionnés nécessite un appui technique et humain spécifique : il s'agit de renforcer la Chancellerie, et plus particulièrement la CEDAF, pour le pilotage et le suivi du PSJ.

2. Une faible amélioration des conditions de détention

Le Sénégal, avec une population carcérale de 10.045 individus à la date du 31 décembre 2017[53] pour une population de 15 millions d'habitants, peut être considéré comme un pays à délinquance réduite. Le problème ne se situe pas au niveau du nombre des pensionnaires des établissements pénitentiaires mais plutôt des conditions de détention dans ces lieux de privation de liberté très vétustes, et en certains endroits, très souvent surpeuplés du fait des dépassements des capacités d'accueil (Dakar[54], Saint-Louis, Kaolack, Thiès).

---

[53] Cf. Revue annuelle 2018 du ministère de la Justice, p. 61.

[54] Il arrive fréquemment que la maison d'arrêt de Reubeus dépasse le cap de 2.000 pensionnaires alors que sa capacité d'accueil est de 800 détenus.

Si des efforts de construction ont été notés pour les juridictions et les services de la DESPS, aucune nouvelle prison n'a été construite depuis les indépendances. Sur les 37 établissements, seuls deux ont été conçus pour servir de lieux de détention, ceux de Dakar et de Saint-Louis, qui remontent respectivement aux années 1860 et 1920, tout le reste est constitué d'anciennes écoles, d'écuries ou de poudrières.

Les activités socio-éducatives et de réinsertion sont les parents pauvres des politiques pénitentiaires menées depuis plusieurs années. Le camp pénal de liberté 6 fait office de privilégié de ce point de vue, puisqu'il a bénéficié de plus d'investissements tandis que les autres structures ont presque été laissées en rade. Il urge sur ce plan d'avoir un ambitieux programme de construction de nouvelles prisons aux normes et d'abandonner –enfin– les multiples actions de réhabilitation budgétivores et peu efficaces.

3. Une absence de politique de communication du ministère de la Justice

Durant toute la période de déroulement du PSJ et jusqu'à présent d'ailleurs, le ministère de la Justice n'arrive toujours pas à avoir une politique de communication encadrée et cohérente capable de porter à l'attention des acteurs et du grand public ses politiques publiques, les démarches qu'il faut entreprendre pour saisir ses services, etc.

La cellule de communication se réduit le plus souvent à un journaliste qui change au gré des remaniements ministériels. À ce jour, le ministère ne dispose pas de site internet fonctionnel, ni de bulletin d'information, encore moins de publications de chiffres clés sur le fonctionnement des juridictions.

La communication se réduit à des interventions du Garde des Sceaux ou de ses représentants à l'occasion de séminaires ou de colloques auxquels ils participent, à de rares communiqués de presse suite à des attaques sur la gestion d'un dossier ou d'un évènement malheureux survenu dans le secteur ou des conférences de presse des procureurs près les TGI sur les affaires surmédiatisées. La majorité des acteurs judiciaires ignore totalement les programmes déclinés par le ministère de la Justice, puisque les supports de communication tels que les rapports d'activités, les recommandations issues de séminaires importants, les rapports de suivi-évaluation et les rapports de contrôle ne sont pas diffusés ni partagés avec le plus grand nombre d'acteurs. Il est vrai que, souvent, les chefs de cour et de juridiction qui participent le plus régulièrement aux réunions et séminaires reçoivent les brochures et les documents d'information à ces occasions mais malheureusement, la duplication et le partage d'information se font rarement à la base.

B.- Des projets inaboutis

À la fin du PSJ en avril 2015,[55] certaines des réformes majeures prévues n'avaient pas été prises, car avaient été privilégiées des « réformettes » alors qu'avaient été remis aux calendes grecques les changements nécessitant d'agir en profondeur.

Au moment du bilan, on accéléra alors la cadence ; et là, ce fut plutôt un passage au forceps, parfois contre l'avis des acteurs eux-mêmes qui avaient pu, par le passé, trouvé un consensus et des plages de discussions. Même si ces réformes ont apporté quelques innovations, elles n'ont pas permis de mieux garantir les droits et libertés.

Ce fut, en particulier, le cas des réformes de la carte judiciaire, de la Cour Suprême, de l'institution des tribunaux de commerce, de la loi sur le Conseil Supérieur de la Magistrature.

Par ailleurs, l'informatisation et l'interconnexion des chaines judiciaires (pénale, familiale, sociale, civile) en étaient toujours à des phases tests dans les juridictions de Dakar, avec un usage très faible des séquences fonctionnelles[56]. Il subsistait toujours une absence de dispositif efficace d'information des acteurs judiciaires et du grand public (le site internet du ministère n'était pas fonctionnel), des difficultés d'accès par voie électronique à la jurisprudence des juridictions des Cours et Tribunaux, une absence de disponibilité des codes et textes de loi mis à jour, entre autres[57].

Cette sorte de session de rattrapage, hors champs du programme sectoriel justice, a conduit à une inflation de textes de lois qui étaient le plus souvent des lois de circonstances. Alors que le PSJ devrait se traduire par une modernisation de la justice dans son mode de fonctionnement et ses outils de travail, on s'est retrouvé avec des

---

[55] Le terme était initialement fixé en 2013.

[56] L'étude diagnostic sur l'informatisation avait retenu un taux d'usage de 11% de la chaine pénale.

[57] À ce jour, malgré les multiples réformes intervenues ces 10 dernières années, le Sénégal ne dispose pas d'une Constitution mise à jour, encore moins d'un Code pénal et d'un code de procédure pénale actualisés.

projets d'informatisation inachevés (1) et un dispositif de recueil des données inabouti (2).

1. Des projets d'informatisations inachevés

L'un des objectifs du PSJ était d'informatiser le casier judiciaire et l'état-civil. Mais jusqu'à présent, on a du mal à avoir de la fiabilité et de la complémentarité dans ces deux secteurs.

a. Un état civil quasi inexistant

Sans s'en rendre compte parfois, d'autres fois à dessein, les autorités politiques et administratives déstructurent l'organisation administrative par la création de nouvelles régions[58], de nouvelles communes ou de nouveaux départements sans aucune rationalité. Le substrat qui demeure constant est que de telles réformes sont toujours teintées de visées électoralistes : quel découpage mettre en œuvre pour assurer la victoire des tenants du pouvoir aux différentes joutes électorales ?

Ce qui donne des entités régionales et communales peu viables économiquement, ce par manque d'infrastructures de base et d'autonomie financière, d'où une dépendance totale vis-à-vis des subventions de l'État, faute de ressources et de politique de développement propres.

Mais la conséquence la plus dramatique au plan de l'état civil, c'est l'éclatement des municipalités entraînant une perte de la mémoire institutionnelle (disparition des registres, détérioration des archives, absence de traçabilité des registres).

Du fait du faible niveau de la plupart des maires et des personnels qui les assistent dans la tenue de l'état civil, il y a beaucoup de problèmes de transcription entraînant ainsi un gonflement du contentieux de l'état civil par de multiples demandes de rectification ou d'annulation d'actes. Il n'est alors pas étonnant que l'essentiel du contentieux des tribunaux départementaux devenus tribunaux d'instance soit constitué par ce type de requêtes.

Vu l'importance des jugements déclaratifs tardifs de naissance, on a l'impression que des franges entières de la population renaissent chaque année ou alors qu'aucune naissance n'a été enregistrée dans certaines

---

[58] Création de la région de Matam en 2002, et des régions de Kaffrine, Sédhiou et Kédougou, auparavant des régions de Louga et Fatick.

contrées depuis des lustres.[59] Ce problème persistant et lancinant qu'aucun régime ne veut prendre à bras le corps, est à la base de la modernisation de la justice et de l'État tout court. Il faudrait impérativement entreprendre une politique de fiabilisation de notre état civil. Il ne sert à rien d'avoir des cartes d'identité et des passeports biométriques si la pièce qui leur sert de support n'est pas sécurisé et s'obtient trop facilement[60].

b. Un casier judiciaire en quête de fiabilité

Le casier judiciaire est bien réglementé par le décret n° 65-727 du 30 octobre 1965. L'article 1er dispose en effet que le casier judiciaire institué près du tribunal de première instance est tenu par le Greffier en chef du tribunal sous la surveillance du Procureur de la République et du Procureur général de la Cour d'appel. L'article 2 du même texte ajoute que le service du casier judiciaire central établi au greffe de la Cour d'appel de Dakar est dirigé par le Greffier en chef sous la surveillance du Procureur général.

Il est également précisé qu'*« une fiche du casier judiciaire est établie au nom de toute personne qui a été l'objet d'une des décisions énumérées à l'article 726 du Code de procédure pénal »*[61]. Si cette

---

59 Le Dr Abdoul Kader Diop, responsable régional au Haut-commissariat des Nations Unies pour les réfugiés (HCR) affirme que plus de 30% de la population sont dépourvus d'état civil lors d'une rencontre organisée en décembre 2017 par le HCR, l'Agence universitaire francophone (AUF) et l'Université Gaston Berger de Saint-Louis (UGB).

60 Beaucoup de sénégalais n'arrivent pas renouveler lesdits actes du fait des difficultés voire de l'impossibilité à avoir un acte d'état civil conforme à celui initialement déposé soit pour défaut d'enregistrement, soit pour faux, soit du fait d'une erreur matériel nécessitant l'intervention d'un jugement rectificatif.

61 Article 726 du code de procédure pénale : *« Le greffier de chaque tribunal reçoit, en ce qui concerne les personnes nées dans la circonscription du tribunal, et après vérification de leur identité aux registres de l'état civil, des fiches constatant :*

1. les condamnations contradictoires ou par contumace et les condamnations par défaut non frappées d'opposition prononcées pour crime et délit par toute juridiction répressive y compris les condamnations avec sursis ;

2. les décisions prononcées par application des textes relatifs à l'enfant délinquante ;

3. les décisions prononcées par l'autorité judiciaire ou par une autorité administrative lorsqu'elles entrainent ou édictent des incapacités ;

4. les jugements déclaratifs de famille ou de liquidation judiciaire ;

5. tous les jugements prononçant la déchéance de la puissance paternelle ou le retrait de tout ou partie des droits y attachés ;

fiche concerne une personne pour laquelle il en existe déjà une, *« la nouvelle fiche porte clairement la mention déjà condamnée »* (article 3 du décret n° 65-727 du 30 octobre 1967 relatif au casier judiciaire).

Malheureusement, dans la pratique, ces dispositions ne sont pas du tout respectées par les juridictions sénégalaises. Les fiches du casier judiciaire, tant au niveau des TGI que de la Cour d'appel, ne sont ni tenues, ni établies, ni transmises. Ce qui fait qu'en pratique, il n'est procédé à aucun contrôle de la situation pénale des demandeurs de casiers judiciaires. Il suffit simplement de présenter une pièce d'identité et de payer les frais de timbres pour obtenir un casier.

On ne peut pas parler d'existence de casier judiciaire dans ces conditions, et encore moins de fiabilité. C'est la raison pour laquelle, la modernisation du casier judiciaire avait été inscrite dans les objectifs du PSJ ; mais à ce jour, on en est toujours à des études de faisabilité d'un casier judiciaire national à centraliser et à fiabiliser.

Parmi les 5 projets prioritaires soumis par le ministère de la Justice en 2015 pour un financement par le ministère de l'Économie et des Finances (MEF), figurait en bonne place, le projet d'informatisation du casier judiciaire. L'étude de faisabilité dudit projet a fait l'objet d'une évaluation ex-ante suivi d'un pré-rapport partiel en octobre 2016 du cabinet SENES ; mais ce pré-rapport, malgré plusieurs réunions entre les représentants du ministère de la Justice et ceux du MEF n'a pas encore été validé.

2. L'absence d'un dispositif global de collecte, de traitement et d'analyse de statistiques judiciaires

Les Directions du ministère de la Justice ainsi que leurs services rattachés et les juridictions du pays tiennent certes des statistiques, mais le problème est que celles-ci ne sont ni standardisées ni centralisées par un dispositif unique permettant une collecte d'ensemble des données pour produire des chiffres clés de la Justice.

Certaines directions, telles que la DESPS et la DAP, de même que la Cour suprême, produisent régulièrement des statistiques qui sont

---

6. les arrêtés d'expulsion pris contre les étrangers.
Les condamnations et décisions précitées ne font l'objet d'une fiche que lorsqu'elles sont devenues définitives. »

publiées à travers leurs rapports d'activité[62], tandis que les autres juridictions ou services les produisent de manière sporadique pour des besoins ponctuels d'une mission, d'une étude ou à la demande des autorités.

Au début de la mise en œuvre de la chaine pénale, entre les années 2002 et 2007, l'IGAJ, sur la base des données recueillies sur le maillon fonctionnel de la chaine pénale (41 parquets interconnectés), avaient pu produire des chiffres clés de la justice et mener différentes études sur la nature de la délinquance et la politique pénale au Sénégal[63].

Mais depuis lors, le ministère de la Justice est en difficulté pour produire des statistiques qui reflètent fidèlement l'ensemble des activités de ses directions et services ainsi que du fonctionnel des Cours et tribunaux. Une étude récente menée par une experte recrutée par le PARED pour la mise en place du système d'information sur la justice a relevé qu'*« il semble que la faiblesse de la production statistique au niveau national soit en partie imputable à une insuffisante clarification des besoins »*.

La statistique pâtit de l'absence d'un travail de définition des données pertinentes au niveau national, tant pour les besoins de contrôle de gestion que pour les besoins de définition et de pilotage de la politique du secteur, et pour répondre aux demandes des bailleurs de fonds. Il en résulte une focalisation sans doute excessive sur un

---

[62] Une étude menée en 2012 en vue de l'adoption d'un plan directeur statistique du ministère de la Justice avait relevé que toutes les directions du ministère avaient été visitées, et que l'analyse de l'existant en matière de production statistique permettait de distinguer deux grands groupes : un premier groupe constitué de structures disposant d'un système de collecte, d'analyse et de transmission d'informations et accordant beaucoup d'intérêt à la production de données statistiques avec des moyens plus ou moins adéquats (il s'agit essentiellement de la Direction de l'Administration Pénitentiaire et de la Direction de l'Éducation Surveillée et de la Protection sociale ; toutefois, ces structures ne disposent pas de pro-logiciels spécifiques de traitement de données, celui-ci étant réalisé avec Excel sans procédures intégrées de contrôle des données) ; un deuxième groupe constitué de structures qui, bien que produisant des rapports annuels, sont caractérisées par l'absence totale d'un dispositif de collecte, de traitement et d'analyse d'informations.

[63] Cf., NDIAYE Mandiogou et ROBIN Nelly, *Les mineurs en conflits avec la loi au Sénégal - Une réalité à redécouvrir*, Chiffres clés de la justice 2003, Étude financée par le Fonds d'études et de consultations sénégalo-Belge, République du Sénégal, p. 57.

indicateur supposé condenser les progrès attendus de la Justice : la durée moyenne de traitement des affaires.

Or, en l'état actuel du fonctionnement des juridictions, sans application informatique permettant de compter, affaire par affaire, le temps exact écoulé entre l'ouverture et la clôture d'un dossier, il est impossible de mesurer à partir du comptage manuel la durée moyenne de traitement des affaires. Les chiffres publiés à cet égard sont extrêmement fragiles.

L'expert s'attachera donc à proposer une liste raisonnée de totalisation et d'indicateurs qui devraient constituer les objectifs à atteindre, à court terme, et une alternative à l'indicateur de durée moyenne de traitement des affaires, chiffrable avec un degré satisfaisant de fiabilité[64].

Dans ces conditions, il est difficile, voire illusoire, de mesurer en toute objectivité la performance des différents acteurs, faute de situation de référence et de quantification de la production et de productivité des structures et des acteurs.

Le ministère a mis en place tout récemment une cellule chargée des projets de dématérialisation du département pour pallier ce manque de structures centralisatrices des données statistiques de la justice.

---

[64] AFFICHARD, Joëlle. Mise en place du système d'information sur la justice. Phase 1 : Diagnostic et définition d'une stratégie (du 16 au 28 octobre 2017), Ministère de la justice, Justice coopération internationale, Délégation de l'Union Européenne, Sénégal, p. 5.

CONCLUSION DU TITRE I

De 1960 à 1983, le processus de modernisation de la Justice s'est traduit par la mise en place d'un système original d'unité de juridiction à dualité de contentieux, avec à la clé, une architecture judiciaire de type pyramidal ayant au sommet une Cour suprême, au niveau intermédiaire une Cour d'appel unique et à la base des tribunaux de première instance et des justices de paix.

Cette nouvelle organisation judiciaire a scellé le sort des juridictions coutumières et des juridictions de type occidental réservées à une catégorie de citoyens. Le principe de la soumission de tous les Sénégalais aux mêmes règles et aux mêmes juridictions, quelles que soient leurs conditions sociales ou leur appartenance religieuse venait de connaître sa consécration formelle, avec cependant un petit bémol pour tenir compte de l'attachement des Sénégalais à leurs coutumes dans certains domaines ainsi qu'à leur religion[65].

Ce nouveau dispositif, complété par l'adoption de codes essentiels (code de la famille, code de procédure pénale, code pénal, code des obligations civiles et commerciales (COCC), code du domaine national, code de procédure civile), a accompagné la maturation du jeune État qui s'est inscrit dans la voie de la démocratie participative.

Mais force est de constater que la Justice était réservée aux populations urbanisées et scolarisées en langue française pour l'essentiel ; son ésotérisme, son coût, son rituel et son langage ainsi que ses structures restant pour une bonne partie éloignée de la majorité de la population rurale, pauvre et non alphabétisée dans la langue officielle.

Le manque de moyens et de ressources humaines faisait également que les juridictions d'instance siégeaient à juge unique. Le corps des magistrats n'étaient pas uniforme puisque y cohabitaient des magistrats des cours et tribunaux formés à l'École nationale de la France d'outre-mer (ENFOM), au Centre national d'études judiciaires (CNEJ) en France et à l'École Nationale d'Administration et de magistrature

65 Le législateur consacre la reconnaissance de 69 coutumes, la survivance des tribunaux coutumiers dans des zones où n'existent pas encore des tribunaux de type moderne, le maintien du cadi comme conseiller du juge de paix dans les affaires appelant l'application du droit musulman, sans compter l'acceptation des règles du droit musulman dans le mariage et les successions pour les citoyens qui en font l'option.

(ENAM), et des juges de paix directement recrutés parmi les greffiers en chef ou les fonctionnaires titulaires d'une maîtrise sans aucune formation initiale au métier de magistrat.

Ces réalités ont été, sans doute, à l'origine des réformes de 1984 et plus tard de 2014, pour adapter le système initial aux exigences de la société sénégalaise qui attendait un peu plus de sa Justice en termes de compréhension des procédures, d'accessibilité et d'appropriation de ses règles pour faire respecter ses droits.

TITRE II

DE LA NÉCESSITÉ DE RÉFORMER LE MODÈLE INITIAL

Le modèle originel a connu plusieurs mues au gré des différentes réformes intervenues. C'est ainsi que d'importantes réformes ont été initiées en 1984 avec une série de lois portant sur l'organisation judiciaire et la carte judiciaire, lois suivies de leurs décrets d'application. Des années plus tard, suite à un diagnostic approfondi, au cours d'un important séminaire tenu à Saly (Mbour), portant sur *« Justice et transparence »* et regroupant l'ensemble des magistrats (des auditeurs de justice aux magistrats en retraite en passant par les magistrats en exercice, toutes catégories confondues) allié à une étude diagnostique plus systématique des experts du « programme sectoriel Justice », allait intervenir une autre série de réformes en 2000, 2001, 2004, 2005, 2007, 2009 et 2010, étant précisé que la troisième et ultime série de réformes est intervenue entre 2014 et 2015 (qui marque la fin dudit programme sectoriel) et en 2017.

Ces réformes du modèle initial ont été d'ampleur inégale. Si certaines sont étendues à tout le système (Chapitre 1) avec une volonté proclamée de rapprocher la Justice du justiciable (section 1) puis par la suite de revenir à un modèle encore plus souple (section 2), d'autres réformes sont en vérité plus spécifiques (Chapitre 2) dans la mesure où elles concernent exclusivement certaines Cours (Section 1) ou qu'elles touchent alors certaines règles de procédure (Section 2).

CHAPITRE 1

LES RÉFORMES TOUCHANT PLUSIEURS SECTEURS DE LA JUSTICE

Les réformes de 1984 et de 2014 ont eu vocation à toucher plusieurs secteurs de la justice, contrairement à d'autres réformes portant soit sur un aspect des textes soit sur un secteur déterminé de la justice, soit enfin sur une cour ou une juridiction déterminée. Si les réformes de 1984 avaient l'ambition proclamée de rapprocher la justice des justiciables (section 1), celles de 2014 avaient vocation à revenir à un modèle plus souple (section 2).

SECTION 1. LA RÉFORME DE 1984 OU LA VOLONTÉ PROCLAMÉE DE RAPPROCHER LA JUSTICE DES JUSTICIABLES

La première réforme d'envergure du système judiciaire initial a eu lieu en 1984 : elle a touché l'organisation judiciaire, la répartition des compétences entre les juridictions, la dénomination de celles-ci, et l'organisation du ministère de la Justice.

La réforme de 1984 a apporté beaucoup d'innovations en vue d'affiner la distribution de la Justice et de rapprocher la Justice du justiciable. Cette réforme a été en partie complétée par celle de 1992, laquelle a revu le fonctionnement du Conseil Supérieur de la Magistrature (CSM) ainsi que celui de l'Inspection générale des Cours et Tribunaux (IGCT).

La réforme de 1984 a consacré un changement de paradigmes (§1) et rationalisé les structures de gestion, de contrôle et d'évaluation (§2).

De façon liminaire, il convient de présenter les grands traits de la réforme de 1984 et la carte judiciaire qui en a résulté. L'organisation judiciaire a été calquée sur l'organisation administrative pour en faciliter la compréhension par des justiciables et pour essayer de les rapprocher davantage de leur Justice. C'est ainsi que les tribunaux de grande instance et les justices de paix devinrent respectivement des tribunaux régionaux et des tribunaux départementaux.

Le principe de collégialité fut institué dans les cours d'appel et les tribunaux régionaux. Cette collégialité est désormais obligatoire dans tous les tribunaux régionaux qui ont au moins trois juges, non compris le juge d'instruction.

Les juridictions sont classées selon le volume de leur contentieux et les postes judiciaires sont budgétisés, ce qui aboutit ainsi au tribunal régional hors classe de Dakar, au tribunal départemental hors classe de Dakar, aux tribunaux régionaux de première, deuxième et troisième classe, aux tribunaux départementaux de première, deuxième et troisième classe, et aux tribunaux du travail de première, deuxième et troisième classe. L'importance des postes budgétaires dépend de l'importance et de la classification des juridictions. Des conditions de grade et d'ancienneté sont posées pour occuper certains postes.

Trois nouvelles cours d'appel sont instituées, à savoir celles de Kaolack, Saint-Louis et Ziguinchor. Est aussi créée l'inspection centrale afin de mieux encadrer le respect de l'éthique et de la déontologie.

L'architecture judiciaire, issue de la réforme de 1984, se traduira par une Cour suprême inchangée gardant toutes ses prérogatives, une cour d'appel *de facto* à Dakar puisque les trois nouvelles cours d'appel ne seront installées que bien plus tard, huit tribunaux régionaux et vingt-quatre tribunaux départementaux.

L'aide juridictionnelle en dépit de son augmentation ne profite qu'aux prévenus poursuivis pour crime dans le cadre de l'assistance judiciaire, mais son mode de gestion n'est pas toujours efficace et transparent. Si la production et la productivité des cours et tribunaux a augmenté, les délais de traitement des décisions restent encore très longs et leur exécution à la traîne.

Les procédures d'urgence sont vidées de leur substance par une systématisation de l'appel et une disparition de la notion d'urgence dans le traitement des procédures d'urgence au niveau des cours d'appel. Cette situation est aggravée par un abus dans l'octroi de délais de grâce dans les référés sur difficultés[66], des autorisations de revenir en référé sur difficulté et de la subordination de l'exécution des ordonnances à

[66] Le référé sur difficulté est une procédure d'urgence mise en œuvre pour trancher des difficultés nées de l'exécution d'une décision de justice.

des cautionnements impossibles à payer parce que trop élevés, et par la mise en fonction de deux chambres des urgences au niveau de la cour[67].

67 Ce sont des chambres chargées de traiter les appels faits dans certaines matières ou contre des décisions relevant de l'urgence, par exemple les ordonnances de référé, les décisions de saisie immobilière, les défenses à exécution provisoire.

FIGURE 2 : SYSTÈME JUDICIAIRE DU SÉNÉGAL EN 1984[68]

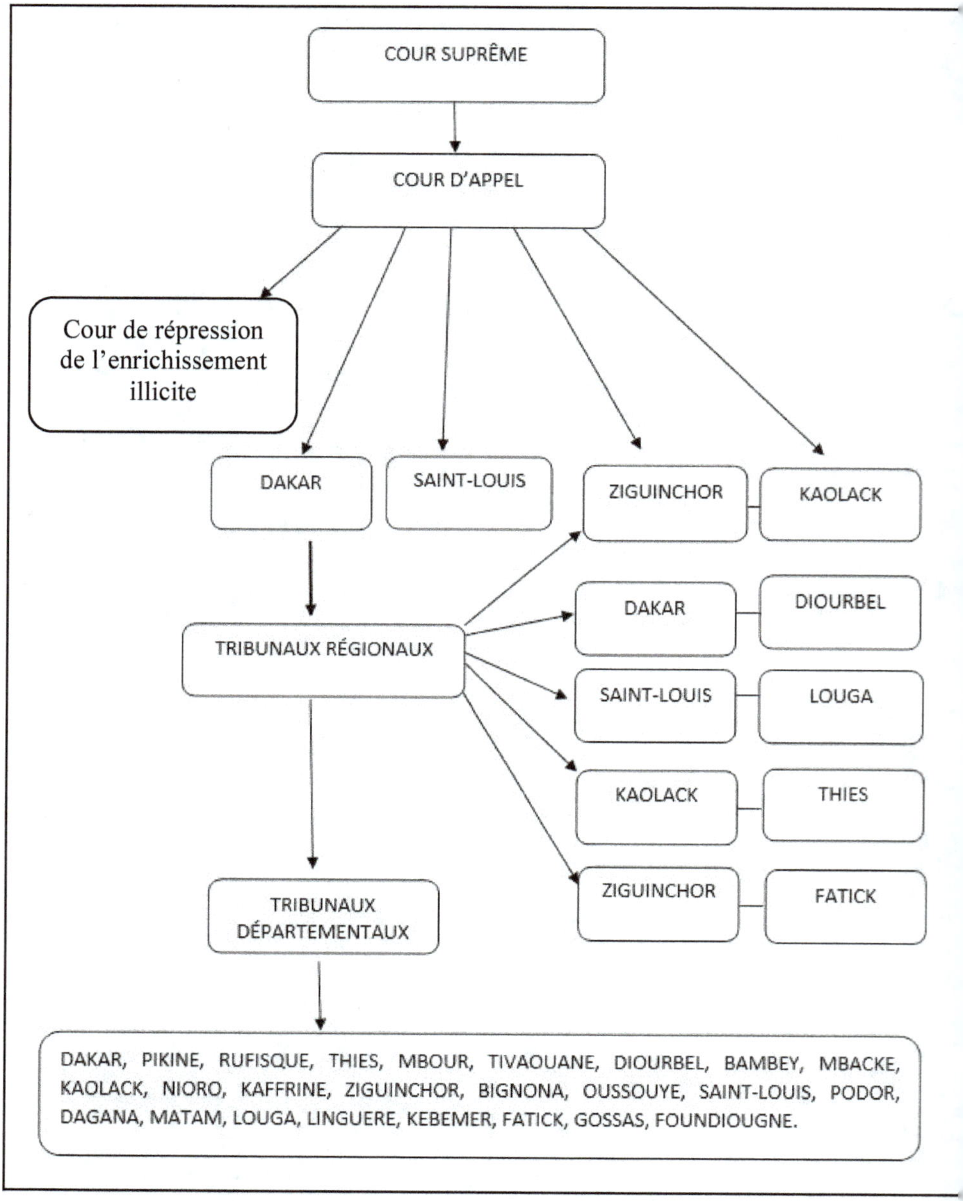

68 Cette figure n°2 a été conçue par l'auteur de cette thèse.

§ 1. Un changement de paradigmes

Le législateur, à partir de la réforme de 1984, allait changer d'orientation et de paradigme pour faciliter l'accès à la justice, aussi bien sur le plan conceptuel que sur le plan physique, et ce par l'arrimage de l'organisation judiciaire sur l'organisation administrative (A). À ce rapprochement, sera ajouté un approfondissement du champ de la collégialité des cours vers les juridictions d'instance (B).

A.- L'arrimage de l'organisation judiciaire à l'organisation administrative

L'arrimage de l'organisation judiciaire sur l'organisation administrative va se traduire par une règle (1) consistant à créer automatiquement des juridictions régionales ou départementales, chaque fois qu'il y a création de nouvelles régions ou de nouveaux départements. L'application de cette règle a produit des conséquences pas toujours très heureuses (2).

1. La règle de l'arrimage

Pour faciliter la compréhension de l'architecture institutionnelle et rapprocher la Justice du justiciable, la réforme de 1984 a arrimé l'organisation judiciaire sur l'organisation administrative. Cela s'est traduit non seulement par le changement de nom des juridictions mais également par le changement du champ des compétences des juridictions. C'est ainsi que les justices de paix deviennent des tribunaux départementaux et les tribunaux de grande instance des tribunaux régionaux.

En outre, il a été institué –dans chaque département– un tribunal départemental et –dans chaque région– un tribunal régional ayant son siège au chef-lieu de région et servant d'instance d'appel aux tribunaux départementaux du ressort.

2. Les conséquences induites par l'arrimage

La conséquence induite par une telle réforme est que chaque fois qu'il y a création de nouveaux départements ou de nouvelles régions, il y a automatiquement création de nouveaux tribunaux départementaux et de nouveaux tribunaux régionaux. Le Sénégal étant passé de sept régions à quatorze, les tribunaux régionaux ont suivi la même cadence ; la même règle a prévalu pour les tribunaux départementaux qui sont passés de vingt-et-un à quarante-cinq du fait du passage de vingt-et-un départements à quarante-cinq suite aux différentes réformes administratives intervenues[69].

L'autre conséquence négative d'un tel arrimage est que, en dépit de l'importance du contentieux, il était impossible de créer plus d'une juridiction dans un département ou dans une région, parce que le ressort des juridictions déjà créées couvrait à l'identique celui du ressort administratif.

B.- L'extension du champ de la collégialité.

1. Le principe de la collégialité dans les TGI

La collégialité était initialement réservée aux cours en général (Cour suprême, Cour d'appel). La réforme de 1984 va l'étendre aux tribunaux régionaux. En plus de consacrer le principe de la collégialité au niveau de ces juridictions de base, le législateur le rend obligatoire dès l'instant où la juridiction dispose de trois juges du siège non compris le juge d'instruction[70].

La mise en œuvre d'un tel principe suppose que le TGI puisse disposer durant toute l'année judiciaire de trois juges au moins, compte non tenu du juge d'instruction, l'exclusion de ce dernier se justifiant par le souci de respecter les règles du procès équitable en évitant que celui qui doit instruire l'affaire puisse participer au jugement.

2. Les limites de la mise en œuvre

Cependant, dans la pratique, beaucoup de juridictions régionales vont continuer de siéger avec un juge unique du fait de l'important

---

[69] La loi n° 2008-14 du 18 mars 2008 modifiant la loi n° 72-02 du 1er février 1972 relative à l'organisation de l'administration territoriale, notamment en ses articles premier et 2, a entrainé des changements importants au niveau de l'architecture administrative sénégalaise.

[70] Article 5 al. 2 de la loi n° 99 du 2 février 1984 modifiée par la loi du 30 mai 1992 : *« le tribunal régional statue également en forme collégiale sauf, à titre transitoire, si l'effectif des juges qui lui sont affectés est inférieur à trois magistrats non compris les juges d'instructions dans les conditions déterminées par décret ».*

déficit en personnel qui a perduré jusqu'aux années 2000, dans la mesure où, en raison des conditions drastiques imposées à l'État du Sénégal par les différents plans d'ajustement structurel, le recrutement de magistrats s'est fait en dents de scie, ce qui devait aboutir à réduire comme peau de chagrin le corps des magistrats.

Une étude menée le 25 mars 1996 a du reste décrit la situation déficitaire en magistrats dans les juridictions et souligné l'état critique des juridictions de première instance. L'effectif théorique de ces juridictions est déterminé par le décret n° 84-1195 du 22 octobre 1984 portant aménagement de l'organisation judiciaire. Ce texte, modifié en 1985 (décret n° 85-105), prévoit les effectifs suivants des juridictions :

Tribunaux régionaux : 105

Tribunaux du travail : 26

Tribunaux départementaux : 98

Soit un total de 229 magistrats.

Ce nombre peut être interprété comme un simple idéal à atteindre. Mais, en sens inverse, on peut également soutenir qu'il est aujourd'hui dépassé, compte tenu de la croissance du contentieux depuis 1985. En tout état de cause, il constitue une référence. Or, l'effectif réel des juridictions de première instance est en vérité le suivant :

Tribunaux régionaux : 63 (sous-effectif de 42)

Tribunaux de travail : 5 (sous-effectif de 21),

Tribunaux départementaux : 39 (sous-effectif de 59).

Au total, il n'y a donc que 107 magistrats dans les juridictions de première instance, alors que les textes en prévoient 229, soit un sous-effectif de 122 magistrats. Autrement dit, moins de la majorité de l'effectif théorique est atteint[71].

Cette situation avait poussé le Président de la République d'alors à demander à son Premier ministre de *« procéder dès 1997 au recrutement de quinze magistrats par an »*. Cet effort de recrutement,

---

[71] Ce document de 1996, qui a pour objet l'étude sur la situation des effectifs dans la magistrature, a été établi sur la base des informations recueillies au sein d'un groupe de travail composé du Conseiller juridique du Président de la République, du Directeur des services judiciaires et du Directeur du Centre de formation judiciaire.

maintenu sur une longue période, visait à résorber en priorité l'important déficit en personnel des juridictions de première instance[72].

§ 2. La rationalisation des structures de gestion, de contrôle et d'évaluation.

La réforme de 1992, essentiellement focalisée sur la réforme de la Cour suprême, a néanmoins complété les réformes de 1984 en renforçant les pouvoirs du Conseil supérieur de la Magistrature (A) d'une part et en modifiant les règles de fonctionnement de l'inspection des cours et tribunaux (B).

A.- Le renforcement des pouvoirs du Conseil supérieur de la magistrature

La réforme de 1992, outre l'éclatement de la Cour suprême en trois entités autonomes, a renforcé les pouvoirs du Conseil supérieur de la magistrature en l'ouvrant aux magistrats du parquet (1) tout en augmentant sa légitimité par l'ouverture à des membres élus (2).

1. L'extension des pouvoirs du Conseil supérieur de la magistrature (CSM)

Le Conseil supérieur de la magistrature qui ne gérait que la carrière et l'avancement des juges du siège s'occupe désormais de ceux des magistrats du parquet. Il faut noter que cette réforme est révolutionnaire sur le principe, car, en alignant les magistrats du parquet sur les magistrats du siège dans la gestion de leur affectation et de leur carrière par un organe unique, on leur accorde de manière implicite le bénéfice de l'inamovibilité.

À titre comparatif, le CSM français dispose de deux collèges, un pour le parquet et un autre pour siège. La formation "parquet" n'émet qu'un avis, qui ne lie pas le ministre de la Justice pour la nomination des membres du parquet, contrairement à l'avis de la composition siège qui lie l'autorité de nomination, à savoir le Président de la République.

Pour le cas du CSM sénégalais, les mêmes règles s'appliquent sans discrimination à tous les magistrats, qu'ils soient du siège, du parquet

---

[72] Lettre du Président Abdou Diouf, datée du 22 avril 1996, adressée au Premier ministre Monsieur Habib THIAM (PR/MSAP/SGSP/JUR).

ou de l'administration centrale : ils ne peuvent être nommés qu'après avis conforme du CSM.

2. L'admission de membres élus au sein du conseil supérieur de la magistrature

Le Conseil a également admis en son sein la présence de membres élus par leurs pairs à raison d'un titulaire et d'un suppléant par collège[73].

Cette réforme consacre la suppression de la commission d'avancement des magistrats du parquet et l'uniformité de la gestion de la carrière de tous les magistrats. Ce qui en principe confère un surcroît de garanties aux magistrats du parquet et de l'administration centrale[74].

B.- Le renforcement du contrôle des cours et tribunaux

Ce renforcement passera par la création de l'inspection centrale (1) et le réaménagement des règles de fonctionnement de l'Inspection générale des Cours et tribunaux pour plus d'efficience dans son fonctionnement (2).

1. La création de l'inspection centrale

C'est la loi n° 84-19 du 2 février 1984 fixant l'organisation judiciaire qui crée l'inspection centrale. En effet, l'article 10 de la loi précitée dispose qu'il est institué une Inspection centrale des Services judiciaires placée sous l'autorité directe du Garde des Sceaux, ministre de la Justice, pour exercer une mission permanente d'inspection sur les tribunaux régionaux, les tribunaux du travail et les tribunaux départementaux ainsi que sur l'ensemble des services et organismes relevant du ministère de la Justice.

L'inspecteur central des Services judiciaires dispose d'un pouvoir général d'investigation, de vérification et de contrôle. Le même pouvoir est attribué aux magistrats qui lui sont adjoints pour les inspections auxquelles ils procèdent sous son autorité. Un décret fixe les

---

73 Loi organique n° 2017-11 du 17 janvier 2017 portant organisation et fonctionnement du Conseil supérieur de la Magistrature

74 Les magistrats officiant à l'administration centrale sont assimilés à des magistrats du parquet (voir la loi sur le CSM).

attributions de l'Inspecteur central des Services judiciaires et les modalités de leur exercice.

2. L'adoption de nouvelles règles d'efficience de l'inspection générale des cours et tribunaux

Par la loi n (92-29 du 4 juin 1992, modifiant la loi n (75-79 du 9 juillet 1975 instituant l'inspection générale des cours et tribunaux, les pouvoirs dévolus au Premier président de la Cour de cassation reviennent à l'inspection générale des cours et tribunaux.

La même loi va donner de manière expresse les pouvoirs d'inspecteur aux Premiers présidents de cour d'appel, à un inspecteur désigné pour deux ans par le Président du Conseil d'État parmi les Présidents de section ou les Conseillers d'État.

L'inspecteur général peut de manière ponctuelle déléguer cette fonction d'inspecteur à un magistrat du siège, après en avoir avisé le Garde des Sceaux. La loi innove en donnant aux inspecteurs le droit d'initiative pour procéder à leur mission. En effet, l'article 5 de la loi précitée dispose clairement que *« les inspecteurs des cours et tribunaux procèdent aux inspections, à la demande du Garde des Sceaux, ministre de la Justice, à la demande de l'inspecteur général ou de leur propre initiative. »*.

L'alinéa 2 de l'article 5 de la loi de 1975, ainsi que l'article 9 seront modifiés pour que, désormais, chaque mission d'inspection fasse l'objet d'un rapport circonstancié au Garde des Sceaux, mais également pour que soit posée l'obligation de dresser un rapport général à la fin de chaque année indiquant notamment les suites à donner aux inspections réalisées.

SECTION 2. LA RÉFORME DE 2014 OU LA NÉCESSITÉ DE REVENIR À UN MODÈLE ENCORE PLUS SOUPLE

La seconde grande réforme interviendra trente ans après, en 2014, pour corriger les incohérences et les insuffisances de la carte judiciaire et pour affiner le fonctionnement des institutions judiciaires ; mais les décrets d'application n'interviendront qu'un an après.

La nouvelle réforme a transformé les tribunaux départementaux en tribunaux d'instance (TI) et les tribunaux régionaux en tribunaux de grande instance (TGI). Au passage, les compétences entre les juridictions ont été revues pour faciliter l'accès de la Justice aux justiciables et réduire le délai de traitement des dossiers.

La nouvelle carte judiciaire se compose désormais au plan interne du Conseil Constitutionnel, de la Cour suprême, de la Cour des comptes, de 6 cours d'appel dont cinq fonctionnelles (Dakar, Kaolack, Saint-Louis, Thiès et Ziguinchor) et une non fonctionnelle (Tambacounda), de 19 TGI dont 13 fonctionnels, de 45 TI dont 35 fonctionnels, de 19 TT dont 12 fonctionnels, de la Cour de répression de l'enrichissement illicite (CREI), du tribunal militaire, de la cour d'appel militaire, et de la haute cour de justice.

De nouveaux emplois judiciaires[75] ont été institués pour faciliter l'avancement des magistrats et garantir leur inamovibilité par le truchement de la réduction des intérims. Le nombre des emplois préexistants a été sensiblement augmenté, surtout au niveau des TGI et des TI les plus importants.

La motivation des décisions et le délai raisonnable dans lequel elles doivent intervenir ont été érigés en principes tout comme le libre accès des avocats à toutes les juridictions du pays. Malheureusement, certaines incohérences n'ont pas été corrigées pour adapter la Justice aux exigences de la démocratie et de la modernité.

C'est le cas de l'absence de décentralisation de la justice administrative, seul secteur qui n'a pas connu d'évolution notable depuis 1960. Sur ce point précis, l'éclatement du contentieux entre la cassation et les différentes instances aurait dû accompagner la loi de décentralisation de 1972[76] qui a institué les communes et les communautés rurales avec un transfert de certaines compétences notamment en matière d'attribution des baux sur les terres du domaine national.

---

[75] Conseil référendaire à la Cour suprême, Premier vice-Président d'une Cour d'appel, Premier avocat général près une Cour d'appel, Président de tribunal de commerce hors classe, Premier vice-Président d'un tribunal de travail de première classe, etc. (Article 75 de la loi n° 2017-10 du 17 janvier 2017 portant statut des magistrats).

[76] Loi n° 72-02 du 1er février 1972 relative à l'organisation de l'administration territoriale.

C'est également le cas de la justice militaire qui reste confinée à Dakar dans un dispositif qui méconnaît le double degré de juridiction. Pourtant, les casernes sont disséminées un peu partout à travers le pays, et le nombre des militaires et paramilitaires s'est démultiplié.

Le déploiement de la carte judiciaire se fait au compte-gouttes, car entre la création de nouvelles juridictions et leur mise en fonction effective, il s'écoule un temps anormalement long, et on ne comprend pas la logique guidant cette mise en fonction qui devrait reposer sur des critères économiques[77]. À côté de ces réformes de grande envergure, sont intervenues d'autres réformes non moins importantes ; seulement, elles n'ont concerné pour l'essentiel que les hautes cours.

§ 1. La création de nouvelles juridictions

La grande réforme de 2014 va instituer des juridictions d'instance de type nouveau en remplacement des tribunaux départementaux et des tribunaux régionaux supprimés. Désormais, les juridictions de base seront constituées par les tribunaux de grande instance et les tribunaux d'instance pour mettre en exergue le critère économique au détriment de la logique administrative qui a montré ses limites.

A.- Le Tribunal de grande instance (TGI) de type nouveau

Les TGI de type nouveau vont présenter une double face d'abord, un changement formel de dénomination pour les juridictions existantes (1), et la création de nouvelles juridictions qui traduisent le soubassement économique de la réforme (2).

[77] La Cour d'appel de Ziguinchor, créée en 1984, n'a été installée que le 29 septembre 2016, soit trente-deux ans après sa création. Cinq tribunaux de grande instance (TGI) (Kaffrine, Sédhiou, Mbacké, Tivaouane et Rufisque), cinq tribunaux de travail et dix tribunaux d'instance sont en attente d'installation, dont celui de Ranérou-Ferlo qui a été créé depuis 2002 à l'occasion de l'érection de Matam en région autonome sur les flancs de la région du fleuve. Lors de la dernière session du Conseil supérieur de la magistrature, ont été nommés des juges dans certaines juridictions, mais le démarrage de l'activité juridictionnelle n'est pas encore effectif ; il ne l'est pas encore dans les deux tribunaux d'instance (Goudiry et Koumpentoum) tout dernièrement installé.

1. La création de nouveaux tribunaux de grande instance (TGI)

Le tribunal de grande instance (TGI) va supplanter désormais le tribunal régional, ce qui consacre ainsi le décrochage de l'organisation judiciaire par rapport à l'organisation administrative. Mais il faut dire que le nouveau paradigme de la réforme ne connaîtra sa vraie réalité qu'avec l'installation des TGI de Pikine-Guédiawaye, Mbour (ces deux TGI ont été installés respectivement les 5 et 6 avril 2018), Mbacké, Rufisque et Tivaouane, qui sont les véritables nouvelles créations ayant des soubassements économiques et situées dans les ressorts antérieurs des régions existantes.

2. La transformation des tribunaux régionaux (TR) en tribunaux de grande instance

Pour les autres TGI, il n'a été procédé qu'à des changements de dénomination des juridictions régionales déjà existantes[78].

À la suite, les TGI sont classés selon l'importance de leur contentieux en TGI hors classe, TGI de première classe et TGI de deuxième classe selon le tableau II, fixant le siège, le classement, la composition et le ressort des TGI.

[78] Les 11 tribunaux régionaux fonctionnels sont devenus des TGI portant le même nom : par exemples, le tribunal régional hors classe de Dakar est devenu le TGI hors de Dakar, le tribunal régional de Ziguinchor est devenu le TGI de Ziguinchor.

TABLEAU I
FIXANT LE SIÈGE, LE CLASSEMENT, LA COMPOSITION ET LE RESSORT DES TRIBUNAUX DE GRANDE INSTANCE (T.G.I)[79]

SIÈGE	CLASSE	COMPOSITION										RESSORT
		Président	1er Vice-président	Doyen des Juges	Vice-présidents	'Juges	Juges d'instruction	Procureur	Procureur adjoint	Premier Substitut	Substituts	
DAKAR	Hors classe	1	1	1	3	40	15	1	1	1	20	Département de Dakar

[79] Ce tableau II est annexé au décret n° 2015-1039, portant aménagement de l'organisation judiciaire. Il fixe également les postes budgétaires des juges du siège, des juges d'instruction et des parquetiers officiant dans les TGI.

Kaolack	1er classe	1		1	1	15	5	1		1	5	Région de Kaolack
Saint-Louis	1er classe	1		1	1	15	5	1		1	5	Région de Saint-Louis
Thiès	1er classe	1		1	1	15	5	1		1	5	Département de Thiès
Ziguinchor	1er classe	1		1	1	15	5	1		1	5	Région de Ziguinchor
Pikine-Guédiawaye	1er classe	1		1	1	15	5	1		1	5	Départements de Pikine et Guédiawaye
Diourbel	2ème classe	1		1	1	10	4	1		1	3	Région de Diourbel

Louga	2ème classe	1		1	1	10	4	1		1	3	Région de Louga
Tambacounda	2ème classe	1		1	1	10	4	1		1	3	Région de Tambacounda
Fatick	2ème classe	1		1	1	10	4	1		1	3	Région de Fatick
Kolda	2ème classe	1		1	1	10	4	1		1	3	Région de Kolda
Matam	2ème classe	1		1	1	10	4	1		1	3	Région de Matam
Mbour	2ème classe	1		1	1	10	4	1		1	3	Département de Mbour

Sédhiou	2ème classe	1		1		6	2	1		1	3	Région de Sédhiou
Kaffrine	2ème classe	1		1	1	6	2	1		1	3	Région de Kaffrine
Mbacké	2ème classe	1		1	1	6	2	1		1	3	Département de Mbacké
Kédougou	2ème classe	1		1	1	6	2	1		1	3	Région de Kédougou
Rufisque	2ème classe	1		1	1	10	4	1		1	3	Département de Rufisque
Tivaouane	2ème classe	1		1	1	6	2	1		1	3	Département de Tivaouane

TABLEAU IV
LE SIÈGE, LE RESSORT, LA COMPOSITION ET LE CLASSEMENT DES TRIBUNAUX DU TRAVAIL (T.T.)[80]

SIÈGE	CLASSE	COMPOSITION			RESSORT
		Président	Vice-Président	Juges	
DAKAR	Hors classe	1	1	30	Département de Dakar
Pikine-Guédiawaye	1er classe	1		6	Département de Pikine-Guédiawaye
Mbour	1er classe	1		10	Département de Mbour

[80] Il faut préciser également que les tribunaux du travail sont arrimés aux TGI, à l'exception du tribunal du travail hors classe de Dakar qui est totalement autonome. Dans la pratique, les Présidents de TGI cumulent leurs fonctions avec celles de Président du tribunal de travail de leur ressort.

Kaolack	2er classe	1		6	Région de Kaolack
Saint-Louis	2er classe	1		6	Région de Saint-Louis
Thiès	2er classe	1		6	Départements de Thiès
Ziguinchor	2ème classe	1		6	Région de Ziguinchor
Diourbel	2ème classe	1		6	Région de Diourbel et de Bambey
Louga	3ème classe	1		3	Région de Louga
Tambacounda	3ème classe	1		3	Région de Tambacounda
Fatick	3ème classe	1		3	Région de Fatick
Kolda	3ème classe	1		3	Région de Kolda

Matam	3ème classe	1		3	Région de Matam
Sédhiou	3ème classe	1		3	Région de Sédhiou
Kaffrine	3ème classe	1		3	Région de Kaffrine
Mbacké	3ème classe	1		3	Département de Mbacké
Kédougou	3ème classe	1		3	Région de Kédougou
Rufisque	3ème classe	1		3	Département de Rufisque
Tivaouane	3ème classe	1		3	Département de Tivaouane

B.- Le Tribunal d'instance (TI), juridiction véritablement plus proche des justiciables

La même motivation qui a présidé à la création des TGI va entrainer le remplacement des tribunaux départementaux par les tribunaux d'instance. C'est ainsi que le nombre des tribunaux d'instance est passé de 35 à 45[81].

Cette réforme va entraîner la modification du tableau III annexé au décret n° 2015-1145 fixant la composition et la compétence des Cours d'appel, des TGI et des TI. Cela produira un nouveau classement des TGI avec l'augmentation des TI de première classe et de deuxième classe et corrélativement une augmentation des postes budgétaires. C'est pourquoi nous allons étudier d'abord la configuration des nouveaux TI sur le principe (1) avant de voir le déploiement réel desdites juridictions (2).

1. L'organisation et le classement des tribunaux d'instance

Le classement des TI est établi par le tableau III fixant le siège, le classement, la composition et le ressort des TI[82].

---

[81] Mais il faut dire qu'il reste encore 10 juridictions à installer sur les 45, à savoir : Saraya, Goudomp, Koumpétoun, Bounkiling, Kougheul, Salémata, Birkilane, Malème Hodar, Médina Yoro Foula, Guinguinéo, Ranérou Ferlo.

[82] Le tableau II précité et le tableau III sont annexés au décret n° 2015-1039 portant aménagement de l'organisation judiciaire.

TABLEAU III
FIXANT LE CLASSEMENT, LA COMPOSITION ET LE RESSORT DES TRIBUNAUX D'INSTANCE (T.I)[83]

SIÈGE	Classe	Président	Juge	Délégué du Procureur	Adjoint au Délégué	RESSORT
RÉGION DE DAKAR						
Dakar	Hors classe	1	20	1	2	Département de Dakar
Pikine	1^{er}classe	1	10	1	2	Département de Pikine
Guédiawaye	1^{er}classe	1	10	1	2	Département de Guédiawaye
Rufisque	1^{er}classe	1	10	1	2	Département de Rufisque

[83] Ce tableau est annexé au décret n° 2015-1039 portant aménagement de l'organisation judiciaire. Il fixe les postes budgétaires des magistrats officiant dans les T.I.

REGION DE THIES						
Thiès	1^er^classe	1	10	1	2	Département de Thiès
Mbour	1^er^classe	1	10	1	2	Département de Mbour
Tivaouane	2^er^classe	1	6	1	1	Département de Tivaouane
RÉGION DE DIOURBEL						
Diourbel	1^er^classe	1	10	1	1	Département de Diourbel
Mbacké	1^er^classe	1	10	1	1	Département de Mbacké
Bambey	2^er^classe	1	4	1	1	Département de Bambey

RÉGION DE SAINT-LOUIS						
Saint-Louis	1^{er}classe	1	10	1	1	Département de Saint-Louis
Dagana	2^{er}classe	1	3	1	1	Département de Dagana
Podor	2^{er}classe	1	3	1	1	Département de Podor
REGION DE MATAM						
Matam	2^{er}classe	1	4	1	1	Département de Matam
Kanel	2^{er}classe	1	3	1	-	Département de Kanel
Ranérou	2^{er}classe	1	3	1	-	Département de Ranérou

REGION DE TAMBACOUNDA						
Tambacounda	2^er^classe	1	6	1	-	Département de Tambacounda
Bakel	2^er^classe	1	3	1	1	Département de Bakel
Goudiry	2^er^classe	1	3	1	-	Département de Goudiry
Koumpentoum	2^er^classe	1	3	1	-	Département de Koumpentoum
RÉGION DE KAOLACK						
Kaolack	1^er^classe	1	10	1	1	Département de Kaolack
Nioro	2^er^classe	1	4	1	-	Département de Nioro
Guinguinéo	2^er^classe	1	4	1	-	Département de Guinguinéo

RÉGION DE FATICK						
Fatick	2^{er}classe	1	6	1	1	Département de Fatick
Gossas	2^{er}classe	1	4	1	1	Département de Gossas
Foundiougne	2^{er}classe	1	4	1	1	Département de Foundiougne
RÉGION DE ZIGUINCHOR						
Ziguinchor	1^{er}classe	1	10	1	1	Département de Ziguinchor
Oussouye	2^{er}classe	1	4	1	-	Département d'Oussouye
Bignona	2^{er}classe	1	4	1	1	Département de Bignona

RÉGION DE KOLDA						
Kolda	1er classe	1	10	1	1	Département de Kolda
Vélingara	2er classe	1	4	1	1	Département de Vélingara
Médina Yoro Foulah	2er classe	1	3	1	-	Département de Médina Yoro Foulah
REGION DE LOUGA						
Louga	1er classe	1	10	1	1	Département de Louga
Kébémer	2er classe	1	4	1	1	Département de Kébémer
Linguère	2er classe	1	4	1	1	Département de Linguère

REGION DE SEDHIOU						
Sédhiou	1erclasse	1	6	1	1	Département de Sédhiou
Goudomp	2erclasse	1	3	1	-	Département de Goudomp
Bounkiling	2erclasse	1	3	1	-	Département de Bounkiling
RÉGION DE KEDOUGOU						
Kédougou	2erclasse	1	4	1	1	Département de Kédougou
Saraya	2erclasse	1	3	1	-	Département de Saraya
Salémata	2erclasse	1	3	1	-	Département de Salémata

RÉGION DE KAFFRINE						
Kaffrine	2^{er}classe	1	4	1	1	Département de Kaffrine
Birkélane	2^{er}classe	1	3	1	-	Département de Birkélane
Koungheul	2^{er}classe	1	3	1	-	Département de Koungheul
Malem Hoddar	2^{er}classe	1	3	1	-	Département de Malem Hoddar

2. Le déploiement des tribunaux d'instance

Dans la pratique, la mise en œuvre de la réforme portant création des TI ne s'est traduite que par la simple transformation formelle des tribunaux départementaux en tribunaux d'instance. Aucun des nouveaux TI créés, à savoir Saraya, Goudomp, Koumpétoun, Bounkiling, Koungheul, Salémata, Birkilane, Malème Hodar, Médina Yoro Foula, Guinguinéo, Ranérou Ferlo, n'a été installé.

Ceux de Saraya et de Salémata déjà construits ont connu leur première affectation de juges et autres fonctionnaires ; mais leur démarrage officiel tarde à se faire.

§ 2. La modification des taux de compétence

La réforme de 2014 va entrainer un bouleversement dans la répartition des compétences entre la Cour d'appel, le tribunal de grande instance (initialement tribunal régional) et le tribunal d'instance (initialement tribunal départemental). Ce bouleversement va se traduire par un élargissement du champ de compétence du tribunal de grande instance (A) et du tribunal d'instance (B).

A.- L'élargissement du champ de compétence des tribunaux d'instance

Le champ de compétence des tribunaux d'instance va se retrouver largement étendu avec le relèvement du taux de compétence des litiges en matière civile et commerciale, la suppression des compétences d'attribution du tribunal régional en matière familiale et successorale (attribution préférentielle), le transfert des compétences en matière de traitement de la délinquance juvénile et de l'enfance en danger.

1. En matière civile et commerciale

Désormais, les tribunaux d'instance connaissent en premier et dernier ressort des litiges dont le montant est inférieur ou égal à 300.000

Francs CFA, et à charge d'appel jusqu'au montant de 5 millions de francs CFA[84].

2. En matière de bail à usage professionnel

Le contentieux des baux à usage professionnel relève à présent de la compétence du tribunal d'instance alors qu'auparavant ils étaient assimilés aux baux commerciaux qui étaient dans le champ du tribunal régional.

B.- L'élargissement du champ de compétence des tribunaux de grande instance

1. Le principe

Le tribunal de grande instance qui a supplanté le tribunal régional dispose de compétences nouvelles, notamment en matière administrative et en matière criminelle. En effet, la réforme de 2014 va se traduire par le transfert du contentieux criminel exclusivement dévolu par le passé aux cours d'assises, vers les tribunaux de grande instance avec la création en leur sein de chambres criminelles.

2. Les limites

Mais il faut relativiser cet élargissement, puisqu'en même temps, les T.G.I. sont délestés au profit des T.I. d'une bonne partie des contentieux initialement dévolus aux tribunaux régionaux. À titre illustratif, on peut citer le contentieux des mineurs délinquants ou en danger moral, le contentieux relatif à l'annulation en matière d'état civil, les contentieux civil et commercial dont le montant est supérieur à 1.000.000 et inférieur à 5.000.000 francs CFA.

En outre, il convient de voir, à l'aune de la pratique, si la nouvelle répartition des compétences entre le TGI et le T.I. n'a pas donné la part belle au T.I. au détriment du T.G.I. Si cette hypothèse se confirme, on aura en vérité renforcé les pouvoirs d'une juridiction qui statue souvent à juge unique au détriment d'une juridiction collégiale.

---

[84] Auparavant, la compétence du tribunal départemental en matière civile et commerciale concernait les litiges n'excédant pas 200.000 francs en premier et dernier ressort et à charge d'appel pour les litiges dans lesquels le montant était supérieur à 200.000 francs et inférieur ou égal à 1 million de francs.

On favorise certes par ce fait même le rapprochement de la Justice du justiciable, mais on perd –ou on risque de perdre– en termes de qualité des décisions rendues[85].

[85] Le ministre de la justice, par la circulaire N° 001884/MJ/ACS du 14 Juin 2000, *« afin de pallier les insuffisances constatées dans le traitement des contentieux judiciaires et souvent perçues par les justiciables comme un déni de justice... »*,a relevé, l'importance de la collégialité en précisant que : *« Constituant une avancée importante par rapport au juge unique, la collégialité ne saurait être entendue comme une simple juxtaposition de juges uniques. La délibération qu'elle implique doit être une discussion entre les juges, sur la valeur des thèses articulées par les parties, le sens de la décision à rendre et les motifs qu'il convient de retenir à son soutien, les réflexions de chaque juge étant enrichies par celles de ses collègues. Elle doit être la garantie d'une justice plus impartiale, en neutralisant les préjugés de chacun des magistrats. Bien comprise, la collégialité, par l'anonymat qu'elle confère à la décision rendue, sauvegarde l'indépendance de chaque juge, développe son sentiment de liberté et de responsabilité pour permettre d'aboutir à une décision de qualité dans un délai raisonnable. Elle ne doit pas encourager le dilatoire des parties et ne peut en aucune manière servir de prétexte aux lenteurs tant dénoncées par les justiciables et engendrées notamment par les remises multiples souvent ordonnées sans indication de date, les délibérés sans cesse prolongés, les réouvertures de débats superflues, le manque de contrôle des mesures d'instruction judiciaire, les décisions non motivées et l'inobservation des délais de dactylographie et de signature des minutes. Ces pratiques courantes dans les juridictions, à formation collégiale comme à juge unique, discréditent l'Institution judiciaire et doivent être proscrites. »*

CHAPITRE 2

LES RÉFORMES SPÉCIFIQUES

Les réformes spécifiques sont des réformes essentiellement, voire exclusivement consacrées aux modifications des règles d'organisation des cours (section 1) ou alors à l'adaptation des règles de procédure (section 2).

SECTION 1. LES RÉFORMES CONCERNANT LES COURS

Ces réformes concernent la Cour suprême qui a, dans un premier temps, fait l'objet d'un éclatement en deux étapes par les réformes de 1992[86] et de 1999[87], et, dans un second temps, le regroupement du Conseil d'État et de la Cour de cassation en une Cour suprême, laissant subsister la Cour des comptes et le Conseil constitutionnel par la réforme de 2008.

Mais ces réformes concernent également les cours d'appel qui ont connu successivement une démultiplication, la suppression des jurés au niveau des cours d'assises, l'obligation de motiver les verdicts d'assises, lesquels sont désormais soumis à l'appel devant les cours d'assises d'appel, et la création des chambres africaines extraordinaires d'assises.

En outre, d'une cour d'appel basée à Dakar et ayant une compétence nationale, l'on est passé à six cours d'appel : les cours d'appel de Dakar, Kaolack, Saint-Louis, Thiès, Ziguinchor et Tambacounda[88]/[89].

---

86 La réforme de 1992 a vu la création de trois cours : le Conseil constitutionnel, la Cour de cassation et le Conseil d'État.

87 La réforme de 1999 a créé sur les flancs du Conseil d'État, la Cour des comptes en application de la directive n° 5 de l'UEMOA.

88 La cour d'appel de Tambacounda a été créée par le décret n°2014 abrogeant et remplaçant l'article premier et le tableau I y annexé du décret n°84-1195 du 22 octobre 1984 portant aménagement de l'organisation judiciaire, modifiée.

Puis, avec la réforme de 2015, les cours d'assises ont été supprimées et ont été remplacées par les chambres criminelles instituées auprès des TGI[90] et les chambres d'appel criminelles au niveau des Cours d'appel.

§ 1. La réforme des hautes cours.

La réforme des hautes cours s'est faite en plusieurs phases : l'éclatement en trois puis à quatre cours d'abord (A), avant leur regroupement partiel dans un second temps (B). Par la suite, les lois organiques des différentes entités qui ont subsisté, ont connu à leur tour plusieurs réformes.

A.- L'éclatement en 1992 de la Cour suprême

La Cour suprême a été éclatée, avec la réforme de 1992, en trois Hautes juridictions : le Conseil Constitutionnel, Le Conseil d'État et la Cour de cassation. Quelques années plus tard en 1999, le Conseil d'État fut scindé et de ses flancs allait naître la Cour des comptes qui hérita au passage de certaines de ses compétences d'attribution[91].

Les pouvoirs publics sénégalais ont estimé que *« la situation qui était à l'origine de la création de la Cour suprême en 1960, avait largement évolué »* depuis lors, et que les raisons qui militaient à l'époque en faveur de la création de hautes juridictions spécialisées n'avaient fait que se renforcer au fil des années, tandis que les contraintes qui s'opposaient à la mise en œuvre de cette solution s'étaient progressivement desserrées grâce à la formation de magistrats qualifiés et très expérimentés.

En effet, la complexité et la spécificité des différentes branches du Droit se sont considérablement accrues depuis l'indépendance, au point qu'il est désormais impossible à un juriste, même s'il compte parmi les plus éminents, de maîtriser toutes ses dimensions. La spécialisation

---

89 À l'exception de la cour d'appel de Tambacounda, les cinq autres cours d'appel sont fonctionnelles.

90 Désormais au Sénégal, les crimes relèvent en premier ressort de la compétence des TGI et non plus exclusivement des cours d'appel dont la compétence se résume à l'appel des jugements rendus par les chambres criminelles des TGI.

91 Cf. l'exposé des motifs de la loi n° 92-22 du 30 mai 1992 portant révision de la Constitution.

n'est pas un simple choix d'opportunité, elle est devenue un impératif pour la sauvegarde même de l'institution judiciaire[92].

L'on remarquera que la réforme de 1992 n'a procédé qu'à un éclatement des multiples compétences de l'ex-Cour suprême qu'elle a réparties entre les différentes « cours de substitution » que sont la Cour de cassation, le Conseil d'État, le Conseil constitutionnel et la Cour des comptes.

En dépit des arguments de spécialisation invoqués, la réforme de 1992 qui s'est faite au forceps, sur la seule initiative de l'exécutif avait des motivations autres. Monsieur Mandiaye Niang[93] dira d'ailleurs à ce propos, dans un article intitulé *« Retour à la Cour suprême : acte de bon sens ou régression ? Témoignage d'un insider »*, que *« cette réforme manquait de transparence pour avoir été concoctée dans le plus grand secret et votée en catimini. Aucune consultation publique n'a eu lieu. C'est l'annonce du Garde des Sceaux à la radio qui a été la première référence publique à la suppression de la Cour suprême. La réforme était également irrégulière parce que s'agissant de lois organiques, leur validité devait faire l'objet d'un contrôle préalable de la Cour suprême. Le Gouvernement s'est auto affranchi d'un tel contrôle. L'argument trouvé était des plus fallacieux. Il était dit que puisque la Cour suprême n'existait plus, elle ne pouvait procéder au contrôle prévu. Ce faisant, on faisait semblant d'oublier que les textes en question n'étaient pas encore des lois opposables au moment où ils devaient passer devant la Cour suprême. »*

Pour une meilleure compréhension du déploiement des nouvelles juridictions issues de la réforme, nous allons d'abord examiner le Conseil Constitution, le Conseil d'État et la Cour de cassation dans leur organisation et leur fonctionnement (1) avant de voir ceux de la Cour des comptes, haute juridiction issue de la « réforme de la réforme » de 1992 (2).

Les trois nouvelles cours issues de la réforme de 1992

Il s'agit du Conseil Constitutionnel, du Conseil d'État et de la Cour de cassation.

---

[92] Kéba Mbaye, « Propos d'un juge », NEAS, p. 40.

[93] Monsieur Mandiaye Niang est magistrat et fut auditeur auprès de l'ex Cour suprême.

1.1. Le Conseil Constitutionnel

a. La composition du Conseil constitutionnel

C'est la loi n° 92-23 du 30 mai 1992 qui organise et fixe les attributions et compétences du Conseil constitutionnel (articles 3, 4, 5, 6, 7 et 8).

Le Conseil constitutionnel est composé de cinq (5) membres[94] nommés par le Président de la République par décret. Trois (3) d'entre eux sont choisis parmi les hauts magistrats ou anciens hauts magistrats, les deux (2) autres pouvant être choisis parmi les professeurs titulaires ou anciens professeurs titulaires des facultés de droit, les inspecteurs généraux d'État ou anciens inspecteurs généraux d'État, et les avocats à condition qu'ils aient au moins vingt-cinq (25) ans d'ancienneté dans la fonction publique ou vingt-cinq (25) ans d'exercice de leur profession. Dans sa composition actuelle, le Conseil constitutionnel comprend trois magistrats, un professeur de droit et un inspecteur général d'État.

Afin de garantir leur indépendance, les membres du Conseil constitutionnel sont nommés pour six (6) ans, et non renouvelables (article 3). Il ne peut être mis fin à leurs fonctions avant l'expiration de leur mandat que sur leur demande ou pour incapacité physique et sur avis du Conseil (article 5). Cette garantie d'indépendance des membres du Conseil constitutionnel se trouve insérée dans la loi organique qui l'a institué.

S'agissant des poursuites pénales à leur encontre l'article 83 de la Constitution les réglemente. Sauf cas de délit, les membres du Conseil constitutionnel ne peuvent être poursuivis, arrêtés, détenus ou jugés en matière pénale qu'avec l'autorisation du Conseil.

La composition du Conseil constitutionnel est, toutefois, renouvelée tous les deux ans à raison du Président ou de deux autres membres. Dans ce sens et à titre transitoire, le mandat de deux des premiers membres nommés autres que le Président sera de deux ans et pourra être renouvelé une fois pour une période de six (6) ans, et le mandat des deux autres premiers membres nommés autres que le Président sera de

---

[94] Ce nombre est passé à 7 avec la réforme de 2016. Tous les 7 sont nommés par le Président de la République. La seule différence avec la loi de 1992 concerne –outre le nombre– la proposition des deux autres qui est faite par le Président de l'Assemblée Nationale.

quatre ans et pourra être renouvelé, une fois pour une période de six ans. Les uns et les autres sont choisis par tirage au sort.

Enfin les membres du Conseil constitutionnel peuvent être assistés, en cas de besoin, par quatre (4) assistants au plus, nommés pour trois ans au plus par le Président du Conseil parmi les magistrats des Cours et tribunaux.[95]

Le Conseil constitutionnel ne peut délibérer qu'en présence de tous ses membres, sauf empêchement temporaire de deux d'entre eux au plus, empêchement dûment constaté par les autres membres. Les décisions sont prises à la majorité des membres du Conseil. En cas de partage de voix, celle du Président est prépondérante.

En dehors de ses compétences électorales, le Conseil constitutionnel a plusieurs autres compétences : le contrôle de la constitutionnalité des lois et engagements internationaux (art. 82 al. 1 Constitution) ; le contrôle du respect de la délimitation du domaine législatif et du domaine réglementaire (art. 65 al. 1 Constitution) ; le contrôle de l'exercice par le Président de la République des pouvoirs exceptionnels prévus par l'article 47 de la Constitution ; le règlement des conflits de compétence entre le Conseil d'État et la Cour de cassation (art. 21 de la loi organique n° 92-23 du 30 mai 1992).

Par ailleurs, au plan consultatif, le Conseil constitutionnel n'est compétent que pour les élections nationales, celle du Président de la République, et celle des députés, les élections locales (communales et rurales) relèvent en effet de la compétence de la Cour d'appel et du Conseil d'État. Le dépôt des candidatures, le contrôle de la régularité des opérations électorales, la proclamation des résultats définitifs du scrutin, la contestation de la déchéance des députés inéligibles ou condamnés relèvent de la compétence du Conseil Constitutionnel.

Il faut dire que de ce point de vue, que la nomination des membres du Conseil français est plus démocratique mais également, sa composition est plus diversifiée. En effet, si au Sénégal tous les membres du Conseil Constitutionnel sont nommés par le Président de la République, en France cette autorité ne propose que la nomination de trois (3) membres sur les neuf (9) membres. Les six (6) autres étant proposés à raison de trois (3) par l'Assemblée nationale et le Sénat. A

---

95 Actuellement, il y a deux magistrats des cours et tribunaux qui officient en qualité d'assistants.

ces 9 membres s'ajoutent les anciens Présidents de la République qui sont membres de droit.

b. L'administration du Conseil constitutionnel

Le Président du Conseil est chargé de l'administration de celui-ci. Il gère les crédits de fonctionnement qui lui sont délégués, et dirige le personnel mis à la disposition du Conseil (art. 9 de la loi n° 92-23 du 30 mai 1992 sur le Conseil Constitutionnel, modifiée par la loi n° 99-71 du 17 février 1999).

Par ailleurs, l'article 1er du règlement intérieur (RI) délibéré et adopté par le Conseil Constitutionnel le 6 janvier 1993 précise que le Président chargé de l'administration et de la discipline du Conseil Constitutionnel exerce directement son autorité sur tout le personnel du Conseil. En cas d'absence ou d'empêchement du Président, l'intérim est assuré par le Vice-président, ou à défaut par le membre le plus ancien.

Le Président est assisté ou suppléé le cas échéant par un membre du Conseil dans la gestion du compte de dépôt regroupant les opérations aux crédits mis à la disposition du Conseil. Les différents services administratifs du Conseil constitutionnel se divisent en deux grandes entités : le Secrétariat du Conseil Constitutionnel, d'une part ; et le Service du personnel et du matériel, d'autre part.

Aux termes de l'article 2 du règlement intérieur, le Secrétariat du Conseil Constitutionnel dirigé par le Greffier en Chef, nommé par décret (cf. art. 11 de la loi organique sur le Conseil constitutionnel) comprend : le greffe, le service de la Documentation et de la recherche, et le bureau du Courrier. L'article 3 du règlement intérieur du Conseil dispose que le Greffe reçoit toutes les pièces relatives à l'exercice des compétences du Conseil Constitutionnel.

Le Service de la Documentation et de la recherche regroupe le bureau de la documentation, la bibliothèque et des archives du Conseil. Il tient l'inventaire de l'ensemble des ouvrages du Conseil, et prépare les demandes d'acquisition nouvelles. Il établit et conserve le fichier législatif, le fichier des textes règlementaires publiés au journal officiel, le fichier des décisions du Conseil, et le fichier des arrêts et des ordonnances du Président. Il est chargé du stockage de toutes autres informations juridiques à la demande du Président (art. 15 RI).

Le bureau du Courrier est commun à tous les services du Conseil. Il rassemble tout le courrier y compris celui destiné au greffe du Conseil.

La totalité du courrier à l'exclusion des lettres personnelles, est ouverte par le service du courrier qui appose sur toutes les pièces un timbre à date avec mention « Conseil Constitutionnel- Courrier arrivé ». Le courrier est ensuite trié : toutes les pièces relatives à des questions juridictionnelles et notamment celles concernant les recours en matière constitutionnelle, les candidatures à la Présidence de la République, les contestations en matière électorale, le référendum et les conflits de compétence entre le Conseil d'État et la Cour de cassation, sont remises directement au Greffier en Chef ; les autres pièces sont remises aux services et aux personnes destinataires.

Le Greffier en Chef procède à l'enregistrement des pièces qui lui sont remises. Toutes les autres pièces sont enregistrées avec un numéro d'ordre au service intéressé.

c. La faiblesse du contrôle constitutionnel

Le contrôle de constitutionnalité des lois se fait au Sénégal par deux voies : la voie d'action et la voie d'exception.

L'initiative par la voie d'action appartient au Président de la République et au dixième des députés composant l'assemblée et celle de la voie d'exception appartient à tous les citoyens et s'exerce par le biais de l'exception d'inconstitutionnalité qui ne peut cependant être soulevée qu'à l'occasion d'un procès dont le règlement est pendant devant la Cour Suprême. Il faut dire que les recours en inconstitutionnalité sont rares puisque les députés de la majorité n'y procèdent jamais et les députés de l'opposition peinent à atteindre la majorité requise si la tentation les prend d'y procéder.

En tout état de cause, qu'il s'agisse de la voie d'action ou de celle de l'exception, le Conseil Constitutionnel se déclare la plupart du temps incompétent ou dans les rares cas où il va au fond déboute les requérants. Cela a été le cas quand l'opposition l'a saisi pour invalider la liste du parti socialiste qui avait investi monsieur Abdou Diouf comme candidat aux élections présidentielles de 2000 en sa double qualité de Président de la République et du parti, en violation des dispositions de l'article 32 de la Constitution qui interdisait un tel cumul. D'ailleurs, cette disposition qui était dans la Constitution jusqu'en 2001 n'a jamais été respectée. Ce cumul a d'ailleurs fini par transformer le Palais de la République en siège du parti au pouvoir.

Même s'il est vrai qu'il a des pouvoirs fort limités, il ne fait pas preuve d'une grande audace pour invalider partiellement au totalement des lois dont la constitutionnalité est sujette à caution. C'est pourquoi, il y a peu d'arrêts du Conseil constitutionnel qui ont consacré un droit ou une liberté démocratique. Ses arrêts font d'ailleurs l'objet de plus en plus de contestations de la part des professionnels du droit. C'est ainsi que suite à son avis-décision sur la réduction du mandat en cours du président de la République, 45 professeurs et assistants des universités (la liste des 45 professeurs en annexe) avaient co-signé un article pour fustiger le raisonnement de la Cour.[96]

Sa dernière décision d'incompétence sur la constitutionnalité du parrainage citoyen pour la recevabilité des candidatures à l'élection présidentielle a soulevé autant de récriminations.[97]

Ce manque d'audace tient peut-être au mode de désignation de ses membres (ils étaient au nombre de cinq tous choisis discrétionnairement par le Président de la République).[98] C'est pourquoi, à l'instar du comité de réforme des hautes cours dirigé par le Premier Président de la Cour de cassation institué par le Président de la République en 2007, la Commission nationale de Réforme des Institutions (CNRI) a recommandé son érection en Cour Constitutionnelle et la révision du mode de désignation de ses membres « pour clarifier, renforcer et/ou élargir ses compétences afin d'éviter les déclarations d'incompétence notées auprès de l'actuel Conseil Constitutionnel ».

La CNRI a, en outre, préconisé la reconnaissance de l'initiative citoyenne comme en Suisse pour une meilleure garantie des droits et

---

[96] Après l'avis rendu par le Conseil constitutionnel et la décision du Président de la République de ne pas réduire son mandat de 7 à 5 ans, 45 professeurs agrégés de Droit ont signé une tribune commune pour recadrer les « cinq sages » et le Chef de l'État, dans laquelle ils ont estimé que le Conseil constitutionnel n'a pas rendu une décision, mais un avis consultatif qui ne lie pas le Président de la République : *« Pour apprécier sa compétence, le Conseil constitutionnel s'est toujours enfermé dans le carcan matériel, tel que défini dans la Constitution et la Loi organique de 1992 »*, écrivent les juristes. Ces juristes disent participer au débat parce que *« l'avis du Conseil constitutionnel participe d'une dépréciation de l'enseignement de la science juridique dont l'institution universitaire, à travers les Facultés de Droit, se trouve investie ».*

[97] Ici également, à l'instar de la quasi-totalité des partis de l'opposition, beaucoup de juristes ont dénoncé la déclaration d'incompétence du Conseil constitutionnel en soutenant entre autres qu'il ne devrait pas y avoir de contentieux sans juge.

[98] Le nombre des membres du Conseil est passé à 7 avec l'article 3 de la nouvelle loi organique n°2016 du 14 juillet 2016 relative au Conseil constitutionnel.

libertés des citoyens. Et certainement cela pourrait être une voie à l'éveil d'une conscience citoyenne par rapport à la centralité de la Constitution.

1.2. Le Conseil d'État

a. La composition du Conseil d'État

Selon la loi organique n° 92-24 du 30 mai 1992 sur le Conseil d'État, les membres de celui-ci sont nommés par décret dans les conditions fixées par la loi organique portant statut des magistrats. Ce sont : le Président, les Présidents de section, le Secrétaire général, les Conseillers d'État, les Conseillers référendaires, les Conseillers en service extraordinaire et les auditeurs. Contrairement aux membres du Conseil d'État français, la plupart des membres du Conseil d'État sénégalais sont des Magistrats de l'ordre judiciaire. Le Conseil d'État français, de ce point de vue à une composition plus diversifiée et du fait de la provenance desdits membres (différents corps de l'administration), ils ont une connaissance plus approfondie des réalités administratives, objet du contentieux administratif.

Le Président du Conseil d'État est nommé par décret sur proposition du Garde des Sceaux, ministre de la Justice, après avis du Conseil Supérieur de la Magistrature : il est choisi parmi les Présidents de section du Conseil d'État, les Premiers Présidents de Cour d'appel, les Procureurs généraux de Cour d'appel et les Directeurs de l'Administration centrale du Ministère de la Justice.

Les Présidents de section sont choisis parmi les Premiers Présidents des Cours d'appel, les Procureurs généraux des Cours d'appel, les Directeurs de l'Administration centrale du ministère de la Justice, le Secrétaire Général du Conseil d'État.

Le Secrétaire général est choisi parmi les conseillers d'État. Il est chargé de l'exécution des délibérations du bureau et de l'assemblée intérieure, et sous l'autorité du Président du Conseil d'État, de diriger le service administratif de l'institution (gestion du personnel, exécution du budget, etc.). Il peut recevoir délégation pour signer tous actes de décisions concernant la gestion des services et l'exécution du budget. En dehors de ses activités administratives, il peut exercer des activités juridictionnelles en tant que commissaire du Droit.

Les Conseillers d'État sont choisis parmi les magistrats ayant exercé en qualité de titulaires un emploi hors hiérarchie, pendant quatre (4) ans au moins. Peuvent également être nommés Conseillers d'État les fonctionnaires titulaires d'une maîtrise en droit ou d'un diplôme admis en équivalence, les avocats et les professeurs titulaires des facultés de Droit comptant vingt années d'exercice de profession ou de carrière dans les services publics.

Le grade des Conseillers référendaires comporte deux classes ; il y a : les Conseillers référendaires de première classe, et ceux de deuxième classe. Les conseillers référendaires de première classe sont choisis parmi les conseillers référendaires de deuxième classe comptant quatre années d'ancienneté dans un emploi du premier groupe du premier grade. Les Conseillers référendaires de deuxième classe sont choisis parmi les magistrats ayant acquis une ancienneté de douze (12) années au moins dans la magistrature.

Enfin, les auditeurs sont choisis par voie de concours dont les modalités sont fixées par décret, parmi les magistrats des Cours et tribunaux, du deuxième groupe du deuxième grade titulaire d'une maîtrise de l'enseignement supérieur ou d'un diplôme admis en équivalence. Ils sont nommés pour deux (2) ans renouvelables une fois au plus. À l'issue de cette période, ils sont obligatoirement nommés à des emplois judiciaires en dehors du Conseil d'État et à l'indice immédiatement supérieur à celui dont ils bénéficiaient à l'issue de l'auditorat.

Les membres du Conseil d'État sont des magistrats inamovibles régis par les dispositions de la loi organique n° 92-27 du 30 mai 1992 portant statut des magistrats. Les conseillers d'État en service extraordinaire sont des personnalités qualifiées dans les différents domaines de l'activité nationale. Ils sont désignés par décret du Président de la République, et leur nombre ne peut excéder vingt (20). Leur particularité est, d'une part, qu'ils sont nommés pour une période d'un an renouvelable, et, d'autre part, qu'ils ne siègent qu'à l'assemblée générale consultative du Conseil d'État, et non dans ses formations contentieuses.

Il y a enfin le greffier en chef et les greffiers, le Chef du service de la documentation, les secrétaires et les agents administratifs de la juridiction. Au sein du Conseil d'État, on distingue les formations administratives et les formations contentieuses.

Les formations administratives sont au nombre de trois (3) : l'assemblée générale consultative, le bureau et l'assemblée générale intérieure.

L'assemblée générale consultative est présidée par le Président du Conseil d'État. Elle regroupe l'ensemble des magistrats du Conseil d'État et les Conseillers d'État en service extraordinaire. Le gouvernement est représenté par un « commissaire du Gouvernement » désigné par le Premier ministre pour fournir à ladite assemblée toutes indications utiles. C'est à travers l'assemblée générale consultative que le Conseil d'État exerce sa mission de conseiller des Pouvoirs publics qui était dévolue à l'ex-Cour suprême. Elle intervient sous forme d'avis qu'elle donne au gouvernement dans l'examen de nombreux textes de nature législative, dans l'interprétation des règles de droit en vigueur, sur l'appréciation de la légalité de texte simplement projeté ou sur toute difficulté de nature juridique.

Les avis sont préparés et rendus en assemblée générale, et tous les membres du Conseil d'État ont voix délibérative. Le bureau du Conseil d'État est chargé d'assister le Président dans l'exercice de l'administration et de la discipline du Conseil. Il est formé sous la présidence du Président du Conseil d'État, des Présidents de section. Il se réunit aussi souvent qu'il est nécessaire, et au moins une fois par mois. Le secrétaire général du Conseil d'État peut être invité à participer aux réunions du bureau.

L'assemblée intérieure comprend, sous la présidence du Président du Conseil d'État, les Présidents de section, le Secrétaire général, les Conseillers d'État, les Conseillers référendaires, les auditeurs et le greffier en chef. Elle délibère sur le rapport du Conseil d'État soumis au Président de la République et au Président de l'Assemblée nationale et sur toutes questions intéressant la vie de l'institution. Les formations contentieuses sont : les sections et les sections réunies.

L'érection de la deuxième section du Conseil d'État (section des comptes) en juridiction autonome chargée de juger les comptes des comptables publics a eu une incidence dans l'organisation du Conseil d'État : le principe de la spécialité qui conditionnait la répartition des affaires entre les sections a été supprimé.

La première et la deuxième section sont les principales formations de jugement. Chaque section comprend un Président, des Conseillers d'État et des Conseillers référendaires. La section est présidée par son Président ou en cas d'empêchement, par le conseiller le plus ancien en grade. Mais le Président du Conseil d'État peut présider s'il le juge convenable toute formation juridictionnelle du Conseil.

Les sections siègent obligatoirement en nombre impair. Elles sont compétentes en premier et dernier ressort de l'excès de pouvoir des autorités administratives ainsi que de la légalité des actes des collectivités locales. Elles connaissent aussi par la voie du recours en cassation, des décisions des Cours et Tribunaux relatives aux autres contentieux administratifs, à l'exception de ceux que la loi organique attribue expressément à la Cour de cassation.

Les sections réunies sont constituées de la première et de la deuxième section, et constituent la formation solennelle du Conseil d'État. Elles sont présidées par le Président du Conseil d'État, et en cas d'empêchement ou d'absence de celui-ci, par le Président de section le plus ancien. Les sections réunies siègent obligatoirement en nombre impair et peuvent valablement délibérer si cinq (5) de leurs membres sont présents. Les sections réunies sont compétentes pour connaitre des recours en cassation contre les décisions de la Cour des comptes et des organismes administratifs à caractère juridictionnel ainsi que : pour juger les contentieux des élections aux conseils régionaux, municipaux et ruraux ainsi que les demandes en rabat d'arrêt et les recours en cassation visés à l'article 47 de la loi organique sur le Conseil d'État ; pour connaître de toutes les affaires que le Président du Conseil d'État estime nécessaire de leur attribuer.

b. L'administration du Conseil d'État

Le Président du Conseil d'État a des pouvoirs propres. Ainsi, il est chargé de l'administration et de la discipline de l'institution (art. 1er du règlement intérieur RI). Il gère les crédits de fonctionnement qui lui sont alloués et le personnel mis à sa disposition. Il a un pouvoir réglementaire lui permettant de fixer les mesures d'ordre intérieur relatives à l'organisation et au fonctionnement du Conseil d'État. La répartition des affaires contentieuses entre les sections relève exclusivement de sa compétence. Il est assisté par le Bureau dans l'administration et la discipline du Conseil (article 13 RI).

Les Présidents de section ont autorité sur les magistrats et le personnel affectés à leur section respective (art. 3 RI). En cas d'absence ou d'empêchement, le Président de section est suppléé par le plus ancien des Conseillers d'État présents. Les différents services administratifs sont le Secrétariat général (SG) et le Service de Documentation, des Archives et de la Bibliothèque (SEDAB).

c. Le Conseil d'État - une juridiction à l'efficacité limitée

Mais dans la pratique, le Conseil d'État sénégalais contrairement au Conseil d'État français, ne se montrera pas trop audacieux dans sa jurisprudence qui restera modeste durant sa courte existence (1992-2008). A la faiblesse de son contentieux, allait s'ajouter un nombre élevé d'arrêts de déchéance d'irrecevabilité et d'incompétence. Cela peut s'expliquer en partie par une centralisation excessive du contentieux administrative au niveau de la Haute Cour du fait de l'inexistence de tribunaux administratifs et de cours d'appel administrative à la base.[99]

Il s'y ajoute que les populations sénégalaises à l'image de la plupart des populations africaines ont du mal à appréhender le contentieux objectif. En effet, du fait d'une personnalisation exacerbée des fonctions d'autorité, les actes administratifs sont assimilés à leurs auteurs de telle sorte que le recours fait contre un acte est vu par l'autorité signataire comme une attaque à sa personne. Il n'est alors pas étonnant que la jurisprudence du Conseil d'État se résume à des recours introduits par des enseignants pour des problèmes de reclassement ou des syndicalistes pour violation des règles du licenciement des délégués syndicaux.[100]

Cette réalité d'une Haute cour sans structure de base qui l'alimente se retrouve également au niveau de la Cour des comptes sénégalaise. Cette dernière contrairement à son pendant français, ne repose pas sur des chambres régionales des comptes[101].

---

[99] En France, le Conseil d'Etat est à la tête d'une organisation administrative reposant sur 8 cours d'appel administratives (Bordeaux, Douai, Lyon, Marseille, Nancy, Nantes, Paris, Versailles) et 42 tribunaux administratifs.

[100] Le code du travail exige l'autorisation du ministre du travail pour le licenciement d'un délégué syndical. Cette décision de l'autorité ministérielle pouvant faire l'objet de recours pour excès de pouvoir.

[101] Il y a 26 chambres régionales des comptes en France (22 en métropole et 4 outre-mer pour la Guadeloupe, la Martinique, la Guyane et La Réunion) ont été créées par la loi du 2 mars 1982, dite « loi de décentralisation », qui instaurait un contrôle a posteriori des comptes et de la gestion, impartial et indépendant des collectivités à contrôler et lui-même décentralisé en région (cf. https://aaf.ica-atom.org/region-chambre-regionale-des-comptes).

1.3. La Cour de cassation

a. La composition de la Cour de cassation

La Cour de cassation comprend un Premier Président, trois Présidents de chambre et neuf conseillers. Le parquet général près la Cour de cassation est constitué d'un Procureur général, d'un Premier avocat général et de deux avocats généraux. Six auditeurs au plus sont affectés au service de la Cour de cassation pour une durée de deux ans renouvelable au besoin une fois. La Cour comprend en outre deux conseillers délégués et deux avocats généraux délégués.

La Cour de cassation comporte donc un effectif théorique de vingt-sept (27) magistrats, là où la Cour suprême ne disposait que de vingt-quatre (24) membres. Cependant, l'effectif réel actuel de la Cour de cassation est en vérité de vingt-deux (22) magistrats. La Cour de cassation semble donc bien mieux lotie, sur le plan des effectifs, que l'ex-Cour suprême, eu égard aux compétences qui étaient dévolues à cette dernière et qui étaient beaucoup plus étendues que celles de l'actuelle Cour de cassation.

Par ailleurs, l'on remarquera que là où on exigeait une ancienneté minimum de seize (16) ans pour les magistrats de la Cour suprême, il est exigé des magistrats de la Cour de cassation d'appartenir à la catégorie hors hiérarchie et d'avoir accompli au moins quatre années dans un emploi hors hiérarchie soit une ancienneté requise d'au moins vingt-et-un à vingt-cinq (21 à 25) ans conformément aux dispositions de l'article 42 de la loi organique portant statut des magistrats, et vingt années de service pour les Avocats et professeurs d'université.

La Cour de cassation comprend trois chambres : une chambre civile et commerciale (la deuxième chambre), une chambre pénale (la première chambre), et une chambre sociale (la troisième chambre). Les formations de la Cour de cassation sont : les chambres et les chambres réunies.

Chaque chambre est composée d'un Président et de deux conseillers au moins. Les chambres réunies comprennent, sous la présidence du Premier Président de la Cour, ou en cas d'absence ou d'empêchement du Premier Président, sous la présidence du plus ancien Président de chambre, les Présidents de chambre et les conseillers ; elles peuvent valablement délibérer si cinq de leurs membres sont présents ; elles siègent obligatoirement en nombre impair. Les chambres réunies sont compétentes en cas de résistance des juges du fond à la jurisprudence de la Cour de cassation (article 38 loi organique) et en cas de demande de rabat d'arrêt pour erreur de procédure non imputable à la partie intéressée et qui a affecté la solution donnée à l'affaire par la Cour de cassation (article 33 de la loi organique).

b. L'administration de la Cour de cassation

Son règlement intérieur (RI) est la copie plus ou moins de celui de l'ancienne Cour Suprême.

L'administration et la discipline sont confiées au Premier Président, suppléé par le Procureur Général de ladite Cour en cas d'absence ou d'empêchement (art. 1er Règlement Intérieur). Le Procureur Général est chargé particulièrement de la discipline du Parquet général, il a autorité sur le personnel qui y est en service (art. 2 Règlement Intérieur). Les Présidents de chambre ont quant à eux autorité sur le personnel affecté à leurs chambres.

Le Premier Président gère le personnel mis à la disposition de la Cour de cassation et les crédits de fonctionnement qui lui sont délégués (art. 5 loi organique). Il peut réunir les membres de la Cour en Assemblée intérieure pour délibérer sur toutes les questions intéressant l'ensemble de la Cour.

Les différents services administratifs de la Cour sont à peu près les mêmes services administratifs que ceux de l'ex-Cour suprême, mais avec quelques aménagements relativement à la configuration et au rattachement hiérarchique de ces derniers. Il s'agit, rappelons-le : du Secrétariat général de la Cour, du Service de Documentation et de la Bibliothèque (au lieu du Service de Documentation et d'Études de l'ancienne Cour Suprême), du Service du Matériel et de la Comptabilité (au lieu de Service du personnel, du matériel et du Courrier de l'ancienne Cour suprême), du Service du Personnel, et du Service du Courrier, réglementés par les articles 6, 7, 9, 10 et 11 du règlement intérieur de la Cour de cassation.

Pour la Cour de cassation, les bureaux du personnel et du Courrier, c'est une particularité, sont placés sous l'autorité du Greffier en Chef (et non du Secrétaire général comme au temps de l'ancienne Cour Suprême) selon l'article 8 du règlement intérieur. Le bureau de gestion qui existait sous l'ère de l'ancienne Cour suprême est par ailleurs remplacé par le Service de la Comptabilité.

Quant aux Services propres aux différentes formations de la Cour de cassation (art.12 RI), l'on parle de Secrétariat particulier du Premier Président (au lieu de Secrétariat de la Première Présidence), de Secrétariat particulier du Procureur Général, de Secrétariats des Chambres (à la place des sections). Le Secrétariat de l'Assemblée générale consultative disparaît avec celle-ci qui est dévolue désormais au Conseil d'État.

Il y a lieu en outre de relever une innovation avec la création du greffe du Parquet Général (art. 12 RI). Quant au Greffe de la Cour de cassation, il est placé sous l'autorité du Greffier en Chef (art. 19 RI), et comprend un greffe central et des greffes de chambres.

c. La Cour de cassation - une juridiction amputée d'une partie de ses prérogatives

La Cour de cassation a fonctionné de 1992 à 1998 avec une prédominance de la chambre civile et commerciale en termes de contentieux. Mais à l'instar des deux autres chambres (chambre sociale et chambre pénale), il y avait « peu de décision qui orientait réellement l'action des juridictions inférieures. La spécialisation n'était pas un souci majeur, les magistrats pouvaient valser d'une chambre à l'autre. Des pénalistes de carrière se sont retrouvés à la chambre civile ou la chambre sociale et vice versa. Des magistrats en détachement hors du champ judiciaire pendant plus de 20 ans y ont atterri. »[102]

Peu de saisines aboutissaient à des cassations, la majorité de celles-ci débouchant sur des déchéances, des irrecevabilités ou des rejets. Les décisions étaient traitées avec beaucoup de retard et ne faisaient l'objet d'aucune publication. Ce n'est qu'en 1998, avec le concours de l'agence intergouvernementale de la francophonie, qu'interviendra le premier recueil des arrêts de la Cour de cassation (chambre pénale, chambre civile et commerciale, chambre sociale) pour les années judiciaires 1993 à 1998.

En 1998 avec l'entrée en vigueur du premier acte uniforme (acte uniforme sur les procédures simplifiées de recouvrement et des voies d'exécution), la Cour de cassation allait perdre progressivement la main sur le contentieux commercial au profit de la Cour commune de justice et d'arbitrage (CCJA). En adhérant au traité de Port-Louis qui a institué l'Organisation pour l'Harmonisation en Afrique du Droit des Affaires

---

[102] NIANG, M. ibid. p. 4.

(OHADA), le Sénégal faisait ainsi l'option de scinder les pouvoirs de cassation en matière judiciaire entre sa Cour de cassation (siégeant à Dakar) et la CCJA (siégeant à Abidjan).

2. La juridiction issue de la réforme de la réforme 1992 : la Cour des comptes

2.1. La composition de la Cour des comptes

La loi n° 99-02 du 29 janvier 1999 portant révision de la Constitution, dans son exposé des motifs, soulignait que « *pour parachever la réforme judiciaire entreprise en 1992 et qui a vu l'éclatement de l'ex-Cour suprême en trois hautes juridictions spécialisées (Conseil d'État, Cour de cassation et Conseil constitutionnel), le Sénégal, désormais va se doter d'une Cour des comptes, juridiction spécialisée de droit de la comptabilité publique, autonome et de haut rang, et dont les compétences essentielles sont celles actuellement dévolues à la deuxième section du Conseil d'État* ».

Ce faisant, le Sénégal se conformait aussi en même temps, aux recommandations pressantes des instances de l'Union Economique et Monétaire Ouest Africaine (UEMOA) qui voulaient que les juges des comptes soient indépendants et soumis à des règles très spécifiques[103] mais surtout l'article 68 du Traité instituant l'UEMOA.

La Cour des comptes juge les comptes des comptables publics et assiste le Parlement et le Gouvernement dans le contrôle de l'exécution des lois de finances.[104]

La Cour des comptes se compose des magistrats suivants : le Président, les Présidents de Chambre, les Chefs de section, les Conseillers-maîtres, les Conseillers référendaires, et les conseillers. L'accès au corps des magistrats de la Cour des comptes s'effectue par voie de concours au grade de conseiller.[105]

Toutefois des nominations au tour extérieur peuvent être faites dans les grades de Conseiller-maître et de Conseillers référendaires par

---

[103] Directives de l'UEMOA n° 05/97/CM UEMOA du 16 décembre 1997 relative aux lois de Finances et n° 06/97/CM UEMOA du 16 décembre 1997 portant règlement général sur la comptabilité publique des Etats membres.

[104] Article 2 de la loi organique n° 99-70 du 17 février 1999 sur la Cour des comptes.

[105] Article 26 de la loi organique n° 99-73 du 17 février 1999 portant statut des magistrats de la Cour des comptes.

décret (art. 26 al. 2 LO préc.). Peuvent être nommés au grade de Conseiller référendaire, sur proposition du Président de la Cour, les fonctionnaires ou agents non fonctionnaires du Secteur public appartenant à la hiérarchie A les avocats et les professeurs titulaires des facultés de droit et de science économiques et comptant douze (12) ans d'exercice de leur profession ou de carrière dans les services publics. Peuvent être nommés au grade de Conseiller maître, sur proposition du Président de la Cour, les fonctionnaires ou agents non fonctionnaires du secteur public ou économique ou d'un diplôme admis en équivalence, les avocats et les professeurs titulaires des facultés de Droit ou de Sciences économiques et comptant vingt (20) ans d'exercice de leur profession ou de carrière dans les services publics. Les nominations extérieures ne peuvent avoir lieu que dans la limite du quart des effectifs budgétaires dans chaque grade.

Le Président de la Cour, le Commissaire du Droit et le Président de la Commission de vérification des comptes et de contrôle des entreprises publiques (CVCCEP) sont nommés à la discrétion du Président de la République (art. 29 de la loi organique n° 99-73 du 17 février 1999 portant statut des magistrats de la Cour des comptes). Lorsque le Président de la Cour ou le Président de la CVCCEP sont choisis en dehors des magistrats de la Cour des comptes, ils sont préalablement nommés en qualité de magistrats au grade de Président de Chambre.

Les autres Présidents de Chambre sont nommés parmi les Chefs de section, les Conseillers maîtres ou les Directeurs d'administration centrale du Ministère des Finances ayant au moins deux années d'ancienneté dans leur grade et vingt années de service public.

Les fonctions de Secrétaire général et de Commissaire du Droit sont occupées par les magistrats ayant atteint le grade de conseiller référendaire de première classe (article 29 de la loi organique n° 99-73 du 17 février 1999 portant statut des magistrats de la Cour des comptes).

Tout magistrat de la Cour des comptes doit être titulaire du brevet de l'École Nationale d'Administration (cycle A) ou de tout autre diplôme admis en équivalence et relevant des sciences juridiques économiques, financières ou commerciales (art. 24 al. 5 LO préc.).

La Cour peut disposer de rapporteurs particuliers dont elle assure la formation dans les conditions et selon les modalités définies par ordonnance du Président, prise en Chambre réunies (art. 23 LO préc.).

Ces rapporteurs sont, soit contractuels, soit fonctionnaires ou agent non fonctionnaires et choisis en fonction de leur compétence particulière dans les contrôles programmés par la Cour. Ils ont pour mission de participer aux travaux de vérification des comptes et aux contrôles sur place et sur pièces, sous la direction et la responsabilité des magistrats instructeurs.

La Cour des comptes peut en outre recourir pour des enquêtes de caractère technique, à l'assistance d'experts désignés par le Président de la Cour (art. 23 LO préc.).

La Cour peut également disposer, par voie de détachement ou de mise à disposition de fonctionnaires ou agents non fonctionnaires qualifiés en matière juridique, fiscale, douanière, économique, comptable et financière pour exercer les fonctions d'assistants. Ils ne sont pas membres de la Cour et ne peuvent y exercer aucune fonction juridictionnelle (article 24 même loi).

Le ministère public de la Cour des comptes est exercé par le Commissaire du Droit qui peut être assisté d'un Commissaire adjoint choisi parmi les magistrats de la Cour des comptes, sur proposition du Commissaire du Droit et après avis du Président de la Cour. Le Commissaire du Droit et son adjoint sont nommés par décret. Il est mis fin à leurs fonctions dans les mêmes formes (article 7 loi organique sur la Cour des comptes).

Les magistrats de la Cour des comptes jouissent de l'inamovibilité prévue en faveur des magistrats du siège des Cours et Tribunaux de la République et sont régis par un statut particulier défini par une loi organique. Ils sont nommés par décret après avis du Conseil Supérieur de la Cour des comptes (article 6 même loi organique).

Le nombre de magistrats (une soixantaine) constituant la Cour est fixé par décret. Les formations de la Cour des comptes sont : l'Audience plénière solennelle, les Chambres réunies, la Chambre de discipline financière, et les Chambres. En cas de besoin, des sections peuvent être constituées à l'intérieur de chaque Chambre. La Commission de vérification des comptes et de contrôle des entreprises publiques (CVCCEP), organe de contrôle autonome, constitue une chambre au sein de la cour ; le magistrat qui la préside a rang de Président de Chambre (art. 8 de la loi organique).

La Cour comprend, en outre, deux formations consultatives : le comité des rapports et des programmes, et la conférence des Présidents et du Commissaire du Droit.

La Cour siège en Chambres réunies pour : formuler des avis sur les questions importantes de procédure ou de jurisprudence ; juger les affaires qui lui sont déférées par le Président de la Cour, sur renvoi d'une Chambre, sur réquisition du Commissaire du Gouvernement, sur renvoi après cassation ou sur recours en révision d'un arrêt de la Chambre de discipline financière ; arrêter avant approbation en audience plénière solennelle : le texte du rapport sur le projet de loi de règlement, le texte de la déclaration générale de conformité, le texte du rapport général annuel ; et statuer sur l'amende prévue à l'article 30 de la loi organique sur la Cour des comptes.

Les Chambres réunies se composent du Président de la Cour, des Présidents de Chambre, du Président de la Commission de vérification des comptes et de contrôle des entreprises publiques (CVCCEP), des chefs de section et de deux magistrats de chaque grade élus par leurs collègues pour deux ans ; elles sont complétées pour chaque affaire par un magistrat rapporteur qui a voix consultative. Le commissaire du Droit et le Secrétaire général assistent aux séances ainsi que le greffier en chef (art. 16).

La Cour a, en Chambre de discipline financière, compétence pour sanctionner les fautes de gestion et prononcer des amendes, dans les cas prévus par la présente loi (art. 28 Article 2 loi organique n° 99-70 du 17 février 1999 sur la Cour des comptes.)

La Cour des comptes est organisée en Chambres dont le nombre est fixé par décret, sur proposition du Président de la Cour. Chaque Chambre est formée d'un Président de Chambre, d'un Chef de section s'il y'a lieu, de Conseillers-maîtres, de Conseillers référendaires et de Conseillers. (Art.17).

L'affectation des magistrats, la division des Chambres en sections et les compétences respectives de chaque Chambre sont décidées par ordonnance du Président pris en Chambres réunies. Les Chambres ou les sections de Chambre siègent en audience, avec au minimum, trois magistrats de la Chambre y compris le Président de Chambre ou le Chef de section. Le conseiller rapporteur assiste à l'audience avec voix délibérative. Le greffier de Chambre rédige le procès-verbal de séance. En l'absence de quorum, il peut être fait appel à un magistrat d'une autre Chambre (art. 19).

La Cour des comptes, par l'intermédiaire de la Commission de vérification des comptes et de contrôle des entreprises publiques (CVCCEP), vérifie les comptes et contrôle la gestion des entreprises du secteur public, à savoir : les établissements publics à caractère industriel et commercial, les établissements publics professionnels, les établissements publics à caractère scientifique et technologique, les établissements publics de santé, les autres établissements publics relevant d'une catégorie dont la création est décidée ultérieurement, les sociétés nationales, et les sociétés anonymes à participation publique majoritaire. La CVCCEP vérifie les comptes et la gestion de tout organisme dans lequel l'État ou les organismes soumis au contrôle de la Cour, détiennent, directement ou indirectement, séparément ou ensemble, une participation au capital social permettant d'exercer un pouvoir prépondérant de décision ou de gestion.

La Cour des comptes contrôle les institutions de sécurité sociale, y compris les organismes de droit privé qui assurent –en tout ou partie – la gestion d'un régime de prévoyance ou de retraite légalement obligatoire. Elle s'assure en outre que les administrations centrales, les services déconcentrés de l'État, les Sociétés nationales, les établissements publics et les collectivités locales sont en règle avec les contributions et cotisations dont ils sont redevables envers ces organismes.

La Cour des comptes peut également exercer un contrôle du compte d'emploi des ressources collectées auprès du public, dans le cadre des campagnes menées à l'échelon national par tout organisme public ou privé faisant appel à la générosité publique. Ce contrôle a pour but de vérifier la conformité des dépenses engagées par ces organismes aux objectifs poursuivis et annoncés par l'appel à cette générosité publique. S'il y'a lieu, il peut comporter des vérifications auprès des organismes qui ont bénéficié des ressources collectées dans le cadre de ces campagnes.

Enfin, par la Commission de vérification des comptes et de contrôle des entreprises publiques, la Cour des comptes a la faculté d'exercer un contrôle de la gestion de tout organisme bénéficiant, sous quelque forme que ce soit, du concours financier ou de l'aide économique de l'État ou des organismes publics qui relèvent de la Cour, conformément aux dispositions des articles 47 à 51 de la loi n° 90-07 du 26 juin 1990 ainsi que du concours financier de l'Union Économique Monétaire Ouest Africaine (art. 27 loi organique).

Il existe des formations consultatives au sein de la Cour des comptes : le Comité des rapports et des programmes, et la conférence des Présidents et du Commissaire du Droit Le Comité des rapports et des programmes est chargé de la préparation et de la présentation des rapports prévus à l'article 16 de la loi organique ; il est composé du Président de la Cour, du Commissaire du Droit, des Présidents de Chambre, du Président de la CVCCEP, du rapporteur général désigné pour chaque rapport et du Secrétaire général de la Cour, étant précisé que le Président peut y désigner d'autres magistrats de la Cour en fonction des personnes proposées par les Chambres (art. 21 de la loi organique). La conférence des Présidents et du Commissaire du Droit est composée du Président de la Cour, du Commissaire du Droit, des Présidents de Chambre, du Président de la CVCCEP et du greffier en chef ; le Secrétaire général y tient le rôle de secrétaire et a voix consultative ; elle est consultée, à l'initiative du Président de la Cour, sur l'organisation, les travaux et l'activité générale de l'institution (art. 22 de la loi organique).

La Cour des comptes juge les comptes des comptables publics principaux. Pour la Cour des comptes, est comptable public tout fonctionnaire ou agent ayant qualité pour exécuter au nom d'un organisme public des opérations de recettes, de dépenses ou de maniement de titres, soit au moyen de fonds et valeurs dont il a la garde, soit par virement interne d'écritures, soit par l'entremise d'autres comptables publics ou de comptes externes de disponibilités dont il ordonne ou surveille les mouvements.

La Cour juge également les comptes que lui rendent les personnes qu'elle a déclaré *comptables de fait* : est réputé *comptable de fait* toute personne qui effectue sans y être habilitée par une autorité compétente des opérations de recettes et/ou de dépenses, de détention ou de maniement de fonds ou valeurs appartenant à un organisme public. Il en est de même de toute personne qui reçoit ou manie directement ou indirectement des fonds ou valeurs extraits irrégulièrement de la caisse d'un organisme public, et de toute personne qui, sans avoir la qualité de comptable public, procède à des opérations sur les fonds ou valeurs n'appartenant pas aux organismes publics mais que les comptables publics sont exclusivement chargés d'exécuter en vertu des lois et règlements en vigueur.

Les gestions de fait entraînent les mêmes obligations et responsabilités que les gestions patentes, et sont jugées comme elles. Toute personne déclarée gestionnaire de fait, sauf si elle est poursuivie pour les mêmes faits au pénal, peut être condamné à une amende pour immixtion dans les fonctions de comptable public. Le montant de cette amende est fixé suivant l'importance et la durée du maniement ou de la détention de deniers ; son maximum ne pourra dépasser le total des sommes indûment détenues ou maniées (art. 25 d la loi organique).

La Cour des comptes assiste le Parlement et le Gouvernement dans le contrôle de l'exécution des lois de finances. Elle contrôle la régularité et la sincérité des recettes et de dépenses décrites dans les comptabilités publiques. Elle s'assure du bon emploi des crédits, fonds et valeurs gérés par les services de l'État et par les autres organismes publics[106].

Les délibérations de la Cour sont exprimées en la forme d'arrêts ou de communications aux intéressés, aux Pouvoirs publics ou aux autorités administratives compétentes. Elles sont prises à la majorité des voix, le Président ayant voix prépondérante en cas de partage de celles-ci. La Cour juge en premier et dernier ressort, et ses arrêts sont à peine de nullité motivés. Les voies de recours admises contre les arrêts définitifs sont la révision devant la Cour des comptes et la cassation devant le Conseil d'État. L'introduction d'une procédure de révision ou de cassation ne fait pas obstacle à l'exécution de l'arrêt attaqué sauf sursis à exécution ordonné par le Président de la Cour, après avis du Commissaire du Droit. Les arrêts définitifs de la Cour des comptes sont revêtus de la formule exécutoire, lorsqu'ils donnent lieu à la fixation d'une amende ou la prononciation d'un débet ; dans ce cas, leur exécution est poursuivie par toutes les voies de droit, à la diligence du ministère chargé des Finances. Un rapport sur l'état des procédures de recouvrement, en cours ou achevées dans l'année, est adressé chaque année par le ministre des Finances au Président de la République, au Premier ministre et au Président de la Cour[107].

À l'exception de l'Audience plénière solennelle, les séances de diverses formations se déroulent à huis clos.

2.2. L'administration de la Cour des comptes

L'article 10 de la loi organique n° 99-70 du 17 février 1999 sur la Cour des comptes dispose que le Président de la Cour administre les services de celle-ci et assure la gestion des personnels et des moyens affectés à cette institution. L'article 3 du décret n° 99-499 du 08 juin

[106] Constituent des organismes publics au sens de la présente loi, l'État, les collectivités locales et les établissements publics (art. 26 de la loi organique).

[107] Article 32 de la loi organique n° 99-02 du 29 janvier 1999 portant révision de la Constitution.

1999 fixant les modalités d'application de la loi organique sur la Cour des comptes dispose que le Président de la Cour assure la direction générale de cette institution, dans les conditions prévues par la loi organique.

Le projet de budget est préparé, chaque année, par le Président de la Cour et soumis à la Conférence des Présidents et du Commissaire du Droit. Les crédits inscrits au budget de l'État figurent sous un chapitre particulier. Le Président de la Cour rend compte de l'utilisation annuelle des crédits à la Conférence des Présidents et du Commissaire du Droit sur rapport d'un magistrat désigné chaque année par le Président.

Le Président affecte les Présidents de chambre et les magistrats dans les différentes chambres, et décide par ordonnance de la division en section des chambres et des compétences respectives de celles-ci par ordonnance prise en chambres réunies[108].

L'article 40 de la loi organique n° 99-73 du 17 février 1999 portant statut des magistrats de la Cour des comptes prévoit que *« tout manquement par un magistrat de la Cour des comptes à ses obligations statutaires, à l'honneur ou à la dignité de sa fonction constitue une faute susceptible de sanctions disciplinaires, sans préjudice des poursuites pénales qui peuvent être engagée lorsque ce manquement constitue un délit ou un crime »*. L'article 41 de la même loi dispose que *« lorsque le Président de la Cour est informé d'une faute grave commise par un magistrat, qu'il s'agisse d'un manquement à ses obligations ou d'une poursuite judiciaire pour une infraction préjudiciable à l'honneur ou à la dignité de sa fonction, il peut procéder immédiatement à sa suspension, transmet le dossier disciplinaire dans les meilleurs délais au conseil supérieur de la Cour et informe le ministre chargé des Finances »*.

Les différents services administratifs et techniques de la Cour des comptes sont régis par les articles 17 et 18 du décret n° 99-499 du 8 juin 1999 fixant les modalités d'application de la loi organique sur la Cour des comptes. Selon l'article 18, *« la Cour comprend des services administratifs et techniques placés sous l'autorité du Président et gérés par le Secrétaire général »*.

Il convient d'abord de présenter le greffe central de la Cour, qui est composé des greffes des chambres juridictionnelles, et qui est dirigé par

[108] Article 18 de la loi organique n° 99-70 du 17 février 1999 sur la Cour des comptes.

un greffier en chef. Sous l'autorité du Secrétaire général de la Cour, le service du greffe central réceptionne et enregistre les comptes, les pièces justificatives, les recours, les réponses et tous autres documents transmis ou déposés à la Cour. Il en assure l'archivage après exécution et veille à leur bonne conservation. Le Greffier en Chef prépare l'ordre du jour des séances de la Cour autres que celles des chambres, dresse le procès-verbal des décisions prises et tient les rôles, registres et dossiers correspondants.

C'est le Président de la Cour qui affecte le Greffier en chef et les greffiers de chambre. Ceux-ci sont choisis parmi les fonctionnaires nommés à la Cour et prêtent serment lors de leur nomination, devant la chambre où ils sont affectés. En cas d'absence ou d'empêchement d'un greffier, le Président de la Cour, par ordonnance, fait appel pour le suppléer temporairement à un fonctionnaire affecté à la Cour[109].

Le Président décide, par ordonnance, l'organisation générale des services administratifs, qui comprennent notamment : un bureau du personnel et des affaires administratives, un bureau de gestion financière et de comptabilité, un bureau de la formation et de la documentation, un bureau informatique, un bureau de presse et des relations avec le public, et un bureau des archives.

Le Secrétaire général assure l'animation, le suivi et la coordination des structures administratives. Il prend toutes mesures permettant un bon fonctionnement de la Cour, veille au bon emploi des moyens mis à la disposition, s'assure de la mise en œuvre de mesures appropriées pour la sécurité des biens et des personnes au sein de la juridiction. Enfin, il s'assure que les missions de la Cour soient effectuées efficacement et au moindre coût et propose éventuellement toute mesure pour en améliorer le fonctionnement. Les personnels administratifs et techniques sont régis par les dispositions statutaires communes applicables aux personnels de l'État ou le cas échéant par des statuts particuliers.

---

[109] Article 17 du décret d'application décret n° 99-499 du 8 juin 1999 fixant les modalités d'application de la loi organique sur la Cour des comptes.

2.3. La Cour des comptes - une cour "plombée" dans son efficience

La Cour des comptes, en 19 ans d'existence, a fini d'imprimer sa marque dans le concert de nos institutions par la qualité de ses rapports et la pertinence de ses recommandations.

Elle fait preuve également de beaucoup de transparence dans le travail qu'elle effectue. En effet, tous ses rapports, dès qu'ils sont remis au Président de la République, sont mis à disposition du grand public sur son site internet, un des rares sites des Hautes Cours à être fonctionnel de manière continue et complète.

Malheureusement, son efficacité et la portée de ses évaluations risquent d'être "plombées" par le refus des différentes administrations, et souvent celui des plus hautes autorités, d'une part, de traduire en action ses recommandations par la mise en mouvement de l'action publique contre des comptables publics dont les fautes de gestion sont doublées de fautes à connotation pénale, et d'autre part, de prendre les sanctions administratives idoines contre les responsables coupables de malversations financières ou de fautes de gestion grave.

Il s'y ajoute que, de plus en plus, certaines autorités, du fait de leur appartenance à la majorité au pouvoir, narguent carrément les auditeurs de la Cour des comptes s'ils ne refusent pas de se soumettre aux contrôles programmés par ces auditeurs. Le magistrat et ancien Président de l'Union des Magistrats sénégalais (UMS), Alioune Niane, avait déploré cette tendance en soutenant que :

« la Cour des comptes, dans son programme de contrôle de l'année 2016, avait inscrit l'audit du Fonds de l'entreprenariat féminin qui est sous la tutelle de Monsieur Moustapha Diop, ministre délégué auprès du ministre de la Femme, de la Famille et de l'Enfance, chargé de la Microfinance et de l'Économie solidaire. Monsieur Moustapha DIOP était également le gestionnaire de ce Fonds antérieurement à son entrée dans le Gouvernement. Monsieur Moustapha Diop, dans une arrogance légendaire, sans cette moindre délicatesse qu'appelle la fonction ministérielle, s'est opposé aux magistrats et vérificateurs de la Cour des comptes et a déclaré, urbi et orbi, que ce contrôle n'aurait pas lieu. Une telle posture, au-delà du fait qu'elle rame à contre-courant des valeurs républicaines, manque foncièrement de classe et d'élégance et rappelle celle des chiffonniers. Ce que ne mérite ni notre

République, ni notre démocratie multiséculaire et modèle à travers le monde.

Malgré tout, tout se passe comme si la situation actuelle donne raison à Monsieur le Ministre. En effet, jusqu'à ce jour, le contrôle du Fonds n'a pu être effectué et tout laisse croire qu'il ne le sera pas, du moins pour les gestions visées qui le concernent personnellement. »[110]

Le Premier président de la Cour des comptes tout récemment nommé avait relevé d'autres difficultés, tenant notamment au retard considérable de l'achèvement du siège de la Cour des comptes, à l'absence de recrutement de magistrats de la Cour qui est présentement en sous-effectif et à la rédaction des rapports dans des délais raisonnables. En effet, le Président, dans son allocution d'installation a déclaré que : « *Le nombre de rapports produits par la Cour des Comptes doit être augmenté ; il faut qu'on améliore la qualité des rapports sans compter la production des rapports à bonne date, parce que ça ne sert à rien d'attendre des années pour produire des rapports. Nous ne sommes que 21 magistrats, qui doivent juger des centaines de dossiers, qui doivent faire le rapport sur l'exécution, sur la loi des finances pour le contrôle du budget à travers la loi de règlement et la déclaration générale. Donc, il va falloir qu'on recrute des magistrats mais aussi des assistants de vérification. Il nous faut un siège fonctionnel. Nous sommes éclatés dans trois sites différents : à l'immeuble Fayçal, aux Almadies et au Point E.* »[111]

4. L'incursion du droit communautaire : l'exemple de l'OHADA

Dans les années 1990, le Sénégal s'est engagé dans un processus d'internationalisation de son cadre légal en ratifiant divers traités, qui allaient impacter profondément le système judiciaire et incidemment la distribution de la justice. Il s'agit, entre autres, du traité de Port-Louis portant organisation du droit des affaires en Afrique regroupant 17 États parties, du traité de la CEDEAO, du traité de l'UEMOA et du traité de

[110] https://www.dakaractu.com/Independance-de-la-magistrature-profession-de-foi-ou-realite-le-cas-du-Ministre-Moustapha-DIOP-une-preuve-par-9_a132372.html

[111] Discours du Premier Président de la Cour des comptes du Sénégal, Mamadou FAYE, à l'occasion de la cérémonie officielle d'installation qui s'est tenue, le 12 mars 2018, à la salle d'audience de la Cour suprême, en présence du ministre de l'économie, des finances et du plan et d'une délégation de la Cour des comptes de l'UEMOA.

Rome instituant la cour pénale internationale (CPI), et également du traité de l'Union africaine. Le Sénégal, en adhérant au traité de Port-Louis, a opté pour le droit communautaire qui a pris le pas sur une bonne partie de son droit interne applicable en matière civile et commerciale.

C'est ainsi qu'avec l'entrée en vigueur de dix actes uniformes constituant présentement le droit dérivé de l'Organisation pour l'Harmonisation du droit des Affaires en Afrique (OHADA), des matières fondamentales telles que le droit des sociétés commerciales et du G. I. E, le droit des sociétés, les procédures simplifiées de recouvrement des créances et des voies d'exécution, les procédures collectives d'apurement du passif, le droit de l'arbitrage, la comptabilité des entreprises et les transports terrestres sont désormais régies par un droit communautaire qui est non seulement directement applicable mais en plus prééminent sur toute législation interne antérieure ou postérieure qui lui est contraire. Cela résulte en effet clairement des dispositions de l'article 10 du traité[112].

Mais à côté de l'adoption de dix actes uniformes, l'OHADA a érigé une Cour Commune de Justice et d'Arbitrage basée à Abidjan pour atteindre les objectifs de l'harmonisation par le biais d'une jurisprudence uniforme dans l'espace des États signataires. Cette cour, de par ses attributions, a vocation à traiter le pourvoi en cassation dans les matières objet des lois uniformes. Ce qui pose le problème du rôle et de la place des juridictions suprêmes nationales, et plus particulièrement des Cours de cassation, qui voient l'essentiel de leurs prérogatives leur échapper au profit d'une Cour supra nationale.

Ce dépouillement, qui est loin de son épilogue du fait du champ très ouvert[113] des matières harmonisables, tend à confiner les Cours de cassation dans une certaine marginalité, et à rendre complexe tout lien de coopération. Et pourtant, des liens sont possibles et une collaboration est souhaitable afin que l'OHADA puisse atteindre ses objectifs d'avoir un espace juridique sécurisé. C'est pourquoi, il est pertinent d'analyser d'abord la délimitation des compétences entre la Cour Commune de

[112] Article 10 du traité du 17 octobre 1993 relatif à l'harmonisation du droit des affaires en Afrique (OHADA) dispose que : *« les actes uniformes sont directement applicables et obligatoires dans les Etats Parties nonobstant toute disposition contraire de droit interne, antérieure ou postérieure. »*

[113] Plusieurs matières dont le droit social sont dans le champ des domaines à harmoniser et vont de ce fait réduire encore davantage le périmètre contentieux de la Cour suprême.

Justice et d'Arbitrage et les Cours de cassation des États-parties, puis les incidences sur le règlement des contentieux, et enfin les voies possibles pour amoindrir voire gommer les blocages induits par un système qui consacre une dualité des organes chargés du pourvoi.

Sur le premier point, l'OHADA, avec la création d'une Cour Commune de Justice et d'Arbitrage, a donné une nouvelle contexture à l'organisation judiciaire des États signataires qui se retrouvent désormais avec deux instances ayant compétence en matière de pourvoi : la Cour de cassation, qui reste l'instance de droit commun, et la Cour Commune de Justice et d'Arbitrage pour tout ce qui a trait au droit des affaires harmonisé.

À propos des compétences de la Cour Commune de Justice et d'Arbitrage, l''article 14 du traité du 17 octobre 1993 relatif à l'harmonisation du droit des affaires en Afrique en ses alinéas 3, 4 et 5 dispose que :

« Saisie par voie de recours en cassation, la cour se prononce sur les décisions rendues par les juridictions d'appel des États parties dans toutes les affaires soulevant des questions relatives à l'application des Actes uniformes et des règlements prévus au présent traité à l'exception des décisions appliquant des sanctions pénales.

Qu'elle se prononce dans les mêmes conditions sur les décisions non susceptibles d'appel rendues par toute juridiction des États parties dans les mêmes contentieux.

Qu'en cas de cassation, elle évoque et statue sur le fond ».

Il résulte clairement de ces dispositions que l'instance de cassation pour toutes les décisions susceptibles de pourvoi et touchant le droit dérivé de l'OHADA est la Cour Commune de Justice et d'Arbitrage en principe, à l'exception notable des décisions appliquant des sanctions pénales. En conséquence, toutes les décisions appliquant totalement ou partiellement les dispositions des actes uniformes déjà en vigueur relèvent désormais pour ce qui est de leur pourvoi de la Cour Commune de Justice et d'Arbitrage.

La Cour de cassation sénégalaise (cour suprême depuis 2008) a désormais une compétence résiduelle pour l'essentiel du contentieux du droit des affaires, d'où un dessaisissement de la régulation de la norme en cette matière au profit de la Cour Commune de Justice et d'Arbitrage. Ce qui fait que sa chambre civile et commerciale est confinée à l'examen des pourvois en matière civile et familiale.

Quant à la chambre correctionnelle, non seulement elle garde l'essentiel de ses prérogatives sauf en matière de droit pénal des affaires dont les dispositions sont contenues en grande partie dans l'acte uniforme sur le droit des sociétés et du GIE et l'acte uniforme sur les procédures collectives d'apurement du passif, mais en plus, elle bénéficie d'une dérogation du traité puisqu'elle reste compétente pour les décisions appliquant des sanctions pénales dans la poursuite des infractions prévues par les actes uniformes.

Cet éclatement, loin d'être une panacée, est plutôt source de difficultés supplémentaires. L'éclatement des compétences entre une Cour de cassation nationale et une Cour Commune est source de difficultés pour l'élaboration de la jurisprudence et pour la préservation des droits des justiciables.

La Cour Commune de Justice et d'Arbitrage ayant désormais l'exclusivité de l'appréciation des pourvois dans les matières harmonisées à l'exception des décisions condamnant à des sanctions pénales, la Cour de cassation saisie est obligée de se déclarer incompétente et de renvoyer l'affaire à la Cour Commune de Justice et d'Arbitrage chaque fois que l'appréciation de celle-ci touche à une disposition des actes uniformes. Si certaines Cours de cassation, en dépit du traité, jugent au mépris de la norme communautaire, d'autres par contre comme la Cour de cassation sénégalaise, supplantée depuis 2008 par la Cour suprême, sont confrontées à la problématique de la prise en charge des frais d'envoi en cas d'incompétence prononcée : est-ce que cela doit relever des parties ou de la Cour de cassation ?

Dans la deuxième hypothèse, il faudra que cela soit budgétisé dans une rubrique contenue dans la nomenclature budgétaire standardisée par l'UEMOA. À titre d'exemple, sur sept cas d'incompétence, la Cour de cassation n'a renvoyé à la Cour Commune de Justice et d'Arbitrage qu'une seule affaire sur fonds propres. Quant à la première hypothèse, elle induit des frais supplémentaires et un problème de distance qui ne concourent point à la préservation des droits des justiciables.

L'éclatement des compétences entre les deux Cours peut être aussi une source de difficulté pour le justiciable pour la saisine de la juridiction compétente dans une affaire dont le règlement a nécessité l'application de normes communautaires et de normes purement nationales ou internes.

La même difficulté peut se poser également quant à l'interprétation qu'il faut donner à l'expression de l'alinéa 5 de l'article 4 du traité de *« décisions appliquant des sanctions pénales »* : faut-il les entendre comme des décisions de condamnation à une peine ou à une amende ? Et dans ce cas, pour une même infraction, selon que le prévenu est relaxé ou condamné, on retiendra la compétence de l'une ou de l'autre Cour. Et en l'absence de jurisprudence comme en cette matière rare, voire inexistante, dans le cadre du droit comparé, il appartient au justiciable de déterminer *ab initio* la Cour compétente.

Enfin, et surtout, la situation de la Cour Commune de Justice et d'Arbitrage à Abidjan rend presque *censitaire* l'usage du pourvoi, puisque les frais induits sont prohibitifs et obère dangereusement l'efficacité du principe cher à notre système judiciaire du rapprochement de la Justice du justiciable. La conséquence fâcheuse, c'est la faiblesse des saisines en pourvoi par les justiciables résidant hors du siège de la Cour Commune de Justice et d'Arbitrage[114].

C'est pourquoi, il est urgent de trouver des solutions pour que l'OHADA ne soit pas elle-même une source d'insécurité juridique et judiciaire. L'on peut, à cet égard, évoquer quelques solutions « curatives ».

La Cour Commune de Justice et d'Arbitrage, pour atteindre les objectifs qui lui sont assignés par le traité de Port-Louis, devrait se rapprocher davantage des justiciables de l'espace communautaire. Cela passe par le règlement de certains problèmes pratiques, qui faciliterait sa saisine, et par la réforme de son mode de fonctionnement, qui la rendrait plus présente et mieux connue dans les pays membres.

Il faudrait d'abord énoncer de manière précise sur qui pèse la charge des frais d'envoi en cas de décision d'incompétence des Cours de cassation nationales. Si c'est la Cour de cassation, ce qui, à notre avis est plus logique et plus en phase avec l'esprit de l'article 15 du traité, il faudrait que cela soit budgétisé et que les dossiers en instance soient rapidement renvoyés devant la Cour Commune de Justice et d'Arbitrage pour éviter un déni de Justice, avec le concours de la Cour Commune de Justice et d'Arbitrage le cas échéant. Compte tenu également de la faiblesse des saisines des justiciables résidant hors du siège de la Cour Commune de Justice et d'Arbitrage, il serait souhaitable, pour « booster » l'usage du pourvoi, de permettre la saisine de la Cour Commune de Justice et d'Arbitrage par le biais du greffe des Cours de cassation à charge pour ce dernier d'envoyer les dossiers à

[114] Plus de 87% des saisines de la CCJA proviennent de la Côte d'Ivoire.

ladite Cour. Ce qui instaurerait une collaboration plus fluide entre la Cour Commune de Justice et d'Arbitrage et les Cours de cassation.

La Cour Commune de Justice et d'Arbitrage devrait également voir dans quelle mesure instituer des juges *ad litem* à l'instar de la Cour internationale de Justice de La Haye et du Tribunal pénal international de Yougoslavie. Ces juges pourraient être choisis parmi les membres des Cours de cassation des États parties. Cette innovation permettrait d'accroître l'efficacité de la Cour Commune de Justice et d'Arbitrage, et instaurerait un cadre de collaboration plus fluide entre les Cours de cassation et la Cour Commune de Justice et d'Arbitrage. Celle-ci devrait également, chaque fois qu'elle a obtenu dans son portefeuille un lot de pourvois assez consistant concernant un pays donné, organiser des audiences délocalisées en s'appuyant au besoin sur les juges *ad litem* du pays concerné pour se rapprocher davantage de ses justiciables et démocratiser davantage son office. L'instauration des juges *ad litem* aurait également le mérite de vaincre les réticences de certaines cours suprêmes de voir se tenir dans leur ressort les audiences de la CCJA : les tentatives de tenir des audiences foraines dans certains pays membres se sont en effet soldées par des échecs, alors que cette voie est la seule option prévue par le traité pour rapprocher le justiciable de la justice communautaire.

5. Le bilan de la réforme

Le nouveau système issu de la réforme de 1992 devait fonctionner pour *« la consolidation de l'État de droit »*, pour la garantie de l'exercice et de l'effectivité *« des droits et libertés inscrits dans la Constitution »*, *« l'abolition de toute juridiction d'exception »*, pour le renforcement *« du contrôle des juges sur l'administration »* et *« de l'indépendance de la justice, grâce notamment à une démocratisation du Conseil supérieur de la magistrature »*, et enfin pour la protection *« de l'environnement de sécurité juridique »*[115], gage de l'efficacité de la gestion socio-économique des entreprises.

Aujourd'hui, le fonctionnement de ce système est critiqué aussi bien par les justiciables que par les professionnels de la justice et les partenaires sociaux et économiques, ainsi qu'il ressort de différents rapports, études et séminaires : le Programme Sectoriel Justice (PSJ) et son Programme d'Actions prioritaires (PAP), le Programme National

---

115 Voir les exposés des motifs des lois constitutionnelles de 1992.

de Bonne Gouvernance (PNBG), le Projet de Promotion des Investissements Privés (PPIP) et le Document de Stratégie de Réduction de la Pauvreté (DSRP).

« Les critiques, qui prédominent, ont trait à la qualité du procès, appréciée sous le triple éclairage : d'abord, de la procédure, tant du point de vue de la durée de traitement des affaires que de celui de la longueur intenable des audiences : ensuite, de la décision de justice, dont la clarté et la compréhension dépendent de sa motivation, alors que les décisions insuffisamment motivées, voire stéréotypées, sont de pratique courante ; et enfin, du coût excessif de la justice, souvent accompagné d'une carence en informations sur l'état d'avancement des affaires pendantes ou d'une absence de prévision du temps que peut durer la procédure, ainsi que des dépenses à effectuer éventuellement. »[116]

C'est dans ce contexte que le Président de la République Monsieur Abdoulaye Wade, à l'occasion de l'audience solennelle de rentrée des cours et tribunaux du 10 janvier 2007, a suggéré aux acteurs de la justice de s'interroger sur la réforme de 1992, en posant notamment les questions suivantes.

- Cette réforme a-t-elle permis un fonctionnement plus efficace de la justice ?
- A-t-elle conduit au raccourcissement des délais de jugement ?
- A-t-elle été économe des deniers publics ou a-t-elle, au contraire, pesé sur le budget du ministère de la Justice ?
- A-t-elle conduit à une meilleure compréhension, par les justiciables, du fonctionnement de la justice et à une autorité accrue des arrêts des tribunaux ?

Pour donner suite à la demande du Président de la République, Monsieur Papa Oumar Sakho, Premier Président de la Cour de cassation, après s'être entretenu avec chacun des chefs des hautes juridictions a, par lettres du 2 avril 2007, invité ces derniers à lui faire parvenir, avec leurs propositions de réponse et suggestions, les données chiffrées sur leurs juridictions relativement : au nombre d'affaires reçues (en indiquant leur nature), au nombre d'affaires traitées (en précisant s'il s'agit de décision, d'avis, etc.), et au budget. Par les mêmes lettres, il invitait ses collègues à prendre part à la réunion du 18

---

[116] Papa Makha NDIAYE.

avril 2007 dans les locaux de la Cour de cassation, pour l'examen de ces différents points. À l'issue de cette réunion, à laquelle prirent part les représentants de la Cour de cassation, ceux du Conseil constitutionnel, du Conseil d'État, de la Cour des comptes, de la Cour d'appel de Dakar, du ministère de la Justice, du Barreau ainsi qu'un expert évaluateur et informaticien, le Premier Président de la Cour de cassation a institué une commission restreinte, chargée de réunir les éléments de réponse les plus pertinents aux questions posées par le Chef de l'État.

La commission a été scindée en trois comités chargés respectivement de l'évaluation interne, de l'évaluation externe et du passage en revue des juridictions similaires en Afrique. La méthodologie a fait appel aux données relatives aux effectifs, aux coûts financiers et aux niveaux d'activité. Des indicateurs statistiques ont été utilisés pour apprécier les performances en rapportant les ressources (humaines, notamment) au niveau d'activité dans chaque cas. Une option participative a permis de recueillir les points de vue d'acteurs de la société civile, des milieux des affaires et des collectivités locales.

Les trois synthèses issues des travaux des comités ont été largement diffusées auprès de nombreuses personnalités, comme en attestent les réponses reçues, notamment, du Président du Conseil constitutionnel, du Président du Conseil d'État, des Procureurs Généraux près les cours d'appel de Dakar et de Kaolack, du Premier Président de la Cour d'appel de Dakar, du Conseil de l'Ordre des Avocats et de celui des Huissiers de Justice du Sénégal.

Cela dit, la prise en compte de ces critiques récursives est adéquate à la perspective que détermine la volonté politique tendue vers l'invention d'autres dispositifs, pour permettre à la justice de mieux assurer son rôle de régulation sociale. Néanmoins, une bonne partie des personnes interrogées comme des personnalités interviewées n'ont pas pour autant recommandé le retour systématique de la Cour suprême.

Ces personnes convenaient certes que la situation n'était pas satisfaisante, mais elles divergeaient sur les solutions à apporter. Certaines proposaient le renforcement des ressources allouées aux juridictions pour leur permettre d'atteindre les objectifs assignés.

D'autres, la majorité, pensaient qu'il fallait regrouper, au moins partiellement, les hautes juridictions dans un souci d'économie budgétaire, dans le but de renforcer l'autorité de la justice par l'unification de la hiérarchie, et avec l'objectif de combler la perte de compétences de certaines hautes juridictions au profit des juridictions communautaire comme la Cour Commune de Justice et d'Arbitrage (CCJA). Cette catégorie de personnes invoque donc l'urgence du regroupement des juridictions supérieures.

Ces personnes préconisaient cependant une démarche prenant en compte les engagements internationaux de l'État pris dans le cadre de l'Union Monétaire Ouest Africaine, et impliquant le maintien d'une Cour des comptes autonome.

Au plan interne, le renforcement de la protection des droits et libertés du citoyen et le souci de mettre la justice, dans sa globalité, à l'abri des querelles politiques, commandaient le maintien d'une juridiction constitutionnelle séparée par la mise en place d'une Cour constitutionnelle.

Enfin, la Cour de cassation et le Conseil d'État pourraient faire l'objet d'un regroupement en une seule juridiction suprême avec, à sa tête, une personnalité digne d'incarner l'autorité et le prestige du pouvoir judiciaire.

À cet égard, les tenants de l'option d'un regroupement Conseil d'État - Cour de cassation faisaient souvent référence aux recommandations du colloque international de l'Association ouest Africaine des Hautes Juridiction Francophones (A.O.A.H.J.F.) tenu à Cotonou du 13 au 16 mai 2002 sur le *thème « Opportunité de l'éclatement ou non des Cours Suprêmes en plusieurs juridictions distinctes »*, dont ils retenaient la conclusion suivante du rapport final :

« Selon l'option dominante, et sans occulter ses avantages, la séparation des juridictions judiciaires et administratives ne serait même pas souhaitable en raison des problèmes complexes.... de compétence avec, pour corollaire, des risques de contrariété de décisions, sans oublier les problèmes matériels et humains que cela entraînera.

En outre, cet éclatement pourrait provoquer un affaiblissement du pouvoir judiciaire. Ces craintes militent en faveur de la seconde réponse, à savoir maintenir ensemble, toujours sous la coupe des Cours suprêmes, les chambres judiciaires et les chambres administratives, avec les adaptations qui s'imposent. Ces Chambres administratives et judiciaires constitueraient désormais la Cour suprême. »

Après le dépôt du rapport, l'option finalement retenue par les autorités politiques et par suite par le législateur a été la fusion de la Cour de cassation et du Conseil d'État en une Cour suprême et le maintien du Conseil constitutionnel et de la Cour des comptes, scellant ainsi le sort du Conseil d'État qui n'a pas survécu à ses seize ans d'existence.

Cette réforme suscitée par le Président de la République s'est donc traduite par la suppression du Conseil d'État et de la Cour de cassation, et la renaissance de la Cour suprême délestée de ses attributions d'antan en matière constitutionnelle et du contrôle des comptes publics.

FIGURE 3 : LE SYSTÈME JUDICIAIRE DU SÉNÉGAL EN 1992[117]

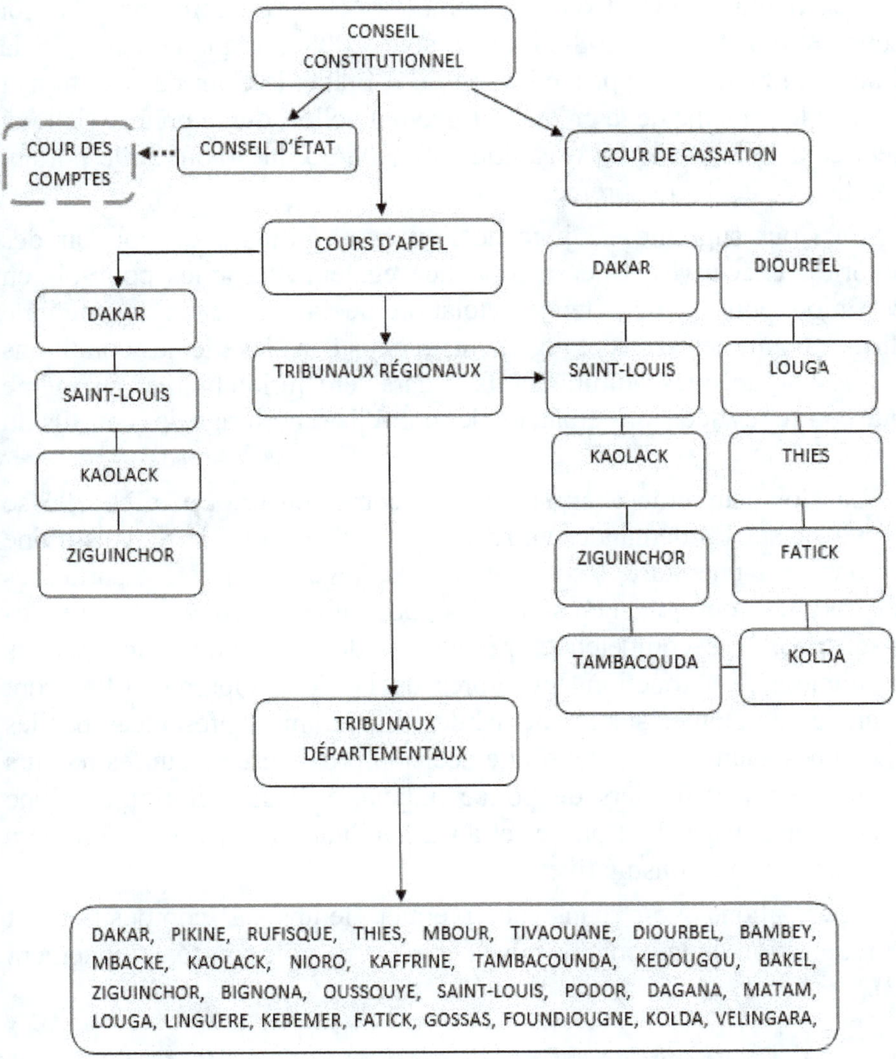

À la suite de la réforme de 1992, le schéma pyramidal va être modifié : d'une structure à une tête, on est passé à une structure à trois, puis à quatre têtes en 1999.

[117] Cette figure 3 est réalisée par Cheikh Tidiane LAM, l'auteur de cette thèse.

B.- Le regroupement partiel des cours : la renaissance de la Cour suprême

Le retour à la Cour suprême a été consacré par la loi constitutionnelle n° 2008-34 du 7 août 2008 portant révision de la Constitution, qui a supprimé le Conseil d'État et la Cour de cassation et énoncé le principe de la création d'une nouvelle Cour suprême. Celle-ci sera consacrée par la loi organique n° 2008-35 du 7 août 2008 portant création de la Cour suprême.

La Cour suprême est juge de l'excès de pouvoir de pouvoir des autorités exécutives. Elle se prononce également sur les pourvois en cassation pour incompétence, violation de la loi ou de la coutume dirigée contre les arrêts et jugements rendus dans les mêmes conditions par les organismes administratifs à caractère juridictionnel de même que contre les décisions émanant des conseils d'arbitrage des conflits du travail.

La Cour suprême a aussi d'autres compétences. En effet, elle se prononce sur les demandes en révision, les demandes de renvois d'une juridiction à une autre, les règlements des juges, les prises à partie, les contrariétés de jugements et les poursuites dirigées contre les magistrats. Une compétence spéciale est dévolue à des commissions juridictionnelles fonctionnant auprès de la Cour suprême. Elles sont chargées de statuer sur les demandes d'indemnités présentées par les personnes ayant fait l'objet d'une décision provisoire ou sur les recours formés par les officiers de police judiciaire ayant fait l'objet d'une décision de suspension ou de retrait d'habilitation. La Cour suprême a une compétence consultative.

Nous allons voir dans un premier temps la composition et l'organisation de la nouvelle cour (1) avant de voir son fonctionnement (2).

1. Composition et organisation de la nouvelle Cour

La Cour suprême est constituée de quatre chambres : la chambre administrative, la chambre criminelle, la chambre civile et commerciale et la chambre sociale. À côté de ces chambres, officie un parquet général. Les chambres sont composées, outre leur Président, par des conseillers et des conseillers délégués, tandis qu'au parquet général, officient des avocats généraux et des avocats généraux délégués sous la direction du Procureur Général. Ces membres du siège et du parquet général sont assistés dans leur travail juridictionnel par des conseillers référendaires et des auditeurs, ainsi que par les membres du greffe sous la direction d'un administrateur des greffes, chef de greffe.

La Cour suprême est dirigée par le Premier Président qui assure la bonne marche de la juridiction, compte tenu des nécessités du service. En conséquence, il affecte les membres de la Cour suprême, après avoir entendu le bureau de ladite Cour. Il peut, pour assurer la bonne marche de la juridiction, affecter un même membre de la Cour à plusieurs formations.

Les formations de la Cour suprême sont : les chambres réunies, les chambres, l'assemblée générale consultative. Les arrêts de la Cour suprême sont donc rendus, soit par les chambres réunies, soit par les chambres.

2. Fonctionnement de la nouvelle Cour suprême

La Cour suprême nouvellement créée a eu globalement un meilleur fonctionnement par rapport aux Cours qu'elle a supplantées (Conseil d'État, Cour de cassation). Son activité juridictionnelle est plus soutenue et les délais de traitement plus raccourcis. Par exemple en 2015, les quatre chambres ont reçu globalement 421 affaires et ont traité 436. Le tout dans des délais n'excédant pas six mois en moyenne.

En plus des activités de formation qu'elle organise en lien avec ses partenaires français (Conseil d'État et Cour de cassation) elle publie plus ou moins régulièrement des rapports d'activité et un bulletin d'information.[118]

Elle a également mis en place un réseau de correspondants auprès des juridictions de base et en lien avec son centre de documentation et d'étude devenu plus actif, procède à l'enrichissement, au recueil et à l'exploitation de la jurisprudence. Celle-ci est diffusée dans son site internet et dans celui de l'association des Hautes juridictions de cassation des pays ayant en partage l'usage du français (AHJUCAF).[119]

---

[118] Les numéros 9-10 du dernier bulletin ont été publiés en décembre 2016 et son dernier rapport annuel publié en juin 2016.

[119] L'association des Hautes juridictions de cassation des pays ayant en partage l'usage du français (AHJUCAF) a été créée en 2001, à l'initiative de 34 cours suprêmes francophones et de l'Organisation internationale de la Francophonie : elle comprend actuellement 50 membres.

Mais il faut dire que s'il y a une embellie sur le fonctionnement des chambres en termes de productivité, l'impact des décisions en termes d'orientation jurisprudentielle reste faible, puisqu'il y a peu d'arrêts de cassation ou d'annulation d'actes administratifs. En 2015 par exemple, il n'y a eu que 2, 29 % d'annulation d'actes administratifs pour un total de 3,46 % d'annulation par rapport à l'ensemble des arrêts rendus par les quatre chambres. De 2010 à 2015, les annulations n'ont guère dépassé 4 % de l'ensemble des affaires traitées.

La Cour suprême n'a pas non plus pu rendre fonctionnelles les commissions d'aide juridictionnelle et d'indemnisation des victimes de détention suivie de relaxe ou d'acquittement alors que celles-ci ont été instituées depuis plus de neuf ans.

§ 2. La réforme relative aux autres cours

En dehors des réformes concernant les hautes Cours (Conseil Constitutionnel, Cour suprême, Conseil d'État, Cour de cassation et Cour des comptes), d'autres réformes seront exclusivement consacrées à la Cour de répression de l'enrichissement illicite (A) et à la Cour d'appel (B).

A.- La Cour de répression de l'enrichissement illicite (CREI)

La Cour de répression de l'enrichissement illicite (CREI.) a été créée par la loi n° 81-53 du 10 juillet 1981 dans le sillage de l'avènement du Président Abdou Diouf, lorsque celui-ci a accédé au pouvoir le 31 décembre 1980. D'après l'exposé des motifs de cette loi, il s'agissait pour les Pouvoirs publics –par l'introduction du délit d'enrichissement illicite– de se donner les moyens d'extirper de la société sénégalaise des pratiques non conformes aux mœurs sénégalaises, pratiques qui créent l'injustice sociale, paralysent le développement du pays et peuvent à la longue saper la démocratie.

Nous allons d'abord voir en quoi consiste ce délit qui délimite le champ de compétence de la CREI (1) avant d'apprécier son fonctionnement (2).

1. Le champ de compétence de la CREI

Le délit d'enrichissement illicite a été instauré par l'article 3 de la loi précitée et qu'il a fait l'objet d'une insertion dans le code pénal à l'article 163-10 selon lequel :

« L'enrichissement illicite de tout titulaire d'un mandat public électif ou d'une fonction gouvernementale, de tout magistrat, agent civil ou militaire de l'État, ou d'une collectivité publique, d'une personne revêtue d'un mandat public, d'un dépositaire public ou d'un officier public ou ministériel, d'un dirigeant ou d'un agent de toute nature des établissements publics, des sociétés nationales, des sociétés d'économies mixtes soumises de plein droit au contrôle de l'État, des personnes morales de droit privé bénéficiant du concours financier de la puissance publique, des ordres professionnels, des organismes privés chargés de l'exécution d'un service public, des associations ou fondations reconnues d'utilité publique, est puni d'un emprisonnement de 5 à 10 ans et d'une amende au moins égale au montant de l'enrichissement et pouvant être portée au double de ce montant. »

Le délit d'enrichissement illicite est constitué lorsque, sur simple mise en demeure, une des personnes désignées ci-dessus se trouve dans l'impossibilité de justifier de l'origine licite des ressources qui lui permettent d'être en possession d'un patrimoine ou de mener un train de vie sans rapport avec ses revenus légaux.

L'origine licite des éléments du patrimoine peut être prouvée par tout moyen. Toutefois la seule preuve d'une libéralité ne suffit pas à justifier cette origine licite. Dans le cas où l'enrichissement est réalisé par l'intermédiaire d'un tiers ou d'une personne morale, ce tiers ou les personnes physiques dirigeant la personne morale seront poursuivies comme complices de l'auteur principal.

2. Le fonctionnement de la CREI

La CREI a fonctionné de 1981 à 1983 et n'a traité que de trois affaires[120] ayant abouti à deux condamnations. Par la suite, elle est

[120] Entre septembre 1981 et avril 1983, la brigade spéciale de la Cour a enquêté sur 71 affaires d'enrichissement illicite, à la suite desquelles il n'y a eu que deux condamnations à des peines de prison ferme et à des amendes : en 1981, la CREI a condamné Bécaye Sène à 3 ans de prison ferme et 26 millions d'amende ; et la

tombée dans une longue léthargie de plus de 30 ans avant d'être réactivée par un décret en 2012[121] sans aucune évaluation préalable.

Il faut dire que la loi instituant la CREI avait fait l'objet de beaucoup de critiques et de récriminations, parce que, d'une part, elle renversait la charge de la preuve en faisant peser celle-ci non pas sur l'autorité de poursuite mais plutôt sur la personne mise en cause, et, d'autre part, sur l'absence de garantie d'un procès équitable (impossibilité de faire appel contre l'ordonnance de renvoi et le jugement par la partie civile, cette possibilité n'étant offerte qu'au parquet spécial exclusivement)[122].

Il s'y ajoute le fait, que durant la longue période d'inertie de la CREI, le Sénégal a ratifié plusieurs conventions internationales[123], dont l'essence est de garantir dans toutes les phases de la procédure les règles d'un procès équitable et la suppression des juridictions d'exception.

C'est d'ailleurs dans ce sillage que les textes issus de la réforme de l'organisation judiciaire en 1984 ne font nullement référence à la CREI et que la loi n° 92-31 du 4 juin 1992 a abrogé expressément la Cour de sûreté de l'État[124].

---

deuxième condamnation est confirmée par l'arrêt n°1 du 7 septembre 1982, affaire Ministère public et État du Sénégal c/ Mamady Gassama.

121 Décret n° 2012-679 du 6 juillet 2012 portant nomination des magistrats de la Cour.

122 L'article 13 de la loi n° 81-54 du 10 juillet 1981 créant la CREI dispose, en effet, que les décisions de la Commission d'instruction ne sont susceptibles d'aucun recours. Toutefois, l'arrêt de non-lieu peut être frappé d'appel devant la Cour de répression de l'enrichissement illicite par le Procureur Spécial. En cas d'appel, la Cour, selon le cas, évoque et juge l'affaire ou rejette le recours.

123 Dont la convention de Mérida, qui est le premier instrument mondial de lutte contre la corruption. Adoptée par l'assemblée générale des Nations Unies le 31 octobre 2003, après sept sessions de négociations débutées en janvier 2002, la convention des Nations Unies contre la corruption ouverte à la signature le 9 décembre 2003 à Mérida (Mexique) se présente comme le premier instrument à la fois universel et global de lutte contre la corruption. L'objet de la convention, défini dans son article 1er, est triple : promouvoir et renforcer les mesures visant à prévenir et combattre la corruption de manière plus efficace ; promouvoir, faciliter et appuyer la coopération internationale et l'assistance technique dans le domaine de la prévention de la corruption et de la lutte contre cette dernière, y compris en matière de recouvrement d'avoirs ; promouvoir l'intégrité, la responsabilité et la bonne gestion des affaires publiques et des biens publics.

124 L'article 1er de la loi n° 92-31 du 4 juin 1992 portant suppression de la Cour sûreté de l'État dispose que la loi n° 73-47 du 4 décembre 73 portant création de la cour de la sûreté de l'État est abrogée en toutes ses dispositions.

Certains juristes, comme Maître Doudou Ndoye qui a été à l'origine de la réforme de 1984 en tant que Garde des Sceaux, ministre de la Justice[125], considèrent que la CREI a été abrogée de manière implicite par la loi n° 84-19 du 2 février 84 fixant l'organisation judiciaire[126]. Tandis que d'autres, comme le magistrat Pape Assane Touré, pensent le contraire[127], motif pris de ce que la loi de 1981 instituant la CREI n'a pas été abrogée de manière expresse et que sa longue inertie n'entame pas ou ne remet pas en cause son existence.

Depuis sa réactivation en 2012, la CREI n'a rendu que deux arrêts (*État du Sénégal c/ Tahibou Ndiaye et autres*[128] ; *État du Sénégal c/ Karim Wade et autres*[129]) et un arrêt de non-lieu (affaire *Aida Diongue*) sur les 18 procès-verbaux d'enquête transmis au procureur spécial. Il faut préciser qu'au moment de la mise en place de la CREI, 25 personnes dont la plupart était des dignitaires de l'ancien régime avaient été ciblées.

---

125 Maître Doudou Ndoye, dans son article intitulé, *« Des Principes de l'organisation judiciaire et la CREI »*, (Lex Hebdo, n°1236, 11 août 2014, p. 8), a en effet soutenu l'abrogation implicite de la loi sur la CREI par l'article 1er de la loi du 2 février 1984 fixant l'organisation judiciaire.

126 L'article 1er de la loi précitée n'énumère que la Cour suprême, les cours d'appel, les cours d'assises, les tribunaux régionaux, les tribunaux départementaux et les tribunaux du travail.

127 *« Une loi même non appliquée ne peut être considérée comme abrogée ni expressément ni tacitement tant qu'une autre disposition légale qui lui est postérieure n'a pas procédé à ladite abrogation de façon expresse ou tacite en prévoyant des dispositions contraires à la loi antérieure. En l'espèce, les lois n° 81-53 et n° 81-54 du 10 juillet 1981, même tombées en désuétude, pendant un certain temps, n'ont jamais été abrogées ni expressément ni tacitement par une quelconque loi postérieure. Au demeurant, la défense ne saurait plaider l'inexistence de la Cour et l'abrogation tacite de la loi créant celle-ci, au motif qu'elle est restée longtemps sans siéger et solliciter du même coup le renvoi des prévenus devant la Haute Cour de Justice qui n'a pratiquement jamais siégé et dont les décisions ne sont susceptibles d'aucune voie de recours. »*, Papa Assane Touré. La réforme de l'organisation judiciaire du Sénégal commentée et annotée, Paris, Harmattan, 2016, pages 196-107.

128 Voir l'arrêt n°3 du 9 novembre 2015, affaire *ministère public et État du Sénégal (AJE) c/ Tahibou Ndiaye, Ndèye Aby Diongue, Mame Fatou Thiam.*

129 L'arrêt n° 2-2015 du 23 mars 2015, affaire *ministère public et État du Sénégal (AJE) c/ Karim Wade.*

À l'épreuve de la pratique, les spécialistes du droit et même les autorités publiques se posent toujours des questions quant à la viabilité et à la survie de la CREI[130].

B.- La cour d'appel

La cour d'appel va également connaitre des modifications, aussi bien dans ses compétences territoriales que matérielles.

1. Évolution des compétences territoriales

D'une seule cour ayant une compétence nationale, l'on est passé au fil des réformes à l'existence de six cours, dont cinq fonctionnelles.

La Cour d'appel de Dakar ne couvre désormais que la région de Dakar tandis que celle de Thiès couvre les régions de Thiès et de Diourbel, celle de Kaolack, les régions de Kaolack, Kaffrine et de Fatick, celle de Ziguinchor, les régions de Ziguinchor, Kolda et Sédhiou et celle de Tambacounda, les régions de Kédougou et de Tambacounda et enfin celle de Saint Louis, les régions de Louga, Saint-Louis et Matam.

Dans l'attente de l'installation de la Cour d'appel de Tambacounda, le contentieux de ladite Cour d'appel est provisoirement dévolu à la Cour d'appel de Kaolack.

2. Évolution des compétences matérielles

La Cour d'appel de Dakar garde l'exclusivité de la compétence pour juger les infractions commises par les officiers supérieurs (de commandant à général d'armée) et les officiers subalternes (de sous-lieutenant à capitaine). La Cour d'appel de Dakar est également la juridiction qui exerce les fonctions d'instruction de la Haute Cour de justice[131].

---

130 Madame Aminata Touré, défendant son budget à l'Assemblée nationale en 2012, en tant que Garde des Sceaux, avait annoncé la volonté du gouvernement de dissoudre la Cour de répression de l'enrichissement illicite et de la remplacer par une nouvelle Cour contre les crimes économiques et financiers. Son successeur, Maître Sidiki Kaba, a abondé dans le même sens lors de l'examen du budget du département de la Justice en 2016.

131 Loi du 15 mai 2002 relative à la Haute Cour de Justice modifiée par la loi organique n° 2008-39 du 20 août 2008.

Les Cours d'appel vont perdre partiellement la compétence de trancher les crimes au profit des TGI avec la création des chambres criminelles ; désormais, elles ne connaissent que de l'appel des jugements rendus par lesdites chambres[132].

[132] Désormais, on ne parle plus d'assises mais de chambres criminelles d'appel.

TABLEAU I
FIXANT LE SIÈGE, LA COMPOSITION ET LE RESSORT DES COURS D'APPEL (CA)[133]

SIÈGE	Premier Président	Présidents de Chambre	Conseillers	Secrétaire général	Procureur général	Premier Avocat général	Avocats généraux	Substituts généraux	RESSORT
DAKAR	1	12	40	1	1	1	5	10	Région de Dakar
KAOLACK	1	10	25	1	1	1	3	5	Région de Kaolack Région de Fatick Région de Kaffrine

[133] Ce tableau annexé au décret n° 2015-1039 portants aménagements de l'organisation judiciaire fixe en même temps les effectifs budgétaires pour les magistrats du siège et du parquet.

SAINT-LOUIS	1	10	25	1	1	1	3	5	Région de Saint-Louis Région de Louga Région de Matam
THIÈS	1	10	25	1	1	1	3	5	Région de Thiès Région de Diourbel
ZIGUINCHOR	1	10	25	1	1	1	3	5	Région de Ziguinchor Région de Kolda Région de Sédhiou
TAMBA-COUNDA	1	10	25	1	1	1	3	5	Région de Tambacounda Région de Kédougou

SECTION 2. LES RÉFORMES D'ADAPTATION DES RÈGLES DE PROCÉDURE

Le législateur, outre les réformes portant sur l'organisation judiciaire, s'est également évertué à adapter les règles de procédure par l'institution de juges spécialisés (§ 1) et d'affiner leur cadre d'intervention pour une meilleure distribution de la Justice (§ 2).

§ 1. L'institution de juges spécialisés

Bien que disposant de juridictions de droit commun et de juridictions spécialisées, le Sénégal connaît dans son dispositif juridique des juges spécialisés. Il s'agit du juge de la distribution[134], du juge de l'expropriation[135], du juge des requêtes[136], du juge taxateur[137], du juge de la saisie et de la cession des rémunérations[138], du juge-commissaire[139], et du juge des référés[140].

Dans le sillage des réformes de 2000 tendant à accélérer le rythme de la distribution de la justice, il a été aussi institué un juge de la mise en état et un juge de l'application des peines (JAP).

---

134 L'article 326 AU/VE fait du président de la juridiction du TGI le juge de la distribution.

135 Cf. la loi sur l'expropriation pour cause d'utilité publique de 1976.

136 Cf. l'article 820-1 du code de procédure civile (CPC), qui fait du Président du tribunal départemental ou du Président du tribunal régional, selon la limite de leurs compétences, le juge des requêtes.

137 L'article 347 du CPC fait du Président du tribunal le juge taxateur des notaires, avocats et huissiers pour le paiement de leurs frais.

138 C'est l'article 173 de l'acte uniforme sur les procédures simplifiées de recouvrement des créances et les voies d'exécution. Cette disposition, combinée aux règles d'organisation judiciaire et du code de procédure sénégalais, fait du Président de la juridiction du TGI ou du juge qu'il délègue, le juge de la saisie et de la cession des rémunérations.

139 Cf. l'article 35 de l'Acte uniforme sur les procédures collectives d'apurement du passif : « La décision d'ouverture nomme le juge-commissaire parmi les juges de la juridiction à l'exception de son Président sauf en cas de juge unique ». Cette disposition, combinée aux règles d'organisation judiciaire du Sénégal donnait la possibilité aux tribunaux régionaux désormais supplantés par les TGI, de nommer parmi les juges du siège des juges commissaires.

140 Le juge des référés est prévu et organisé par les articles 247 à 252-3 du CPC.

Il convient de préciser que toutes les fonctions de juge spécialisé précitées, à l'exception de celles du JAP, sont exercées par des juges officiant dans les chambres civiles et commerciales[141].

La réforme de 2017 instituant les tribunaux de commerce va entrainer le transfert de toute la compétence commerciale vers ces nouveaux tribunaux.[142]

Il convient de mettre l'accent sur le juge de l'application des peines (A) et sur le juge de la mise en état (B).

A.- L'institution du juge de l'application des peines (JAP).

La réforme de 2001 qui a institué le JAP a donné à ce juge des prérogatives importantes pour aménager au mieux l'application des peines (1). Mais dans la pratique, le JAP, en fera une application très limitée (2).

1. Des prérogatives étendues

Pour lutter contre l'engorgement des prisons et favoriser la réinsertion sociale des détenus, le législateur a institué le juge de l'application des peines (JAP) qui gère désormais toute la procédure d'exécution des peines. En plus de ses pouvoirs propres, ce juge est chargé de diriger ou de participer à certaines structures également prévues par la réforme[143] pour faciliter le suivi et l'exécution correcte des peines, et –au besoin– moduler celles-ci selon le comportement des détenus et les besoins d'humanisation inspirés par les différentes conventions de protection des droits de l'homme auxquelles le Sénégal a adhéré.

---

[141] Cette règle était commune à l'ensemble des juridictions jusqu'à la création des chambres commerciales au tribunal régional hors classe de Dakar, au tribunal départemental hors classe de Dakar et à la cour d'appel de Dakar.

[142] Pour le moment, seul le tribunal du commerce de Dakar est fonctionnel, suite à son installation récente le 23 février 2018.

[143] Il s'agit de la commission pénitentiaire consultative de l'aménagement des peines (CPCAP), le comité de suivi en milieu ouvert (CSMO), la commission de surveillance (CS), le comité de probation et de surveillance (CPS).

2. Une application limitée

À l'aune de la pratique, le JAP et les structures qui étaient censées l'accompagner n'ont pas donné les résultats escomptés parce que les JAP se contentent le plus clair du temps d'exercer leurs prérogatives basiques, et que les structures mises en place fonctionnent quant à elles au ralenti. Le constat a été fait aussi bien par l'Inspection Générale de l'Administration de la Justice (IGAJ) au cours de ses différentes missions de contrôle que par les missions d'expertise de l'Union Européenne notamment.

D'autres magistrats,[144] en l'occurrence Messieurs Cheikh Diakhoumpa et Papa Abdoulaye Donde, ont abondé dans le même sens en soutenant, pour le premier, *« le défaut de mise en place des organes comme le comité de suivi en milieu ouvert et le comité d'aménagement des peines comme obstacles à l'application efficiente des modes d'aménagement des peines »*, le second, après avoir déploré *« l'absence de mise en place des organes indispensables à la mise en œuvre effective des modes d'aménagement des peines »*, a fait remarquer par ailleurs que *« l'avis consultatif de la commission pénitentiaire d'aménagement des peines n'est pas souvent pris en compte lors de l'octroi des mesures de libération conditionnelle et a plaidé pour l'augmentation des prérogatives de cette commission eu égard à la qualité de sa composition (juge d'application des peines, procureur de la République et agents de l'administration pénitentiaire) »*. Il a fini par formuler (diverses propositions) comme *« la juridictionnalisation des fonctions du juge de l'application des peines, le renforcement des moyens (mise à la disposition d'un cabinet composé d'un secrétariat et d'un greffier), son implication dans le processus de réduction des*

[144] Dans une mission de l'IGAJ sur l'évaluation des réformes sur le JAP, les peines alternatives à l'incarcération et le JME (en 2004), il avait été constaté l'absence de fonctionnalité et de mise en place de la quasi-totalité de ces structures dans les quatre ressorts régionaux objet de la mission. Les magistrats Cheikh DIAKHOUMPA et Papa Abdoulaye DONDE étaient respectivement substitut général près la Cour d'appel de Dakar et juge de l'application des peines au tribunal de grande instance hors classe de Dakar. Ils se sont exprimés au cours de l'atelier organisé par l'observatoire national des lieux de privation de liberté tenu à Dakar les 10 et 11 novembre 2015, sur le 'Mandat de dépôt, l'aménagement des peines et les peines alternatives. Voir pages 5 du rapport de synthèse des travaux, fait le 17 novembre 2015 par le Rapporteur général, Amadou Moustapha FALL, Conseiller à la Cour d'appel de Dakar.

peines et son déchargement de toutes autres fonctions judiciaires afin de mieux lui permettre d'accomplir sa mission, avec un plan de carrière clairement défini et suffisamment attractif. »

Les mêmes dysfonctionnements continuent à être constatés en 2018, dix-sept ans après l'institution du JAP et des structures d'accompagnement de la réforme au point de faire l'objet de fortes recommandations dans le projet de circulaire portant politique pénale du Ministère.

Pour renforcer le dispositif et améliorer les préventions contre les traitements inhumains et dégradants, le Sénégal a institué par la loi n (2009-3 du 2 mars 2009, l'observateur national des lieux de privation de liberté[145] ; mais le décret d'application de ladite loi n'interviendra que deux ans après[146].

[145] L'observateur national des lieux de privation de liberté est une autorité administrative indépendante chargée sans préjudice des prérogatives que la loi attribue aux autorités administratives et juridictionnelles, de contrôler les conditions de prise en charge et de transfèrement des personnes privées de liberté afin de s'assurer du respect de leurs droits fondamentaux et prévenir la torture et autres peines ou traitements cruels, inhumains ou dégradants.

[146] Décret n° 2011-84 du 16 juin 2011 portant application de la loi n° 2009-13 du 2 mars 2009 instituant l'observateur national des lieux de privation de liberté.

TABLEAU V : DES JUGES DE L'APPLICATION DES PEINES (MAI 2018)[147]

NOMBRE	TRIBUNAL DE GRANDE INSTANCE OU TRIBUNAL D'INSTANCE	NOMBRE DE JUGE D'APPLICATION DES PEINES
1	T.G.I.H.C. DE DAKAR	2
2	T.I. DE PIKINE	1
3	T.I. DE GUÉDIAWAYE	1
4	T.I. DE KAOLACK	1
5	T.I. DE NIORO	1
6	T.I. DE KAFFRINE	1
7	T.I. DE KOUNGHEUL	1
8	T.G.I. DE FATICK	1
9	T.I. DE FATICK	1
10	T.I. DE GOSSAS	1

[147] Ce tableau a été conçu par l'auteur de la thèse sur la base des données recueillies auprès de la Direction des services judiciaires (DSJ) qui a en charge la gestion du personnel judiciaire.

11	T.I. DE FOUNDIOUGNE	1
12	T.I. DE TAMBACOUNDA	1
13	T.I. DE BAKEL	1
14	T.I. DE KOUMPENTOUM	1
15	T.I. DE GOUDIRY	1
16	T.I. DE KEDOUGOU	1
17	T.I. DE SARAYA	1
18	T.I. DE SALEMATA	1
19	T.I. DE THIÈS	1
20	T.I. DE TIVAOUANE	1
21	T.I. DE MBOUR	1
22	T.I. DE DIOURBEL	1
23	T.I. DE MBACKE	1
24	T.I. DE BAMBEY	1

25	T.I. DE SAINT-LOUIS	1
26	T.I. DE DAGANA	1
27	T.I. DE PODOR	1
28	T.G.I. DE LOUGA	1
29	T.I. DE LOUGA	1
30	T.I. DE KEBEMER	1
31	T.I. DE LINGUERE	1
32	T.G.I. DE MATAM	1
33	T.I. DE MATAM	1
34	T.I. DE KANEL	1
35	T.G.I. DE ZIGUINCHOR	1
36	T.I. DE ZIGUINCHOR	1
37	T.I. DE BIGNONA	1
38	T.I. D'OUSSOUYE	1

39	T.G.I. DE KOLDA	1
40	T.I. DE KOLDA	1
41	T.I. DE VELINGARA	1
42	T.I. DE SEDHIOU	1
TOTAL		**43 JUGES D'APPLICATION DES PEINES**

L'absence de prévision en postes budgétaires des JAP a conduit au passage de six à deux JAP au gré des affectations des juges, soit un déficit de quatre JAP à Dakar. Le principe étant d'avoir un JAP pour chaque établissement pénitentiaire, il est irrationnel d'avoir deux JAP dans les départements dépourvus de prisons et d'en avoir un nombre inférieur dans la localité qui polarise pourtant six établissements pénitentiaires.[148]

B.- L'institution du juge de la mise en état (JME)

Par l'institution du juge de la mise en état (JME), le législateur avait l'ambition de régler les retards considérables dans la mise en état des affaires et corrélativement de résorber l'engorgement des rôles que ces retards induisaient (1). Mais à la pratique, l'échec sera patent (2) et le législateur lui-même a pu le constater en procédant à une série de retouches de la réforme initiale de 2001.

148 À Dakar, il y a 6 établissements pénitentiaires, à savoir : la M.A de Reubeuss, la MAC du Cap Manuel, la MAC du Fort B, le pavillon spécial de l'hôpital Aristide le Dantec, la prison pour femmes de Liberté VI et le camp pénal de liberté 6.

1. Une réforme ambitieuse.

Le code de procédure civile réglemente strictement la mise en état des dossiers et prescrit notamment que le dossier doit être retenu au bout de trois renvois et radié si le demandeur ne se présente pas ou ne se fait pas représenter ou encore si les frais ne sont pas payés.

Par une pratique prétorienne, les juges ont créé des renvois fermes, des renvois ultimes, des renvois d'accord parties après les renvois ultimes, le tout sous le faux prétexte que le procès civil est l'affaire des parties et que le juge a un rôle d'arbitre neutre à la merci desdites parties qui ont la direction du procès. Ce qui donne des mises en état qui traînent en longueur même dans les affaires urgentes. Et quand les affaires sont retenues au bout d'un énième renvoi, certaines affaires reviennent par rabat du délibéré et réouverture des débats pour le redémarrage d'une nouvelle mise en état.

Au lieu de revenir à l'orthodoxie de la loi, le législateur a institué le juge de la mise en état en lui donnant des pouvoirs d'injonction et des pouvoirs de trancher dans certaines circonstances des litiges soumis à sa chambre de rattachement. Si cette réforme s'est traduite par l'éclatement des audiences civiles et commerciales en audiences de fond et en audiences de mise en état, aucune amélioration notable n'a cependant été notée dans l'accélération des procédures. La raison en est qu'aucune mesure pratique, n'a été prise pour que le juge de la mise en état puisse jouer véritablement son rôle : il n'y a pas de secrétariat, pas de dispositif de communication avec les avocats et les parties, pas de décharge par rapport au temps de travail, pas de recul pour étudier les dossiers avant les audiences !

2. Un échec patent

Le législateur lui-même, après les acteurs, fera le constat de l'échec en disant dans le rapport de présentation du décret n° 2013-1071 du 6 août 2013 modifiant le décret n° 64-572 du 30 juillet 1964 portant CPC modifié que *« l'innovation majeure apportée par le décret n° 2001-1151 du 31 décembre 2001 portant réforme du code de procédure civile a été l'institution du juge de la mise en état ».*

L'objectif clairement affirmé a été de *« mettre un terme aux lenteurs dans la mise en état des affaires et à l'encombrement anormal des rôles des tribunaux »* par un contrôle plus strict de l'instruction des procédures.

Dix ans après, ce double objectif ne semble pas avoir été atteint. En effet, le délai de traitement des dossiers est encore jugé long par les différents acteurs, aussi bien du monde judiciaire que du monde économique, et les rôles d'instance restent toujours engorgés.

Aussi, est-il apparu nécessaire au moment où le Sénégal s'est résolument et définitivement engagé sur la voie irréversible de la modernisation de la justice par la mise en place d'un environnement juridique et judiciaire propice au développement des investissements, de poursuivre les réformes pour apporter au traitement des affaires un encadrement plus rigoureux[149].

§ 2. La création de nouvelles règles d'adaptation des procédures.

Pour un traitement plus diligent des procédures, le législateur sénégalais en plus de l'institution du JME et du JAP, a revu les règles de procédure pour élargir la palette des sanctions par l'introduction de peines alternatives à l'incarcération, d'une part, et par des règles d'encadrement plus strictes de la procédure de mise en état, d'autre part.

A.- Les peines alternatives à l'incarcération

L'innovation majeure de la réforme de 2001, c'est l'introduction dans notre dispositif législatif des peines alternatives à l'incarcération qui élargissait ainsi la gamme des sanctions qui s'offrait au juge pénal et permettait un meilleur aménagement des peines (1). Mais en pratique, ces peines ont été peu prononcées, plombant ainsi les résultats escomptés dans l'harmonisation des peines et une meilleure insertion des détenus (2).

1. Une réforme novatrice

Les peines alternatives à l'incarcération ont été introduites par la réforme de 2001 dans le sillage de la création du juge de l'application

---

[149] Voir le journal officiel de la République du Sénégal, n°6753 du 12 octobre 2013, p. 1.

des peines. Ces peines qui vont du sursis avec mise à l'épreuve au travail au bénéfice de la société en passant par le sursis avec injonction thérapeutique, outre l'élargissement du champ des possibilités offertes au juge dans la personnalisation des peines, devaient aider à lutter plus efficacement contre l'engorgement des prisons et les longues détentions.

2. Une pratique décevante

À l'expérience de la pratique, ces peines ont été peu prononcées du fait de l'absence de mesures d'accompagnement devant faciliter leur mise en œuvre[150]. À titre illustratif, on peut citer l'absence de service de probation à l'instar des services pénitentiaires d'insertion et de probation (SPIP)[151], ou encore le manque de structures d'accueil pour l'injonction thérapeutique[152].

Mais à ce niveau aussi, il ne faut pas occulter l'absence de sensibilisation et de formation des juges correctionnels vis-à-vis de ce nouveau dispositif.

B.- Les règles d'encadrement de la mise en état

Si l'encadrement de la mise en état a donné lieu à un corps de règles plus strict à fixer un délai fixe qui ne peut être dépassé, et d'avoir la possibilité d'élaborer un calendrier dans cet intervalle avec l'accord du juge (1), la pratique a révélé que les habitudes laxistes survivent encore (2).

---

150 Aucune mesure n'a été prise pour l'opérationnalisation des peines alternatives : pas de contrats de partenariat avec des structures, pour l'accomplissement du travail au bénéfice de la société ou du sursis avec mise à l'épreuve ; pas de réflexion sur les modalités du contrôle des probationnaires ; pas de budget dégagé pour le fonctionnement des différentes commissions mises en place.

151 Les agents chargés de l'exécution des peines ont été tout récemment nommés par arrêté du Garde des Sceaux. À notre humble avis, cette mesure ne peut pallier l'absence d'un véritable service de probation et d'insertion pour une bonne application des peines alternatives à l'incarcération.

152 Il n'existe au Sénégal qu'un centre de désintoxication pour les drogués, dénommé centre « Jacques Chirac », alors qu'il il y a un nombre important de détenus pour usage de drogue.

1. Un régime juridique plus strict

Cette réforme a également encadré la mise en état qui ne peut plus dépasser quatre mois en vertu de l'alinéa 3 de l'article 54-6 du CPC, en vertu duquel *« dans tous les cas, le délai de la mise en état est de quatre mois. Il ne peut être prorogé qu'en cas de cause grave et dûment justifiée »*.

Le juge peut également fixer un calendrier de la mise en état en accord avec les parties, mais pour cela, le demandeur doit en faire la demande au moment de l'assignation par une proposition motivée du calendrier (al. 2 de l'article précité).

2. Une pratique laxiste

À ce niveau également, au bout de cinq ans de pratique, force est de constater qu'il n'y a pas d'évolution notable dans le respect des délais de la mise en état des dossiers qui demeurent toujours longs pour des raisons d'absence de décharge de temps nécessaire au juge de la mise en état qui découvre les dossiers au plus tôt la veille de l'audience et plus souvent le jour de l'audience. Ce qui l'oblige à faire droit aux demandes de renvoi parfois dilatoires des avocats et des parties et, d'autres fois, c'est le jugement ou l'ordonnance dont il est fait appel qui n'est pas disponible, faute de signature ou de rédaction du factum[153].

[153] Parfois des juges vident des affaires sans avoir au préalable intégralement rédigé le factum. Et ladite rédaction, après coup, se révèle délicate et difficile, et cause ainsi un énorme retard en cas d'appel.

FIGURE 4 : NOUVELLE ORGANISATION JUDICIAIRE DU SÉNÉGAL (MAI 2018)[154]

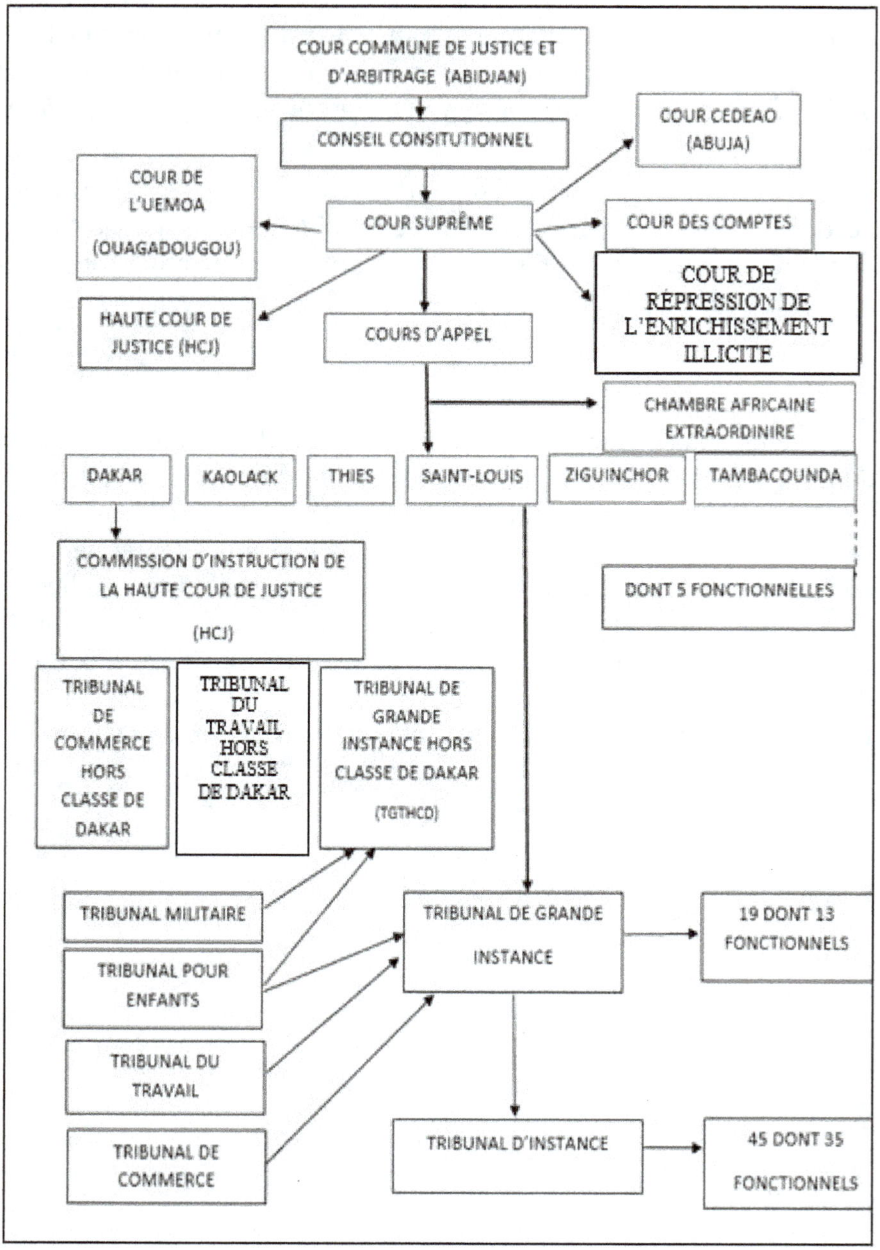

[154] Figure faite par l'auteur de cette thèse.

Suite aux réformes de 2014, 2015 et 2017, la structure institutionnelle de la Justice s'est complexifiée avec la démultiplication de juridictions spécialisées. Outre le changement de dénomination, les juridictions ont augmenté de manière considérable.

La figure 3 est l'illustration de la nouvelle carte judiciaire qui prend en compte les réformes de 2014 (création des TGI et des TI)[155] à 2017 (création des tribunaux de commerce).

[155] Ces Tableaux en annexe n° VIII ont été conçus par l'auteur de cette thèse, Cheikh Tidiane Lam, Membre de l'IGAJ, et Maître Yacouba Jean Savadogo, Greffier en chef de l'IGAJ.

Conclusion du titre II

À partir de 1984, le législateur, par une série de lois, a apporté les premiers changements en profondeur d'adaptation du système judiciaire mis en place en 1960.

Cette réforme avait pour objectifs de rapprocher la justice du justiciable, de faciliter la compréhension du dispositif institutionnel, d'étendre le principe de la collégialité aux juridictions de base, de classer les juridictions selon l'importance de leur contentieux. Ces objectifs alliés à une fixation des postes budgétaires des juges et parquetiers tant au niveau des cours qu'à celui des juridictions d'instance devraient se traduire par une amélioration de la gestion des personnels magistrats et du fonctionnement des juridictions sur la base de l'existence de tableaux prévisionnels légalement fixés du nombre et des fonctions de magistrats pouvant être exercées au sein des juridictions du pays.

La mise en application de la réforme a fixé une articulation entre l'organisation administrative et l'organisation judiciaire, pour donner en lieu et place des tribunaux de première instance et des justices de paix, des tribunaux régionaux et des tribunaux départementaux, l'éclatement de la Cour d'appel en quatre cours d'appel (Dakar, Kaolack, Saint-Louis et Ziguinchor).

La réforme de 1984 a certes apporté des modifications dans l'organisation institutionnelle et dans le modèle de distribution de la justice par l'introduction, d'une part, de nouvelles règles de déploiement de la justice, et, d'autre part, par la consécration du principe de collégialité pour les juridictions du premier degré ; mais elle a péché par son absence de prévision de postes budgétaires pour les juges d'instruction ainsi que pour les autres personnels judiciaires nécessaires au bon fonctionnement des juridictions.

En tout état de cause, jusqu'aux années 2000, faute de mesures d'accompagnement, d'une politique de recrutement conséquente et de politiques d'ajustement structurel ayant profondément réduit les ressources budgétaires de l'État, toutes les régions ainsi que les départements n'avaient pas de juridictions fonctionnelles, et aucune nouvelle Cour d'appel n'a été ouverte non plus ; *de facto*, il y avait toujours la Cour d'appel de Dakar traitant le contentieux d'appel de l'ensemble des tribunaux régionaux et des appels des tribunaux départementaux en matière correctionnelle comme par le passé, alors que *de jure* existaient quatre cours d'appel.

En outre, la plupart des tribunaux régionaux, surtout ceux de l'intérieur, continuaient à siéger à juge unique, faute de magistrats suffisants au siège.

Au total, à part le changement de dénomination et des modifications formelles, la réforme de 1984 n'a pas apporté de changements significatifs, ni dans l'ossature institutionnelle qui a gardé sa structure pyramidale, ni dans sa philosophie d'unité de juridiction à dualité de contentieux, et encore moins dans le fonctionnement au quotidien de la justice.

Il faut toutefois saluer la suppression de la Cour de sûreté de l'État qui marquait la volonté de l'État sénégalais de se débarrasser des juridictions d'exception. À l'aune de cette volonté exprimée, certains juristes ont considéré que l'absence de mention de la CREI dans l'organisation judiciaire pouvait s'assimiler à une abrogation tacite.

Le système ne connaîtra pas de réformes d'envergure jusqu'en 2014, malgré les insuffisances de la réforme de 1984. Il connaîtra cependant des réformes sectorielles touchant essentiellement la Cour suprême et les cours d'appel.

D'abord, la Cour suprême va passer d'un éclatement total en trois entités autonomes en 1992 avec la création sur ses cendres du Conseil constitutionnel, du Conseil d'État et de la Cour de cassation à un regroupement partiel pour renaître sous une nouvelle Cour suprême regroupant cette fois-ci les compétences de la Cour de cassation et du Conseil d'État à nouveau supprimés.

Ensuite, la Cour des comptes, qui, sur recommandation d'une directive de l'UEMOA, avait été créée sur les flancs du Conseil d'État en 1999, survivra à la réforme de 2008.

Enfin, les Cours d'appel verront leurs Cours d'assises se professionnaliser en se délestant des jurés et en introduisant l'obligation de motivation des arrêts et la possibilité d'appel contre les décisions rendues en première instance.

Des réformes de procédure sont également intervenues dans les années 2000 avec l'institution du juge de la mise en état, du juge de l'application des peines et des peines alternatives à l'incarcération, ainsi qu'avec l'institution de commissions telles que celle de l'aide juridictionnelle et celle relative à l'indemnisation des victimes de détention suivie d'une décision de relaxe ou de non-lieu.[156]

La deuxième grande réforme n'interviendra qu'en 2014, soit trente ans après la première. Elle va, dans le sillage de la première, tenter de rapprocher davantage la justice du justiciable, en privilégiant cette fois-ci la logique économique au lieu de l'arrimer mécaniquement à la logique administrative qui, de toute manière, avait montré ses limites avec la création et l'installation de juridictions non viables qui n'ont pas corrigé la macrocéphalie des juridictions de Dakar.

Ce changement de philosophie, tout en entrainant un changement de dénomination des juridictions de base qui deviennent des TGI et des TI, allait également entrainer une nouvelle répartition des compétences entre CA, TGI et TI. Les TGI, dessaisis d'une partie de leurs compétences au profit des TI, se voient attribuer des compétences en matière criminelle avec la création des chambres criminelles en leur sein.

La réforme de 2014 allait donc gommer partiellement les insuffisances des prévisions budgétaires en matière de gestion du personnel magistrat, en prévoyant des postes budgétaires spécifiques aux juges d'instruction. Elle a néanmoins continué à occulter les autres catégories professionnelles qui concourent pourtant à l'œuvre de justice (administrateurs des greffes, greffiers en chef, greffiers, archivistes, secrétaires interprètes, cadis, etc.)

[156] Loi organique n° 2008-35 du 7 août 2008 portant création de la Cour suprême. La dite loi exigeait un décret d'application pour la mise en œuvre des dites commissions. L'allégement apporté par la réforme constitutionnelle de 2017 de la Cour suprême consiste au transfert de la mise en fonction desdites commissions au Premier Président de la Cour suprême.

Conclusion de la première partie

En plus d'un demi-siècle, le système juridique mis en place au Sénégal a connu des mues tendant à le rendre plus moderne et plus performant.

Cela s'est traduit par une multitude de réformes, de lois, de changements d'orientation, d'hommes et de structures, de dissolution d'organes, de signatures de traités internationaux et communautaires. Mais il faut dire, que faute de vision claire transcendant les régimes et les autorités qui les incarnent et d'un leadership, le système tarde à être le socle d'une démocratie en maturation.

Il y a eu certes des résultats tangibles dans un dispositif qui fonctionne plus ou moins bien. Mais justement, l'ambition n'est pas seulement que le dispositif fonctionne. Ce dispositif doit aller au-delà, en répondant à des normes de performance qui donnent satisfaction aux justiciables par une série de résultats mesurables en termes d'accès à la justice et au droit, de garantie des droits et libertés, par un accès plus facilité au droit et à la justice, en termes d'exécution des décisions de justice, de conditions de détention acceptables alliées à une véritable politique de réinsertion des détenus, par le biais de juridictions et d'organes d'appui solides qui ne soient pas tributaires des valses-hésitations d'hommes politiques plus préoccupés de la préservation de leur pouvoir que de la stabilité des institutions et de l'ancrage démocratique.

DEUXIÈME PARTIE

À UNE VISION RÉCENTE PLUS GLOBALE DE LA MODERNISATION DE LA JUSTICE

Malgré les multiples réformes intervenues au Sénégal ces dernières années dans le domaine de la Justice, l'on n'a pas encore mis en place un système efficace et efficient. Il y a sans doute eu çà et là des réussites nées d'initiatives et de réformes sectorielles, mais depuis l'indépendance, il n'y a pas eu véritablement une réflexion d'envergure portant sur les problématiques majeures de la Justice et regroupant toutes les parties prenantes - d'aucuns diraient des *Assises nationales de la Justice* à l'instar des *Assises nationales de l'Éducation* des années quatre-vingts dans le sillage de l'avènement du Président Abdou Diouf.

Cette réforme d'envergure devra passer par une inversion des paradigmes pour que les propositions de solution partent de la base vers le sommet au lieu d'être « parachutées » par des experts du département de la Justice ou d'ailleurs. Ce processus inclusif, loin de faire table rase de l'existant devra consolider les expériences heureuses, telles que les maisons de justice, toutes les procédures de médiation et de conciliation, les réformes tendant à rapprocher la Justice du justiciable, le renforcement de l'aide juridictionnelle, l'accélération des procédures et leur fiabilisation, une meilleure prise en compte de l'accueil et de l'orientation des justiciables, le développement d'une culture axée sur les résultats, la promotion d'un leadership créatif par le biais d'une synergie entre la Direction des Services Judiciaires (DSJ), le Centre de Formation Judiciaire (CFJ), l'Inspection Générale de l'Administration de la Justice (IGAJ) et le Conseil Supérieur de la Magistrature (CSM) pour une meilleure détection des compétences et des talents et une rationalisation de l'utilisation des personnels.

Il faudra aussi penser à moderniser nos lieux de détention par la construction de nouvelles prisons aux normes ainsi que des caves et des cellules plus respectueuses des droits humains dans les juridictions, brigades de gendarmerie et commissariats de police.

Il faudra également mettre en œuvre une synergie des actions entre l'Inspection générale de l'administration de la justice (IGAJ), l'Inspection générale des cours et tribunaux (IGCT), l'Inspection générale des Parquets (IGP) et les deux inspections techniques de la chancellerie, à savoir celles de la Direction de l'administration pénitentiaire (DAP) et de la Direction de l'éducation surveillée et la protection sociale (DESPS) : pour le moment, il n'y a aucune coopération, ni échanges ni concertations entre elles.

Il faudra enfin un meilleur accompagnement des victimes de tortures, de violences sexuelles et de mutilations, aussi bien pendant le procès que dans la prise en charge psychologique et médico-sociale ultérieure.

Il devra en être de même dans l'accompagnement et l'indemnisation des victimes de longue détention ou de détention arbitraire. La commission d'indemnisation des victimes, prévue par la loi organique n° 2008-35 portant création de la Cour suprême, n'a pas encore été mise en place[157]. Les structures de premier accueil pour les mineurs victimes ou en danger moral devront être augmentées : actuellement, il n'y en a que quatre qui sont fonctionnelles ; bien que récemment expérimentées, elles ont montré toute leur pertinence et ont déjà atteint leur vitesse de croisière ; elles devront surtout être démultipliées dans la région de Ziguinchor, où subsiste, depuis plus de trente ans, une rébellion armée qui fait subir aux populations toutes sortes d'exactions.

Les atteintes contre les règles disciplinaires et déontologiques doivent en outre être mieux sanctionnées par une internalisation de l'instance disciplinaire des personnels non magistrats. Pour le moment, le conseil de discipline relève du ministère de la Fonction publique, et ledit conseil ne s'est jamais tenu malgré les saisines du ministère et malgré les relances des différents ministres de la Justice auprès de leurs collègues successifs qui ont eu en charge le département de la Fonction publique.

Une meilleure politique de répression de la délinquance financière, de la lutte contre la corruption, la concussion et le détournement de deniers publics devra aussi être mise en place : elle pourrait passer par une meilleure exploitation des rapports et recommandations des

[157] La mise en place a été retardée par l'absence de prise du décret d''application prévue par la loi organique. Avec la réforme de ladite loi en 2017, cette modalité a été allégée pur donner la compétence de son installation au Premier Président de la Cour suprême. Malgré cette atténuation, elle n'est toujours pas fonctionnelle.

différentes structures de contrôle que sont la Cour des comptes, l'Inspection générale d'État, l'Inspection générale des finances (IGF), l'Office National de lutte contre la corruption (OFNAC), la Cellule nationale de traitement des informations financières (CENTIF), l'Agence de régulation des marchés publics (ARMP).

Ce renforcement pourrait passer également par la création d'une passerelle entre la Cour des comptes et la Justice judiciaire afin de permettre à des juges de la Cour des comptes initialement magistrats de l'ordre judiciaire de réintégrer leur corps d'origine. Ils pourraient aider à mieux traiter les contentieux financiers avec l'expertise capitalisée. Dans le même sillage, on pourrait ouvrir le recrutement au tour extérieur à des experts comptables, des inspecteurs des impôts et domaines et des inspecteurs du trésor.

Voilà autant de préalables qui montrent les interactions entre plusieurs secteurs et qui rendent nécessaire voire urgente une vision plus globale de la justice pour aller vers des réformes mieux pensées et plus portées vers l'atteinte de la performance, parce que, justement, les justiciables sénégalais, dans leurs besoins, leurs préoccupations et leurs contraintes, sont placés au cœur du dispositif et de la réflexion. C'est pourquoi, dans le sillage de pays comme le Canada, les Pays-Bas et la Belgique, il convient de préconiser une véritable modernisation pour ne pas dire une métamorphose des institutions judiciaires sénégalaises, donnant la priorité à la médiation et à la conciliation et rapprochant réellement la Justice du justiciable.

TITRE I

LES PRÉALABLES À LA MODERNISATION DE LA JUSTICE

Il est certes utile voire indispensable de mettre le cadre institutionnel et les juridictions (la Cour suprême, le Conseil constitutionnel, la Cour des comptes, les tribunaux de grande instance ; les tribunaux d'instance et le tribunal militaire) aux normes des juridictions modernes "standards », c'est-à-dire des juridictions accessibles, respectueuses du procès équitable, garantissant les règles d'impartialité, rendant des décisions motivées et disponibles dans les délais raisonnables, ainsi que d'avoir des personnels bien formés, motivés et en nombre suffisant.

Mais pour qu'elle puisse pleinement exercer ses fonctions et atteindre les niveaux de performance d'une justice moderne, le service public de la Justice a besoin que certains préalables soient remplis, notamment : des justiciables ayant un minimum d'instruction et de conscience citoyenne ; des Pouvoirs publics acceptant de "jouer le jeu" par le respect scrupuleux de la Constitution, des lois et règlements et de la séparation des pouvoirs ; et des normes juridiques de qualité.

Car le juge est –toujours– tributaire de la loi, et il tire sa légitimité dans l'acceptation de la règle de droit et dans la bonne application de celle-ci. S'affranchir de la loi est une forfaiture, le refus de l'appliquer est un déni de justice. La Justice sénégalaise, qu'elle soit prise sous l'angle de son évolution historique ou sous l'angle de ses fonctions régaliennes, n'arrive pas toujours à convaincre : elle est plutôt malmenée, critiquée, vilipendée. Son prestige et son rang sont largement dévalorisés, tandis que ses acteurs s'interrogent et ne savent plus où donner de la tête. Et pourtant, les réformes n'ont pas manqué, les investissements ont même été parfois importants, les réflexions souvent foisonnantes et diverses, les axes de coopération multiples et multiformes…

La conduite du changement reste problématique, car –entre les intentions affichées et la mise en œuvre effective– il y a toujours des tergiversations, des retards, des remises en cause budgétaires voire même des détournements d'objectifs. Cela est dû en grande partie à l'absence d'une lettre de politique sectorielle[158] dégageant les grands traits de la politique judiciaire et qui lie tous les acteurs. Ce qui fait qu'en réalité, chaque gouvernement et chaque ministre de la Justice arrivent avec leur perception de la Justice, leurs priorités, leurs options : ils changent les acteurs et les orientations, et la machine repart à zéro[159].

La priorité est dès lors plutôt accordée à des actions de visibilité politique souvent chronophages et budgétivores au détriment des objectifs prioritaires initialement définis. Ces actions ou activités mobilisent les acteurs, siphonnent les budgets dédiés à d'autres activités, grippent la machine judiciaire et découragent les acteurs.

En réalité, le gros obstacle est l'arrimage de l'institution judiciaire à l'exécutif, ce qui entraîne une diachronie entre le temps judiciaire et le temps politique et obère les actions[160].

Faut-il dès lors autonomiser le Conseil supérieur de la magistrature (CSM) ?

---

[158] Les Lettres de Politiques Sectorielles (LPS) sont initiées par la Direction générale de la Planification, avec l'appui de la Banque mondiale, à travers le Projet de Coordination des Réformes budgétaires et financières (PCRBF). Celui-ci a pour objectif de doter le Sénégal d'un outil consensuel pour orienter les différents acteurs dans le processus de formulation de politiques sectorielles. Il s'inscrit dans un contexte marqué par l'introduction des budgets-programmes, en application de la Directive n° 06/2009/CM/UEMOA du 26 juin 2009 portant lois de finances. Conçu selon l'approche de « la gestion axée sur les résultats » (GAR), il met l'accent sur l'amélioration de la performance exprimée en termes de résultats. L'État du Sénégal continue de se doter de lettres de politiques sectorielles de développement (LPSD) dans les ministères ou secteurs pour planifier le développement et contribuer à relever et à soutenir le niveau de croissance économique, et à satisfaire les besoins des populations. (cf. Guide Méthodologique d'élaboration des lettres de politique sectorielle de développement, République du Sénégal, Ministère du Plan, juin 2014, p. 7).

[159] Entre 2000 et 2017, on a eu 9 Premiers ministres, 11 ministres de la Justice, 8 Secrétaires généraux, 6 coordonnateurs de la CEDAF, 12 directeurs de cabinet et autant de directeurs à l'administration centrale. Ces différents changements sont souvent traduits par des modifications dans les orientations stratégiques.

[160] Depuis 1960, chaque Président de la République a sa vision de la Justice et des institutions qui doivent l''incarner. Donc les réformes que cela induits sont prises sans tenir compte de la mémoire institutionnelle et de la continuité de l'État. À titre illustratif, l''on est passé d'une Cour suprême à 4 Hautes Cours pour revenir à une Cour Suprême regroupant le Conseil d'État et la Cour de Cassation qui avaient été créées quelques années auparavant sur les flancs de la Cour suprême initiale.

La tendance actuelle, tant en Europe qu'en Afrique, est à l'autonomisation du CSM vis-à-vis de l'exécutif. En effet, à l'instar de la France[161], d'autres pays africains tels que le Togo[162], la RDC[163], et plus récemment le Burkina Faso[164] sont allés vers des CSM dirigés par le Premier président de la Cour suprême et où ne siègent plus les représentants de l'exécutif, à savoir le Président de la République et le ministre de la Justice.

Ces CSM de type nouveau ont également la particularité d'avoir des membres élus en majorité siégeant à côté de membres dits « laïques » c'est-à-dire des membres non magistrats.

À titre illustratif, le CSM du Togo est constitué du Président de la Cour suprême, unique membre de droit, de deux magistrats de cette même cour désignés par leurs pairs, de deux magistrats de cours d'appel désignés par leurs pairs, de deux magistrats des juridictions de première instance désignés par leurs pairs, d'un député élu au scrutin secret par l'Assemblée nationale et enfin d'un membre de la société civile désigné par le Président de la République[165].

Le Sénégal devrait s'inscrire dans cette voie pour garantir plus d'indépendance à l'institution judiciaire. C'est d'ailleurs une forte recommandation de la commission nationale de réforme des institutions

161 La loi constitutionnelle n° 2008-274 du 23 juillet 2008 de modernisation des institutions de la Ve République, par la modification de l''article 65 de la Constitution et la loi organique n° 2010-830 du 22 juillet 2010 modifiant la loi organique n° 94-100 du 5 février 1994 réforment profondément le Conseil supérieur de la magistrature.

162 Loi organique n° 97-04 portant organisation et fonctionnement du Conseil Supérieur de la Magistrature du Togo, publiée dans le Journal Officiel n° 8 du 6 mars 1997.

163 Loi organique n° 08/013 du 5 août 2008 portant organisation et fonctionnement du Conseil Supérieur de la Magistrature de la République Démocratique du Congo, parue dans le Journal Officiel de la RDC du 11 août 2008.

164 Article 44 et suivants de la loi organique n°049-2015/CNT portant organisation, composition, attributions et fonctionnement du Conseil supérieur de la magistrature du Burkina Faso.

165 Tout récemment, lors de la rentrée solennelle des cours et tribunaux de 2017, le Président de la République du Sénégal a déclaré son ouverture par rapport à l'examen de cette question. Dans ce sillage, le Professeur Ismaëla Madior Fall, Garde des Sceaux, ministre de la Justice, a institué une commission de modernisation chargée de réfléchir entre autres sur la composition et les modalités de fonctionnement du CSM afin de proposer des réformes.

(CNRI) instituée par un décret n° 2013-730 du 28 mai 2013[166]. C'est également une recommandation majeure du colloque de l'Union des magistrats du Sénégal (UMS)[167] portant sur l'indépendance de la justice, tenu à Dakar en décembre 2017.

C'est pourquoi nous devons passer par des voies incontournables pour asseoir une bonne politique de modernisation. Cela implique, en premier lieu, d'avoir une nouvelle vision de la Justice aux sens organique et matériel (chapitre 1), qui aura comme terreau une meilleure perception des incohérences du système (chapitre 2). En effet, une bonne vision doit s'adosser sur une compréhension claire des incohérences et erreurs du passé. Le législateur sénégalais, de ce point de vue, n'a pas toujours adopté cette démarche prudentielle, en réformant sans évaluer.

---

[166] La CNRI était chargée selon l'article 2 du décret n° 2013-730 du 28 mai 2013, de mener selon une méthode inclusive et participative la concertation nationale sur la réforme des institutions et de formuler toute proposition visant à améliorer le fonctionnement des institutions à consolider la démocratie, à approfondir l'État de droit et à moderniser le régime politique. Les dites réformes pouvaient trouver leur traduction dans une modification de la Constitution, des lois organiques et des lois ordinaires.

[167] L'une des recommandations de l'UMS portait en effet *« sur le départ du Président de la République et du Garde des Sceaux du Conseil Supérieur de la Magistrature »*.

CHAPITRE 1

UNE NÉCESSAIRE NOUVELLE VISION DE LA JUSTICE AU SENS ORGANIQUE ET MATÉRIEL

Les réformes en dents de scie et sans vision prospective d'ensemble ont montré leurs limites en termes de résultats, de structures opérationnelles, de budgétisation et de management des projets et programmes.

Il est donc utile d'aller vers une nouvelle vision de la justice aux sens organique et matériel qui induit la consécration claire des choix de société (section 1), préalable nécessaire à une nouvelle forme de pilotage (section 2). Il est en effet établi, au regard des errements constatés dans la mise en œuvre des différentes réformes décrites plus haut, que les tergiversations dans les choix de société (le type d'institution, la nature des lois, la place de la Constitution, le choix des langues) brouillent la vision et rendent inefficace toute forme de pilotage.

SECTION 1. LA CONSÉCRATION DES CHOIX DE SOCIÉTÉ

Il y a des valeurs universelles, partagées par tous, que nous avons acceptées et incorporées dans notre droit positif, telles que la liberté, l'égalité, la solidarité, la démocratie, l'État de droit. C'est ainsi que la plupart des Chartes des Droits de l'Homme ont été constitutionnalisées par leur intégration dans le préambule des Constitutions[168].

[168] Dans le préambule de la Constitution sénégalaise de 2001, le législateur affirme : *« son attachement à la transparence dans la conduite et la gestion des affaires publiques ainsi qu'au principe de bonne gouvernance ; sa détermination à lutter pour la paix et la fraternité avec tous les peuples du monde... »*. Il proclame entre autres aussi : *« la séparation et l'équilibre des pouvoirs conçus et exercés à travers*

Les valeurs sociétales sont consacrées en général dans la Constitution et dans les conventions et traités régulièrement ratifiés ; au demeurant, ces conventions et traités après leur ratification sont incorporés la plupart du temps dans le préambule de la Constitution, et s'inscrivent ainsi dans ce qu'on appelle le *« bloc de constitutionnalité »*.

On peut citer, entre autres, le droit à la vie privée, le droit à un environnement sain, la liberté de culte, le droit de grève, le droit d'accès à la terre pour les femmes, l'inviolabilité du corps humain, etc.

Par contre, il y a certains droits que notre société n'accepte pas encore, tels que : les droits des LGBT, l'avortement médicalisé, l'interruption volontaire de grossesse, l'euthanasie, l'homoparentalité, les dons d'organe, et l'autorité parentale[169].

Les femmes ont cependant acquis de nouveaux droits : l'accès à la terre, la transmission de la nationalité à l'époux et aux enfants légitimes[170], la prise en charge de l'époux des enfants par l'épouse fonctionnaire de l'État à l'instar du mari ayant le même statut, l'interdiction des mutilations génitales et de l'excision, l'interdiction du mariage forcé et du mariage des enfants, la parité homme-femme dans les instances électives[171].

Cependant, il existe un certain nombre de réalités qui participent de la pacification de l'espace sénégalais et du mieux-être des populations ainsi que de la cohésion sociale, telles que le cousinage à plaisanterie, la solidarité familiale, ethnique, religieuse qui –bien que profondément

---

des procédures démocratiques ; le respect des libertés fondamentales et des droits du citoyen comme base de la société sénégalais ; le respect et la consolidation d'un Etat de droit dans lequel l'État et les citoyens sont soumis aux mêmes normes juridiques sous le contrôle d'une justice indépendants et impartiale ; l'accès de tous les citoyens, sans discrimination, à l'exercice du pouvoir à tous les niveaux ; l'égale accès de tous les citoyens aux services publics ; le rejet et l'élimination, sous toutes leurs formes de l'injustice, des inégalités et des discriminations... ».

169 Au Sénégal, le code pénal réprime les actes contre nature entre personnes de même sexe ; le code de la famille, notamment, n'admet pas le mariage entre deux personnes de même sexe.

170 Loi n° 2013-05 du 8 juillet 2013 (Journal Officiel du Sénégal du 29 juillet 2013).

171 Cf. la loi n° 2010-11 du 28 mai 2010 instituant la parité absolue homme-femme. Cette loi s'applique au niveau de toutes les institutions totalement ou partiellement électives, et impose que les autres candidatures soient alternativement conférées à des personnes des deux sexes, sous peine d'irrecevabilité (Décret d'application n° 2011-819 du 16 juin 2011 portant application de la loi instituant la parité absolue homme-femme (Journal Officiel du Sénégal. En ligne, n°6614 du samedi 17 septembre 2011 : www.http:jo.gouv.sn/yip.php?article9160/).

vécues– par la population ne sont pas formellement consacrées, que ce soit dans la Constitution ou encore moins dans les lois. Et pourtant, par le passé, ces valeurs avaient été érigées au rang constitutionnel par des constitutions écrites telles que la « Charte du Mandé »[172] et la « Constitution de Cërno Souleymane Baal »[173].

Au total, on constate des droits consacrés par les textes de loi, mais non appliqués et acceptés par les populations, tandis que des règles non écrites sont scrupuleusement respectées parce que plus conformes à l'identité sénégalaise.

En tout état de cause, la Justice n'étant que la « bouche de la loi », le Peuple par la voix de ses représentants doit faire des choix clairs pour qu'on ait des lois intelligibles et plus en phase avec les aspirations légitimes des populations, d'une part, et que les juges aient un socle légitime et solide pour distribuer la justice avec efficacité, transparence et célérité, d'autre part.

Le Sénégal, depuis son accession à la souverainement internationale, a eu quatre Constitutions[174]. La Constitution de 2001 a fait l'objet de 14 modifications entre 2001 et 2012, toutes à l'initiative du Président de la République sortant. Le nouveau régime a pris l'initiative de trois modifications, dont la dernière à la suite du dernier référendum de 2016[175].

---

[172] Charte du Mandé, considérée comme l'une des plus anciennes références concernant les droits fondamentaux, instituée en 1222 par Soundiata Keïta, empereur du Mali (1190-1255), et l'ensemble des tributs de l'empire du Mali. On trouverait dans cette charte les notions de respect de la vie humaine, de droit à la vie, les principes d'égalité et de non-discrimination, de liberté individuelle, de justice, d'équité et de solidarité. Cette charte est inscrite en 2009 par l'UNESCO sur la liste du Patrimoine culturel immatériel de l'humanité.

[173] Cerno (Thierno) Souleymane Baal fut un théoricien du XVIIIe siècle, un dirigeant incontesté du mouvement de réforme islamique qui mena la révolution ayant permis le renversement en 1776 de la dynastie régnant sur le Fouta (Fuuta Tooro), une région située au nord de l'actuel Sénégal, à cheval sur les deux rives du fleuve Sénégal. Il instaura en 1776 un État théocratique fondé sur un idéal de Justice, s'opposant notamment aux Maures pratiquant l'esclavage, et établit une Constitution cette même année.

[174] Constitution de 1959, loi n° 59-003 du 24 janvier 1959 ; Constitution de 1960, loi n° 60-045 du 26 août 1960 ; Constitution 1963, loi n° 63-22 du 7 mars 63 ; et Constitution de 2001, loi n° 2001-03 du 22 janvier 2001.

[175] Loi constitutionnelle n° 2016-10 du 05 avril 2016 portant révision de la Constitution. Une toute dernière modification constitutionnelle portant sur le parrainage citoyen pour les candidatures à l'élection présidentielle, a fait l'objet d'un projet de loi, adopté à la majorité à l'Assemblée nationale le 19 avril 2018.

Cette dernière réforme a apporté des innovations majeures : le contrôle de constitutionnalité désormais obligatoire pour toutes les lois organiques, ce qui accroit la qualité de la norme soumise au filtre du Conseil constitutionnel avant son entrée en vigueur ; l'exception d'inconstitutionnalité admise au niveau des cours d'appel - cette option, qui est une forme de question prioritaire de constitutionnalité, donne au citoyen la possibilité de faire contrôler la qualité de la norme qu'on veut lui appliquer et de paralyser ses effets sur lui le cas échant, dès l'instance d'appel, ce qui, en plus de constituer un rapprochement de la justice du justiciable, lui donne un moyen supplémentaire de faire respecter ses droits ; la consécration de nouveaux droits tels que le droit d'accès et de regard sur les ressources naturelles du pays.

§ 1. Les déclinaisons constitutionnelles

Les choix de société, une fois qu'ils ont été clairement identifiés et partagés, au besoin par un consensus fort, doivent être traduits dans la Constitution ; ils doivent y être gravés comme dans du marbre, puisque la Constitution est le socle de la démocratie et de l'État de droit.

Ces choix de société ont été déclinés en des droits anciens remontant au début des indépendances, et même bien avant, puisqu'ils procèdent de la Déclaration universelle des droits de l'homme (A), et en d'autres plus récents tirant leur source des évolutions plus contemporaines liées au développement, à la santé et à la protection des minorités, à la protection de la femme et de l'enfant. On les appelle les droits de la quatrième génération ou les nouveaux droits (B).

A.- Les anciens droits

Ces anciens droits sont constitués d'abord par les droits que l'on appelle les droits des première et deuxième générations consacrés pour l'essentiel par les déclarations universelles (1), et par d'autres droits consacrés par des conventions ultérieures auxquelles le Sénégal a adhéré (2).

Mais l'opposition ayant introduit un recours auprès du Conseil constitutionnel, la loi n'a pas encore été promulguée.

1. Les droits des première et deuxième générations

Ce sont les droits consacrés depuis la première Constitution de 1959. Ce sont essentiellement les droits et libertés consacrés par les Déclarations universelles des droits de l'homme et du citoyen de 1789 et de 1948[176].

Parmi les droits de la première génération qui sont civils et politiques, on trouve entre autres : le droit à la vie, le droit à la dignité et à la sécurité de la personne ; le droit à la liberté de pensée, de conscience, de religion et d'expression ; le droit de n'être ni torturé arrêté arbitrairement ou exilé ; le droit à la liberté de réunion et d'association ; le droit à l'égalité devant la justice ; le droit de vote et le droit d'accès aux responsabilités publiques ; le droit à la propriété privée ; le droit à une nationalité.

Cette conception d'abord essentiellement individualiste des droits a évolué avec le temps pour finir par inclure également une dimension collective. C'est l'origine des droits économiques, sociaux et culturels ou droits de la deuxième génération.

Ces droits de la deuxième génération dits droits socio-économiques et culturels, consacrés sur le plan international dans la Déclaration Universelle des Droits de l'Homme signée par les Nations Unies en 1948, on trouve essentiellement : le droit au bien-être ; le droit au

---

176 Article 7 de la charte de Kouroukan Fouga : *« Il est institué entre les Mandenkas, le Sanankuya»* (parenté à plaisanterie et le tanamogoya) (pacte du sang). Entre beaux-frères et belles-sœurs, entre grands-parents et petits-enfants, la tolérance et le chahut doivent être le principe. C'est l'une des dispositions les plus importantes de la Charte. En effet, la préservation de la paix et la volonté d'instaurer la tolérance, la compréhension entre les hommes furent la grande préoccupation de Soundjata et de ses compagnons. C'est l'origine de l'institutionnalisation de la parenté à plaisanterie, dont les origines remonteraient au temps du Ghana, mais c'est bien Soundjata qui en fait une loi assortie d'interdits. Par-delà la plaisanterie, les cousins ou les parents à plaisanterie se doivent aide et assistance; le manquement à ce devoir est puni par les Ancêtres dont l'esprit veille toujours sur l'observance des pactes. À regarder de près, la parenté à plaisanterie apparaît comme une soupape de sécurité; elle permet toujours de rétablir les ponts, de renouer le dialogue en cas de crise. De nos jours, depuis que les conflits et guerres ethniques ou intestines deviennent récurrents, nous avons redécouvert les vertus cachées de la parenté à plaisanterie. Celle-ci a, en plusieurs lieux, permis de relancer le dialogue en Casamance et au Sine au Sénégal, le long de la Mana River entre Guinée, Sierra Leone et Libéria, etc. L'objectif était surtout de construire la paix sociale et de conjurer l'esprit de guerre.

travail et aux conditions d'emploi justes ; le droit à l'éducation ; le droit à la santé physique et mentale ; le droit à la syndicalisation et le droit de grève ; le droit à l'alimentation, aux vêtements, à l'habitation ; le droit à la culture ; le droit au repos et aux loisirs.

2. Les droits consacrés par d'autres conventions et traités

Ils ont été complétés par les différents protocoles additionnels et d'autres conventions, étant précisé que le Sénégal a adhéré à l'essentiel des conventions internationales qu'il a ensuite ratifiées.

Certaines d'entre elles ont un droit positif institutionnel, tel que l'organisation pour l'harmonisation en Afrique du droit des affaires (OHADA), la communauté économique des États de l'Afrique de l'Ouest (CEDEAO), l'Union économique et monétaire ouest-africaine (UEMOA) et l'Union africaine (UA). Elles ont des Cours supranationales : la Cour commune de justice et d'arbitrage (CCJA), la Cour de la Communauté économique des États de l'Afrique de l'ouest (CEDEAO, la Cour de l'UEMOA, la Cour africaine des droits de l'homme et des peuples (CADHP). Chaque cour produit un droit dérivé qui, en fait, a une portée communautaire. Dans la pratique, la jurisprudence est plus ou moins limitée, tant dans sa quantité que dans sa qualité.

B.- Les nouveaux droits

Ces nouveaux droits, dont la définition et le régime juridique sont difficiles à cerner, ont certes une consécration formelle dans la Constitution (1), mais leur effectivité reste cependant limitée (2).

1. La consécration de nouveaux droits

Ces droits ont été consacrés par la réforme constitutionnelle de 2016 dans le sillage de la Constitution du 22 janvier 2001 qui a posé le principe de certains d'entre eux : le droit d'accès à la terre pour les femmes ; la parité homme-femme ; le droit à un environnement sain ; le droit d'accès aux ressources naturelles ; le droit d'information sur l'usage des ressources.

Ces droits sont formellement consacrés de manière explicite par les articles 8, 18, 19 qui font référence respectivement au droit à un environnement sain, au droit à une information plurielle, à l'interdiction du mariage forcé et au droit pour la femme d'avoir son patrimoine propre comme son mari et au droit de gestion personnelle de ses biens. Auparavant, l'État du Sénégal avait affirmé dans le préambule de sa Constitution de 2001 : *« son attachement à la transparence dans la conduite de la gestion des affaires publiques ainsi qu'au principe de bonne gouvernance »* et, proclamé *« l'accès de tous les citoyens, sans discrimination, à l'exercice du pouvoir, à tous les niveaux », l'égale accès de tous les citoyens aux services publics* et enfin *« le rejet et l'élimination, sous toute leur forme de l'injustice, des inégalités et des discriminations. »*

2. Une effectivité limitée

À ce niveau également, le grand problème, c'est l'effectivité des droits consacrés, parce que souvent les préalables de la mise en œuvre ne sont pas pris et que la politique de répression ou de prévention n'est pas suffisamment appliquée. C'est le cas du contrôle des zones *non aedificandi*, de la gestion des déchets plastiques, des déchets médicaux, des déchets "tout court", de l'application des normes de construction dans les grandes villes et le long des côtes, du fait de la sécheresse ou de la faiblesse de la jurisprudence.

À ce propos, a déjà été soulignée l'importance de la jurisprudence qui traduit en réalité concrètement la lettre et l'esprit des lois en soutenant que les progrès du droit communautaire ne peuvent être affermis que si *« les juges des pays signataires, par leur pratique prétorienne donnent à la sécheresse des textes une application dynamique et proactive qui permettrait d'en déceler les failles enfin de les combler, les obscurités afin de les élucider et les imperfections afin de les corriger »*[177]. Signalons que plusieurs textes de loi ont été pris pour renforcer la protection des ressources halieutiques (code de la pêche), les ressources minières (code des mines), les ressources forestières (code de l'environnement, code de l'eau, code de l'urbanisme)[178].

---

[177] Regards de Cheikh Tidiane Lam sur les applications jurisprudentielles de l'acte uniforme sur les procédures simplifiées de recouvrement et les voies d'exécution par le tribunal régional hors classe de Dakar, in Revue Sénégalaise de Droit des Affaires (RSDA), n°1, Dakar, 2003, 157 p.

[178] Malgré tout, les violations persistent. Le secrétaire général de la Fédération des Écologistes du Sénégal, Aly Haidar, dénonce la coupe illicite du bois, dans les villages situés au sud du Sénégal, à la frontière gambienne : *« Ce laisser-aller, ce*

§ 2. Les déclinaisons légales et réglementaires

L'esprit et la lettre de la Constitution ainsi que les droits et libertés qui y sont consacrés doivent se traduire dans les lois et règlements ; et cela devra se faire non seulement par l'adoption de tous les décrets d'application mais également par le respect strict de la hiérarchie des normes. Or, à ces deux niveaux, subsistent des difficultés liées à des insuffisances dans la maîtrise de la légistique, à un usage abusif de la procédure d'urgence et –malheureusement, de plus en plus- à une manipulation des normes à des fins autres.

Tout cela débouche sur des contrariétés de normes, des défauts de qualité de la norme et d'inapplication des règles de droit.

A.- La mise en cohérence des normes

Ces valeurs (la liberté, l'égalité homme-femme, la préservation du bien public, des ressources naturelles, de l'environnement, le droit d'aller et de venir,…) doivent formellement être consacrées par la charte fondamentale et avoir toutes leurs déclinaisons dans les lois et règlements qui constituent le droit positif du pays. Or, l'on constate souvent de plus en plus que des lois sont aux antipodes de la hiérarchie des normes et de la volonté populaire. On a l'impression que les différents étages de la hiérarchie des normes sont autonomes et non interdépendants avec la stricte soumission des normes inférieures à la norme supérieure. Cela est lié au mode de scrutin et à la qualité du contrôle tant institutionnel que citoyen.

À ces problèmes de respect de la hiérarchie des normes (1), s'ajoutent des problèmes de transposition des normes internationales ratifiées (2).

1. Des problèmes de respect de la hiérarchie des normes

Les contradictions entre les proclamations d'intention et les réalités normatives sont légion et posent un sérieux problème à l'effectivité et à la garantie de l'État de droit. On élabore et détricote trop facilement les

---

faire-semblant à tous les niveaux, au niveau des agents chargés de la protection de l'environnement, des ministères, c'est faire semblant que tout va bien, on gère la situation, alors que dans la forêt tout le monde coupe le bois. Le bois de Vène ou Palissandre du Sénégal (très prisé par les trafiquants pour sa rareté et sa qualité), est en train de disparaître, le désert est en train de s'installer tranquillement ».

normes, qui perdent alors de plus en plus leur caractère général et impersonnel. Ce qui aboutit aussi à écourter leur durée de vie, et à limiter leur efficacité et leur applicabilité.

Rappelons, à titre d'exemple, qu'on a changé la Constitution et la loi organique sur l'organisation judiciaire, institué plusieurs chambres africaines extraordinaires, pris une série de décrets, et cela pour juger un seul homme[179]. Il va falloir refaire le remodelage des textes pour en extirper les dispositions devenues caduques ou sans objet depuis le jugement intervenu en avril 2017[180].

Il existe également une contrariété entre la Constitution qui proclame l'inamovibilité sans restriction des magistrats du siège[181] et leur statut qui prévoit des dérogations vidant le principe de tout son sens et mettant les magistrats à la merci de l'exécutif, d'où le débat récurrent sur l'indépendance de la justice[182].

Autre exemple : la Constitution a retenu dans son préambule la convention sur l'élimination de toutes les formes de discriminations à l'égard des femmes du 18 décembre 1989. Le législateur en a certes tiré quelques modifications législatives, mais beaucoup d'inégalités entre les deux sexes demeurent. L'Association des femmes juristes, en lien

---

179 Il y a eu d'abord une réforme constitutionnelle de 2004 pour réceptionner dans le droit interne les incriminations prévues par le traité de Rome instituant la CPI, Puis la modification de l'article premier de la loi de 1984 sur les chambres extraordinaires africaines par la Loi n° 2012-29 du 28 décembre 2012 modifiant l'article premier de la loi n° 84-19 du 2 février 1984 fixant l'organisation judiciaire. Par cette loi, les 4 chambres africaines extraordinaires créées sur la base de l'accord entre l'Union Africaine et l'Etat du Sénégal, ont été insérées dans l'organisation judiciaire du Sénégal. Ces chambres sont : *« la Chambre Africaine Extraordinaire d'Instruction au sein du Tribunal Régional Hors Classe de Dakar ; la Chambre Africaine Extraordinaire d'Accusation, la Chambre Africaine Extraordinaire d'Assises et la Chambre Africaine Extraordinaire d'Assises d'Appel au sein de la Cour d'appel de Dakar. »*

180 Les 4 chambres précitées ayant été dissoutes à l'issue du jugement de Hissène Habré, il y a lieu de les enlever de la loi de 1984, portant organisation judiciaire et modifiée par une loi de 2014.

181 La loi organique n° 2017-10 portant statut des magistrats a certes affirmé dans son article 6 que les magistrats du siège sont inamovibles ; malheureusement, cet article prévoit la possibilité de leur affectation pour nécessité de service sans le consentement préalable des intéressés.

182 Les magistrats par l'organe de leur association ont régulièrement dénoncé l'abus dans l'usage des dites nécessités de service qui permettent de contourner le principe de l'inamovibilité, sapant ainsi ce qui fait le substrat des garanties de l'indépendance.

avec le Haut-Commissariat des Nations Unies et la Fondation Konrad Adenauer Stiftung, a du reste soutenu, dans les documents de présentation du symposium sur le code de la famille tenu les 29 et 30 juillet 2009 à Dakar, que *« l'application effective des droits de la femme sénégalaise pose d'énormes problèmes, et ceci, malgré les instruments internationaux ratifiés et publiés, les dispositions contenues dans la Constitution réaffirmant le principe d'égalité entre les sexes, la volonté politique clairement exprimée dans ce domaine »*.

2. Des problèmes de transpositions des normes internationales ratifiées

En effet, malgré les progrès significatifs obtenus ces dernières années, les lois et règlements discriminatoires subsistent encore dans le droit interne sénégalais. Il est donc nécessaire d'harmoniser notre législation avec les instruments internationaux, notamment la Convention pour l'élimination des discriminations à l'égard des femmes (CEDEF) et le Protocole de la Cour africaine des droits de l'homme et des peuples (CADHP), d'autant plus que l'article 98 de la Constitution du 7 janvier 2001 dispose que *« les traités ou accords régulièrement ratifiés ou approuvés ont, dès leur publication, une autorité supérieure à celle des lois... »*

Dès lors, il revient au Gouvernement d'adopter des mesures d'ordre législatif, administratif et judiciaire nécessaires pour permettre la transposition de leur contenu dans l'ordonnancement juridique national.

Les femmes juristes ont annexé un tableau des harmonisations souhaitées qui liste une série d'articles du code de la famille qui devraient être revus et corrigés, notamment les articles 3 (enfant légitime), 4 (enfant naturel), 7 (la femme mariée), 107 alinéa 2 in fine (le fiancé évincé sans motif légitime), 111 (sexe et âge), 112 (délai de viduité), 113 (lien matrimonial antérieur), 116 alinéa 2 (absence d'une option au moment du mariage), article 133 alinéa 2 (défaut d'option), 152 (puissance maritale), 153 (résidence du mariage), 166 (cause du divorce), 168 alinéa 3 (rôle du juge), 176 alinéas 2 et 3 (dissolution du mariage), 178 (survie exceptionnelle de l'obligation d'entretien, 195 (filiation incestueuse), 196 (interdiction de l'action en reconnaissance de paternité), 211(dérogation au principe de l'article 196), 277 alinéa 2 (la puissance paternelle), 278 (la garde d'enfant suite au prononcé du divorce ou de la séparation de corps), 279 (décès de l'un des parents), 285 (droit de réprimande et de correction sur l'enfant par le détenteur de la puissance paternelle), 375 (les charges du ménage), 381 alinéa 3 (preuve de la propriété des biens), 571 (les successions de droit musulman).

Mais, de 2009 à nos jours, deux textes de loi allant dans le sens souhaité par les femmes juristes sont intervenus. Il s'agit de la loi sur la parité et de la loi donnant la possibilité à la femme mariée de faire bénéficier à son époux et à ses enfants de la nationalité sénégalaise.

Il y a également une absence d'option claire sur certains phénomènes, tels que la prostitution et l'homosexualité. Le code pénal n'en parle pas de manière expresse, mais les réprime indirectement par le biais de délits tels que les actes contre-nature, le racolage, le proxénétisme, le défaut de carnet sanitaire, l'incitation de mineur à la débauche, la pédophilie.

B.- L'effectivité des normes

Dans le processus de modernisation de sa Justice, le Sénégal a adopté beaucoup de textes de lois[183] ainsi que des décrets, et a ratifié la quasi-totalité des conventions internationales[184], régionales et sous-régionales[185]. Mais, dans la pratique, les normes adoptées sont peu appliquées (1) ce qui développe un sentiment d'impunité chez les populations (2).

1. Une insuffisante application des normes

Dans la pratique, la plupart des dispositions législatives et réglementaires ne sont pas respectées.

À titre d'exemples, malgré l'existence d'une réglementation des partis politiques et de la presse, la quasi-totalité des organes de presse et

---

183 Cf. notamment : les quatre textes de lois sur les NTIC, la loi instituant les tribunaux de commerce, les codes de l'eau, de l'environnement, maritime, minier, forestier, de l'investissement, de la santé,

184 Comme la Convention de l'enfant (1990), le Traité de Rome instituant la CPI (1999), la Convention contre la discrimination faite aux femmes (1989), la Convention sur l'adoption internationale entre autres, la Convention de Kyoto (adoptée en 1973), des Conventions sur la lutte contre le terrorisme et la cyber criminalité (novembre 2001), sur la protection en voie de disparition, sur les biens culturels.

185 La Convention régionale instituant la Cour africaine des droits de l'homme et des peuples, la Convention sous régionale OHADA, le code CIMA.

des partis politiques fonctionnent en violation des règles les régissant, et les infractions sous-jacentes à cette réalité ne sont pas sanctionnées. Il en est de même des règles régissant le droit de grève et le droit à la marche pacifique : à ce niveau également, les autorités administratives méconnaissent la réglementation en vigueur, sans que les autorités judiciaires n'interviennent par une jurisprudence dissuasive les incitant à un respect plus strict du cadre légal.

2. Le développement de l'impunité

Cette absence d'effectivité des normes, qui s'étale dans le temps et dans l'espace selon une intensité plus ou moins grande, a fini par installer un sentiment d'impunité chez nombre de citoyens et un rapport de méfiance voire de défiance du citoyen par rapport à la Justice. Ce sentiment est exacerbé par une forte perception des populations que la Justice fonctionne selon la logique du « deux poids, deux mesures » et que son glaive est plus pesant sur les faibles et les opposants, tout en restant aveugle par rapport aux gens du pouvoir et aux puissants. Cette situation prégnante fait l'objet de dénonciations aussi bien de la part des acteurs de la société civile que même des autorités politiques[186].

Cette absence d'effectivité des normes peut être lourde de conséquences pour la préservation du pacte social, de la paix et de la sécurité, parce que, justement, elle porte atteinte à la légitimité du pouvoir et qu'elle ouvre la voie à la justice privée.

SECTION 2. UNE NOUVELLE FORME DE PILOTAGE

Piloter autrement la modernisation de la justice, c'est procéder à une double rationalisation : celle de l'intervention de l'État d'abord (§1), et celle de l'intervention des partenaires au développement ensuite (§2). L'objectif de ces derniers devrait être d'accompagner et d'appuyer l'État et non de se substituer à lui ou d'entrer en concurrence avec d'autres acteurs ; il devrait y avoir une synergie entre les actions de l'État et celles de ses partenaires techniques et financiers.

---

186 Cf. à titre d'exemples : la déclaration du Premier vice-président de l'Assemblée nationale et Président de l'Assemblée de la CEDEAO, Monsieur Moustapha Cissé Lô, celle de Seydi Gassama, et celles du Président l'UMS, et du Président de la République du Sénégal.

§ 1. La rationalisation de l'intervention de l'État

La rationalisation de l'intervention de l'État se fera sous deux angles : réorganiser les structures (A) et rationaliser davantage les choix budgétaires (B). En effet, il a été constaté que des structures agissant en doublon ou en concurrence ainsi que des projets de structures non aboutis, non finalisés, impactaient négativement les économies budgétaires.

A.- La rationalisation des structures

L'État du Sénégal devrait davantage rationaliser ses structures pour mieux cibler ses projets de modernisation de la justice. C'est pourquoi nous estimons nécessaire de stabiliser les projets relatifs à l'informatisation et à la tenue des statistiques et d'avoir une politique globale de modernisation des greffes.

Dans le processus de modernisation, plusieurs structures ont été créées sans que l'on voie la rationalité qui a guidé le choix des décideurs. C'est le cas de la création des inspections de la Cour Suprême en 2008 après leur suppression au profit de l'Inspection Générale de l'Administration de la Justice (IGAJ). Dans l'exposé des motifs de la loi n (98-23 du 26 mars 1998 instituant l'IGAJ, il est bien spécifié que : « *afin d'assurer une plus grande efficacité et homogénéité des inspections judiciaires, le Chef de l'État a souhaité les voir regroupées en une seule et même structure centralisatrice, qui pourrait constituer un observatoire du fonctionnement des juridictions, du point de vue des délais de jugement ou des moyens matériels...* », et devenir « *... une véritable inspection générale de la justice...* ».

Le législateur ajoute que : « *cette centralisation s'inscrit dans la logique de redynamisation de l'inspection judiciaire, instrument d'évaluation et de contrôle indispensable à la définition des ressources et des besoins humains et matériels de la justice, ainsi qu'à la promotion d'un meilleur fonctionnement des services judiciaires.* »

Il en va de même des commissions que l'on met dans les textes de lois sans jamais prendre les décrets d'application ou bien des juridictions ou inspections dont la fonctionnalité est remise aux calendes grecques sans oublier les multiples commissions à qui est confiée une réflexion ou une tâche spécifique et dont les rapports finissent dans les tiroirs, rapports qui –lorsqu'on les exhume– font l'objet de tellement de saucissonnages que leur exploitation devient vaine voire inadaptée puisque les réalités qui devaient présider à leurs conclusions ont été dépassées.

D'autres structures font doublon, se chevauchent et s'entrechoquent. Au même moment, des structures qui devraient disparaître puisqu'ayant épuisé leur champ d'action sont maintenues et dotées de budget. C'est le cas de la commission de codification et de la CEDAF.

D'autres structures, bien que fonctionnelles, n'ont pas de texte régissant leur organisation et leur fonctionnement. C'est le cas du centre national des archives judiciaires sis à Louga qui attend toujours l'arrêté qui devrait régir son cadre légal.

À ces errements, s'ajoute une dispersion des structures du ministère de la Justice aux quatre coins de la ville de Dakar[187], qui entraine des pertes de temps importantes pour tenir des réunions ou agir en urgence quand cela le requiert. Il arrive fréquemment que, selon les préoccupations des autorités, les conseillers techniques soient privilégiés au détriment des Directions qui se voient délester de leurs attributions. Ce qui entraine une perte de mémoire institutionnelle, dans la mesure où l'on n'arrive pas à tracer les fonds de dossiers sans compter les conflits latents voire ouverts que cela peut engendrer.

Il est donc souhaitable, au lieu de démultiplier des structures sans contenu réel faute de personnel et de budget, de renforcer les directions clefs et –au besoin– d'ériger en direction certaines entités ayant fait leur preuve pour aller vers un « mieux faire » institutionnel selon la formule « moins d'État, mieux d'État ».

Le Sénégal devrait faire le choix, comme la Guinée, de bâtir une Grande Chancellerie qui regrouperait toutes les Directions ou l'essentiel d'entre elles pour faire des économies d'échelle et éviter les déperditions de temps, d'énergie et de moyens. Et ce qui rehausserait d'autant le prestige de l'institution judiciaire.

Cette rationalité des structures commande aussi la création d'une école de magistrature digne de ce nom et d'une autre école chargée de former aux différents autres métiers du droit au lieu de se contenter d'un centre de formation judiciaire qui squatte depuis plus de vingt ans

---

[187] Le site principal du ministère de la Justice ne loge que le Ministre et son cabinet, le Secrétariat général, la DAGE et la DSJ ; le CFJ est logé dans l'ex ENAM, l'IGAJ et la CEDAF à la Sicap point E ; la DACJ et la Direction de la construction sont à la rue Carnot ; la DACS et la DDH sont à l''immeuble Ndiouga Kébé à l'avenue Peytavin ; la DAP à Sacré Cœur 3 et la DSPS à la Sicap Baobab.

les locaux de l'École Nationale d'Administration (ENA), en restant confinée dans une exiguïté affligeante alors qu'au fil des ans, elle a vu son domaine de compétence considérablement élargi[188].

La politique judiciaire de l'État du Sénégal se caractérise par une multiplicité des structures qui interviennent dans le même champ de compétence et qui ont tendance à s'opposer, et à se concurrencer pour des raisons de visibilité, de capture de fonds ou tout simplement de prestige. Naturellement, cela se fait au détriment des objectifs recherchés : les cas les plus illustratifs sont ceux de l'enfance et de la femme.

Pour l'enfance, existent la Direction de l'éducation surveillée et de la protection sociale (DESPS), la Direction des droits humains (DDH) et même le Centre de formation judiciaire (CFJ), la Direction de l'administration pénitentiaire (DAP), la Cellule de lutte contre la traite des personnes plus particulièrement de la femme et de l'enfant[189]. À d'autres niveaux tels que la présidence et le gouvernement, cohabitent le ministère de la Femme, de l'Enfance et du Genre, les cellules « genre » au niveau de tous les ministères, la cellule d'appui pour la protection de l'enfant, la Direction de la protection de l'enfance au niveau du ministère de la Femme, la Direction de la Case des tout-petits, sans compter les structures spécifiques de coopération. La multiplicité et la diversité des structures n'ont pas permis des avancées significatives dans la protection des enfants 'Talibés', dans le travail des enfants, dans le mariage précoce et/ou forcé des mineurs.

Pour les femmes, peut être observée la même réalité avec un ministère dédié, l'observatoire de la parité, l'association des femmes juristes qui a obtenu le statut d'observateur, et des structures partenaires telles que l'UNIFEM, et l'OSIWA.

L'État gagnerait, pour plus d'efficacité dans la protection des droits et libertés, à rationaliser les structures pour un meilleur ciblage des actions et une meilleure utilisation des ressources tant personnelles que financières.

---

188 La France a opté pour cette formule du regroupement de l'essentiel des Directions depuis 2 ans sur un même site. Le CFJ, depuis 2011, assure la formation, en plus des magistrats et greffiers, des ADG, des secrétaires, interprètes, des inspecteurs de l'éducation surveillée, des éducateurs spécialisés.

189 Voir l'arrêt n° 09051 du 8 octobre 2010 portant création d'une cellule nationale de lutte contre la traite des personnes, en particulier des femmes et des enfants.

1. Des projets clés à finaliser

a. La finalisation de l'informatisation des juridictions

Le processus a démarré depuis plusieurs années et la chaîne pénale est assez avancée, mais le dispositif d'ensemble qui devrait se traduire par le fonctionnement de toutes les chaînes et l'utilisation effective des logiciels mis en place par tous les acteurs tarde à être mis en œuvre.

Le ministère de la Justice, en lien avec ses partenaires, devra s'impliquer davantage pour une opérationnalisation rapide des chaînes afin de standardiser les pratiques, de gagner du temps dans le traitement des procédures, de sécuriser celles-ci et d'obtenir des statistiques fiables en temps réel.

La fonctionnalité du dispositif pourrait également faciliter la prise de décision sur les différents niveaux de responsabilité parce qu'on peut mesurer l'activité des Cours et tribunaux, des chambres et des différents personnels et ajuster, le cas échéant, les besoins en moyens et en ressources humaines.

Cependant, le ministère de la Justice devra éviter les erreurs de pilotage du passé. En effet, l'étude diagnostique du cabinet Grant Northon à la fin du PSJ avait relevé que : *« La DIJ garante de la viabilité technique du Projet et de l'évolutivité du logiciel, est handicapée par les tares congénitales liées à ses différentes mutations au sein du ministère passant du statut de cellule à service et division sans qu'aucun acte administratif puisse définir ses missions, prérogatives et rôles engendrant ainsi des conflits permanents avec la CEDAF - La CEDAF compte tenu de son rôle central dans le dispositif de coordination et d'appui dans le cadre du Projet, souffre des conséquences d'une instabilité permanente et c'est ainsi qu'entre 2005 et 2014, elle a connu six coordonnateurs dont cinq ayant effectué un mandat inférieur à un an.*

Au niveau ministériel, il a été aussi constaté une instabilité institutionnelle dans la même période avec huit ministres qui se sont succédé et chacun avec sa vision propre du Projet. Cette situation a handicapé le rôle de leadership dévolu à cette institution centrale dans le dispositif de coordination et de mise en œuvre du Projet. C'est la raison pour laquelle, nous avons recommandé le transfert de la supervision du Comité de pilotage du ministère vers les acteurs de la juridiction de Lat Dior en élargissant sa composition aux chefs de juridiction et autres auxiliaires de justice. » [190]

Suite à ce diagnostic accablant, nous avions attiré l'attention du comité de validation sur l'importance capitale du choix du sponsor et des membres du comité de pilotage. Il fallait, en plus des critères dégagées par l'étude, qu'ils eussent suffisamment d'engagement et de conviction dans l'aboutissement du projet et qu'une lettre de mission précise et exhaustive leur fût faite.

Le projet ne pouvant survivre à une erreur de casting sur ce point précis, l'expérimentation et le déploiement des chaines ne doivent pas se focaliser uniquement à Dakar, mais devraient cibler en plus une ou deux régions "test" telles que Thiès et Kaolack, par exemple, pour accélérer et fiabiliser le processus au plan national et accroître la masse critique d'implication des acteurs.

Même si le sponsor est délocalisé au niveau des juridictions, l'appui des décideurs au plan central doit être permanent et fort, car il faudrait assurer un certain nombre de préalables qui dépendent d'eux, notamment la stabilité et le renforcement des personnes ressources, la disponibilité des acteurs pour les sessions de formation, la sécurité et le déploiement du matériel, la prise de circulaires pour préciser et rappeler les objectifs et le respect des termes du contrat, la programmation et le financement des équipements nécessaires à la stabilité du système (interconnexion, électricité, etc.), la prise en compte des objectifs dans la budgétisation et surtout les mesures de suivi-évaluation.

Enfin, il faut dégager dans le comité de pilotage des praticiens qui, en dehors des réunions formelles vont accompagner en permanence les experts métiers pour lever les équivoques et les blocages. Ils vont constituer une sorte de "task force" qui va faciliter l'opérationnalisation des chaînes.

b. L'opérationnalisation du bureau national de recueil et d'analyse des statistiques judiciaires

Le ministère étant confronté à un véritable problème de tenue des statistiques, le schéma directeur validé et un plan d'opérationnalisation du centre de recueil et de traitement des données statistiques judiciaires

[190] *Audit technique de l'Informatisation du Système Judiciaire*, Grant Northon, Délégation de l'Union Européenne au Sénégal, PROJET DE RAPPORT FINAL, Dakar-Sénégal, mars 2015, p.5.

proposé, il urge pour le département de procéder aux différents arbitrages pour le démarrage des activités dudit centre qui aura entre autres tâches de faire valider des tableaux standards pour le recueil des données, de mettre en place un dispositif de remontée des données facile et sécurisé et de composer une équipe pluridisciplinaire chargée d'analyser et de mettre à disposition des statistiques fiables.

Alors que l'atelier de validation de l'étude sur le schéma directeur statistique avait fortement recommandé que le laboratoire de recueil, d'analyse et de traitement des données soit arrimé à l'IGAJ, une cellule statistique a été érigée au niveau du Secrétariat général du ministère plus précisément à la cellule d'études et de planification, en application du décret uniformisant la composition et le fonctionnement des secrétariats généraux de ministère tandis qu'une nouvelle étude était lancée par le PARED pour la mise en place d'un dispositif statistique efficace.

2. La modernisation du fonctionnement et de l'équipement des greffes

Dans chaque juridiction, il y a, à côté du siège et du parquet, le greffe qui est au cœur de la vie judiciaire.

Il est animé par des greffiers en chef et des greffiers qui jouent un rôle fondamental : celui d'intermédiaire entre les justiciables et les magistrats qu'ils assistent tout au long des procédures.

Mais le greffe, du fait de ses nombreux services (enrôlement, casier judiciaire, exécution des peines, RCCM, archives, scellés, mise en état des dossiers, etc.), emploie outre les administrateurs des greffes, les greffiers en chef et les greffiers, des secrétaires des greffes et parquets, des archivistes, des interprètes, des secrétaires dactylographes, des agents administratifs et des vacataires.

Aussi, pour l'optimisation de son fonctionnement, il faut que tous ses personnels soient bien formés et maîtrisent parfaitement les procédures, mais il convient en plus qu'ils exercent dans un environnement fonctionnel, sécurisé et bien équipé et que le service public de la Justice ne puisse connaître aucune interruption du fait de facteurs endogènes ou exogènes tels que les ruptures de stocks, les coupures d'électricité, les pannes de machines, etc.

Malheureusement, en dépit des efforts consentis par le ministère de la Justice et les partenaires au développement, l'état de nos greffes reste encore préoccupant du fait de la vétusté et de l'inadaptation de la plupart des locaux qui abritent nos juridictions, du manque d'équipements, de la vétusté et de l'insuffisance du mobilier de bureau, du défaut de sécurité, de sûreté et d'hygiène. Ce qui expose le personnel, le matériel et les dossiers à toutes sortes de périls et d'intempéries.

C'est pourquoi pour avoir des greffes modernisés avec un fonctionnement optimum, il faut une organisation hiérarchisée et transparente et un équipement adapté et conséquent.

a. La mise en place d'une organisation performante des greffes

Cette organisation se fera par le biais de l'institution du greffier en chef, par la transformation du chef du greffe en véritable chef de service, par une bonne gestion des flux et des stocks et enfin par un contrôle effectif et régulier du fonctionnement des services du greffe.

b. Le renforcement des pouvoirs du greffier en chef, chef du greffe

L'article 10 du décret n° 77-928 du 27 octobre 1977 portant statut particulier du cadre des fonctionnaires de la justice dispose que les greffiers en chef sont membres de la juridiction dans laquelle ils sont affectés. Placés sous le contrôle des chefs de juridiction, ils sont responsables du fonctionnement du greffe qu'ils dirigent et concourent au fonctionnement du greffe auquel ils sont affectés.

L'alinéa 2 de l'article 24 du décret précité précise que *« quels que soient leur grade et les fonctions dont ils sont chargés, les greffiers sont toujours subordonnés aux magistrats et aux greffiers en chef »*.

Il en va de même pour les secrétaires des greffes et parquets qui sont toujours subordonnés aux magistrats, aux greffiers en chef et aux greffiers en vertu de l'article 32 du même décret.

Il résulte des dispositions du décret de 1977 que le greffe est un service hiérarchisé ayant à sa tête un greffier en chef qui en assure la direction sous le contrôle des chefs de juridiction. Mais *de jure et de facto*, il n'a pas les pouvoirs du chef de service que sont : le pouvoir de répartition des personnels selon la manière qui lui semble la plus convenable pour le bon fonctionnement du service, le pouvoir de notation, le pouvoir d'avertissement. Ce qui fait que, souvent, le Greffier en Chef se retrouve avec un personnel inapte à exercer les tâches juridictionnelles, puisque son avis n'est pas requis en cas d'affectation, qu'il est dans l'impossibilité de redéployer le personnel qui ne donne pas satisfaction et qu'il s'avère totalement impuissant devant des actes de désobéissance ou d'une mauvaise manière de servir.

Il est donc souhaitable de réformer les textes pour faire du greffier en chef, chef de greffe, un véritable chef de service doté de réelles prérogatives pour aiguillonner au mieux les personnels qui travaillent directement sous son autorité[191].

c. Une bonne gestion des flux et des stocks

Le greffe, en tant qu'interface entre les magistrats et les justiciables, traite une importante masse d'informations et de documents et reçoit beaucoup de monde.

Il faut donc une gestion rationnelle de ses services pour donner satisfaction aux justiciables qui le sollicitent quotidiennement. Cette gestion passe par un organigramme précis pour savoir qui fait quoi, quand et comment ; par un tableau d'affichages pour diffuser les informations destinées au grand public ; par une bonne prévision des besoins en chemises, papiers, registres et autres consommables informatiques ; par une bonne maîtrise du circuit des dossiers ; par un temps de saisie bien maîtrisé ; par des minutes et des archives bien classés ; par un enregistrement diligent des jugements ; et par le respect des délais de délivrance et un bon service d'accueil et d'orientation des justiciables.

Mais pour cela, il faut que le budget des juridictions soit mis en place à temps et que les commandes sur la base des besoins réels soient faites par l'administrateur des crédits suffisamment tôt pour éviter les ruptures de stocks.

Il faut également que les facteurs exogènes soient maîtrisés au mieux. Cela peut être des pannes de machine, des coupures d'électricité, des inondations, des courts-circuits, des incendies.

[191] La création du nouveau corps des ADG d'une hiérarchie supérieure à celui des greffiers en chef n'a pas changé la donne. Les ADG chef de greffe n'ont toujours pas les prérogatives de véritables chefs de services.

La solution pourrait être à ce niveau, l'ouverture d'un registre des risques dans toutes les juridictions et la désignation d'un agent chargé de l'hygiène et de la sécurité.[192]

d. Un contrôle régulier du fonctionnement des greffes

La modernisation des greffes suppose également un contrôle régulier de leur fonctionnement pour relever les pratiques innovantes afin de les généraliser et pour identifier les dysfonctionnements afin de leur trouver rapidement des solutions curatives et enfin, en cas de fautes avérées, pour les sanctionner afin d'éviter la répétition ou la récidive.

Ce contrôle doit être le fait, d'abord, des chefs de juridiction, comme le prévoit du reste l'article 10 du décret de 1977 précité, mais également de l'IGAJ qui a une mission permanente de suivi et de contrôle des juridictions et de la manière de servir de ses personnels.

Mais il faut dire que quels que soient le type d'organisation mis en place et la volonté des agents, les greffes ne peuvent pas être performants sans un équipement adapté et conséquent.

e. Des registres standardisés dans leur existence et leur tenue

Le greffe est la porte d'entrée et de sortie de toute juridiction. C'est donc un service essentiel qui détermine et conditionne le bon fonctionnement de la juridiction et sert par conséquent de baromètre de la bonne distribution de la justice.

Il doit donc être animé par des ADG des Greffiers en Chef et des greffiers, des secrétaires des greffes et parquets, des archivistes et autres agents très bien formés et maîtrisant parfaitement les procédures et les arcanes du greffe.

L'expérience a cependant révélé un fossé entre la formation reçue et les pratiques dans les juridictions, une insuffisante prise en compte des réformes textuelles dans les imprimés et les registres utilisés, une inadéquation entre les personnels d'appoint affectés et les besoins réels des juridictions, une disparité des pratiques dans les juridictions de même degré, une méconnaissance de certains textes et dispositions en vigueur, et une complexification des tâches et des fonctions.

---

192 À l'instar de la France où existe le dispositif « hygiène et sécurité », il y a dans chaque juridiction un agent chargé de l'hygiène et de la sécurité.

C'est pourquoi, il est impérieux d'avoir un manuel de procédures pour uniformiser les registres, faciliter le recueil et l'exploitation des données statistiques, faciliter le contrôle, sécuriser les procédures, accroître la lisibilité et la traçabilité des procédures, faciliter l'exercice du travail aux différents agents, garantir la sécurité juridique et judiciaire.

Pour ce faire, il faut que l'ensemble des services et procédures soit maîtrisé et leur gestion harmonisée par la description la plus exhaustive possible des différentes tâches qu'ils induisent, ainsi que de leur chronologie et chronogramme.

À titre illustratif, les registres selon les catégories de juridictions doivent avoir la même nomenclature, le même format, les mêmes rubriques.

f. L'évaluation chiffrée des besoins en équipement des greffes

Presque partout au Sénégal, les greffes sont dans une situation préoccupante du fait d'un manque notoire de matériel de bureau, de mobilier, de split, de moyens de reprographie, de rayonnages, d'armoires et de boîtes de rangement.

C'est parce qu'en réalité, ils n'ont jamais fait l'objet d'un plan d'équipement conséquent et global, leur dotation se faisant au compte-goutte et de manière sporadique sans tenir compte de l'état des besoins réels et des spécificités géographiques et climatiques des zones d'implantation des juridictions.

Sur la base du personnel qui officie dans les greffes et de la carte judiciaire, nous avons essayé de faire l'état des besoins chiffrés de tous les greffes pour les moderniser et accroître leur opérationnalité.

Les bases de l'évaluation

L'évaluation la plus objective part des greffes existants avant de faire des projections pour prendre en compte les greffes qui seront ultérieurement mises en place avec l'opérationnalisation de la nouvelle carte judiciaire.

En dehors des juridictions nouvellement construites et équipées, l'existant en matériels de bureau demeure rudimentaire au sein des greffes, même si des efforts importants ont été faits par le ministère sur la base de demandes. Or, il est à notre sens nécessaire de procéder à un diagnostic sans complaisance des besoins réels de chaque juridiction pour asseoir une bonne politique de distribution de matériels et de veiller à leur opérationnalité du fait qu'il est récurrent de voir que le matériel distribué est soit inexploitable, soit insuffisant, soit inadapté.

La distribution et la répartition devront se faire par rapport aux besoins, mais également par rapport aux objectifs de performance définis dans le cadre du programme de modernisation de la justice.

Les projections

Pour un greffe efficient, efficace et performant, il importe de mettre en place de meilleures conditions de travail, et cela passe par une bonne politique de gestion des ressources humaines mais aussi par une nette amélioration des revenus des agents.

B.- La mise en cohérence des choix budgétaires

Dans un contexte de raréfaction des ressources financières et de budgets sous contraintes et sous pression, on devrait faire des choix clairs et rationnels pour éviter que l'État investisse à perte ou que, dans le long terme, les coûts induits ne deviennent insupportables pour les ministères et les services déconcentrés.

1. Des choix budgétaires de construction et de réhabilitation non pertinents.

Les options budgétaires pour la modernisation de la justice n'ont pas été souvent dictées par la rationalité. En effet, la réhabilitation de vieux édifices dont la destination initiale était aux antipodes des besoins judiciaires, a été privilégiée au détriment de nouvelles constructions aux normes. C'est ainsi que des montants colossaux ont été consacrés à la réhabilitation des établissements pénitentiaires et des juridictions avec un impact très faible.

À l'occasion de la réhabilitation du building administratif qui abritait le siège du ministère de la Justice, l'option a été faite de racheter les locaux de l'ex ambassade des États-Unis pour un montant de trois (3) milliards de francs CFA pour abriter la chancellerie.

Il a fallu plus de 500 millions de francs CFA pour que les locaux nouvellement acquis soient fonctionnels. Au final, pour des montants aussi importants, l'on a acquis des locaux dont l'exiguïté et l'inadaptation n'ont permis de loger que deux directions (la Direction des services judiciaires et la Direction de l'administration générale et de l'équipement), le cabinet du ministre et les conseillers techniques. Les autres Directions sont pour l'essentiel dans des locaux loués.

Alors que, pour le même montant, on aurait pu acquérir une grande chancellerie aux normes, plus fonctionnelle et moins coûteuse sur le long terme. La même incohérence dans les options a guidé les choix de réhabiliter un bâtiment de l'ENA conçu pour autre chose que d'abriter les locaux du Centre de formation judiciaire (CFJ), lequel, en 23 ans d'existence, s'est contenté de deux salles de classe et d'une salle de conférence pour deux bureaux et un poste de police transformé en bureau de la scolarité.

À ce niveau également, des montants importants ont été inscrits au budget sur plusieurs années sans que les travaux ne soient finalisés. Des montants importants ont été mobilisés pour l'informatisation des juridictions depuis 2003. Les chaines judiciaires censées être fonctionnelles depuis des lustres sont toujours en phase d'expérimentation à Dakar, *« en attendant Godot »* pour une hypothétique extension sur l'ensemble du territoire et une interconnexion de l'ensemble des juridictions.

2. Une expérimentation problématique de la GAR

La dernière incohérence est celle de vouloir expérimenter une gestion axée sur les résultats (GAR) tout en maintenant une budgétisation en ligne et une multiplicité d'administrateurs de crédits pour les mêmes programmes, alors que, pour faire une bonne fongibilité asymétrique, il faut des enveloppes budgétaires par programme avec un même administrateur responsable de l'atteinte des objectifs dans son secteur d'activité et ayant une prise sur les arbitrages budgétaires à opérer nécessairement pour ajuster, le cas échéant, les allocations budgétaires selon les besoins stratégiques les plus opportuns pour atteindre les performances escomptées.

On devrait à ce niveau aller vers une déconcentration de la gestion budgétaire au profit des cours d'appel à l'instar de la France afin de faire des chefs de cour les véritables responsables des programmes et leur associer des services administratifs pour les aider dans la programmation budgétaire et les arbitrages et dialogues de gestion que cela induit. On réduirait ainsi la tutelle trop lourde de la DAGE et les incohérences dans les choix budgétaires liés à une faible implication des principaux acteurs et une méconnaissance des besoins réels des juridictions.

3. La stabilisation et la sécurisation des fonds destinés aux projets de modernisation

Alors que le ministère de la Justice est un ministère sous CDSMT, les fonds qui lui sont dédiés lors du vote de son budget sont systématiquement et régulièrement ponctionnés en cours d'année. Ce qui fausse le chronogramme des activités et sape l'atteinte des objectifs.

Ces ponctions qui sont devenues un mode de gestion du MEF déstabilisent et déroutent les administrateurs des crédits et leurs gestionnaires. Et comme la machine judiciaire ne peut s'arrêter, les services s'endettent à des taux usuraires et hypothèquent leur budget futur.

Il faut à ce niveau des mesures courageuses pour stabiliser et sécuriser les fonds destinés aux projets de modernisation.

§ 2. La rationalisation de l'intervention des partenaires au développement

Les partenaires de développement ont souvent une politique d'intervention préétablie avec des centres d'intérêts déjà ciblés. Il appartient alors à l'État du Sénégal qui négocie des financements par le biais du ministère de l'Économie et des Finances de voir, en lien avec le ministère de la Justice, les options prioritaires du département pour mieux encadrer les actions des partenaires (A) et assurer la mise en cohérence de leurs interventions (B).

A.- L'encadrement plus directif de l'intervention

Il est impérieux pour l'État du Sénégal et plus particulièrement le ministère de la Justice de rationaliser l'intervention des bailleurs de fonds pour atteindre les objectifs de modernisation de la justice. Cela suppose une détermination claire des objectifs à atteindre conformément à la politique générale du gouvernement et aux différentes politiques publiques qui en découlent.

1. La détermination préalable du périmètre d'intervention

Un encadrement plus directif de l'intervention des partenaires au développement passera par la détermination préalable d'un périmètre d'intervention. Ce qui suppose à partir de la vision claire et partagée d'une politique judiciaire de l'État, traduite par l'adoption d'une lettre de politique sectorielle et une programmation pluriannuelle des activités, que l'on puisse inscrire les activités et les financements des partenaires techniques et financiers (PTF) dans tel ou tel secteur.

Cela évitera les déperditions d'énergie et les doublons voire la concurrence dans les interventions et pour les activités « orphelines », le recentrage des ressources étatiques.

Par exemple, l'État a longtemps compté sur les PTF pour la construction de juridictions, d'écoles de formation ou d'établissement pénitentiaires. Il s'est rendu compte sur le tard que les PTF n'avaient pas pour option prioritaire de construire des édifices sauf dans les États en reconstruction.

C'est à partir de ce moment que l'État a commencé à programmer la construction de palais de justice et d'autres édifices sur financements propres.

2. Le développement de la mémoire institutionnelle

Ce cadrage passera également par une solide mémoire institutionnelle des cadres du ministère pour maintenir la dynamique des interventions et la qualité du pilotage.

En effet, la nature ayant horreur du vide, les PTF auront tendance à dérouler leurs programmes selon leur propre vision, sans tenir compte des contraintes et ajustements nécessaires, si des observations et réorientations ne leur sont pas faites par les membres des comités de pilotage et les destinataires finaux des projets.

Il faut cependant admettre que cela n'est pas facile avec les changements intempestifs des acteurs clés, doublé d'une absence d'un système d'information déficient tant aux plans vertical, qu'horizontal, sans compter une absence totale de politique d'archivage qui permette une remontée d'informations efficaces.

B.- La mise en cohérence des interventions des partenaires techniques et financiers

La mise en cohérence des interventions des bailleurs passera par un arbitrage entre les différentes interventions (1) et l'organisation d'un cadre de concertations (2), le tout afin d'éviter les doublons dans l'utilisation des ressources et le manque de synergie des interventions.

1. Un nécessaire arbitrage entre les différents intervenants

Les partenaires au développement ont chacun leurs domaines d'intervention et des procédures de décaissement très rigides. Et il arrive très souvent que plusieurs d'entre eux interviennent dans le même secteur et financent les mêmes activités. Ce qui pose un problème de rationalité et de cohérence, puisque l'impact des actions est amoindri par un besoin de lisibilité qui ne cadre pas toujours avec les besoins réels des acteurs. L'environnement du Sénégal, en perpétuelle mutation, nécessite une adaptation permanente des curricula de formation pour mettre au diapason les différents acteurs judiciaires et leur permettre de faire face aux défis de l'heure : lutte contre la cybercriminalité, contre le terrorisme, contre la délinquance à col blanc de plus en plus sophistiquée, contre la montée en puissance du droit communautaire et du droit international.

2. L'organisation d'un cadre de concertation

Le ministère a tenté une certaine expérience en regroupant les bailleurs en conférence pour les inciter à rationaliser leur intervention, mais il n'a pas été souvent directif pour les amener à agir dans le sens souhaité.

Cette expérience devrait être formalisée et renforcée pour que tous les fonds soient absorbés et que chaque sou dépensé le soit dans le sens des réels besoins prioritaires de la Justice.

CHAPITRE 2

UNE MEILLEURE PERCEPTION DES INCOHÉRENCES DU SYSTÈME

Pour mieux percevoir les incohérences du système judiciaire, résultant des différentes réformes, il est important de scruter l'état actuel de la vision stratégique du ministère de la Justice (section 1), avant d'aborder la nouvelle articulation de la carte judiciaire qui en est résultée (section 2). Il importe de préciser, qu'à la fin du programme sectoriel justice en avril 2015, il y a eu une série de réformes touchant des secteurs clés de la justice (création des tribunaux de commerce, des chambres criminelles au niveau des TGI, nouveaux textes d'organisation de la Cour suprême, du statut des magistrats, du Conseil supérieur de la Magistrature, etc.), sans cadrage fixant une vision claire de la politique du ministère de la Justice.

SECTION 1. L'ÉTAT ACTUEL DE LA VISION STRATÉGIQUE

L'état actuel de la vision stratégique qui devrait fixer les grandes orientations du département, se traduit malheureusement par un double vide : une absence de lettre de politique sectorielle (§1), et une absence de cadre d'un dialogue de gestion (§2).

§ 1. L'absence de lettre de politique sectorielle

La lettre de politique sectorielle (LPS) était déjà inscrite comme une nécessité dans l'étude diagnostique du programme sectoriel justice en 2002. Ladite lettre n'est jamais intervenue jusqu'en 2017, date à laquelle elle a de nouveau été demandée par le ministère de l'Économie et des Finances. La LPS devait fixer les objectifs prioritaires du ministère pour cinq ans (2017-2022). La première phase de son processus de maturation n'a pas abouti (A), tandis que la seconde phase a donné naissance à un projet qui est en passe d'adoption (B).

A.- Une gestation infructueuse

La gestation infructueuse est liée à un recours inapproprié à l'expertise (1) et à un manque d'implication suffisante des cadres du département de la justice (2).

1. Le recours inapproprié à l'expertise

Alors que la lettre de politique sectorielle devait être un des éléments prioritaires pour la mise en œuvre du programme sectoriel justice, elle n'a pu être élaborée jusqu'à la fin du projet en 2014. Cette absence de lettre de politique sectorielle pendant douze ans[193] est liée au fait que le ministère de la Justice par le biais de la CEDAF avait commandité une étude pour ce faire, mais celle-ci a tardé à être bouclée et à être validée, parce que l'expert a eu du mal à appréhender les réalités judiciaires pour faire un diagnostic sérieux et pour élaborer un plan d'actions adaptées aux grandes lignes de la politique judiciaire de l'État du Sénégal.

2. Le manque d'implication des cadres du ministère

L'absence de lettre de politique sectorielle (LPS) est également liée à l'insuffisance de l'implication des directeurs à l'administration centrale, ainsi que des chefs de cour. Le plus souvent, la CEDAF a voulu privilégier l'intervention d'experts généralement étrangers au monde judiciaire et qui ont eu par conséquent du mal à faire leurs entretiens avec les cadres du département pour recueillir les informations idoines.

B.- Un projet en phase d'adoption

La première tentative d'adoption de la lettre de politique sectorielle ayant échoué, le ministre de la Justice a changé de stratégie en mettant en place un comité d'orientation dirigé par un de ses conseillers techniques (1) et en anticipant sur l'élaboration du cadre des résultats qui devra matérialiser l'adoption de la lettre de politique sectorielle (2).

[193] Le PSJ a été adopté en 2002.

1. La nouvelle stratégie d'adoption de la lettre de politique sectorielle (LPS)

Le ministère de la Justice étant le ministère test pour la gestion axée sur les résultats qui doit démarrer avec l'année budgétaire 2018, le Garde des Sceaux a mis en place un comité restreint, ayant à sa tête un conseiller technique pour piloter le processus de rédaction de la lettre de politique sectorielle couvrant les années 2017 à 2022.

Ce collaborateur du ministre sera par la suite rejoint par le conseiller technique français en charge du Projet d'appui à la réforme et au développement de la justice (PARED), qui va lui apporter son concours pour l'élaboration du document devant servir de base de travail aux deux comités de rédaction et de pilotage mis en place à cet effet. Le premier comité regroupait l'inspecteur général adjoint et les adjoints des directeurs de l'administration centrale ainsi que les conseillers techniques du ministère de la Justice tandis que le second était composé du Secrétaire général, de l'Inspecteur général et de l'ensemble des directeurs.

Le document final a fait l'objet d'un partage au niveau des différentes directions et des conseillers techniques pour recueillir leurs observations et suggestions avant d'être soumis à la réunion de coordination pour validation. Son adoption imminente devrait donner au ministère de la Justice une bonne base pour conduire un dialogue de gestion avec le ministère de l'Économie et des Finances et les partenaires techniques et financiers de l'État du Sénégal.

2. La matérialisation de la lettre de politique sectorielle

Cette lettre de politique sectorielle, une fois adoptée, devra se traduire par un cadre de résultats, qui spécifiera la logique d'intervention, les indicateurs de résultats, les sources de vérification, les hypothèses et les risques.

L'élaboration de ce cadre, avec le concours d'un cabinet d'étude et la participation des cadres du ministère et de la cellule d'exécution et de la prévision a donné le tableau indicatif (en Annexe II) qui devra être soumis à validation.

Ce tableau est la résultante des propositions d'action des directions et services du ministère pour permettre au Garde des Sceaux de dégager les actions prioritaires de son département sur cinq ans (2017-2022). Ce tableau, structuré en quatre rubriques, dégage d'abord la logique d'intervention, les indicateurs de résultats ensuite, puis les sources de vérification et enfin les hypothèses et risques. On notera, que du fait du retard accusé dans l'adoption de la LPS, on n'aura plus une programmation quinquennale mais plutôt une programmation triennale.

Le retard dans l'adoption de la lettre de politique sectorielle est aggravé par l'absence d'un cadre de dialogue de gestion, alors qu'en principe, le ministère devra, courant 2018, expérimenter la gestion axée sur les résultats (GAR).

§ 2. L'absence de cadre d'un dialogue de gestion

Afin de procéder utilement à une allocation des ressources et de parvenir à une efficience dans leur utilisation, il est utile d'avoir un cadre de dialogue de gestion pour procéder aux différents arbitrages entre les directions et services de l'administration centrale, les cours et tribunaux, les services déconcentrés de la DAP et de la DESPS. À défaut, nous avons, d'une part, une budgétisation inadaptée (A), et d'autre part, une exécution budgétaire problématique (B).

A.- Une budgétisation inadaptée

L'inadaptation du budget se manifeste par un manque de flexibilité dans l'allocation des ressources (1) mais également dans des valses-hésitations par rapport à des choix de sites qui finissent par devenir budgétivores (2).

1. Une absence de flexibilité

Pendant longtemps, le cadrage macro-économique et les différents plans d'ajustement structurel ainsi qu'une budgétisation en ligne ont conduit non seulement à des budgets très faibles mais en plus inadaptés. Ces budgets comportaient les lignes classiques, telles que l'entretien, la dotation en carburant, les frais d'affranchissement et de timbre, etc. Le tout s'exécutant selon les procédures classiques d'engagements de crédits, de la priorité accordée aux moins-disants et du principe du paiement après service fait.

Ces différentes contraintes étaient accentuées par la centralisation excessive de la gestion et la répartition du matériel roulant, des équipements, des constructions et des investissements par la Direction administrative, financière et de l'équipement (DAGE), d'une part, et par la répartition inappropriée des budgets de fonctionnement et de leurs lignes, d'autre part. Il s'y ajoutait également (et s'y ajoute encore) le fait que la plupart des comptables matières n'étaient pas et ne sont pas formés et qu'ils peinaient (et peinent) à exécuter les budgets de fonctionnement conformément à la réglementation. D'où de multiples rejets des bons d'engagement entrainant des retards voire des blocages dans le fonctionnement du service public de la Justice.

Dans la plupart des juridictions et services déconcentrés, l'absence d'une caisse d'avance ou d'une ligne pour prendre en charge les menues dépenses est souvent source de blocage et parfois de perte de matériels ayant pourtant fait l'objet de lourds investissements : on peut citer, par exemple, et ce n'est pas anecdotique, l'absence de cartouches susceptible d'entrainer la panne de toutes les photocopieuses, ou le non renouvellement des anti-virus causant le ralentissement et/ou la panne sèche de l'ensemble du dispositif informatique d'une juridiction ou d'une direction, ou encore des fuites d'eau non réparées qui entrainent des inondations avec perte de matériels, de dossiers et d'archives rares. Ce qui démontre, une nouvelle fois, que de petits faits matériels *a priori* aisés à surmonter peuvent avoir des effets considérables parfois même irréparables.

2. Des options coûteuses en termes budgétaires

La Justice sénégalaise a également perdu une belle opportunité d'avoir une école de formation digne de ce nom dans l'ancien site du « bloc des madeleines » qui pouvait recueillir un campus social, 4 salles d'audience fonctionnelles pouvant servir de salle de simulation de procès et au besoin de salle d'audience d'appoint pour le palais Lat-Dior situé à quelques encablures[194], outre le symbole qu'aurait représenté ce bâtiment qui avait servi pendant plusieurs années de site de plusieurs juridictions importantes (Cours d'appel de Dakar, Tribunal hors classe de Dakar, TDHC, Tribunal de travail hors classe de Dakar).

En abandonnant ce site stratégique au profit de la Direction de la Douane, le ministère de la Justice a perdu pour la deuxième fois un site

[194] Les 4 salles d'audiences avaient été construites sur le site en 1998 pour un budget de 400 millions pour combler le déficit de lieux pour tenir des audiences. Les 4 salles ont été transformées en bureaux par l'administration douanière, qui a récupéré le site lors du déménagement au Grand Palais des juridictions qui y officiaient de 1992 à 2009.

symbolique après celui du palais du Cap Manuel dont la réhabilitation envisagée à plusieurs reprises avait été finalement abandonnée. La Cour suprême qu'il abritait si majestueusement a récupéré le site du musée dynamique et un immeuble à la rue Béranger Ferrant, voyant ainsi ses chambres écartelées en deux endroits aux destinations aux antipodes des besoins de la justice et de ses modalités. Ce déménagement et l'éclatement de ces sites ont entrainé une perte considérable de la mémoire institutionnelle et un abandon dramatique des archives les plus riches de l'histoire de la Justice francophone d'Afrique[195].

B.- Une exécution budgétaire problématique

L'exécution du budget du ministère de la Justice est très problématique, car, en dépit de la mise en place du CDSMT et de l'expérimentation de la GAR, la logique qui sous-tend cette politique budgétaire n'est pas respectée (1) mais en plus, elle s'accompagne de retards considérables dans la mise en place des crédits (2).

1. Le non-respect de la logique de la gestion axée sur les résultats (GAR)

Le cadre des dépenses sectorielles à moyen terme (CDSMT) devait avoir comme objectif une gestion axée sur les résultats avec une programmation pluriannuelle des réalisations, suivie d'une sécurisation subséquente des fonds dédiés. Malheureusement, le ministère de la Justice ainsi que la CEDAF ont continué à fonctionner avec la logique du budget en ligne et faute de programmation rationnelle, les lignes prévues pour les activités spécifiques finissent par être réallouées ailleurs. Au bout du compte, on assiste à des retards considérables dans la réalisation des ouvrages.[196]

Cette absence de rationalité va encore persister, puisque, nonobstant le début de la gestion axée sur les résultats prévu en 2018, la commande publique d'équipements et de véhicules des juridictions a été délocalisée au niveau de la Direction du matériel et du transit

[195] Une bonne partie des archives judiciaires de l'ex AOF et du Sénégal indépendant est toujours laissées en rade dans les sous-sols inondés de l'ex palais de justice du Cap manuel.

[196] Cas des palais de justice des cours d'appel de Ziguinchor et de Saint-Louis et des locaux du centre de formation judicaire (CFJ).

administratif (DMTA) qui relève du ministère de l'Économie et des Finances.

Ce qui ne va pas faciliter la fongibilité asymétrique, laquelle permet une certaine flexibilité dans la gestion et facilite l'atteinte des objectifs.

On risque à nouveau d'assister aux mêmes erreurs, qui ont conduit aux retards considérables dans l'atteinte des objectifs et à la dilapidation des ressources liée à une mauvaise planification de leur utilisation.

2. La mise en place tardive des crédits

Par ailleurs, si les crédits votés se font sur la base de l'annualité, la mise en place effective se fait souvent avec un grand retard du fait des circuits longs et problématiques des engagements. Ce qui fait que, selon l'expérience des administrateurs, l'entregent et l'expertise des gestionnaires de crédits, la mise en place intervient entre février et juillet, entrainant des ruptures intempestives de fournitures et des emprunts auprès des fournisseurs qui sont obligés de pratiquer des taux usuraires pour couvrir les aléas des retards de paiement de l'État et les risques de faillite du fait de l'accumulation des dettes de celui-ci[197].

À cette première difficulté, s'ajoute celle liée à des tensions de trésorerie, qui entrainent des blocages de tous les engagements définitivement au mois d'octobre et sur des plages de temps importantes durant l'année.

C'est comme si le ministère de l'Économie et des Finances se complaisait à jouer au chat et à la souris avec les différentes administrations pour éviter que tous les crédits alloués soient consommés. Une des explications est liée au fait que le budget est parfois gonflé sans que l'on soit certain de pouvoir respecter les prévisions budgétaires, afin de rassurer les populations et les partenaires au développement sur les capacités financières du pays et les performances de son économie.

Seulement, ces pratiques ne facilitent pas l'atteinte des objectifs du département de la Justice et obèrent lourdement ses performances en matière de respect des délais et d'exécution des décisions de justice,

---

[197] La dette intérieure est toujours importante, et son remboursement se fait par à-coups. Selon le député Mamadou Lamine Diallo, la dette intérieure du Sénégal s'élèverait à plus de 400 milliards de francs CFA (cf. Leral.net du 7 Mars 2018 : https://www.leral.net/Mamadou-Lamine-Diallo-accuse-Macky-Sall-Boun-Dionne-et-Amadou-Ba-cachent-plus-de-400-milliards-d-arrieres-interieurs_a221945.html).

surtout en matière pénale. Mais en outre, elles conduisent à des choix douteux donnant une carte judiciaire dont la nouvelle articulation reste problématique.

SECTION 2. LA NOUVELLE ARTICULATION DE LA CARTE JUDICIAIRE

La grande réforme du système judiciaire de 1984, en dépit de ses ambitieux objectifs, n'a pas atteint tous les résultats escomptés, dont le plus essentiel, à savoir une justice plus accessible et plus performante.

En effet, en 2002, soit dix-huit ans après la dernière grande réforme de 1984 qui avait institué l'existence de quatre cours d'appel, il n'y avait que trois cours d'appel fonctionnelles.

La collégialité pour toutes les juridictions régionales qui étaient suffisamment pourvues en personnel n'était que partiellement appliquée et souvent de manière sporadique, faute de personnel, parce qu'elle ne devenait obligatoire que lorsque le tribunal avait au moins trois juges du siège non compris le juge d'instruction.

Le tribunal départemental de Ranérou Ferlo n'était pas encore installé, sans compter la faiblesse du contentieux administratif dont la matière est de construction essentiellement jurisprudentielle.

Par ailleurs, la compétence d'attribution des tribunaux départementaux limitée à des délits mineurs et à des affaires civiles et commerciales simples perd toute sa pertinence, puisque toutes les juridictions du pays sont maintenant tenues par des magistrats des cours et tribunaux. Ce confinement à des délits mineurs était lié au fait que la plupart des magistrats officiant dans les tribunaux départementaux étaient des juges de paix ou des juges intérimaires (fonctionnaires titulaires de la maitrise et intégrés directement sur titre dans la magistrature).

Les cours d'assises qui statuent sur les crimes fonctionnaient mal elles aussi. Leurs sessions, du fait de leur périodicité et de la faiblesse des affaires inscrites au rôle sans compter le nombre réduit (10) des cabinets d'instruction à Dakar, étaient entre autres l'une des causes des longues détentions provisoires.

Quant au traitement des affaires pénales impliquant des militaires, elles relevaient exclusivement du tribunal régional hors classe et de la cour d'appel de Dakar, en violation du principe du rapprochement de la justice des justiciables.

Il en est de même de la justice pénale des mineurs délinquants ou en danger moral, qui demeurait l'exclusivité des tribunaux régionaux alors que le juge de proximité par excellence était le juge de la famille.

Au regard de ces constats qui constituaient autant de goulets d'étranglement et d'incohérences pour une justice plus efficace et plus fluide (§1), l'heure était venue de redessiner la carte judiciaire et de remodeler la répartition des compétences entre tribunaux départementaux, tribunaux régionaux et cours d'appel au plan civil, commercial et pénal et entre Cour suprême, tribunaux régionaux et tribunaux départementaux au plan administratif pour avoir une carte judiciaire plus performante (§2).

§ 1. Les incohérences de la répartition des compétences.

Le système judiciaire en 2002 comportait plusieurs incohérences au niveau de la répartition des compétences, tant au plan civil, commercial et administratif (A) qu'au plan pénal (B), de la répartition géographique, de celle des ressources humaines que de l'attribution des compétences.

A.- Au plan civil, commercial et administratif

1. Rappel sur l'exercice de la compétence administrative au Sénégal

Le contentieux administratif au Sénégal se caractérise par son éclatement entre la Cour suprême qui juge en premier et dernier ressort le contentieux de la légalité, et le tribunal régional, qui connaît du plein contentieux en premier ressort, à charge d'appel devant la cour d'appel, le pourvoi étant connu par la même Cour suprême.

Cette répartition n'est pas sans conséquences sur l'État de droit qui est largement tributaire d'une justice performante.

Si le tribunal régional au regard du décret n° 84-1194 du 22 octobre 1984 restait la juridiction de droit commun en matière de plein contentieux, la Cour suprême a, quant à elle, l'exclusivité du contentieux objectif ou contentieux de la légalité.

a. La compétence du tribunal régional en matière administrative

Aux termes de l'article 20 du décret n° 84-1194 du 22 octobre 1984 fixant la composition et la compétence des cours d'appel, des tribunaux régionaux et des tribunaux départementaux, les tribunaux régionaux connaissent de l'ensemble du contentieux administratif et fiscal, à l'exception du recours pour excès de pouvoir et des recours en matière électorale dont la compétence est réservée à une autre juridiction par des dispositions législatives ou réglementaires particulières.

Il apparaît, au vu de ce texte, que les tribunaux départementaux n'ont aucune compétence en matière administrative, alors que les conflits liés à l'affectation des terres et à leur désaffectation sont nombreux en zone rurale, d'où une distance géographique souvent considérable entre les lieux de règlement des conflits (les tribunaux régionaux) qui sont situés dans les chefs-lieux de région et les principales zones de différends qui sont situées en zone rurale.

b. La compétence de la Cour suprême en matière administrative

La Cour suprême, en vertu de l'article 20 précité et de la loi la régissant, connaissait en premier et dernier ressort du contentieux de la légalité, et notamment les recours pour excès de pouvoir.

Ce choix singulier qui s'explique par des raisons plus historiques et politiques que juridiques aurait mérité d'être revu, tant il est vrai que depuis l'indépendance et en dépit des multiples réformes juridiques et administratives, le contentieux de la légalité était resté faible, alors que les conflits entre l'État, les collectivités locales, et les administrations ont explosé.

L'heure était donc venue de redistribuer les compétences en matière administrative dans la perspective d'une prise en charge plus efficiente de ce contentieux et ainsi de redresser les insuffisances de la répartition en vigueur. Celles-ci avaient essentiellement trait à la méconnaissance du principe du double degré de juridiction, à l'éloignement de la justice du justiciable et à une faiblesse du contentieux.

Ces difficultés alliées à un formalisme rigoureux aussi bien pour le plein contentieux[198] que pour le contentieux objectif aboutissaient à une faiblesse de la jurisprudence, puisque l'essentiel des saisines donnait lieu à des irrecevabilités qui laissaient intactes les zones d'ombre des lois administratives.

Toutes choses qui contribuaient à rendre l'effectivité de l'État de droit plus difficile.

2. De la répartition des compétences civile, commerciale et administrative

À défaut d'avoir à l'instar de la France un ordre administratif à côté de l'ordre judiciaire, il est judicieux de donner à l'ensemble des juridictions une compétence en matière administrative avec une clef de répartition entre tribunaux de grande instance et tribunaux d'instance, avec possibilité d'appel devant la Cour d'appel pour que la chambre administrative de la Cour suprême devienne la juridiction de cassation chargée de veiller à la bonne interprétation des textes et à leur application uniforme. La réforme devrait également s'accompagner d'un allègement des formalités de saisine pour minorer les cas d'irrecevabilités et développer ainsi une jurisprudence administrative.

Il s'agirait, dans le cadre de cette réforme, non pas de remettre en cause l'architecture judiciaire déjà complexifiée par l'avènement de la Cour Commune de Justice et d'Arbitrage et la centralité du tribunal régional comme juridiction de droit commun, mais plutôt d'apprécier dans quelle mesure revoir les taux de compétence, pour que, d'un rapprochement physique de la justice des justiciables, on puisse passer à un rapprochement de fond afin que les justiciables puissent –autant que faire se peut– être jugés dans leur localité quelle que soit la nature du litige.

À ce niveau, l'option qui a été retenue a été celle du relèvement du taux de compétence des tribunaux départementaux.

La répartition des compétences en matière civile, commerciale et familiale trouvait ses principales sources dans le Code de procédure civile, le Code de la Famille et le décret n° 84-1194 du 22 octobre 1984 fixant la composition et la compétence des cours d'appel, des tribunaux régionaux et des tribunaux départementaux.

---

198 Articles 729 et suivants du CPC.

Mais à côté de ces sources principales qui constituaient le droit commun, il y avait une multitude de textes spécifiques qui intervenaient dans la détermination des compétences. C'est le cas notamment du décret de 1932 sur le droit foncier, du Code de la Marine Marchande, du décret de 1976 sur l'expropriation pour cause d'utilité publique, sans compter les multiples conventions et traités qui ont donné naissance à un droit communautaire se déclinant en Actes uniformes, en Codes (code CIMA) et en directives (UEMOA).

Mais en tout état de cause, le critère de répartition était simple et trouvait son fondement dans la combinaison des articles 6, 7 et 20 du décret de 1984 précité.

En effet, s'il y avait un éclatement des compétences en matière civile et commerciale pour toutes les actions personnelles ou mobilières entre le tribunal départemental et le tribunal régional en toutes matières autres que familiale et successorale, le tribunal départemental restait la juridiction de droit commun pour les deux dernières matières précitées.

Néanmoins, ce tribunal départemental se voyait délester de certaines de ses attributions en matière familiale en particulier en matière d'attribution préférentielle, de reddition des comptes et de vente consécutive à une licitation partage.

B.- Au plan pénal

Les incohérences au plan pénal se matérialisent à deux niveaux, d'abord au niveau de la répartition des délits (1), ensuite au niveau du traitement des crimes (2).

1. Au niveau correctionnel

Dans le système de répartition des compétences au plan pénal, les contraventions et certains délits ressortaient du tribunal de simple police (tribunal départemental), les crimes de la Cour d'assises (Cour d'appel) et les délits du tribunal correctionnel (tribunal régional).

Mais pour les délits, il y a eu deux dérogations introduites par les lois n° 72-24 du 19 avril 1972 modifiée relative à la répression des infractions en matière de stupéfiants et n° 84-20 du 2 février 1984 fixant les attributions des tribunaux départementaux en matière correctionnelle en donnant une compétence d'attribution au tribunal départemental en matière délictuelle pour tout ce qui a trait au chanvre indien ainsi qu'une série de délits limitativement énumérés par les dispositions de la loi de 1984 précitée.

La loi n° 18-97 du 11 novembre 1997 portant code des drogues a abrogé la loi de 1972 et redonné au tribunal régional la plénitude de ses compétences en matière de drogue quel que soit l'infraction et le type de drogue[199].

Cette situation créait de sérieuses distorsions et des problèmes pratiques nombreux, exacerbés par le fait que toutes les infractions relatives aux mineurs étaient de la compétence du tribunal régional. C'est ainsi que pour des délits mineurs commis dans le ressort des départements, on était obligé de saisir le tribunal régional avec des problèmes de garde des détenus, de transfèrement, des coûts et frais d'entretien, de gestion des renvois et d'absence de partie civile aux audiences, faute de moyens de transport ou de citation.

Cela éloignait la justice des justiciables, déteignait sur la liberté de certains d'entre eux (longueur des détentions provisoires) en attendant leur transfèrement, rendait la distribution de la justice censitaire parce que faute de moyens de transport et de séjour, la plupart des parties civiles renonçaient à l'exercice de leurs droits.

2. Au niveau des assises

La situation aux assises n'était guère meilleure, puisque, malgré la tenue plus régulière des sessions d'assises, l'insuffisance des budgets et l'extension du champ des crimes impactaient négativement sur le nombre d'accusés jugés et prolongeaient d'autant la détention provisoire de ceux dont l'information était bouclée et qui étaient en attente de jugement.

En effet, il y a lieu de relever qu'avec la loi Latif Guèye[200] qui a criminalisé le trafic et la détention de drogues, les cours d'assises se

---

[199] Cf. article 121.

[200] La loi Latif Guèye (2007-31) portant criminalisation du trafic international de drogue dure, promulguée par le président de la République, a été adoptée par le Parlement sénégalais au courant de l'année 2007 (Assemblée nationale et Sénat, respectivement les 30 novembre et 17 décembre). La fourchette de peine prévue pour la sanction est comprise entre 10 et 20 années de travaux forcés, avec une amende égale au triple de la valeur de la drogue saisie. L'article 95 de cette loi interdit la culture, la production, la fabrication, la transformation de la drogue dure, de quelque nature que ce soit. Tandis que la disposition suivante sanctionne l'importation et l'exportation, le transport international des drogues à hauts risques.

sont retrouvées avec des centaines de dossiers supplémentaires à traiter et qui initialement relevaient des tribunaux régionaux. Cette situation était exacerbée par le fonctionnement des assises, non pas sur la base de chambres permanentes, mais de sessions périodiques tous les quatre mois.

§ 2. Les incohérences de la répartition des personnels.

Il est urgent de moderniser et de rationaliser la gestion des ressources humaines et de mettre en place une véritable gestion prévisionnelle des ressources et des carrières.

Pour ce faire, il faut renforcer la Direction des services judiciaires (DSJ), informatiser la gestion du personnel et créer une véritable synergie entre les trois ministères qui sont impliqués dans le recrutement des personnels pour anticiper sur les départs à la retraite, les besoins en recrutement et la création de nouveaux postes budgétaires.

Il faudrait également dégager des critères clairs pour encadrer le choix des hommes et des femmes afin de mettre l'homme ou la femme qu'il faut à la place qu'il faut.

A.- La gestion des magistrats

De plus en plus, des magistrats récriminent à la suite de la tenue des sessions du Conseil supérieur de la magistrature (CSM). Les principales raisons sont liées à la procédure mise en œuvre qui ne permet pas aux acteurs de connaître les motivations des affectations, lesquelles s'assimilent à de belles promotions pour les uns et à des sanctions pour d'autres. Ce qui est source de malaise, de désarroi et de démotivation. Il est donc impérieux de définir des critères objectifs, pour rendre la gestion de la carrière plus transparente et éviter les tensions et les contestations dans le corps d'une part (1) et revoir les tableaux de prévisions des postes budgétaires pour réduire les incohérences d'autre part (2).

L'article 97, qui parle du trafic intérieur condamne la vente, l'achat, l'envoi, l'expédition, la distribution, la livraison, entre autres. Pour ce dernier cas de figure, l'amende prévue par la loi et destinée à être versée au trésor public se chiffre entre deux et dix millions de nos francs.

1. Les critères de nomination à prendre en compte

Pour mieux gérer la carrière des magistrats et garantir leur indépendance, il faut prendre en compte un certain nombre de critères qui vont rendre les nominations plus objectives.

Tout d'abord, il y a le critère de l'ancienneté exigée par le statut pour plusieurs fonctions. La prise en compte effective de ce critère permettrait d'éviter les nombreux intérims, qui sont source d'instabilité et de frustrations, puisqu'on supporte le poids des charges sans bénéficier des avantages de celles-ci. Sur ce plan, subsiste la difficulté liée au rajeunissement du corps et à la lenteur dans les titularisations.

Le cursus est également un critère qui peut être pertinent, car il renseigne sur l'expérience du magistrat et sa connaissance de l'environnement sociologique. Dans la pratique, malheureusement, l'on n'indique, dans le rapport de présentation au CSM, que les différentes nominations sans aucune référence à la notation, ni au contenu réel des fonctions exercées, ni encore moins à la manière dont ces fonctions ont été exercées.

La mobilité doit aussi être prise en compte. En effet, si la délicatesse de certaines fonctions commande un minimum de stabilité pour l'atteinte des objectifs, il n'est pas souhaitable non plus qu'existe une trop grande longévité dans certaines fonctions car cela peut transformer leurs occupants en mandarins : il faut diversifier les opportunités en donnant l'occasion aux uns et aux autres d'apporter du sang neuf et une nouvelle vision.

La formation continue peut être un critère pertinent si elle est corrélée aux objectifs recherchés. Malheureusement, elle n'est pas prise en compte, puisque dans le dossier des magistrats, il n'y a de rubrique ni pour le *curriculum vitae* ni pour la formation continue. La panacée pourrait être de demander aux magistrats de fournir un *curriculum vitae* actualisé à la veille de chaque conseil supérieur pour permettre à la Direction des services judiciaires d'avoir des éléments actualisés et aux membres du CSM d'avoir une appréciation plus objective et plus complète.

Les sanctions disciplinaires doivent être prises en compte dans les nominations. Il faut éviter de promouvoir immédiatement les personnes sanctionnées au détriment de celles qui ne l'ont jamais été, puisque cela peut poser des problèmes de légitimité, d'autorité et de crédibilité. Mais il faut préciser que si ce critère peut être discriminant entre des postulants, il ne peut être un critère dirimant à tout avancement.

D'autres critères sans doute plus subjectifs, tels que l'état de santé, la personnalité, les capacités managériales, peuvent aussi, ou devraient aussi, être prises en compte. Il y a en effet des fonctions qui nécessitent une puissante capacité de travail, ainsi qu'une présence physique et intellectuelle incompatible avec une santé fragile et *a fortiori* des pathologies lourdes.

La personnalité peut s'avérer un critère difficile à apprécier, mais celle-ci est fondamentale dans l'exercice de certaines fonctions, surtout celles de chef de juridiction quelle qu'elle soit. Évidemment, une analyse fine qui démarre depuis la formation à l'école permet de déceler les aptitudes spécifiques pour exercer les fonctions de juge au siège, de juge d'instruction ou de parquetier.

Le critère des capacités managériales est également fondamental pour les chefs de juridiction et les directeurs à l'administration centrale. Gérer de telles structures suppose, en plus des compétences techniques de base, des aptitudes à animer une équipe, à gérer un budget, à fixer des objectifs et à les atteindre et à s'inscrire dans une culture de la performance. Ces aptitudes n'étant pas à la portée de tous les magistrats *a priori*, il devrait y avoir des formations appropriées pour les préparer à leurs futures missions. Cela peut prendre la forme de session de formation pour les changements de fonction, de session de formation pour les primo-arrivants aux fonctions de chef de juridiction ou de chef de parquet.

L'expérience acquise dans la fonction, compte tenu de la délicatesse, de la lourdeur et de la sensibilité de certains postes (Président du TRHCD, TTHCD, PR, PRA, doyen des juges, juge d'instruction au TRHCD, juge d'instruction d'un premier cabinet), il faut éviter de nommer des novices auxdits postes, et, en particulier de nommer juge d'instruction au TRHCD une personne qui – par le passé – n'a jamais exercé cette fonction, ou de nommer procureur de la République adjoint (PRA) une personne qui n'a jamais été procureur près un TR, etc.

Enfin, il y a un critère qui n'est pas lié spécifiquement aux magistrats, mais qui est essentiel à l'équilibre, à l'efficacité et à la fiabilité de nos structures. Il s'agit de la mémoire institutionnelle, qu'il faut préserver en évitant d'affecter par un seul mouvement l'ensemble des membres essentiels d'une structure voire tous les membres. Le renouvellement du personnel doit se faire au fur et à mesure pour garder un équilibre d'ensemble de l'édifice.

2. Les incohérences des postes budgétaires à corriger

Les règles de nomination, de promotion et de mutation[201] procédaient en partie du décret n° 84-1194 du 22 octobre 1984 fixant la composition et la compétence des cours d'appel, des tribunaux régionaux et des tribunaux départementaux et des tableaux qui y sont annexés. Ce décret, qui a été plusieurs fois modifié, et notamment le 17 juin 1992, le 3 juin 1997, le 2 avril 1999 et le 2 juillet 2004, a fixé l'effectif budgétaire des magistrats des cours d'appel, des tribunaux régionaux et des tribunaux départementaux à 348.

Mais malheureusement, ce décret a prévu des délégués du procureur, voire des adjoints auxdits délégués dans les tribunaux départementaux situés dans un ressort d'un tribunal régional alors qu'il les a omis au niveau des tribunaux départementaux situés hors ressort.

Le décret ne fixe pas non plus le nombre de juges d'instruction par juridiction, de telle sorte qu'une fonction essentielle de la justice n'est pas encadrée juridiquement à ce niveau.

Une telle répartition peut conduire à un cumul des fonctions de Président du tribunal départemental, de délégué du procureur et de juge d'instruction par un seul juge.[202]

Ce qui constitue une violation du principe de la séparation des fonctions de poursuite, d'instruction et de jugement qui est une garantie d'une bonne distribution de la Justice.

Ces incohérences textuelles sont exacerbées par le fait que les réalités figées par les différents tableaux annexés sont dépassées au regard des nouvelles données démographiques et socio-économiques. Ce qui a conduit à des dépassements des postes budgétaires prévus ou à

---

[201] Ce sont les décrets d'application des lois sur l'organisation judiciaire qui listent les différentes juridictions, fixent le nombre des effectifs budgétaires et procèdent à leur classement (par exemple en tribunal hors classe ou tribunal de première classe). L'affectation et la titularisation des magistrats à ces différentes juridictions dépendent en principe de leur grade. Naturellement, les affectations des magistrats ainsi que les mesures disciplinaires prises à leur encontre relèvent du Conseil supérieur de la Magistrature.

[202] La loi prévoit, dans les cas où le Président est seul dans sa juridiction, qu'il puisse exercer en même temps les fonctions de juge d'instruction et de délégué du procureur.

des déficits (voir tableau qui compare les effectifs budgétaires et les effectifs réels en 2005 en annexe.)

Certaines affaires tout à fait exceptionnelles peuvent donner lieu à des nominations de juge sortant dès lors du cadre « normal ». Ce fut le cas dans l'affaire Habré qui a mobilisé 18 magistrats sénégalais alors qu'à aucun moment des différentes réformes de la carte judiciaire, il n'a été envisagé le fonctionnement de chambres africaines extraordinaires dans le système judiciaire sénégalais. La même démarche a été empruntée pour réactiver la CREI qui était en hibernation depuis plus de trente ans avec l'affectation d'un seul coup de 15 magistrats pour sa remise en fonction.

Avec la réforme de 2014 et ses décrets d'application intervenus en 2015, le décret n ° 84-1194 du 22 octobre 1984 fixant la composition et la compétence des cours d'appel, des tribunaux régionaux et des tribunaux départementaux et des tableaux a été abrogé par le décret n° 2015-1039 du 20 juillet 2015 portant aménagement de l'organisation judiciaire. La nouvelle réglementation a certes prévu de nouveaux postes budgétaires pour les juges d'instruction, mais n'a pas résolu pour autant les incohérences soulevées précédemment et qui impactent négativement dans la gestion de la carrière des magistrats.

B.- La gestion des autres personnels

Cette gestion concerne les fonctionnaires et les contractuels du ministère de la Justice, d'une part (1), et d'autres personnels relevant soit de leur ordre professionnel soit d'autres ministères, d'autre part (2).

1. Les fonctionnaires et les contractuels du ministère de la Justice

Le ministère de la Justice n'a pas une parfaite maîtrise des personnels qui concourent au fonctionnement de son administration centrale, des cours et tribunaux, des établissements pénitentiaires et des services extérieurs de la DESPS. Et mis à part les magistrats pour lesquels des effectifs budgétaires sont prévus, il n'y a aucun indicatif précis sur les besoins en personnel des autres fonctionnaires ou agents contractuels.

Il n'est alors pas étonnant qu'on ait un nombre de magistrats plus élevé que celui des greffiers, des avocats, des huissiers, des notaires et des experts.

Pour les corps spécialisés, le recrutement est autorisé par le Premier ministre et se fait sur concours ; pour les autres fonctionnaires, c'est le ministère de la Fonction publique qui recrute et met à disposition –sans tenir compte le plus clair du temps– des besoins réels des cours et tribunaux ainsi que des services relevant du Garde des Sceaux.

La conséquence de tout cela est un déséquilibre entre les magistrats et les personnels d'appoint, d'où une situation aberrante se traduisant par un nombre plus important de magistrats que de greffiers, d'avocats, de secrétaires des greffes et parquets, d'éducateurs spécialisés, de notaires, d'huissiers et d'experts.

Ce déséquilibre se traduit sur le terrain par des déserts juridiques où la justice se résume à un juge unique sans greffier professionnel, sans avocat, sans huissier et sans notaire. Ce qui oblige certaines juridictions, devant l'insuffisance, l'absence ou le manque de formation adaptée des personnels d'appoint, soit de recourir à des bénévoles à rémunérer sur leurs propres ressources, soit de maintenir des personnes au-delà de leur date de retraite. Le nombre important de vacataires en service dans les juridictions, dont l'effectif était de (136) à l'époque du contrôle de la gestion des greffes du Sénégal effectué par la Cour des comptes en 2004, traduit l'insuffisance de leur personnel. Cette situation fait peser un risque sérieux sur le service public de la Justice, car les vacataires peuvent se libérer à tout instant des tâches qu'ils exécutent, d'autant que leurs revenus sont très modestes et leur statut précaire.

Les « salaires » des vacataires, soit trente-cinq mille (35.000) francs de 1998 à juin 2002, puis soixante-quinze mille (75.000) francs depuis 2001, constituent une part importante (30 à 60 % de 1998 à 2001) des dépenses imputées au Fonds commun des agents des greffes.

En outre, il a été constaté un retard récurrent dans le versement des « salaires » des vacataires, notamment de ceux des juridictions de l'intérieur du pays. Sans compter que les greffiers des tribunaux régionaux de Thiès, Louga et Diourbel ont perçu indûment, durant une certaine période, les « salaires » de vacataires qui n'étaient plus en poste[203].

À un certain moment, l'État avait admis et toléré cette pratique du bénévolat, mais après avoir recruté plus d'une centaine de vacataires en activité n'ayant pas atteint l'âge de 50 ans, il a interdit une telle

[203] Rapport public 2004 de la Cour des Comptes, p. 88.

pratique. Mais à l'impossible nul n'étant tenu, cette pratique perdure et conduit parfois à des dérives[204].

Pour ce qui est des sanctions disciplinaires, le ministère de la Justice bute sur un véritable obstacle, voire un goulot d'étranglement, du fait de l'externalisation des instances disciplinaires des fonctionnaires et agents contractuels. En effet, les instances relevant du ministère de la Fonction publique ne se réunissent jamais pour les cas qui leur ont été soumis par le ministère de la Justice ! Ce qui se traduit par une impunité de fait au plan disciplinaire, et ce qui oblige les plaignants devant les cas de manquement de saisir directement la justice pour des sanctions pénales.

Toujours dans les cas d'errements de la gestion du personnel, il y a l'éclatement et la multiplicité des organes de gestion, qui ne facilitent pas une affectation rationnelle des personnels. La DSJ ne gère que le personnel judiciaire ; la DAGE, le personnel non judiciaire ; la DESPS, les éducateurs spécialisés ; et la DAP, les agents paramilitaires de l'administration pénitentiaire ; mais il y a encore les agents de sécurité militaires et paramilitaires gérés par le ministère de l'Intérieur et le ministère des Forces armées, et les agents de sécurité de proximité gérés par l'Agence nationale de sécurité de proximité (ANSP)[205].

Il n'y a pas encore, comme en France, les bases d'un dialogue de gestion supposant une certaine maîtrise sur les personnels, les budgets, les matériels et les bâtiments pour faire jouer la fongibilité asymétrique et conduire les activités interministérielles ou interservices.

---

[204] Histoire des faux jugements à la cour d'appel. *« La Cour d'appel de Dakar est agitée ces derniers jours par une affaire de trafic d'ordres de mise en liberté. Certains juges ayant appris, au moment d'appeler une trentaine de dossiers soumis à leur autorité, que les concernés ont humé l'air de la liberté. Surpris par ces libérations sans jugement, les responsables de la juridiction ont saisi la brigade de recherches de la gendarmerie. Un certain Lamine Diagne (ancien de l'administration pénitentiaire qui officiait à la cour comme agent au parquet général) est arrêté. Parti à la retraite depuis quelques années, ce dernier a été maintenu comme agent au niveau de l'administration de la Cour d'appel. Il serait poursuivi pour association de malfaiteurs, vols de documents administratifs, faux et usage de faux en écriture privée, entre autres. Le mis en cause ne serait qu'un des maillons de la chaîne. Neuf autres personnes seraient visées dans cette affaire qui fleure bon le scandale avec l'implication de gros bonnets de la justice. Le mis en cause ainsi que ses deux complices sont condamnés à deux ans de prison ferme. »* (cf. http://www.seneweb.com/news/Justice/cour-d-rsquo-appel-de-dakar-un-trafic-d-_n_226970.html).

[205] Décret n° 2013-1063 du 5 août 2013 portant création et fixant les règles d'organisation et de fonctionnement de l'Agence d'assistance à la Sécurité de Proximité (ASP).

2. Les autres personnels concourant à l'œuvre de justice

Outre les personnels non magistrats déjà cités, il y a d'autres personnels qui concourent à l'œuvre de justice : ce sont, d'une part, les auxiliaires de justice (avocats, notaires, huissiers de justice, commissaires-priseurs et experts), et, d'autre part, les officiers de police judiciaire et les agents de police judiciaire.

Les avocats sont au nombre de 395, et sont pour l'essentiel installés à Dakar. Ils sont constitués en un seul ordre, appelé barreau du Sénégal, ayant à sa tête un bâtonnier assisté d'un conseil de l'ordre. Ils sont régis par la loi n (84-09 du 4 janvier 1984 modifiée, et par le règlement n (5/CM/UEMOA du 24 septembre 2014 portant harmonisation des règles régissant la profession d'avocat dans l'espace UEMOA[206].

Les huissiers de justice, au nombre de 55, dont la majeure partie exerce dans les ressorts des juridictions de Dakar et de Thiès, sont organisés en ordre, actuellement régi par décret n° 2015-489 du 20 mars 2015. Du fait de l'irrégularité du recrutement, il y a présentement 23 charges qui ne sont pas pourvues. Les régions de Louga, Kolda et Kédougou constituent « un désert juridique », puisqu'aucun huissier n'y exerce actuellement. Les huissiers, tout comme les autres auxiliaires de justice, sont confrontés aux mêmes difficultés de viabilité de leur charge, d'où des demandes récurrentes d'installation à Dakar par les huissiers exerçant à l'intérieur du pays.[207]

Les notaires, au nombre de 52 sur l'ensemble du territoire, sont organisés dans le cadre d'une chambre nationale ; la profession est réglementée par le décret n (2009-328 du 8 avril 2009. Sur les 52 notaires, 33 sont installés à Dakar, pour 19 à l'intérieur du territoire. Ce

---

[206] Ce règlement a fait récemment l'objet d'une circulaire d'application prise par le Garde des Sceaux, ministre de la Justice (Arrêté N°09052 du 8 octobre 2010 portant création d'une cellule de lutte contre la traite des personnes, en particulier des femmes et des enfants. L'article 2 de l'arrêté dispose que *« La cellule a pour attribut : d'assurer le rôle d'alerte et de veille dans la lutte contre la traite ; de dénoncer auprès des autorités de poursuite tous les cas de traite portée à sa connaissance ; de mettre en place des structures régionales de lutte contre la traite des personnes ; de définir et mettre en œuvre une politique de sensibilisation en faveur de la population ; d'associer et recueillir l'avis de la Société Civile et des partenaires au développement dans les actions et programmes de la Cellule ; de proposer toutes modifications législatives ou réglementaires tendant à améliorer la législation relative à la lutte contre la Traite des Personnes. »*

[207] La dernière charge fonctionnelle à Louga a fermé ses portes, suite au départ de son occupant au profit d'une charge à Dakar.

déséquilibre dans l'installation géographique des notaires s'explique, d'une part, par la macrocéphalie de Dakar, et, de l'autre, par la difficulté d'avoir des charges viables à l'intérieur du territoire, compte tenu de la faiblesse de l'économie dans la plupart des régions de l'intérieur.

Les commissaires-priseurs, au nombre de 28, sont regroupés au sein d'un ordre national ; la profession est réglementée par le décret n (2008-827 du 31 juillet 2008.

Les experts, mandatés par les juridictions pour apporter un éclairage technique dans le cadre d'un litige, sont choisis parmi les membres de leurs ordres professionnels respectifs, ou l'Ordre National des Experts au Sénégal, ou encore de l'ordre national des experts comptables et comptables agréés.

À côté de ces professions libérales, il existe un auxiliaire de justice ayant un statut particulier puisqu'il est fonctionnaire : c'est l'officier de police judiciaire, acteur incontournable dans les enquêtes pénales, qui peut être un gradé de la police ou de la gendarmerie, ou encore un fonctionnaire spécialisé (agent des douanes, des services d'hygiène, ou des eaux et forêts).

Ces incohérences sont liées au fait que l'organisation judiciaire est calquée sur l'organisation administrative. Ce qui fait dépendre la carte judiciaire non pas des réalités judiciaires mais plutôt des réalités administratives qui n'obéissent pas forcément aux mêmes logiques. C'est ainsi que le tribunal régional de Matam a été installé en 2004 deux ans après l'érection de la région de Matam, le tribunal départemental de Kanel trois ans après, en 2005, alors que le département de Ranérou-Ferlo reste encore sans juridiction. Par le passé, la même situation a été connue avec la création des nouvelles régions de Louga, Fatick et Kolda et s'est répétée avec l'érection de Kougheul en département et de Kédougou, Kaffrine et Sédhiou en régions.

La principale conséquence en est la création de juridictions dans des ressorts non pertinents et une extrême faiblesse du contentieux pour certaines juridictions qui, en dehors des audiences foraines, ont moins de cent affaires par an, toutes matières confondues.

Conclusion du titre I

Pour aller vers un système plus innovant permettant d'aller vers une organisation plus rationnelle et des juridictions plus efficaces et plus efficientes, il est opportun de remplir un certain nombre de préalables, qui en constituent en quelque sorte le socle et le soubassement.

Dans ce but, il faut d'abord avoir une vision claire et partagée sur les choix de société, sur les valeurs structurantes qui la sous-tendent, afin de déterminer l'ordre public et les bonnes mœurs ainsi que la Constitution et les institutions de la République, au cœur desquelles évoluent les Cours et tribunaux.

L'absence de vision d'ensemble et la mise en œuvre de réformes conjoncturelles ont abouti à une série d'incohérences, tant au plan institutionnel que procédural, dans le fonctionnement de la justice

Il s'en est suivi des réformes des réformes qui ont elles aussi produit des résultats peu probants en termes de célérité, de sécurité, d'efficacité et d'efficience de la Justice.

Il est indispensable également de régler les persistants problèmes de l'état civil, du casier judiciaire ainsi que l'absence de statistiques complètes et viables, capables de mettre en place un dispositif d'aide à la décision, d'opérer un déploiement optimum de la carte judiciaire, et de mettre en place une gestion cohérente des ressources financières, matérielles et humaines.

La modernisation de la Justice ne peut pas non plus occulter la facilitation d'accès à la Justice et au droit qui passe par des structures adaptées et des juridictions véritablement proches des justiciables aux plans physiques et disposant de compétences attribuées de façon pertinente.

TITRE II

L'IMPÉRATIF DE LA MISE EN ŒUVRE D'UN SYSTÈME INNOVANT ET PERFORMANT

La mise en œuvre d'un système innovant et performant passera d'abord par la consécration de nouveaux paradigmes (chapitre 1), et par la suite, par l'instauration d'une nouvelle architecture institutionnelle (chapitre 2). Il ne s'agira plus à ce niveau de prendre un certain nombre de principes (rapprochement de la justice du justiciable, respect et réduction des délais de procédure, respect du double degré de juridiction), mais de voir –de manière critique et prospective– comment régler au mieux les préoccupations du justiciable sénégalais. Cela induit de sortir des schémas classiques d'organisation judiciaire, où, très souvent, l'ossature institutionnelle tourne autour d'une carte judiciaire qu'on module au gré des circonstances en jouant sur les dénominations et les compétences.

Le saut qualitatif, que nous voulons impulser à la justice, passera également par de nouveaux paradigmes qui vont transcender le clivage classique entre justice judiciaire et modes alternatifs de règlement des conflits.

CHAPITRE 1

LA CONSÉCRATION DE NOUVEAUX PARADIGMES

La consécration de nouveaux paradigmes repose, d'une part, sur la nécessité d'une approche fonctionnelle de la justice (section 1), et de l'autre, sur un questionnement relatif à la modernité recherchée pour une justice plus efficiente (section 2).

SECTION 1. LA NÉCESSITÉ D'UNE NOUVELLE APPROCHE FONCTIONNELLE DE LA JUSTICE

Si l'on met en œuvre une approche fonctionnelle de la Justice, on peut mieux cerner les difficultés et les contours de celle-ci ainsi que les meilleures pistes à emprunter pour la moderniser au mieux dans l'intérêt des justiciables et des citoyens.

On peut citer toute une série de fonctions que la justice exerce. Il s'agit, entre autres, des fonctions de conciliation et de médiation, d'enquête, de poursuite, d'instruction, de jugement, de réformation, de sanction, d'exécution et d'aménagement des sanctions pénales, de contrôle, d'inspection, de régulation, de protection, de supervision, de coopération, de formation, d'information, de production d'actes divers, de conservation, d'authentification, de pilotage, d'administration et de management, d'accueil et d'information, etc.

Ces fonctions, comme dans le corps humain, interagissent par le jeu des organes : tout marche et fonctionne correctement, lorsque ces organes sont en bonne santé et qu'ils reçoivent chacun les calories dont ils ont besoin pour ce faire ; en cas de manquements, un ou certains organes tombent malades, et, selon la gravité de la pathologie, la survie de tout le corps peut être menacée. La justice, comme entité, est au cœur de la démocratie, de l'État et de la Nation, car la survie du commun vouloir de vivre ensemble, la sécurité des personnes et des biens, l'exercice des droits et libertés, et la marche de l'économie en dépendent. Dès lors, veiller au bon fonctionnement de la Justice et à sa pérennisation constituent en quelque sorte un impératif catégorique ; et il est particulièrement risqué et dangereux de l'affaiblir ou de l'instrumentaliser.

Nous allons donc traiter ces différentes fonctions de la justice en analysant, en premier lieu, les fonctions administratives liées au fonctionnement du service public de la justice (§1), puis, en second lieu, les fonctions juridictionnelles à améliorer (§2).

§ 1. Les fonctions administratives liées au fonctionnement du service public de la Justice

Diriger des juridictions de nos jours implique de multiples compétences. Le fonctionnement du service public de la Justice suppose non seulement le bon accomplissement des fonctions juridictionnelles mais aussi une parfaite maîtrise des fonctions de gestion et des fonctions de contrôle que doit mener ledit service public. C'est pourquoi il convient d'expliquer les interactions entre les fonctions de gestion, de management et de contrôle et l'impact –positif ou négatif– qu'elles peuvent entrainer dans la distribution de la justice.

A.- Les fonctions de gestion ou de management des juridictions

Dans un environnement de plus en plus mondialisé, où les populations aspirent à plus de respect de leurs droits, la justice est à la croisée des chemins et cristallise toutes les attentions.

C'est pourquoi, du nord au sud, que l'on soit dans un pays développé ou en développement, dans un régime de démocratie achevée ou de transition démocratique, les Pouvoirs publics s'efforcent d'organiser au mieux le fonctionnement de la justice.

Dans cette recherche d'une meilleure organisation de l'administration de la justice, on s'est inspiré des règles de management qui ont fait leur preuve dans le secteur privé. Les premières tentatives de réforme inspirées du nouveau management ont vu le jour en Amérique du Nord au tournant des années 90 (États-Unis, Canada) avant que le modèle ne s'exporte vers l'Europe où il s'est implanté avec des fortunes et à des rythmes divers en fonction notamment des différences culturelles, des traditions judiciaires et des structures de l'organisation judiciaire. Ainsi, on assiste à l'irrésistible ascension de la logique managériale dans le domaine de la justice où elle revêt de plus en plus un caractère inéluctable : on parle désormais de *management judiciaire*.

Dans cette dynamique, les Chefs de juridiction, en tant que managers, ont un rôle essentiel à jouer.

En effet, la demande très forte des citoyens à l'égard de la Justice ne peut être satisfaite que si la Justice est bien organisée et correctement administrée. En effet, faire face à cette demande de justice implique nécessairement que les juridictions soient managées pour produire des réponses de qualité dans des délais raisonnables.

Dans les sociétés démocratiques, le fait de reconnaître aux citoyens un droit à la Justice fait peser sur l'État l'obligation de satisfaire ce droit, c'est-à-dire d'organiser les moyens publics pour permettre concrètement aux personnes de faire valoir leurs droits en justice. L'effectivité du droit à la justice impose donc une bonne administration de la Justice et des juridictions. Les moyens affectés à la Justice étant limités, il convient d'en tirer le meilleur parti et de les administrer au mieux de l'intérêt général.

Il appartient dès lors aux responsables des juridictions de les organiser pour que celles-ci soient en mesure de juger de manière impartiale, équitable et dans un délai raisonnable. Concrètement et au quotidien, ce souci doit se refléter dans la manière dont ceux-ci gèrent tant le traitement des procédures que l'administration des moyens matériels de la juridiction.

Au niveau de chaque juridiction, la gestion quotidienne des moyens (crédits de fonctionnement, fonctionnaires et autres personnels) est effectuée par le président, le procureur ou bien le greffier en chef là où le greffe a été doté d'un budget autonome des tribunaux de grande instance (TGI). Dès lors, l'enjeu est d'utiliser au mieux les moyens, de les « optimiser » pour remplir l'ensemble des missions de leurs services respectifs.

Le management des juridictions sera analysé en distinguant deux domaines : le management juridictionnel, c'est-à-dire l'organisation de la juridiction en vue de disposer des conditions optimales de traitement des procédures ; et le management des moyens humains, budgétaires et matériels de la juridiction.

1. Le management de la « production juridictionnelle »

En dépit de l'indépendance dont jouit le magistrat dans son office, la qualité de la décision du juge peut être contrôlée par la voie du recours devant une juridiction de degré supérieur. Il faut donc organiser la juridiction pour permettre que les affaires soient jugées dans de bonnes conditions. C'est à travers sa production juridictionnelle que la justice est appréciée et évaluée.

Une bonne administration de la « production juridictionnelle » vise à obtenir : des décisions de qualité ; des conditions d'accueil correctes et le respect des grands principes de procédure (débats contradictoires, tribunal impartial, décision motivée, droit à un recours) ; des délais raisonnables.

Pour parvenir à ce résultat, il faut faire des choix tant dans les objectifs que dans la manière d'organiser la production judiciaire, et ensuite suivre cette production à travers divers indicateurs (tableaux de bord, statistiques). Les choix d'administration visent à organiser la juridiction en vue d'objectifs de production judiciaire.

Pour un tribunal, l'objectif majeur est d'apporter une réponse de qualité et dans des délais raisonnables à la demande de justice de nos concitoyens. Mais cet objectif général recouvre de nombreuses actions qui doivent être remplies avec des moyens souvent très limités.

Ainsi, par exemple, le tribunal peut-il être en même temps saisi de demandes civiles, commerciales, et/ou pénales, de demandes urgentes et d'autres très complexes, d'affaires dans lesquelles il faut à la fois apporter une réponse rapide et chercher une solution pour le long terme, de cas pour lesquels il n'est pas sûr que la réponse de la justice soit adaptée.

Par exemple encore, le même tribunal régional (TR) sera saisi de procédures pénales simples comme des homicides et blessures involontaires, coups et blessures volontaires, mais aussi d'affaires plus complexes comme des cambriolages en bande organisée ou encore d'affaires nécessitant une instruction. La même juridiction sera aussi saisie en appel des affaires de statut personnel (divorces, successions...) et des affaires civiles et commerciales relatives aux contrats et à la responsabilité.

Il y a aussi, au niveau du tribunal pour enfants, les affaires concernant les mineurs délinquants et celles relatives aux enfants en danger. Cette complexité des actions se retrouve au niveau de la cour d'appel et au tribunal du travail.

L'idéal serait que tous ces différents services des juridictions disposent de suffisamment de magistrats et de greffiers pour que les affaires soient toutes jugées rapidement, mais la réalité est parfois à l'opposé des attentes.

Le temps de travail des juges comme des greffiers n'étant pas extensible à l'infini, le nombre des salles d'audience non plus, les audiences sont donc limitées comme la capacité des membres de la juridiction à traiter les affaires. Des choix de gestion doivent être faits. Il incombe donc aux chefs de juridiction de faire les arbitrages relatifs à la répartition des différents moyens de la juridiction. Par exemple, au niveau du tribunal régional, le président comme le procureur doivent alors chacun faire des choix qui leur appartiennent : ainsi, le procureur pourra, par exemple, décider de ne pas poursuivre certaines infractions mineures (ex : dégradations légères aux biens...) ou encore de recourir à la médiation pénale ; le président devra faire des choix plus difficiles entre les audiences civiles et pénales... entre les procédures d'urgence et celles qui nécessitent un travail plus approfondi.

Les choix sont un peu plus difficiles lorsque les questions sont les suivantes :

♦ Faut-il donner la priorité à la chambre civile et commerciale ou à la chambre correctionnelle ?

♦ S'il s'agit des mêmes greffiers et magistrats, où répartir les forces le plus utilement ?

♦ Au pénal, doit-on accepter la multiplication des audiences de flagrant délit au détriment du temps que magistrats et fonctionnaires doivent consacrer au traitement des affaires complexes qui ont nécessairement des délais plus longs ?

♦ Dans quels cas et conditions ouvrir une information par la saisine d'un juge d'instruction ?

♦ Comment répartir les affaires entre les cabinets ?

♦ En filigrane, la question est aussi celle d'un choix de politique pénale et de société : doit-on multiplier les procédures rapides qui apportent une réponse immédiate mais parfois de piètre qualité (de nombreuses études ayant montré qu'elles avaient pour résultat une augmentation des peines de prison, des décisions souvent non motivées) ou doit-on préférer la voie ordinaire qui permet de juger avec du recul avec une meilleure connaissance de la personnalité du délinquant ?

Au niveau de la cour d'appel, des choix seront faits sur le traitement des différents contentieux dont elle est saisie (pénal, civil, commercial, social, requêtes…).

- Comment procéder à ces arbitrages ?

Le code de procédure pénale (CPP) et le décret n° 2015-1145 du 03 août fixant la composition et la compétence des cours d'appel, des tribunaux de grande instance et des tribunaux d'instance ne contiennent que quelques règles sommaires d'organisation. Donc, pour l'essentiel, les choix doivent être faits par les chefs de juridiction dans l'exercice des pouvoirs qu'ils tiennent de la loi.

Le code de procédure pénale (article 387 CPP) prévoit que le nombre des audiences correctionnelles est déterminé par l'assemblée générale du TR (article 499 CPP). Le nombre des audiences peut être modifié dans les mêmes conditions en cours d'année, suivant les nécessités.

Le décret n° 2015-1039 du 20 juillet 2015 portant aménagement de l'organisation judiciaire en son article 15 prévoit que le président du tribunal de grande instance (TGI) répartit le service entre les juges. Mais, pour ce qui concerne le jugement des mineurs et les audiences correctionnelles, les juges sont désignés par ordonnance du président du TR et ces emplois peuvent se cumuler avec le service des autres chambres. Quant aux juges d'instruction, ils sont désignés par arrêté du ministre de la Justice parmi les juges du TGI.

Au niveau des cours d'appel, c'est le Premier Président (PP) qui répartit les conseillers entre les différentes chambres, après avis des présidents de chambre, du doyen des conseillers et après avoir entendu le Procureur général. Il lui appartient aussi de répartir le service des différentes chambres entre les différents présidents. Il est assisté d'un secrétaire général qui s'assure de la répartition des dossiers entre les différentes chambres, prend toutes les dispositions utiles pour la prompte évacuation des causes, et le remplace en cas d'empêchement dans ses attributions administratives (article 29 décret précité et 501 CPP).

Pour la mise en état des dossiers civils et commerciaux, l'article 54, en son second alinéa, dispose que : *« Le président du tribunal distribue les affaires entre les chambres de la manière qu'il trouve la plus convenable pour le service et l'accélération des procédures. Il fixe la date à laquelle l'affaire sera appelée par la chambre qu'il désigne. »*

L'article 54-3 ajoute qu'au début de chaque année judiciaire, les premiers présidents des cours d'appel et les présidents des tribunaux régionaux et départementaux nomment par ordonnance un ou plusieurs conseillers ou juges de la mise en état rattachés à une chambre de la cour ou du tribunal, ainsi que leurs suppléants qui pourront être choisis parmi les membres des autres chambres.

Plusieurs magistrats peuvent être chargés de la mise en état dans une même chambre.

Les premiers présidents des cours d'appel, les présidents des tribunaux et les présidents de chambre peuvent exercer ces fonctions.

En pratique, au quotidien, la recherche d'un consensus est indispensable au bon fonctionnement d'une juridiction, d'où la responsabilité première de ses chefs qui sont investis de la mission de trouver les meilleures solutions conduisant à la satisfaction correcte de la demande de justice de nos concitoyens. Ils ont l'obligation de réfléchir en permanence aux moyens de rendre le service public de la justice plus efficace et plus efficient.

Il faut néanmoins observer que toutes les options doivent reposer sur une appréciation objective des données statistiques sur l'activité de la juridiction dans les différentes matières qui sont de sa compétence.

Cependant, rares sont les juridictions qui disposent d'un système de collecte de données. Dès lors, les choix, même s'ils sont pertinents, sont souvent opérés sur la base d'une appréciation empirique de la situation (augmentation des chambres de flagrant délit, suppression ou création de nouvelles chambres civiles, commerciales, sociales, correctionnelles…).

Les difficultés de management se rencontrent en général au niveau des juridictions d'instance et d'appel drainant les plus grands volumes de contentieux comme la cour d'appel de Dakar, le tribunal régional (TGIHCD) et le tribunal du travail hors classe de Dakar, les tribunaux régionaux (TGI) de Thiès, Kaolack, Saint-Louis…

Pour illustrer l'importance des choix d'administration, nous donnerons l'exemple des procédures de référés telles qu'elles sont traitées au niveau de l'appel. Il est apparu qu'une fois qu'elles arrivent à la cour d'appel, elles sont gérées comme les affaires ordinaires, sans aucune prise en compte de l'urgence qui les caractérise. Heureusement que des mesures correctives sont en train d'être mises en œuvre à la cour d'appel de Dakar afin de les traiter avec célérité, notamment par la mise en place de la chambre des urgences[208].

On peut aussi relever au niveau des cabinets d'instruction du tribunal régional de Dakar l'instabilité qu'engendre chaque fois le départ d'un juge relativement ancien, car cela entraîne toujours une redistribution des cabinets en fonction de l'ancienneté, excepté celui du doyen des juges.

En définitive, il faut retenir que les meilleurs choix sont les choix d'organisation qui procurent un gain de temps et donnent satisfaction aux justiciables. Pour être en mesure de répondre aux objectifs de production juridictionnelle et remplir sa mission, une juridiction doit disposer de moyens logistiques bien gérés : il s'agit essentiellement des personnels, des crédits de fonctionnement et des bâtiments. La bonne administration d'une juridiction conduit très souvent les chefs de juridiction à solliciter fortement le ministère de la Justice pour obtenir plus de moyens, mais faute de ressources disponibles et surtout d'argumentaire fondé sur des éléments chiffrés, les résultats sont nécessairement modestes voire parfois décevants.

Les chefs de juridiction ont alors comme première mission de rechercher comment optimiser les moyens dont dispose la juridiction en matière de personnels, de crédits de fonctionnement et de locaux.

2. Les fonctions de gestion du personnel

Les magistrats et autres acteurs judiciaires se plaignent de façon récurrente de leurs conditions de travail, de leur rémunération et des modalités de gestion de leur carrière qui ne présentent ni garanties suffisantes ni transparence. En fait, dans beaucoup de secteurs, il n'y a pas de plan de carrière prévisible.

Pour les magistrats du siège, les nécessités de service ont pris le pas sur le principe de l'inamovibilité de telle sorte que la majorité d'entre eux occupent leur fonction à titre d'intérim et sont affectés sans leur consentement. Cette situation a été fortement dénoncée par le bureau exécutif de l'Union des Magistrats du Sénégal (UMS), seule entité chargée de la défense des intérêts matériels et moraux, en ces termes :

---

[208] Il s'agit d'une chambre qui traite des appels jugés urgents, tels que les appels contre les ordonnances de référés, les appels en matière immobilière, en matière de loyers, en matière de saisie de navire, etc.

« le récent mouvement intervenu dans la Magistrature a suscité un débat public dont certaines connotations personnelles ont pu occulter une illustration de plus des travers pernicieux qui continuent de miner le fonctionnement du service public de la justice en dépit des déclamations incantatoires sur la réalité d'un État de droit dans notre pays proférées sur les tribunes et dans les prétoires.

Cet État de droit, qui suppose une bonne distribution de la justice dont l'indépendance des juges est un des piliers essentiels, ne saurait toutefois s'accommoder de la précarisation de la situation professionnelle de ces derniers, raison pour laquelle les règles de l'inamovibilité des magistrats du siège et de la consultation et du consentement préalable avant tout déplacement sont-elles inscrites dans notre droit positif.

La consécration formelle de règles essentielles dans notre tradition judiciaire doit toutefois être traduite dans les faits par leur mise en œuvre scrupuleuse. Or, force est de constater qu'elles sont fortement édulcorées par le recours systématique à l'affectation des juges pour "nécessité de service", notion non définie et renvoyant à une appréciation subjective de l'autorité investie des fonctions de proposition et de nomination. Elles sont même vidées de toute substance quand ce qui ne devait être qu'un recours exceptionnel est institué en principe d'administration et de réagencement d'un corps, surtout lorsqu'il est combiné à la généralisation de l'intérim dans les emplois, cet intérim étant interprété comme étant de nature à dispenser de l'application de la règle du consentement préalable alors que la plupart des magistrats sont affectés dans des emplois dont ils n'ont pas le grade ».

L'Inspection générale de l'administration de la Justice (IGAJ), au cours de ses différentes missions, a constaté un certain nombre d'anomalies dans le fonctionnement des tribunaux du travail, des cabinets d'instruction et des organes chargés de l'aménagement des sanctions pénales, notamment, le juge de l'application des peines (JAP).

En effet, suite à des affectations de présidents de tribunal régional qui exerçaient cumulativement leurs fonctions avec celles de président du tribunal du travail, le Conseil supérieur de la magistrature (CSM) procède à leur remplacement pour la première fonction en occultant la seconde qui est pourtant une fonction juridictionnelle relevant de sa compétence. Le ministère pour pallier cette carence fait prendre, bien après la prise de fonction des présidents nouvellement affectés, un décret collectif les nommant présidents du tribunal du travail de leur ressort. La conséquence fâcheuse d'un tel procédé est qu'il crée un vide juridique entraînant de fait une incompétence rationnelle temporelle entre la prise des premiers décrets de nomination et la seconde.

Un autre dysfonctionnement a été noté dans les juridictions régionales au niveau des cabinets d'instruction lorsqu'en cas de pluralité de cabinets et consécutivement à l'affectation d'un ou de plusieurs juges d'instruction, un ou des cabinets restent vacants. Les dossiers de ces cabinets sont souvent laissés en suspens puisqu'aucun acte n'est pris pour assurer le suivi de ces procédures. Les conséquences sont également graves, puisqu'elles partent du risque de prescription à la détention prolongée des inculpés placés sous mandat de dépôt.

Pour ce qui concerne les juges de l'application des peines (JAP), on note la même situation de vide institutionnel, notamment, dans les cas d'affectation d'un président du tribunal d'instance (TI) qui assurait cumulativement avec ses fonctions de chef de juridiction celles de JAP. L'arrêté de nomination de JAP intervient toujours des mois après la nomination du ou des nouveaux présidents du TI. Tout cela entraîne des retards dans le fonctionnement des organes chargés de l'aménagement des sanctions pénales comme les inspecteurs l'ont relevé au TD de Bignona et tout récemment au TI de Linguère.

À l'avenir, à titre palliatif, la nomination des présidents de tribunal du travail (TT) devrait être inscrite à l'ordre du jour du CSM. Ce qui permettra de nommer les présidents du tribunal de grande instance (TGI), cumulativement avec leurs fonctions, présidents de tribunal du travail de leur ressort ou, le cas échéant, comme cela se faisait auparavant, nommer d'autres juges exerçant dans les juridictions concernées en qualité de président du tribunal du travail ; et pour les JAP et les juges d'instruction, faire en sorte que la Direction des services judiciaires (DSJ), en lien avec le CSM, prépare à temps les arrêtés de nomination afin qu'ils soient notifiés en même temps que les décrets les nommant juges dans les juridictions concernées ; et pour la vacance des cabinets d'instruction, demander aux présidents de tribunaux de grande instance de prendre une ordonnance en vertu des dispositions de l'article 40 du CPP pour confier provisoirement les dossiers du ou des cabinets vacants à un juge d'instruction en exercice dans leur juridiction.

2.1. *Le management des personnels*

La qualité et la motivation des personnels sont des points cruciaux dont dépend le bon fonctionnement de toute organisation.

Développer un esprit et un travail d'équipe est fondamental, car une juridiction ne fonctionne bien que grâce à un travail d'équipe entre les magistrats et les autres personnels, comme entre les différents services ; il convient aussi de veiller au respect des équilibres et de l'ambiance générale.

En effet, s'il est impossible de tenir des audiences sans juges, il est tout autant impossible de tenir des audiences sans greffiers, lesquels ont un rôle à tenir avant, pendant et après l'audience. De même il convient de veiller à ne laisser aucun service prendre un retard trop important au risque d'entraîner les autres secteurs avec lui. Aussi convient-il de veiller à une solidarité entre services et à développer la polyvalence des personnels pour permettre des remplacements et des aides de service à service.

2.2. *Le déploiement rationnel des magistrats, greffiers et autres personnels*

Outre le respect des règles de procédure et de déontologie relatives à l'impartialité du tribunal et aux incompatibilités qui peuvent exister entre les magistrats du siège et du parquet et entre magistrats et avocats en particulier du fait de liens familiaux, le bon fonctionnement de la juridiction implique de placer les bonnes personnes aux bons endroits, de rechercher l'organisation la plus performante des services, de développer la motivation de l'ensemble des collaborateurs.

Mais il est vrai que les marges de manœuvre sont étroites et qu'il s'agit d'un travail de Sisyphe dans la mesure où les juridictions connaissent parfois une importante rotation de leurs magistrats, greffiers et autres personnels.

En effet, on rappellera que les chefs de juridiction comme d'ailleurs le greffier en chef d'une juridiction ne choisissent ni le nombre ni la qualité de leurs collaborateurs et ne sont pas associés à leur recrutement.

Ces responsables ont alors l'obligation de mobiliser une équipe dont la constitution leur échappe, et il leur reste à déployer au mieux les personnels disponibles.

Il convient alors pour les chefs de juridiction d'énoncer clairement les objectifs d'une justice de qualité et de déceler parmi les juges présents les compétences, les expériences et les goûts qui permettront à chacun de remplir au mieux les besoins de la juridiction.

Le même type d'analyse des aptitudes et des besoins doit être fait par le greffier en chef pour les agents de son service de manière à permettre à chacun de donner le meilleur de lui-même au service de la juridiction.

Ce « repérage » des potentiels et des souhaits se fait évidemment par un dialogue permanent avec les collaborateurs mais aussi par la prise de connaissance de leur production sur les plans qualitatif et quantitatif.

Le plus souvent, le management des personnels est une démarche positive qui consiste à dynamiser les énergies, à favoriser le travail d'équipe et à entretenir la motivation des collaborateurs ; mais parfois, il peut aussi arriver que cette action positive échoue et qu'il faille envisager une démarche coercitive.

En cas de difficulté avec un magistrat ou un fonctionnaire qui ne remplirait pas correctement son service, le chef de juridiction devra dans un premier temps chercher avec lui les raisons de ses difficultés pour l'aider à les surmonter et, en cas de persistance, envisager dans un second temps une action disciplinaire.

S'il s'agit d'un juge du siège, il appartient alors au président de la juridiction du premier ressort après lui avoir servi une demande d'explication, d'établir le cas échéant un rapport et de le transmettre au premier président de la cour d'appel qui devra convoquer le juge afin de lui rappeler ses obligations et d'envisager l'ouverture d'une procédure disciplinaire.

Si le Premier président estime qu'une faute disciplinaire a été commise, il peut soit d'office infliger un avertissement au juge en vertu des dispositions de l'article 16 du statut des magistrats, soit, s'il estime cette sanction insuffisante, décider de saisir le ministre de la Justice aux fins d'enclencher une action disciplinaire.

3. La gestion des crédits

Il s'agit essentiellement des crédits qui permettent le fonctionnement quotidien des palais de Justice. Ce sont des crédits délégués.

Au niveau de chaque juridiction, les crédits sont gérés par le président pour le siège, le procureur pour le parquet et le greffier en chef pour le greffe, le cas échéant.

Il y a lieu de relever la spécificité des tribunaux régionaux où, en dehors des personnes précitées, existent deux autres administrateurs des crédits que sont le président du tribunal du travail et le juge de l'application des peines.

Il faut souligner que ces crédits de fonctionnement, après avoir subi une hausse significative en 2010, ont tendance à baisser depuis lors.

Si, pour la plupart des juridictions les dotations budgétaires sont largement suffisantes, pour d'autres, par contre, elles semblent insuffisantes d'après les responsables. Mais le plus important est d'utiliser les crédits à bon escient et qu'aucun service ne se sente négligé relativement à ses besoins.

Le ministère de la Justice est l'un des ministères test pour l'application de la gestion axée sur les résultats (GAR), qui consiste à substituer les budgets en lignes par des budgets par objectifs. Les juridictions doivent se préparer à cette mutation qui prendra effet au plus tard en 2017. Mais d'ores et déjà, le ministère est sous Cadre de Dépenses Sectorielles à Moyen Terme (CDSMT) qui présente l'avantage de permettre une programmation pluriannuelle des activités avec cependant la contrainte de produire un rapport de performance tous les ans.

4. La gestion des palais de justice et autres locaux

L'enjeu des bâtiments et des locaux est aussi fondamental à plusieurs égards. D'abord, pour permettre un bon accueil du public et le déroulement des audiences dans de bonnes conditions. Ensuite, pour permettre un travail efficace de tous, il convient aussi de veiller à disposer de bureaux adéquats pour les magistrats et autres personnels comme de salles de réunion pour favoriser le travail d'équipe.

Il entre dans la mission des chefs de juridiction de veiller au bon agencement, au bon entretien et à la sécurité des bâtiments judiciaires.

Cependant, l'IGAJ a constaté que cette mission semble quelque peu négligée par certains, notamment pour ce qui concerne l'entretien courant du palais de justice et de ses environs. Le président assume en tant que chef de juridiction la responsabilité de la sécurité, de l'hygiène et de la sûreté des bâtiments.

Des cas typiques d'insécurité des personnes et des biens avaient été constatés par l'IGAJ dans certaines cours et juridictions de l'intérieur où il n'y avait aucune présence d'agents de la force publique dans la juridiction aux heures de travail, même pour les audiences.

Mais depuis le déploiement des agents de sécurité de proximité (ASP), la situation s'est beaucoup améliorée.

Il est aussi essentiel de veiller à la bonne adéquation des locaux avec les missions de la Justice. Ce qui est loin d'être une sinécure quand les locaux occupés n'étaient pas initialement destinés à abriter des juridictions.

On mentionnera d'abord le point stratégique du bureau d'accueil et d'orientation des justiciables d'une juridiction qui contribue aussi à l'accès du justiciable au juge et dont la bonne organisation conditionne aussi le bon déroulement des audiences.

Il arrive fréquemment, dans les grandes juridictions où se tiennent plusieurs audiences simultanément dans diverses salles, que des justiciables se trompent de salle et ne s'en rendent compte qu'à la fin de l'évocation du rôle : alors qu'ils attendent patiemment l'appel de leur affaire dans une salle d'audience, l'on est en train de les juger et de les condamner par défaut dans la salle d'à côté. La raison en est qu'ils sont analphabètes en français et n'ont pas pu obtenir la bonne information au niveau du bureau d'accueil.

Souvent, le dispositif de sécurité, la multiplicité des voies d'accès et la position géographique ne rendent pas obligatoire le passage au bureau d'accueil.

5. La gestion des archives et des scellés

La gestion des scellés et des archives est l'une des problématiques les plus complexes dans nos juridictions, parce que les acteurs judiciaires n'ont pas suffisamment pris conscience de leur importance. C'est pourquoi dans les constructions, les déménagements, l'équipement et le personnel, les archives et les scellés sont laissés en rade. Dans la plupart des juridictions, il n'y a ni salle d'archives ni salle de scellés ni archiviste et dans les rares cas où des locaux existent, le rangement et les conditions de conservations font défaut.

Certes, il y a eu çà et là des initiatives heureuses avec la création du Centre National des archives judiciaires (CNAJ) de Louga qui a permis de sauver une partie des archives de la Cour suprême, du tribunal régional hors classe de Dakar, du tribunal départemental hors classe de Dakar et du parquet du Tribunal régional de Saint-Louis, la numérisation de certaines archives, des efforts de classement et l'aménagement de salles d'archives, mais les difficultés persistent, voire s'accentuent dans certains endroits avec des actes de vandalisme et de destruction massifs d'archives consécutifs à des grèves ou des manifestations de populations ou d'étudiants mécontents.

Les développements ci-dessus montrent combien les domaines de l'administration des juridictions sont variés, interdépendants et à quel point les enjeux de ce management sont fondamentaux pour la bonne marche de la juridiction et au-delà de la Justice.

Il est cependant crucial de veiller à respecter l'indépendance juridictionnelle de chaque juge et la nécessité de parvenir à une production juridictionnelle de qualité dans des délais raisonnables. Il s'agit souvent d'une mission délicate qui exige du temps, de la patience, beaucoup de force de conviction, un certain charisme et des savoirs faire diversifiés.

Il reste que, après avoir mis en place la meilleure organisation possible pour produire des décisions, il importe d'avoir des indicateurs pour la juridiction. Il s'agit des différentes statistiques qui permettent de mesurer principalement l'état des stocks et les délais de traitement des affaires, le rendement des personnels, la production des chambres. Il s'agit d'outils de suivi des différentes activités dont tout chef de juridiction doit disposer pour parvenir à atteindre de bons résultats.

Mais au-delà des objectifs d'organisation et de fonctionnement des juridictions, de la complexité et de la multiplicité des normes, des procédures nouvelles de médiation pénale, des peines alternatives à l'incarcération, de l'aide juridictionnelle, de la création du juge de la mise en état, du juge de l'application des peines, des maisons de justice et du droit, des bureaux d'accueil et d'orientation des justiciables, de l'organisation des audiences foraines, le but ultime est de préserver les droits et libertés des citoyens qui deviennent –le temps d'un litige ou d'une demande– des justiciables. Il ne faudrait pas que le citoyen traverse le temps judiciaire pour en sortir frustré, désabusé du fait d'un mauvais accueil, d'un langage ésotérique, de procédures longues, coûteuses et complexes, de décisions incompréhensibles, faute de motivation suffisante ou de défaut de motivation ou pire encore de décisions non exécutoires parce que non signées ou non rédigées.

Les acteurs judiciaires doivent être conscients que les règles de procédure ne sont pas des clauses de style et que leur respect et leur application adaptée par les juges et autres personnels de la justice sont un gage de sécurité pour les citoyens et les investisseurs tant nationaux qu'étrangers ainsi qu'un facteur de stabilité et de paix sociales.

C'est au regard de ses exigences que la loi proclame que la Justice est rendue au nom du peuple et que l'entité qui l'incarne *« soit le seul ministère qui porte le nom d'une vertu »*.

B.- Les fonctions de supervision et de contrôle

Ces fonctions ont trait à l'inspection des cours et tribunaux ainsi que des services relevant de l'autorité du Garde des Sceaux (2), d'une part, et à l'exercice du pouvoir disciplinaire, de l'autre (1).

1. La fonction disciplinaire

Cette fonction vise à faire sanctionner les manquements aux règles statutaires, légales et réglementaires.

L'article 17 de la loi organique portant statut des magistrats dispose que *« Tout manquement, par un magistrat, aux devoirs de son état et à la délicatesse, est une faute disciplinaire »*.

L'article 455 bis du CPP ajoute que : *« le non-respect des formalités prévues par le code, ainsi que des délais par les magistrats, les greffiers en chef et greffiers sont constitutifs d'une faute disciplinaire. »*

Mais, dans la pratique, si les magistrats sont régulièrement sanctionnés par le Conseil supérieur de la magistrature (CSM) siégeant en instance disciplinaire, les administrateurs des greffes, les greffiers en chef, les greffiers et les autres personnels ne le sont pas du fait de l'externalisation de leur conseil de discipline qui siège, en principe, au niveau de la Fonction publique. En tout cas, sans pour autant que soient connues les causes de l'absence des sessions dudit conseil, le Garde des Sceaux a eu à saisir son homologue de la Fonction Publique pour lui transmettre une lettre de saisine suite à un dépôt de rapports de l'IGAJ, mais à ce jour, il n'y a pas eu de suite. Cela aboutit à une impunité de fait pour ces personnels. Et la seule alternative trouvée par les autorités judiciaires est le déplacement d'office et/ou le déclenchement de poursuites pénales si les faits incriminés revêtent un caractère délictuel ou criminel.

2. Les fonctions d'inspection

La problématique du contrôle de l'activité judiciaire et de la responsabilité des juges a toujours été une préoccupation majeure, non seulement des décideurs politiques, mais également des justiciables.

C'est conscient de cela que le législateur sénégalais a très tôt organisé le contrôle des juridictions et des services relevant du ministère de la Justice, en instituant plusieurs inspections générales : l'Inspection Générale des Cours et Tribunaux (IGCT), l'Inspection Générale des Parquets (IGP) et l'Inspection Centrale des Services Judiciaires (IGSJ).

L'Inspection Générale des Cours et Tribunaux, créée par la loi n° 75-79 du 9 juillet 1975 modifiée par la loi n° 92-29 du 4 juin 1992, était rattachée au Premier président de la Cour de cassation, Inspecteur général des Cours et Tribunaux ; elle était chargée du contrôle du fonctionnement de toutes les juridictions, à l'exception du Conseil constitutionnel, du Conseil d'État et de la Cour de cassation.

L'Inspection Générale des Parquets, créée par le décret n° 75-707 du 26 juin 1975 modifié par le décret 92-1303 du 22 septembre 1992, était quant à elle rattachée au Procureur Général près la Cour de Cassation, et était chargée du contrôle du fonctionnement de tous les parquets, hormis celui de la haute juridiction.

L'Inspection Centrale des Services Judiciaires, instituée par la loi n° 84-19 du 2 février 1984 fixant l'organisation judiciaire, placée sous l'autorité directe du Garde des Sceaux, avait une mission permanente d'inspection des tribunaux régionaux, des tribunaux du travail, des tribunaux départementaux et de l'ensemble des services et organismes relevant du ministère de la Justice.

Par souci d'efficacité et d'homogénéité, toutes ces structures seront finalement regroupées en une seule et même structure, l'Inspection Générale de l'Administration de la Justice (IGAJ), instituée par la loi n° 98-23 du 26 mars 1998.

Selon l'exposé des motifs de cette loi, *« cette centralisation s'inscrit dans la logique de redynamisation de l'inspection judiciaire, instrument d'évaluation et de contrôle indispensable à la définition des ressources et des besoins humains et matériels de la Justice, ainsi qu'à la promotion d'un meilleur fonctionnement des services judiciaires. »*

Cette réforme a eu pour conséquence de transférer à l'IGAJ tous les pouvoirs d'inspection antérieurement exercés par le Premier président de la Cour de cassation, le Procureur général près ladite Cour, le Premier président de la Cour d'appel, le Procureur général près ladite Cour et l'Inspecteur central des services judiciaires.

Ainsi, ces chefs de juridiction n'avaient plus la qualité d'inspecteurs, mais conservaient néanmoins de larges pouvoirs de supervision et de contrôle.

Malheureusement, avec la réforme de 2008 qui a restauré la Cour suprême, le Premier président et le Procureur général ont retrouvé leur qualité d'inspecteur général avec la possibilité de désigner des inspecteurs parmi les conseillers de la cour. L'IGCT et l'IGP ressuscitées (par la loi organique n° 2008-35 du 7 août 2008 portant création de la Cour suprême) partagent le même champ de compétence que l'IGAJ, ce qui est loin de la rationalité et de l'efficience, puisque les chefs de cour deviennent juges et parties avec des pouvoirs hypertrophiés d'auto-saisine, d'enquête, de sanction et en outre de suspension pour le Premier président[209]. Ces lourdes prérogatives constituent une menace pour l'indépendance des juges.

Préalablement au cadre et à la manière dont s'exerce le contrôle de l'IGAJ (b), il y a lieu de voir d'abord son organisation et son fonctionnement (a).

a. L'organisation et le fonctionnement de l'IGAJ

À cet égard, il convient de souligner préalablement, que depuis l'adoption et l'entrée en vigueur de la loi n° 98-23, aucun décret d'application n'est intervenu pour en préciser les contours.

---

[209] En vertu de l'article 9 dernier alinéa de la Loi organique n°2008-35 du 8 août 2008 : *«...Lorsque les circonstances de la cause le requièrent, eu égard à la discipline, le 1er Président de la Cour suprême prend, à l'encontre du mis en cause, une mesure conservatoire de la suspension à effet immédiat. Dès la notification de la mesure, le destinataire est suspendu de ses fonctions en attendant la décision définitive du Conseil de discipline.»* Dans une récente affaire disciplinaire à la Cour suprême du Sénégal mettant en cause un Président de chambre, le Premier président a usé de ses prérogatives de suspension, a saisi l'instance disciplinaire, et par la suite a présidé l'audience qui devait prononcer la sanction contre le mis en cause.

a1. L'organisation de l'IGAJ

L'IGAJ est placée sous l'autorité directe du Garde des Sceaux, ministre de la Justice (art. 1er de la loi précitée). Elle est dirigée par un Inspecteur Général qui dispose d'un pouvoir général d'investigation, de vérification et de contrôle. C'est ainsi qu'il peut convoquer et entendre toute personne, y compris tout magistrat, tout officier de police judiciaire, tout officier ministériel, tout auxiliaire de justice et tout agent du personnel de la justice, et se faire communiquer tout document utile. L'Inspecteur général est assisté d'un Inspecteur général adjoint et d'inspecteurs qui disposent des mêmes pouvoirs et qui sont placés sous son autorité (art. 2).

Aux termes du tableau V du décret n° 99-293 du 2 avril 1999 abrogeant et remplaçant l'article 1er et le tableau V du décret n° 84-1194 du 22 octobre 1984 portant aménagement de l'organisation judiciaire, l'effectif budgétaire des inspecteurs est fixé à trois, ce nombre est passé à huit avec la réforme de 2014 sur l'organisation judiciaire.

Cependant, l'IGAJ ne compte actuellement que deux inspecteurs généraux. Pour l'accomplissement d'une mission déterminée, l'Inspecteur Général peut toutefois requérir le concours de tout autre magistrat ou de toute personne qualifiée (art. 4). Le texte précise que le magistrat désigné à cet effet doit être d'un grade supérieur ou égal à celui du magistrat inspecté ou qui dirige le service faisant l'objet de l'inspection et celui des inspecteurs généraux adjoints de un à deux.

Dans l'organisation interne du service, l'Inspecteur général assure la coordination des activités et répartit les tâches entre l'Inspecteur général adjoint et les Inspecteurs.

Le secrétariat des missions d'inspection est assuré par un greffier en chef, qui est chargé d'assister les inspecteurs dans la préparation et l'exécution des missions. Il est également chargé de centraliser les rapports d'inspection.

a2. Le fonctionnement de l'IGAJ

Au début de chaque année judiciaire, l'IGAJ doit élaborer un programme d'inspection qui est soumis au Garde des Sceaux et arrêté par lui (art. 5) : c'est cet arrêté qui fixe le programme annuel de l'IGAJ.

Ce programme doit être élaboré après consultation du Premier Président de la Cour suprême, du Procureur général près ladite Cour, des Directeurs du ministère de la Justice, des Premiers présidents de Cour d'appel et des Procureurs généraux près lesdites Cours, qui doivent être informés des missions.

L'objectif de cette consultation est de permettre aux Chefs de Cour et aux Directeurs à l'Administration centrale de demander à l'IGAJ, au cours de ses missions, de prendre en compte leurs préoccupations.

En dehors du programme annuel, des missions particulières peuvent être prescrites à l'IGAJ par le Président de la République, Président du Conseil Supérieur de la Magistrature, ou par le Garde des Sceaux, ministre de la Justice (art. 6 de la loi n° 98-23).

À la suite de chaque mission d'inspection, l'Inspecteur général adresse au Garde des Sceaux un rapport circonstancié, dans lequel il apprécie le fonctionnement des juridictions ou des services du point de vue de l'organisation, des méthodes, de la diligence et de la manière de servir des personnels.

b. Les missions et méthodes de l'IGAJ

b1. Les différents types de missions

L'IGAJ effectue soit des missions de fonctionnement, soit des missions administratives ou pré-disciplinaires.

Les missions de fonctionnement sont effectuées en exécution du programme annuel d'inspection ou de missions particulières qui sont confiées à l'IGAJ. Ces missions, qui peuvent être générales ou thématiques, ont pour objectif l'appréciation du fonctionnement des juridictions ou des services. Au cours de l'année 2007, en exécution du programme annuel, l'IGAJ a procédé à l'inspection de fonctionnement de six (6) tribunaux régionaux et dix-huit (18) tribunaux départementaux. Par ailleurs, des missions thématiques portant sur l'évaluation des réformes instituant le juge de l'application des peines et les peines alternatives à l'incarcération ainsi que la mise en état ont été effectuées courant 2004-2005[210].

[210] De 1998 à 2006, l'IGAJ a fonctionné avec le focus mis sur les inspections disciplinaires et le contrôle des greffes. C'est à partir de 2007 qu'il y a eu un changement d'orientation pour donner la priorité aux inspections de fonctionnement.

De 2007 à 2017, l'IGAJ a procédé à l'inspection du fonctionnement de la quasi-totalité des juridictions fonctionnelles, soit trois (3) Cours d'appel à savoir celle de Saint-Louis, Kaolack et Dakar, onze (11) TR et TGI, le tribunal hors classe de Dakar, trente-trois (33) TD ou TI, trente (30) établissements pénitentiaires, et vingt (20) centres de la DESPS. Durant la même période, elle a procédé à une centaine inspection disciplinaire touchant la quasi-totalité des personnelles judiciaires (magistrats, greffiers en chef, ADJ, agents de l'administration pénitentiaire, greffier, éducateur spécialisé, etc.)

Pour l'année 2018, en application de son programme annuel d'inspection fixé par arrêté n° 01631 MJ/IGAJ du 5 février 2018, l'IGAJ a effectué neuf missions d'inspection de fonctionnement (CA de Thiès, TGI de Saint-Louis, TI de Saint-Louis, Dagana, Podor et Linguère , MAC de Linguère et la prison pour femmes de Rufisque) et fait des missions de suivi-évaluation au niveau de la maison d'arrêt de Reubeuss et du centre de sauvegarde de Thiès. L'Inspection générale a déposé dix-huit rapports.

Courant 2011 à 2017, elle a mené une quarantaine de mission de suivi et d'évaluation à la suite du dépôt des rapports et des notes d'information des juridictions ayant fait au préalable l'objet de missions d'inspection et de fonctionnement.

Les missions administratives portent généralement sur le comportement professionnel ou personnel des magistrats et autres agents de la Justice. Elles interviennent en amont de la procédure disciplinaire proprement dite (enquêtes pré-disciplinaires) et ont pour but de fournir au Garde des Sceaux tous les éléments d'information lui permettant de se prononcer sur l'opportunité d'une saisine du Conseil supérieur de la magistrature siégeant en Conseil de discipline. L'IGAJ reçoit en moyenne une dizaine de saisines par an. Et, de 1998 à 2018, elle a produit plus d'une centaine de rapports concernant pratiquement tous les personnels de la Justice.

b2. Les méthodes de l'IGAJ.

En l'absence d'un texte précisant les modalités d'exécution des différentes missions qui peuvent lui être confiées, l'IGAJ s'inspire des principes généraux du droit, des usages et de la pratique judiciaire, qui vont donc s'appliquer à la préparation, au déroulement et au suivi des missions.

Il y a lieu de préciser, d'abord, que toute mission doit faire l'objet d'une lettre de mission du Garde des Sceaux.

Pour l'exécution des missions qui lui sont confiées, l'IGAJ accomplit un certain nombre d'actes préparatoires, à savoir : l'étude des textes législatifs et réglementaires relatifs à la structure ou à l'activité à inspecter ; la consultation, le cas échéant, des rapports antérieurs dont le service contrôlé a fait l'objet ; et l'étude de tous autres documents susceptibles de présenter un intérêt certain pour la mission d'inspection (dossiers personnels des agents, notes de service ou circulaires émanant des autorités judiciaires, etc.).

Après avoir accompli ces actes préparatoires, l'GAJ établit des fiches de renseignement et/ou des questionnaires, qui sont adressés aux magistrats et aux agents de la juridiction ou du service à inspecter. Ces fiches ou questionnaires dûment renseignés doivent parvenir à l'inspection avant le début de la mission.

La mission s'effectue sur le terrain par le biais d'entretiens (avec les magistrats, les greffiers en chef et les autres agents) et de contrôles sur pièces.

Il faut préciser que le contrôle de l'IGAJ ne peut en aucun cas porter préjudice au pouvoir juridictionnel des magistrats.

À la fin de la mission, l'IGAJ rédige un pré-rapport adressé à toutes les personnes concernées par sa teneur, en vue de recueillir leurs remarques ou observations. C'est après avoir reçu et tenu compte de ces observations que le rapport définitif, comportant toutes les suggestions de nature à accroître le rendement et l'efficacité de la juridiction ou du servie inspecté, est adressé au Garde des Sceaux.

L'Inspecteur général doit s'assurer du suivi des recommandations contenues dans le rapport ; ce suivi est assuré au cours des missions effectuées ultérieurement.

S'agissant plus particulièrement des missions administratives, les inspecteurs doivent concilier deux exigences : d'abord, une exigence d'exhaustivité les astreignant à établir ou infirmer, par des investigations appropriées, les faits dénoncés, à en mesurer exactement l'impact ; ensuite, une exigence d'honnêteté dans la conduite de l'enquête. Dans la conduite des investigations, les principes d'impartialité, de transparence et de loyauté doivent en effet, en toutes circonstances, guider les inspecteurs.

Bien que la loi ne le prévoie pas, comme pour la mission de fonctionnement, il est rédigé un pré-rapport, qui est communiqué à l'agent mis en cause en vue de recueillir ses observations et explications. Le rapport, ayant pour objet de permettre au Garde des Sceaux d'apprécier l'opportunité d'engager ou non une procédure disciplinaire, doit faire état de l'ensemble des informations rassemblées afin de lui permettre de prendre une décision en toute connaissance de cause.

Il convient de faire une précision très importante : il n'appartient pas à l'IGAJ de se prononcer sur l'opportunité ou non de poursuivre le magistrat ou tout autre agent devant l'instance disciplinaire, ce qui relève du seul pouvoir d'appréciation du Garde des Sceaux. Cependant, elle doit articuler avec précision les faits susceptibles de constituer une faute disciplinaire.

Si l'IGAJ a une mission permanente d'inspection sur l'ensemble des juridictions, ainsi que sur les services et organismes relevant du Ministère de la Justice, les Chefs de Cour et de juridiction disposent de larges pouvoirs de contrôle.

c. L'exercice du contrôle par les Chefs de cour et de juridiction

Si les Chefs de cour et de juridiction disposent de larges pouvoirs de contrôle et de supervision, et parfois même de pouvoirs « para-disciplinaires », dans la pratique, ils les exercent peu ou prou. Cette situation est l'une des principales causes des nombreux dysfonctionnements relevés au cours des missions d'inspection de fonctionnement effectuées par l'IGAJ ces dernières années, missions qui ont concerné la quasi-totalité des cours d'appel, des juridictions régionales et départementales du pays.

c1. Des pouvoirs légaux et réglementaires étendus

De l'examen des textes du droit positif sénégalais, il apparait que les Chefs de cour et de juridiction disposent de larges pouvoirs de contrôle, non seulement sur les services de leur juridiction mais également sur les magistrats et les personnels qui y servent, ainsi que sur les structures relevant du ministère de la Justice et les auxiliaires de justice en général.

La revue de ces pouvoirs sous l'angle des différents niveaux hiérarchiques donne l'aperçu suivant.

Le Premier président de la Cour d'appel.

Le Premier président de la Cour d'appel a des pouvoirs de supervision et de contrôle à deux niveaux, au sein de la cour et dans le ressort de celle-ci.

En premier lieu, le Premier président dispose au sein de sa cour de pouvoirs administratifs mais aussi para-disciplinaires. Sur le plan administratif, il a des pouvoirs de direction, de supervision, d'organisation et de contrôle de ses services et de ses personnels.

C'est ainsi qu'en vertu des dispositions de l'article 27 du décret n° 2015-1145 du 03 août 2015, il a le pouvoir de composer les chambres et de répartir les conseillers, d'établir le calendrier des audiences, après avoir pris l'avis des présidents de chambre, du doyen des conseillers et entendu le Procureur général. Dans la pratique, ces mesures sont prises généralement à l'issue de l'Assemblée générale de la Cour. Le Premier Président est assisté d'un Secrétaire général, qui doit s'assurer de la répartition des dossiers entre les chambres de la Cour, veiller à la mise en état des procédures, en donnant aux parties toutes injonctions qui lui paraissent opportunes, et contrôler la mise au rôle des affaires ; prendre toutes dispositions utiles pour la prompte évacuation des causes. Toujours dans le cadre de l'exercice de ses pouvoirs administratifs, le Premier président a un pouvoir de notation de l'ensemble des magistrats du siège et des autres personnels de la Cour. Il dispose également d'un pouvoir d'avertissement en dehors de toute action disciplinaire (art. 19 du statut des magistrats).

L'exercice de ces pouvoirs suppose un contrôle et un suivi de l'activité du magistrat et de sa manière de servir.

Enfin, le Premier Président est aussi administrateur des crédits de fonctionnement de la Cour.

Dans le ressort de sa cour, le Premier président doit, entre autres, veiller au bon fonctionnement des juridictions, procéder à une bonne répartition des juges suppléants affectés dans son ressort, veiller à la supervision des passations de services, s'enquérir des difficultés de fonctionnement des juridictions et structures qui relèvent de son autorité, noter l'ensemble des magistrats du siège affectés dans son ressort sur la base de leur mérite et de leur manière de servir et, le cas échéant, user de son pouvoir d'avertissement prévu à l'article 19 du statut des Magistrats. Pour mener à bien toutes ces missions, le Premier président doit disposer de moyens de contrôle efficaces, que peuvent constituer des statistiques fiables, des indicateurs d'activité objectifs rendant compte tant de la quantité que de la qualité du travail des magistrats et personnels, et de tableaux de bord bien élaborés.

Le Procureur général près la Cour d'appel.

Le Procureur général a autorité sur tous les représentants du ministère public du ressort de la Cour d'appel. À cet égard, il a les prérogatives de dénoncer à leur endroit les infractions à la loi pénale dont il a connaissance, leur enjoindre d'engager ou de faire engager les poursuites, ou de saisir la juridiction compétente de telles réquisitions écrites qu'il juge opportunes (art. 29 du CPP), puisqu'en vertu des dispositions de l'article 27 du CPP, il est chargé de veiller à l'application de la loi pénale dans toute l'étendue du ressort de la Cour d'appel. D'ailleurs, à cette fin, il lui est adressé tous les mois, par chaque Procureur de la République, un état des affaires de son ressort. À côté de ces pouvoirs juridictionnels, qui sont plus ou moins connus, le Procureur général près la Cour d'appel possède, comme le Premier président, de larges pouvoirs administratifs. C'est ainsi qu'il dispose du pouvoir de notation sur tous les magistrats placés sous son autorité ainsi que celui de leur donner, le cas échéant, un avertissement en dehors de toute procédure disciplinaire[211].

Sur un autre registre, tous les officiers et agents de police judiciaire, ainsi que tous les fonctionnaires et agents appelés à faire des actes de police judiciaire sont placés sous sa surveillance (art. 30 du CPP) ; il a un pouvoir disciplinaire à leur encontre, et peut leur faire perdre la qualité d'officier de police judiciaire, en saisissant la chambre d'accusation (art. 214 du CPP). Il est en outre chargé de la surveillance du casier judiciaire central.

Le Procureur général dispose également d'un pouvoir de contrôle sur l'activité des notaires, avocats, huissiers et commissaires-priseurs et peut exercer à leur encontre des poursuites disciplinaires et /ou pénales. Dans son ressort, il doit veiller à l'harmonisation des pratiques professionnelles et à la bonne application de la politique pénale de l'État.

---

[211] Selon en effet l'article 19 de la loi n° 2017-10 du 17 janvier 2017 portant statut des magistrats : *« En dehors de toute action disciplinaire, les chefs de cour ont le pouvoir de donner un avertissement aux magistrats placés sous leur autorité. »*

Le Président de la chambre d'accusation.

Le Président de la Chambre d'accusation doit exercer un contrôle sur les cabinets d'instruction du ressort de la Cour d'appel.

Les modalités de ce contrôle sont spécifiées par l'article 211 du CPP et l'article 29 du décret n° 2015-1145 du 3 août 2015 fixant la composition et la compétence des Cours d'appel, des Tribunaux de grande instance et les Tribunaux d'instance. Aux termes de l'article 211 précité, *« le président de la chambre d'accusation s'assure du bon fonctionnement des cabinets d'instruction du ressort de la Cour d'appel... »* ; il doit surtout s'assurer que les procédures d'instruction *« ne subissent aucun retard injustifié »*.

Ce contrôle s'effectue alors selon deux modalités : sur pièces, par l'exploitation judicieuse des notices trimestrielles, et pour cela, le président de la chambre doit veiller à leur tenue régulière et à leur transmission dans les délais requis ; et sur place, par la visite des cabinets d'instruction.

Le Président de la Chambre d'accusation a également l'obligation de visiter régulièrement (au moins deux fois par an) les maisons d'arrêt du ressort de la Cour d'appel et de vérifier la situation des inculpés détenus provisoirement (art. 212 du CPP).

Il y a lieu de préciser que le Président de la Chambre d'accusation peut déléguer ces pouvoirs de contrôle.

À l'occasion de ses missions d'inspection, l'IGAJ vérifie si ce contrôle est exercé et recommande souvent aux juges d'instruction de se comporter en délégué du Président de la Chambre d'accusation, en visitant régulièrement les maisons d'arrêt et en s'intéressant particulièrement à la situation des inculpés qui font l'objet de longues détentions provisoires ; et il leur est demandé lorsque des cas de longues détentions provisoires sont constatés d'en faire rapport au Président de la Chambre d'accusation.

Celui-ci dispose également, comme le Procureur général, d'un pouvoir de contrôle de l'activité des officiers de police judiciaire, car la loi lui donne la possibilité de saisir la Chambre d'accusation (article 214 du CPP).

Le Président du tribunal de grande instance.

Seront essentiellement évoqués ici les pouvoirs administratifs du Président du tribunal de grande instance.

Celui-ci convoque et préside les assemblées générales du tribunal, répartit les juges dans les différentes chambres, qu'il a la faculté de présider, et fixe le calendrier des audiences.

D'une manière générale, il doit s'assurer de la bonne administration de sa juridiction et de l'expédition normale des affaires. Pour ce faire, il doit, entre autres, veiller au respect des horaires des audiences, à la présence d'un huissier et des forces de sécurité aux audiences publiques, et à la présence effective des juges et autres personnels à leur poste de travail, et, en cas d'absence, il doit vérifier qu'ils disposent d'une permission en bonne et due forme. Il faut rappeler, à ce propos, que le Président du tribunal de grande instance a la possibilité d'accorder des permissions dont la durée ne peut excéder quatre jours.

En tant qu'administrateur des crédits, le Président du tribunal de grande instance doit s'assurer que l'agent qu'il a choisi comme gestionnaire et comptable matières disposent d'un arrêté du ministre de l'Économie et des Finances valable pour la durée de l'exercice des fonctions ou d'un arrêté du gouverneur de la région, qui ne couvre qu'un exercice budgétaire et qui doit par conséquent être renouvelé chaque année. Il doit également veiller à l'utilisation rationnelle et judicieuse des crédits de fonctionnement.

Le Président du tribunal doit plus particulièrement surveiller le fonctionnement du greffe, qui est le baromètre par excellence du fonctionnement d'une juridiction. Il doit s'intéresser, notamment, à la saisie des jugements et ordonnances, au classement des minutes, à la tenue des registres, des scellés et des archives, à l'envoi au service de l'enregistrement et du timbre des décisions de justice et à l'établissement des pièces d'exécution. Il doit également s'assurer que les décisions sont motivées, rendues et signées dans des délais raisonnables[212].

Le Procureur de la République.

Le Procureur de la République représente en personne ou par ses substituts le Ministère Public près le tribunal régional (maintenant TGI) sans préjudice des dispositions prévues par les lois spéciales.

---

[212] Cf. la loi n° 2014-26 du 3 novembre 2014 abrogeant et remplaçant la loi n° 84-19 du 2 février 1984 fixant l'organisation judiciaire. Aux termes de l'article 1er de celle-ci : *« les décisions sont rendues en toute impartialité, dans un délai raisonnable »*, disposition qui vaut en principe pour toutes les décisions rendues par les juridictions sénégalaises.

Comme le Président du tribunal, il est administrateur des crédits, et est par conséquent soumis aux mêmes exigences de rigueur dans la gestion des crédits.

Il doit également surveiller le greffe et veiller à son bon fonctionnement. Il doit s'assurer du règlement des dossiers d'instruction, des dossiers d'appel, de la bonne tenue des registres, de la bonne conservation des scellés et pièces à conviction.

Il doit également contrôler la tenue du casier judiciaire et la délivrance de ses bulletins, assurer le bon fonctionnement du service des contraintes par corps et notamment la mise en œuvre de la procédure de l'article 712 du CPP.

Sur un autre registre, le Procureur de la République dirige l'activité des officiers et agents de la police judiciaire dans le ressort de son tribunal ; de même, tous les officiers publics ministériels et les auxiliaires de justice en général exerçant dans le ressort du tribunal de grande instance, le font sous sa surveillance.

De manière générale, le Procureur de la République a un devoir de vigilance et de contrôle sur tout ce qui touche à l'ordre public et aux bonnes mœurs et doit par conséquent s'intéresser particulièrement à l'état des personnes surtout les plus vulnérables (mineurs, incapables, orphelins, femmes), et, le cas échéant, faire des conclusions pour aider le juge civil à prendre les bonnes décisions.

c2. Une mise en œuvre limitée

Les missions d'inspection de fonctionnement réalisées par l'IGAJ ont permis de constater une mise en œuvre limitée des larges pouvoirs d'inspection et de contrôle sus- évoqués, ce qui se manifeste par de nombreux dysfonctionnements tant au plan administratif que juridictionnel.

- Au plan administratif.

Dans plusieurs juridictions, les assemblées générales, qui doivent se tenir au début de chaque année judiciaire et à la veille des vacances judiciaires, ont lieu tardivement et les procès-verbaux qui les constatent sont dressés avec beaucoup de retard.

Il a été également observé que les magistrats, surtout les Chefs de juridiction départementale (maintenant TI), s'absentent souvent de leur ressort sans l'autorisation du Président du tribunal régional (maintenant TGI) qui, parfois, n'est même pas informé. Par ailleurs, dans les cas où il est informé, aucun magistrat n'est désigné pour assurer la suppléance du magistrat absent.

Sur un autre registre, les passations de service ne sont pas supervisées par les supérieurs hiérarchiques, et aucune cérémonie officielle d'installation des Chefs de Cour ou de juridiction nouvellement nommés n'est organisée, situation qui jure avec la solennité qui doit accompagner tous les actes du pouvoir judiciaire. Cette situation fait qu'en réalité, aucun contrôle physique n'est exercé sur les éléments de la passation de service et le document qui fait office de procès-verbal de passation de service n'est généralement qu'un inventaire des dossiers en instance et du matériel.

Il a également été constaté que lorsqu'un juge d'instruction, souvent celui du premier cabinet, était affecté, il s'opérait une sorte de glissement naturel de celui du deuxième vers le premier et une occupation du deuxième cabinet par un nouvel arrivant, sans qu'aucun arrêté ministériel n'intervienne.

- Au plan juridictionnel.

L'absence de contrôle affecte plusieurs secteurs : la tenue des registres, les archives et les scellés.

Les registres sont la plupart du temps, et pour la quasi-totalité des juridictions, mal tenus. Leur nombre et leur nature ainsi que leur intitulé varient d'une juridiction à une autre ; leur ouverture et leur clôture se font sans le respect des règles d'usage (formule d'ouverture ou de fermeture, cotation et paraphe). Par ailleurs, les ratures, rectifications (par stylo ou corrector) qui y figurent ne sont presque jamais approuvées.

Dans de nombreuses juridictions, les archives et les scellés sont dans un état déplorable, faute de classement et de locaux adéquats. La conséquence est que les greffiers en chef ont du mal à présenter à l'audience, surtout des Cours d'assises (maintenant des chambres criminelles), les pièces à conviction, et, dans les rares cas où ils arrivent à les retrouver, elles sont inexploitables. Sur un autre registre, les juges correctionnels omettent souvent de se prononcer sur le sort des pièces ou objets placés sous-main de justice, ce qui contribue à encombrer davantage la salle des scellés, s'il en existe, ou le bureau du greffier en chef qui fait office dans certaines juridictions de lieu de conservation des scellés.

Selon l'article R. 213-29 du code français de l'organisation judiciaire : « *Le Premier Président et le Procureur Général procèdent à l'inspection des juridictions de leur ressort. Ils s'assurent, chacun en ce qui le concerne, de la bonne administration des services judiciaires et de l'expédition normale des affaires. Ils rendent compte chaque année au Garde des Sceaux, Ministre de la Justice, des constatations qu'ils ont faites.* »

L'insertion d'une disposition similaire dans le droit positif sénégalais permettrait assurément aux Chefs de Cour de mieux exercer leur contrôle sur les juridictions de leur ressort.

d. Le contrôle exercé par les inspections générales de la Cour suprême :

À l'opposé de la logique qui a présidé à la création de l'IGAJ, des inspections générales ont été réinstaurées à la Cour suprême par la loi organique n° 35-2008 du 7 août 2008 portant création de la Cour suprême : il s'agit de l'Inspection générale des cours et tribunaux (IGCT) et de l'Inspection générale des parquets (IGP), qui ont le même champ de compétence que l'IGAJ au regard de leur décret d'application de 2011[213].

Ces deux inspections ont même vu leurs pouvoirs renforcés avec la possibilité qui leur désormais offerte de procéder directement à des enquêtes disciplinaires sur auto-saisine. Cela peut poser problème dans l'hypothèse où le Premier président participe à une enquête disciplinaire. Ses prérogatives exorbitantes lui donnent la possibilité de prononcer une mesure de suspension, de mener une procédure d'enquête, de présider l'instance disciplinaire et de prononcer des sanctions.

---

[213] Le décret n° 2011-84, relatif à l'Inspection générale des cours et tribunaux dispose dans son article 4 que « *les inspections portent sur le fonctionnement des cours et tribunaux, notamment sur la qualité et le rendement des services, le respect des prescriptions légales et réglementaires, le rythme de la distribution de la justice, la productivité professionnelle, la conduite et la tenue des magistrats et des personnels judiciaires aux plans éthique et déontologiques.* » Le même article du décret relatif à l'inspection générale des parquets précise, quant à lui, que « *Les inspections portent sur le fonctionnement des parquets, notamment, sur la qualité et le rendement des services, le respect des prescriptions légales et réglementaires, le rythme de traitement des procédures, la productivité professionnelle, la conduite et la tenue des magistrats et des personnels judiciaires, d'une manière générale, sur l'éthique et la déontologie.* »

Les inspections de la Cour suprême ont effectué à partir de 2012 des missions d'inspection de fonctionnement, mais celles-ci sont moins formelles que celles de l'IGAJ.

À part une mission d'enquête disciplinaire, les Chefs de cour avaient par la suite préféré que l'IGAJ soit saisie pour mener l'enquête disciplinaire sur des faits portés à leur connaissance.

Le manque d'un cadre de concertations devait entraîner un chevauchement de calendriers des trois inspections qui se sont retrouvées dans une même séquence temporelle dans les mêmes juridictions. Cela suscita des interrogations de la part des collègues qui ont pensé qu'il y avait un ciblage de leur juridiction qui s'apparentait à de l'acharnement.

Ces inspections générales ont comme personnel les deux Chefs de cour, les deux coordonnateurs choisis parmi les conseillers de la cour. Mais en principe, les autres conseillers peuvent être choisis par le Premier président ou le Procureur général pour officier dans les inspections cumulativement avec leurs fonctions de conseillers.

3. La fonction d'assistance à l'élaboration des lois

Au début des indépendances, après avoir mis en place des juridictions pour faire fonctionner la machine judiciaire du jeune État, il a fallu s'atteler à la tâche d'élaborer des normes endogènes pour abroger progressivement celles exogènes qui procédaient d'une vision coloniale d'assimilation et d'acculturation et d'un encadrement juridique d'une économie extravertie. Pour ce faire, il avait été mis en place une commission de codification sous la direction du Premier président de la Cour suprême afin d'élaborer les premiers codes sénégalais.

Cette commission qui a travaillé de manière intense de 1960 à 1973 pour produire les projets de texte du Code pénal, du code de procédure pénale, des quatre parties du code des obligations civiles et commerciales et du code de la famille, est tombée en désuétude sans pour autant être supprimée. Elle finira par être supplantée par les techniciens des ministères, qui élaborent les projets de texte concernant leur département, les transmettent au Secrétariat général du gouvernement pour observation par un comité interministériel avant d'être transmis au Conseil des ministres pour adoption et transmission à nouveau à l'Assemblée nationale pour vote du texte s'il s'agit d'un projet de loi ou alors prise du décret s'il s'agit d'un texte de nature réglementaire.

Par le passé et jusqu'en 2000, les projets de texte faisaient l'objet d'une large "circularisation", non seulement au sein du ministère de la Justice mais également au niveau de tous les ministères pour observations et avis ; mais, de plus en plus, surtout ces cinq dernières années, l'on assiste à une accélération des procédures par des commissions très restreintes voire occultes qui proposent des projets de textes non soumis à discussions afin de les faire adopter en procédure d'urgence. Ce mode de légiférer, inédit et dangereux, parce que ne donnant pas le temps aux acteurs d'en connaître le contenu ni aux techniciens d'en débattre, a été utilisé pour des textes de lois majeurs (acte III de la décentralisation, textes de lois de la justice, code de la presse, texte de loi sur le terrorisme, texte sur la réduction des taux de loyers, etc.). Le résultat, c'est qu'ils ont dû être revus plusieurs fois parce que la pratique a révélé leurs insuffisances, leur inadaptation et leurs incohérences.

4. La fonction disciplinaire - la question de l'inamovibilité

On peut considérer que la quintessence des devoirs du magistrat sénégalais est codifiée par écrit d'abord dans la charte fondamentale, ensuite dans les lois organiques sur le statut, le CSM et la Cour suprême mais également dans plusieurs textes de lois, de décrets et des circulaires.

Dans la Constitution sénégalaise, la consécration de la Justice comme *pouvoir* est demeurée constante depuis 1960 contrairement à la France, où, depuis la Constitution de 1958, elle est passée de *Pouvoir* à *Autorité*. Et l'une des garanties fondamentales de l'indépendance du juge à savoir l'inamovibilité y est consacrée sans restriction.

Malheureusement, la loi organique a prévu en son article 5 une dérogation, qui est devenu le principe, à savoir l'affectation pour nécessités de service.

Ces nécessités de service, ni définies ni suffisamment encadrées, alliées à la généralisation de l'intérim, sont la principale menace de l'indépendance et de l'impartialité du juge.

Il existe au Sénégal trois cas d'intérim : l'intérim lié au fait pour un magistrat de ne pas occuper effectivement le poste de sa première titularisation à l'issue de la période de suppléance de deux ans après sa première prise de fonction ; l'intérim prévu par les articles 90 et suivants du statut en vertu desquels, en cas d'empêchement du Chef de cour ou de juridiction, l'intérim est assuré par le président de chambre ou le juge le plus ancien ; et enfin, l'intérim, qui est le plus fréquent du fait du rajeunissement du corps et des contraintes légales de l'avancement outre parfois les retards injustifiés dans ce domaine, et qui correspond à l'hypothèse de l'affectation du magistrat à un poste dont il n'a pas le grade.

Dans ce dernier cas, l'intérimaire subit la lourdeur des charges de la fonction sans bénéficier des avantages qui s'y attachent. Curieusement, cet intérim concerne même les postes d'avancement au choix (Chefs de cour, Directeurs à l'Administration centrale)

Face à la violation du principe de l'inamovibilité, le Conseil d'État, par un arrêt n°21/01, avait annulé les décrets n° 2000/623 et n° 2000/611 du 21 juillet 2000 portant, d'une part, nomination de Monsieur Mbacké Fall en qualité de Procureur de la République par intérim près le tribunal régional de Kolda et, d'autre part, détachement de Monsieur Cheikh Ndiaye auprès du ministère de l'Enseignement supérieur.

Même si la loi ne prévoyait pas de recours contre les décisions du CSM, le Conseil d'État avait admis la recevabilité d'un recours pour excès de pouvoir contre le décret n° 2002/98/PR du 12 février 2002 portant révocation d'un magistrat pour le rejeter au fond. Le requérant avait soutenu que la décision attaquée devait être censurée, en ce que la sanction de révocation sans droit à pension était disproportionnée par rapport aux faits. En réponse, le Conseil d'État devait rappeler que l'appréciation de la consistance, de la gravité de la faute ainsi que de la détermination de la nature comme du niveau de la sanction, dans le cadre et la limite de la gamme de sanctions légalement spécifiées relevaient (et relèvent) des prérogatives dévolues à l'autorité investie du pouvoir disciplinaire[214].

Il y a la particularité liée à la possibilité légale d'être en même temps président de la juridiction, délégué du procureur, juge d'instruction et JAP. Ce qui pose problème par rapport au principe d'impartialité et d'indépendance

[214] Arrêt n° 19 du 7 novembre 2002.

Avant 1992, existait une commission d'avancement des parquets, et le CSM qui n'était composé que de membres de droit ne s'occupait que des magistrats du siège.

Depuis la loi organique n° 92-26 du 30 mai 1992, c'est le CSM qui gère la carrière de tous les magistrats, et il a admis en son sein trois magistrats élus en raison d'un par collège (article 3 de l'ordonnance n° 60-16 du 3 septembre 1960 portant loi organique sur le CSM). Ce nombre est passé à quatre, et le troisième collège regroupe les magistrats les moins gradés mais qui sont les plus nombreux.

§ 2. Les fonctions juridictionnelles à améliorer.

Les fonctions juridictionnelles à améliorer concernent d'une part les fonctions de poursuites et d'instruction (A), et, de l'autre, les fonctions d'enquête, de jugement et d'exécution (B).

A.- Les fonctions de poursuite et d'instruction

Ces fonctions ont trait à la mise en mouvement de l'action publique par le parquet et à celles liées à l'information judiciaire menée par les juges d'instruction.

1. Les fonctions de poursuite

Les fonctions de poursuite se font par le biais de la mise en mouvement de l'action publique du Procureur de la République qui en a le monopole. Le grand problème à ce niveau est la soumission à une chaîne hiérarchique qui peut le brider dans ses poursuites ou l'inféoder selon les options du moment. L'instrumentalisation tant décriée passe par là et se traduit par des poursuites sélectives.

Il y a parfois des abus dans les poursuites par le maquillage d'affaires civiles en affaires pénales, par des actes de tortures qui ont conduit à des morts d'homme dans les lieux de garde à vue, par le non-respect fréquent des conditions de la garde à vue par le recours abusif du retour de parquet, le refus de la présence de l'avocat à la première heure.

Il n'y a pas une cohérence dans la mise en œuvre des poursuites du fait de l'absence d'une politique claire en matière pénale[215]. Le temps judiciaire semble suspendu au temps politique, et les parquets font preuve de peu d'initiative. Les poursuites se résument quasiment à des placements sous mandat de dépôt suivis de traduction en audience de flagrant délit, ce qui accroît le taux des incarcérations et les longues détentions.

L'élargissement de la palette des modes de règlement avec l'admission de la médiation pénale n'a pas renversé la donne.

Cette situation est exacerbée par le caractère obligatoire du mandat de dépôt dans une catégorie importante de délits et de crimes. C'est le cas en matière douanière, en matière de détournement de deniers publics, de vol de bétail, et d'outrage au Chef de l'État[216]

2. Les fonctions d'instruction

Le juge d'instruction ou magistrat instructeur, saisi obligatoirement en cas de crime, facultativement en cas de délit ou de contravention, a pour mission de rechercher l'auteur ou les auteurs présumés de l'infraction, de rassembler les preuves et d'apprécier si les charges relevées sont suffisantes pour traduire les inculpés devant la juridiction de jugement.

La fonction du juge d'instruction, qui joue un rôle fondamental dans le déroulement du procès pénal, est donc primordiale.

Il convient d'abord de faire l'état des lieux, avant de préconiser quelques recommandations dans le sens de l'amélioration de la situation du juge d'instruction.

- État des lieux :

Le juge d'instruction, juge du siège au sens large, est nommé, non pas par le CSM mais plutôt par le Garde des Sceaux, ministre de la Justice. La seule dérogation qui existe en ce domaine est la fonction de

---

[215] L'actuel Garde des Sceaux veut corriger une telle absence pour l'adoption d'une lettre de politique pénale dont le projet est en consultation auprès des Procureurs généraux avec son adoption par voie de circulaire.

[216] Cf. les articles 152 et suivants du code pénal relatifs aux détournements, aux soustractions et aux escroqueries portant sur des deniers publics. Le délit d'"offense au chef de l'État" est, quant à lui, régi par la loi n° 77-87 du 10 août 1977 reprise par l'article 254 du code pénal sénégalais.

Doyen des juges (juge en charge du premier cabinet du TGIHCD) qui relève du CSM.

La conséquence est que l'exercice de la fonction de juge d'instruction relève de la seule appréciation du ministre de la Justice qui peut par simple arrêté et sans l'avis ni des Chefs de cours ni des Chefs de juridiction, ni du CSM, et encore moins de l'intéressé, retirer à un juge ses fonctions d'instruction ou attribuer celles-ci à un autre juge du siège. Il peut également faire valser les juges d'instruction d'un cabinet à un autre.

- Statut du juge d'instruction :

Aux termes des dispositions des articles 40 du code de procédure pénale et de l'article 17 du décret n° 84-1194 du 22 octobre 1984 fixant la composition et la compétence des Cours d'appel, des tribunaux régionaux et des tribunaux départementaux, il est désigné dans chaque tribunal régional au moins un juge d'instruction, par arrêté du Garde des Sceaux. L'alinéa 3 de l'article 17 précité ajoute que quand les besoins du service l'exigent, il peut en être désigné plusieurs. L'article 2 du même décret reprend ces dispositions pour les tribunaux départementaux.

Aux termes de l'article 51 de la loi organique n° 92-27 portant statut des magistrats, « ... *les fonctions de juges d'instruction sont attribuées aux juges des juridictions par arrêté du Garde des Sceaux, Ministre de la Justice par période de trois ans renouvelable* ». Le deuxième alinéa ajoute que « *les juges suppléants peuvent lorsque les nécessités du service l'exigent, être chargés des fonctions de juge d'instruction* ».

Bien qu'essentielle dans l'architecture judiciaire, la fonction de juge d'instruction n'est pas prise en compte dans les tableaux fixant le siège, le classement, la composition et le ressort des tribunaux régionaux et départementaux (décret n° 84-1194 du 22 octobre 1984).

En effet, ces tableaux, qui prévoient les effectifs budgétaires des juridictions, ne spécifient pas le nombre de juges d'instruction qui doivent être affectés dans chacune d'elles, ceux-ci étant compris dans l'effectif des juges du siège.

C'est ainsi qu'il a été observé lors des missions d'inspection, que l'ouverture ou la fermeture de cabinets d'instruction ne relevaient pas d'une politique définie par la Chancellerie mais de la volonté de certains chefs de juridictions (président et procureur), qui procèdent à des réaménagements, souvent à la suite de l'affectation d'un juge d'instruction dans une autre juridiction.

Il a également été constaté le glissement de juges d'instruction d'un cabinet à un autre (du 3ème vers le 2ème ou du 2ème vers le 1er), sans intervention d'un arrêté du Garde des Sceaux, de même que l'affectation de juges à des cabinets d'instruction par simple ordonnance d'un Premier président de Cour d'appel.

Des dysfonctionnements ont également été constatés dans la procédure de suppléance des juges d'instruction.

Tous ces errements influent négativement sur le fonctionnement des cabinets d'instruction, et –par conséquent– sur le traitement des dossiers et sur la durée de la détention provisoire.

Pour une meilleure prise en compte de la fonction de juge d'instruction, le décret de 1984 fixant la composition et la compétence des cours d'appel, des tribunaux régionaux et des tribunaux départementaux devra prévoir le nombre de juges d'instruction à affecter à chaque juridiction ; ce qui mettra un terme à la gestion empirique actuellement en vigueur, qui fait que le nombre de cabinets d'instruction ouverts dans les juridictions, surtout régionales, varie en fonction des circonstances.

- Données statistiques :

L'effectif actuel des magistrats nommés aux fonctions de juge d'instruction, dans les tribunaux régionaux et départementaux figure dans les tableaux ci-après.

- Tribunaux régionaux :

TRIBUNAUX	NOMBRE DE MAGISTRATS
Tribunal régional hors classe Dakar	10
Tribunal régional de 1ère classe de Thiès	03
Tribunal régional de 1ère classe de Saint-Louis	02
Tribunal régional de 1ère classe de Kaolack	02
Tribunal régional de 1ère classe de Ziguinchor	01
Tribunal régional de 2ème classe de Tambacounda	01
Tribunal régional de 2ème classe de Diourbel	02
Tribunal régional de 2ème classe de Louga	02
Tribunal régional de 2ème classe de Fatick	01
Tribunal régional de 2ème classe de Kolda	01
Tribunal régional de 2ème classe de Matam	01
TOTAL	**25**

- Tribunaux départementaux :

TRIBUNAUX	NOMBRE DE MAGISTRATS
Tribunal départemental hors classe de Dakar	01
Tribunal départemental de Pikine	01
Tribunal départemental de Rufisque	01
Tribunal départemental de Thiès	01
Tribunal départemental de Saint-Louis	01
Tribunal départemental de Kaolack	01
Tribunal départemental de Tambacounda	01
Tribunal départemental de Mbour	01
Tribunal départemental de Louga	01
Tribunal départemental de Fatick	01
Tribunal départemental de Foundiougne	01
TOTAL	**11**

Il faut préciser que dans les vingt-et-un (21) tribunaux départementaux dans lesquels il n'a pas été nommé de juge d'instruction, les présidents remplissent d'office ces fonctions, conformément aux dispositions de l'article 2 du décret n° 84-1194.

Les magistrats actuellement en fonction dans les tribunaux régionaux et départementaux sont répartis ainsi :

- Magistrats au siège pur : 158 ;
- Juges d'instruction : 35 ;
- Magistrats du parquet : 59.

FIGURE 5 : Magistrats en fonction dans les tribunaux régionaux et départementaux[217]

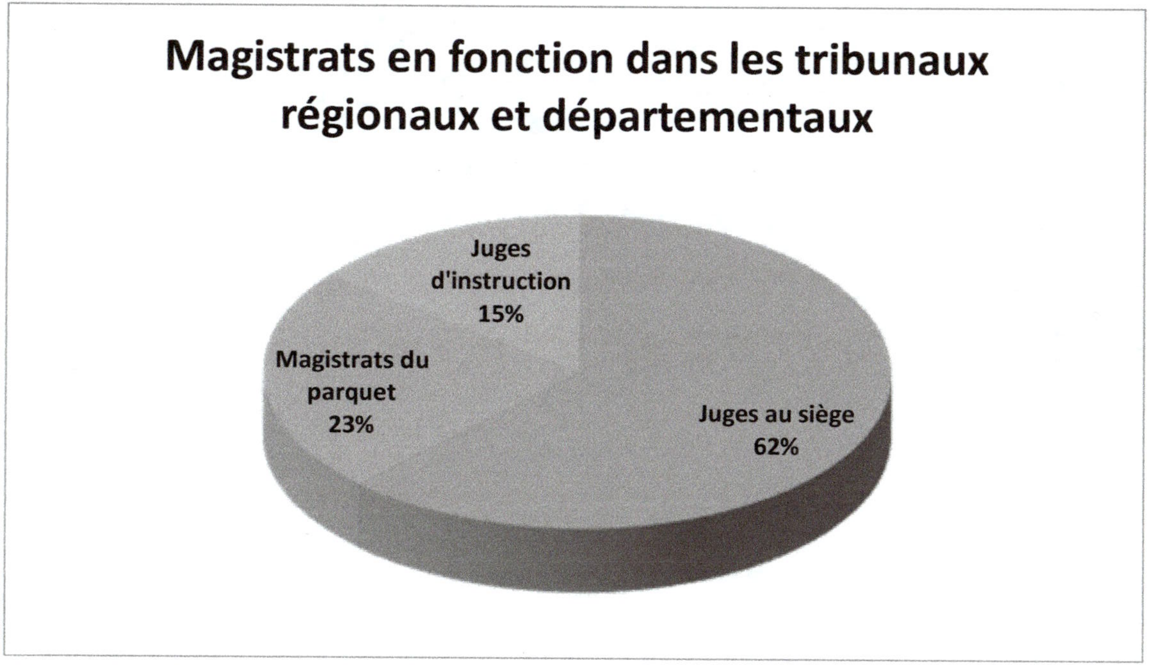

[217] La figure 4 a été réalisée par l'auteur de cette thèse.

Avec la réforme de 2015 (c'est la réforme de 2014 avec des décrets d'application de 2015), il y a eu une petite évolution dans la mesure où les postes budgétaires sont désormais prévus pour les juges d'instruction au niveau des TGI.[218] Mais cela n'a pas gommé les disparités notées entre les parquetiers, juges d'instruction et juges du siège, du fait d'une gestion d'une catégorie de juges par le ministère sans aucune prise en compte des réalités objectives des cabinets d'instruction.

TABLEAU VI : DES JUGES D'INSTRUCTION

NOMBRE	TRIBUNAL DE GRANDE INSTANCE OU TRIBUNAL D'INSTANCE	NOMBRE DE JUGE D'INSTRUCTION
1	T.G.I. DE DAKAR	10 DONT LE DOYEN DES JUGES
2	T.G.I. DE KAOLACK	1
3	T.G.I. DE FATICK	1
4	T.G.I. DE TAMBACOUNDA	1
5	T.G.I. DE KEDOUGOU	1
6	T.G.I. DE THIÈS	2

[218] Le décret de la loi 1984 portant organisation judiciaire n'avait prévu des postes budgétaires que pour les juges. Ce qui rendait difficile les prévisions par rapport au nombre de cabinet d'instruction à ouvrir dans les tribunaux régionaux et par conséquent à pourvoir en juges d'instruction.

7	T.G.I. DE MBOUR	1
8	T.G.I. DE DIOURBEL	2
9	T.G.I. DE SAINT-LOUIS	2
10	T.G.I. DE LOUGA	1
11	T.G.I. DE MATAM	1
12	T.G.I. DE ZIGUINCHOR	1
13	T.G.I. DE KOLDA	1
14	T.I. H.C. DE DAKAR	1
15	T.I. DE PIKINE	1
16	T.I. DE RUFISQUE	1
17	IL Y A 32 T.I. DONT LE PRÉSIDENT FAIT OFFICE DE JUGE D'INSTRUCTION :	32
TOTAL :		**60** DONT **28** TITULAIRES

Pire : le déséquilibre entre les juges d'instruction, procureurs et juges du siège s'est accentué, puisque, entre 2008 et 2018, l'on est passé de 15 % de juges d'instruction sur l'ensemble des magistrats exerçant dans les cours et tribunaux, à 6,26 %.

Entre temps, le parquet est passé de 23 % à 24,31 % et le siège pur de 62 à 69,42 %.

<u>FIGURE 6</u> : GRAPHIQUE DE POURCENTAGE DES JUGES[219]

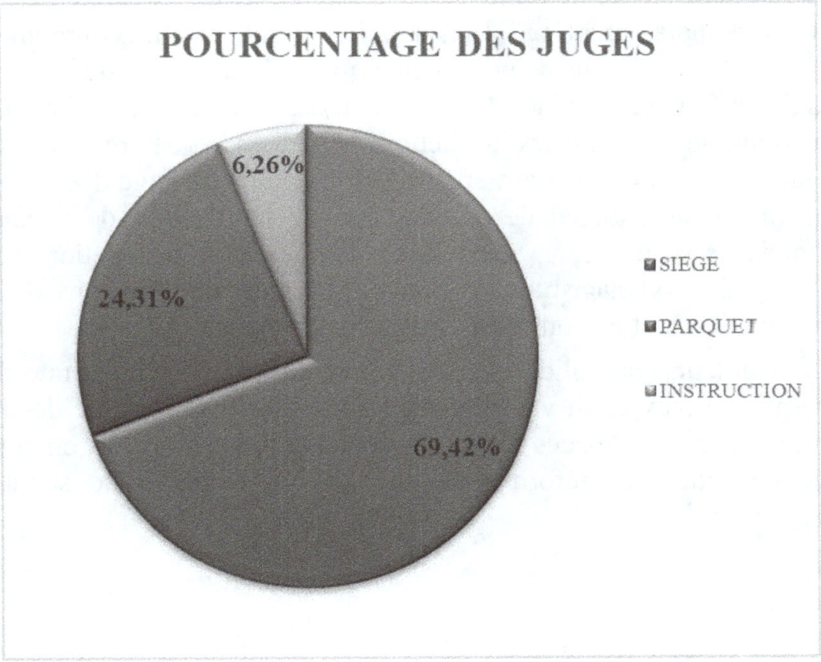

Au niveau des tribunaux d'instance, on a maintenu la possibilité pour le Président de la juridiction d'exercer en même temps les fonctions de juge d'instruction, de délégué du Procureur de la République, de Président et de juge de l'application des peines.

Ce qui est loin de garantir le respect des règles d'un procès équitable. Il se pose d'ailleurs, à ce niveau, un problème kafkaïen de hiérarchie, puisqu'il y a une difficulté sérieuse à faire le départ entre le Président agissant comme juge du siège et le Président agissant comme délégué du Procureur de la République : en tant que délégué du Procureur de la République, le Président est sous l'autorité du Chef du parquet, et en tant que juge du siège, il est indépendant.

---

[219] Graphique de pourcentage des juges réalisé par l'auteur de cette thèse.

Il ressort de ce tableau que les juges d'instruction des tribunaux régionaux sont relativement peu gradés (tous du deuxième grade). Cette situation s'explique par le fait que les fonctions de juge d'instruction sont très peu attractives, en raison de l'impossibilité pour les magistrats d'y faire carrière.

Pourtant, la fonction de juge d'instruction est très sensible et très médiatisée. Elle mérite donc un effort particulier en matière de garantie statutaire, notamment par l'instauration d'une certaine durabilité au poste, et de conditions de nomination qui excluraient que de très jeunes magistrats inexpérimentés en la matière puissent accéder à ces fonctions, surtout dans les juridictions hors classe et de première classe. Pour ce faire, il faudra, soit ériger certains postes de juge d'instruction, notamment au tribunal de grande instance hors classe de Dakar, en emplois hors hiérarchie, soit dissocier le grade de la fonction, ce qui permettrait aux magistrats de pouvoir exercer des fonctions de juge d'instruction tout en continuant à avancer en grade.

Par ailleurs, un solide plan de formation initiale et continue devra être mis en œuvre, en vue d'une spécialisation fonctionnelle des juges d'instruction. Toutes ces préoccupations devront être prises en compte dans le cadre des réformes de la carte judiciaire et du statut des magistrats[220].

---

[220] Malheureusement, les dernières réformes intervenues en 2017 du statut des magistrats et du CSM n'ont pas pris en compte cette réalité : les juges d'instruction continuent toujours à être affectés par arrêté du Garde des Sceaux.

TABLEAU VII : DES EFFECTIFS BUDGÉTAIRES DES JUGES D'INSTRUCTION DANS LES TGI (DÉCRET D'APPLICATION DE 2015)

TRIBUNAL DE GRANDE INSTANCE	NOMBRE PRÉVU	CLASSE
T.G.I. HORS CLASSE DE DAKAR	15	HORS CLASSE
T.G.I. DE KAOLACK	5	1é CLASSE
T.G.I. DE SAINT-LOUIS	5	
T.G.I. DE THIÈS	5	
T.G.I. DE PIKINE	5	
T.G.I. DE ZIGUINCHOR	5	
T.G.I. DE DIOURBEL	4	2e CLASSE
T.G.I. DE LOUGA	4	
T.G.I. DE TAMBACOUNDA	4	
T.G.I. DE FATICK	4	
T.G.I. DE KOLDA	4	
T.G.I. DE MATAM	4	

T.G.I. DE MBOUR	4	
T.G.I. DE SEDHIOU	2	
T.G.I. DE KAFFRINE	2	
T.G.I. DE KEDOUGOU	2	
T.G.I. DE MBACKE	3	
T.G.I. DE RUFISQUE	4	
T.G.I. DE TIVAOUANE	2	
TOTAL :	**83**	

Commentaire :

Il n'y a aucun poste budgétaire prévu pour les 45 tribunaux d'instance alors que le poste d'adjoint délégué est prévu.

N.B. : Ce poste n'a été pourvu que pour les parquets d'instance de la région de Dakar.

TABLEAU VIII : DES DIFFÉRENCES DANS LES TGI

TRIBUNAL DE GRANDE INSTANCE	NOMBRE PRÉVU	NOMBRE FONCTIONNEL	DÉFICIT
T.G.I.H.C. DE DAKAR	15	10	5
T.G.I. DE PIKINE-GUEDIAWAYE	5	1	4
T.G.I. DE KAOLACK	5	1	4
T.G.I. DE FATICK	4	1	3
T.G.I. DE TAMBACOUNDA	4	1	3
T.G.I. DE KEDOUGOU	2	NON FONCTIONNEL	N.F.
T.G.I. DE THIÈS	5	2	3
T.G.I. DE TIVAOUANE	2	NON FONCTIONNEL	N.F.
T.G.I. DE MBOUR	4	1	3
T.G.I. DE DIOURBEL	4	2	2
T.G.I. DE MBACKE	3	NON FONCTIONNEL	N.F.

T.G.I. DE SAINT-LOUIS	5	2	3
T.G.I. DE LOUGA	4	1	3
T.G.I. DE MATAM	4	1	3
T.G.I. DE ZIGUINCHOR	5	1	4
T.G.I. DE KOLDA	4	1	3
T.G.I. DE SEDHIOU	2	NON FONCTIONNEL	N.F.
T.G.I. DE KAFFRINE	2	NON FONCTIONNEL	N.F.
T.G.I. DE TIVAOUANE	2	NON FONCTIONNEL	N.F.
T.G.I DE RUFISQUE	4	NON FONCTIONNEL	N.F.
TOTAL PRÉVU : 83		**TOTAL FONCTIONNEL : 25.** ………………………… **TOTAL NON FONCTIONNEL : 15**	**TOTAL DÉFICIT : 43**

B.- Les fonctions d'enquête, de jugement et d'exécution

1. Les fonctions d'enquête

Enquêter, c'est rechercher des indices, des éléments de preuve pouvant fonder des poursuites.

Dans le système judiciaire sénégalais, la prérogative d'enquêter appartient aux agents de police judiciaire et aux officiers de police judiciaire sous le contrôle du procureur, des juges d'instruction, du Procureur général et de la chambre d'accusation.

Mais, problème, le manque de moyens, les difficultés d'adressage et d'identification des mis en cause et des témoins, ainsi que l'absence de formation en techniques d'investigation ralentissent considérablement les enquêtes et accroissent le nombre des dossiers bloqués dans leur traitement pour recherches infructueuses ou non comparution des parties civiles ou des témoins.

2. Les fonctions de jugement

Juger, c'est le fait pour le juge de trancher un litige conformément aux lois et règlements, après examen préalable et complet des prétentions des parties au procès.

La fonction de juger suppose une bonne maîtrise des règles de compétence, des règles de qualification pour bien apprécier le droit applicable, une bonne appréhension du temps de procès pour rendre sa décision dans un temps raisonnable, car *« Il faut prendre le temps de juger, mais juger dans le temps »*.

Dans la pratique, malgré les multiples réformes de la mise en état, de la répartition des compétences, de la spécialisation des chambres, la durée du procès est toujours longue et la disponibilité des décisions toujours problématique.

Entre la saisine du tribunal, le prononcé de la décision et sa disponibilité, il y a un véritable chemin de croix qui en décourage plus d'un. Cela va des multiples renvois pour mise en état, des prorogations ou rabats de délibéré, de la non-disponibilité des décisions, faute de rédaction du factum ou défaut de signature du président ou encore d'enregistrement en souffrance. Des fois, et cela arrive fréquemment, le justiciable, au bout d'une longue instance, n'a plus les moyens de payer les frais de délivrance pour lever la grosse.

3. Les fonctions d'exécution

L'exécution des décisions de justice est une problématique essentielle, car la machine judiciaire tourne à vide si, au bout des efforts consentis pour juger les affaires à date échue, les décisions ne sont pas exécutées !

Si, en matière civile et commerciale, cela se traduit par une impossibilité à voir la cause pour laquelle le juge avait été saisi (paiement d'une dette, expulsion d'un locataire indélicat, réalisation d'une garantie, etc.), en matière pénale, cela induit une inexécution de la peine et un non-paiement de l'amende qui aboutissent à une impunité de fait.

Mais pour bien identifier les difficultés dans l'exécution des décisions de justice, il faut appréhender le processus qui implique plusieurs acteurs.

❖ La 1ère phase, c'est la disponibilité de la décision. Cela suppose des décisions vidées, rédigées, signées, enregistrées et disponibles au rang des minutes.

❖ La 2ème phase, c'est une fois que la grosse est levée, sa signification doit être faite par un huissier pour l'exécution. Ce qui suppose la présence d'un huissier territorialement compétent, les moyens dont devrait disposer le requérant pour payer les actes et l'accès physique à la personne requise (problèmes d'adresse, d'accès à certains endroits).

Une fois ces préalables levés, la personne peut s'exécuter volontairement ; sinon, à défaut intervient la troisième phase, celle de l'exécution forcée. Celle-ci peut nécessiter l'intervention de la police ou de la gendarmerie mais également des banques, des employeurs et du trésor public car cette exécution peut se traduire certes par des opérations matérielles telles que l'expulsion mais également par des opérations juridiques telles que la saisie de compte bancaire ou de biens meubles ou immeubles. À ce niveau également le processus peut être long et complexe mais également coûteux (cas de la saisie immobilière).

À tous les niveaux de la chaîne, il y a donc des goulots d'étranglement qu'il faut lever pour accroître le taux d'exécution des décisions de justice.

Compte tenu des difficultés d'avoir des statistiques complètes et fiables, nous allons nous focaliser sur le cas topique du TRHCD suite à la mission de l'IGAJ en 2012. Celle-ci au vu des constatations faites des recommandations préconisées par les inspecteurs et des observations faites par la Présidente et des mesures correctives appliquées donne une quintessence parfaite des problématiques de l'exécution des décisions de justice et des leviers qu'il faut actionner pour trouver des solutions durables.

À titre illustratif, mérite d'être évoqué le cas du tribunal régional hors classe de Dakar (TRHCD).

Deux autres problèmes relatifs à l'absence de prise de notes dans les plumitifs et à la rédaction des décisions doivent être soulignés et résolus pour une Justice moderne, efficace et efficiente. L'absence de prise de notes dans le plumitif. La tenue des plumitifs et des répertoires révèle quelques manquements imputables aux greffiers audienciers, au greffier en chef, aux présidents de chambre et au chef de la juridiction.

En effet, la mission a relevé que les greffiers ne prennent pas note dans le plumitif des déclarations des parties et des conseils faites aux audiences de référé. Or, assez souvent, ces personnes usent de cette faculté, qui leur est offerte par la loi, pour présenter des observations orales ou développer leurs conclusions déposées et jointes au dossier. Le juge des référés se voit ainsi obliger de prendre note de plus en plus des plaidoiries faites par les conseils sur la chemise du dossier.

Également, les notes d'audience consignées dans les plumitifs tenus en matière civile et commerciale, comme en matière correctionnelle, ne sont ni signées par le greffier audiencier, ni visées par le président. Ce qui constitue une violation des dispositions des articles 75 al. 2 du code de procédure civile (CPC) et 439 du code de procédure pénale (CPP), qui font obligation à ces autorités judiciaires de les viser respectivement dans les 24 heures et trois jours qui suivent l'audience.

Il se pose en outre la question de l'indisponibilité des plumitifs pendant les mouvements de grève des greffiers. Ce qui conduit les gendarmes et autres agents substituant les greffiers à l'audience à tenir des plumitifs parallèles avec une numérotation des décisions qui peut être source de confusion avec les numéros des minutes conservées au greffe. Une telle pratique est à proscrire. Le plumitif ou le répertoire doit être le même, quelle que soit la qualité de greffier ou de greffier ad hoc de l'agent qui a siégé à l'audience.

La dotation en matériel informatique au personnel judiciaire a facilité la rédaction des jugements. Il se développe de plus en plus une bonne collaboration entre les greffiers et les juges pour la mise en forme des décisions judiciaires. En effet, en s'appropriant, pour la plupart de l'outil informatique, les juges saisissent directement leurs décisions avant le délibéré, à charge pour le greffier de préparer après les qualités.

Néanmoins, force est de constater que, malgré l'implication des juges et la constitution d'un pool de secrétaires exclusivement affectés à la saisie des décisions, le greffe a encore de la peine à respecter les délais de rédaction et de signature des jugements prévus par les codes de procédure civile et de procédure pénale, eu égard au nombre important de décisions rendues au TRHC de Dakar : neuf mille cent-vingt-et-un (9121) jugements rendus globalement par le tribunal correctionnel, le tribunal pour enfants et les compositions des flagrants délits entre 2011 et juin 2012 et ; vingt-et-un mille trois cents (21.300) ordonnances de référé et onze mille trois cent soixante-dix-neuf (11.379) jugements vidés en matière civile et commerciale dans la période comprise entre 2009 et mai 2012.

Pour rappel en matière civile et commerciale, l'article 75 bis du CPC dispose, que le greffier audiencier a l'obligation, sous la surveillance du greffier en chef, d'assurer dans les deux semaines du prononcé, la dactylographie et la présentation de la décision à la signature du magistrat qui l'a rendue. Le jugement doit être signé par le président et le greffier dans un délai maximum de vingt-cinq jours, selon l'article 76 du même code.

Le contrôle du classement des minutes laisse apparaître quelques insuffisances.

L'agent préposé au classement a d'emblée porté à la connaissance des inspecteurs que seules les minutes civiles et commerciales, des ordonnances de référé de 1998 à 2012 sont classées au bureau des archives ; que celles d'avant cette période sont encore au bloc des madeleines entre les mains de S. L. Fall, pourtant admis à faire valoir ses droits à une pension de retraite depuis quelques années. Il en est de même avec les minutes correctionnelles datant avant 1987. Cette situation pose le problème de la sécurisation des archives judiciaires d'autant que cet ancien palais de justice est présentement en réfection suite à sa réaffectation à la direction générale des douanes. Il urge en conséquence de prendre instamment les dispositions pratiques pour leur rapatriement au bureau des archives sis au palais Lat Dior.

À titre illustratif, entre 2009 et mai 2012, il a été dénombré mille neuf cent dix (1910) minutes manquantes sur les vingt-et-un mille trois cents (21300) ordonnances rendues par le juge des référés, soit 8,96 %. Ce taux est pratiquement doublé avec 16,31 % pour les jugements en matière civile et commerciale où l'on a recensé mille huit cent cinquante-sept (1.857) minutes non classées sur les onze mille trois cent soixante-dix-neuf (11.379) décisions rendues à la même période. Le greffe correctionnel, dans ses différentes composantes (tribunal pour enfants, flagrant délit et grande correctionnelle), accuse également le même retard dans la mise en forme et le classement des minutes avec un taux global de 18,55 % correspondant à mille six cent quatre-vingt-quinze (1.695) manquants sur les neuf mille cent vingt-et-un (9.121) délibérés prononcés dans la période comprise seulement entre 2011 et juin 2012.

Cette situation déplorable impacte négativement l'efficacité du système en ce sens qu'elle retarde la transmission et le traitement des dossiers d'appel, mais constitue surtout un obstacle à la délivrance et à l'exécution des décisions judiciaires.

En définitive, les difficultés de l'exécution des décisions de justice, comme on le voit sont donc liées à la faiblesse voire l'absence de véritables services d'exécution des peines tant dans les greffes des différentes juridictions que dans les parquets, au faible maillage du territoire en huissiers, au manque d'adressage dans la plupart des localités du pays rendant très difficile le service des actes, au retard important du paiement par l'État des frais de justice, au manque de personnel qualifié et de moyens pour l'établissement des pièces d'exécution et la notification des décisions des tribunaux départementaux[221] aux coûts des actes, à l'absence d'une véritable assistance des forces de police et de gendarmerie pour prêter main-forte aux huissiers confrontés à des résistances ou des menaces, au recours systématique à des référés sur difficulté, à l'insuffisante prise en compte de l'urgence au niveau des instances d'appel[222].

La clé de l'amélioration de l'exécution des décisions de justice est sans doute de lever ces obstacles précités.

À titre d'exemple, depuis le passage de l'IGAJ au TRHCD en 2012, le retard dans l'établissement des pièces d'exécution qui remontait à 2007 a été réduit jusqu'en mai 2010 soit désormais un gap de cinq ans à résorber. Et, comme dit précédemment, le TRHCD produisant dix mille jugements pénaux en moyenne, il faudrait établir 300.000 pièces d'exécution (10.000 jugements x 5 ans x 6 pièces) pour y parvenir. Or, le service d'exécution n'a que quatre agents sans ordinateur, sans

221 Il n'y a pratiquement plus d'agents d'exécution à ce niveau.

222 Les ordonnances de référé sont traitées comme de simples affaires au niveau de l'appel, de même que les dossiers de criées.

photocopieuse et sans moyens de locomotion pour l'acheminement des pièces d'exécution aux personnes et services concernés.

Il faut noter par ailleurs que les peines alternatives à l'incarcération telles que le travail d'intérêt général, le sursis avec mise à l'épreuve, la liberté conditionnelle et l'injonction thérapeutique ne sont guère prononcées par les juges, faute de mesures d'accompagnement. Ce qui vide de son sens l'institution du juge de l'application des peines, de la commission consultative d'aménagement des peines et de la commission de surveillance.

Depuis la réforme du Code pénal et du code de procédure pénale en 2001, ces nouvelles institutions se contentent de se prononcer ou d'émettre leur avis sur des placements à l'extérieur, des sorties sous escorte, des demandes de grâce ou de réduction de peine comme par le passé, la seule différence notable étant que les prérogatives du régisseur de prison ont été transférées au JAP et à la CCAP.

Le rôle du JAP est donc si marginalisé qu'en cas d'affectation, on oublie très souvent de pourvoir à son remplacement, et la plupart des commissions consultatives ne fonctionnent pas de manière régulière.

En fin de compte, la réforme de 2001 qui devait humaniser la détention et réduire sensiblement les peines d'emprisonnent n'a pas atteint ses objectifs : c'est finalement la libération conditionnelle et la grâce présidentielle qui sont, à ce jour, les voies les plus usitées pour désengorger les prisons.

Participe également de la modernisation de la Justice le bon fonctionnement de la coopération internationale. La fonction de coopération internationale permet une meilleure protection des citoyens à l'étranger, l'atteinte de meilleurs résultats dans les poursuites, l'enquête, l'instruction et la répression de certains crimes ou délits, en particulier dans la cybercriminalité, le terrorisme, les séjours irréguliers à l'étranger, le trafic international de drogue, la traite des personnes, le génocide et autres crimes de masse.

La Justice d'un pays ne fonctionne pas en vase clos, elle coopère avec d'autres pays au travers de conventions judiciaires[223] de ratification de traités d'union judiciaire qui postule un abandon de souveraineté et l'acceptation de décisions judiciaires prises par des juridictions non sénégalaises.

---

[223] Le Sénégal a signé une convention de coopération judiciaire avec plusieurs États africains et européens en particulier.

Le problème vient de ce qu'au gré des intérêts du moment, l'État respecte la décision rendue par une Cour communautaire, mais que, d'autres fois, il refuse de se soumettre à la loi communautaire : les décisions d'extradition butent parfois sur les exigences de la "realpolitik". Sans compter que la plupart des dossiers d'instruction sont bloqués par des commissions rogatoires non exécutées, du fait de l'obstacle quasi infranchissable du secret bancaire et des paradis fiscaux.

Des exemples intéressants peuvent être cités, notamment l'extradition du champion franco-tunisien qui s'était évadé des prisons françaises alors qu'il y purgeait une peine pour crime, et qui, par la suite, est devenu champion d'Afrique au Sénégal pour le compte de son pays d'origine où il s'était réfugié. Les autorités sénégalaises étaient tenaillées entre les exigences de deux pays amis, mais la convention franco-sénégalaise de 1974 a pris le pas sur les relations d'amitié et de coopération avec la Tunisie, et le Tunisien a été extradé après l'autorisation donnée par la chambre d'accusation de la Cour d'appel de Dakar.

Par contre, cette même chambre devait refuser d'extrader Monsieur Hissène Habré, ancien président du Tchad dans son pays d'origine d'abord, puis en Belgique. Le même Habré avait bénéficié d'une décision de la CEDEAO interdisant toute poursuite à son encontre par les juridictions sénégalaises du fait de l'autorité de la chose jugée. Il a fini par être jugé par des chambres africaines extraordinaires créées sur la base d'un accord signé entre l'État du Sénégal et l'Union africaine.

Le Sénégal est l'un des rares pays à respecter la libre circulation des biens et des personnes dans l'espace CEDEAO alors que ses citoyens sont soumis à toutes sortes de tracasseries quand ils se rendent dans les territoires des autres États signataires du traité.

SECTION 2. QUELLE MODERNITÉ POUR UNE JUSTICE PLUS EFFICIENTE ?

Pour avoir une justice plus efficiente, on doit s'interroger sur le type de modernité qu'il faut implémenter, ce qui suppose d'aller vers des valeurs fondatrices (§1) et des principes directeurs (§2) qui seront respectés dans leur esprit et non pas pris comme alibi pour faire passer la pilule de réformes sans grand lendemain.

§ 1. Les valeurs fondatrices

Concilier, c'est rapprocher les parties en conflit ; les réconcilier, mettre fin à leur différend.

Cette fonction de conciliation est au cœur de la justice africaine traditionnelle, qui ne connaît pas l'incarcération. Et quelle que soit la gravité du différend, on recourait à plusieurs tentatives de médiation, allant du chef de famille au chef de village, en passant par le doyen d'âge de la lignée, le sage du clan, l'imam de la mosquée, le représentant de la confrérie, le chef de quartier jusqu'à l'autorité suprême.

Dans la justice moderne, la conciliation a trouvé sa place dans le droit de la famille et le droit du travail où elle est érigée en préalable obligatoire à toute ouverture de la procédure contentieuse. Et pour accroître ses chances de réussite, elle se fait hors la présence des témoins et des conseils des parties, et le juge a un délai d'un an sur lequel il peut jouer s'il sent qu'il a des chances de parvenir à réconcilier les parties[224].

Malheureusement, le juge n'a aucune formation en techniques de médiation et de conciliation, et souvent le choix du médiateur conciliateur ne tient pas compte des réalités sociologiques pour qu'il incarne devant les parties la fonction qu'il est appelé à jouer afin de susciter confiance et adhésion dans sa prise de décision.

Dans nos propres fonctions de conciliation des couples en procédure de divorce ou en contribution aux charges du ménage, les justiciables s'étonnaient toujours de voir devant eux un jeune juge, et récriminaient par la suite sur son inexpérience parce qu'il ne les avait pas écoutés. Des années après, j'ai compris que pour eux, l'écoute devait se traduire par les laisser chacun faire la genèse de leur histoire commune et non leur demander dans un court laps de temps avec des questions fermées, les raisons de leur différend et les possibilités d'une réconciliation. En développant nos capacités d'écoute et en convoquant nos ressorts sociologiques et religieux, nous avons pu parvenir à quelques conciliations.

---

224 Le code de la famille accorde un délai d'un an au juge du TI pour tenter la conciliation entre les parties en litige dans une affaire familiale. Cette tentative de conciliation est obligatoire, et la phase contentieuse ne peut être ouverte que s'il y a non conciliation dûment constatée.

A.- La médiation et la conciliation

La médiation et la conciliation, qui sont considérées comme des modes alternatifs à la justice étatique au regard du droit moderne, ne sont pourtant pas totalement étrangères à la sphère judiciaire étatique du Sénégal. De modes essentiels de la justice traditionnelle africaine, elles ont irrigué progressivement la justice étatique (1) ; il s'agira alors sur ce substrat de base de bâtir la nouvelle justice qui aura comme socle principal la médiation et la conciliation (2).

1. Les prémisses déjà perceptibles d'une justice de médiation et de conciliation

La médiation conciliation est présente dans plusieurs procédures de la justice sénégalaise. Elle est parfois facultative, parfois obligatoire : c'est ainsi que la conciliation est obligatoire en matière sociale tant devant l'inspecteur du travail que devant le juge social, et qu'elle l'est également en matière familiale.

Cette conciliation est aussi obligatoire en matière d'indemnisation, suite à une expropriation pour cause d'utilité publique. En effet, en vertu des dispositions de l'article 3 du décret n° 77-563 du 3 juillet 1977 portant application de la loi n° 76-67 du 2 juillet 1976 relative à l'expropriation pour cause d'utilité publique et aux autres opérations foncières d'utilité publique, la commission de conciliation[225], prévue à l'article 9 de la loi n° 76-77 du 2 juillet 1976, sur convocation de son Président, doit au préalable être saisie pour fixer le montant de l'indemnité de l'expropriation offerte et le montant de l'indemnité de plus-value réclamée. Le juge de l'expropriation ne peut être saisi en vertu des dispositions de l'article 4 du décret n° 77-563 précité qu'à défaut : *« d'accord amiable sur le montant de l'indemnité d'expropriation et dans le délai maximum de 3 mois à compter du procès-verbal de la commission. »*

[225] Cette commission est composée du Président (le gouverneur de région ou son représentant) et des Membres constitués par un représentant du service des Travaux publics ou du service de l'Agriculture ou s'il y a lieu, un représentant du service des Domaines, un représentant du conseil municipal, lorsque l'immeuble est situé sur le territoire d'une commune, un représentant du conseil régional, lorsque l'immeuble est situé hors d'un territoire communal. Cette commission est convoquée par la Direction des Domaines ; celle-ci assure, en outre, le secrétariat de la commission et rédige les procès-verbaux.

Dans le domaine des assurances des véhicules à moteur, il y a également une phase de conciliation obligatoire en cas de décès ou de blessure de la victime d'accident de la circulation. En effet, l'article 231 du code CIMA dispose : *« Indépendamment de la réclamation que peut faire la victime, l'assureur qui garantit la responsabilité civile du fait d'un véhicule terrestre à moteur est tenu de présenter dans un délai maximum de douze mois à compter de l'accident une offre d'indemnité à la victime qui a subi une atteinte à sa personne. En cas de décès de la victime, l'offre est faite à ses ayants droit tels qu'ils sont définis aux articles 265 et 266 dans les huit mois du décès. »*

En matière civile et commerciale, la conciliation n'était certes pas une obligation, mais chaque fois que des parties tombaient d'accord sur un litige, cet accord sanctionné par un procès-verbal signé par les parties et le juge revêtait la même valeur juridique que le jugement. Par décret de 2015[226], elle est devenue un mode de règlement alternatif même pour les dossiers pendants devant les juridictions.

La médiation a été également instituée comme mode de règlement en matière pénale. Dans le sillage des réformes des années 2000, il a été institué des maisons de justice qui avaient vocation à régler des petits litiges par voies de médiation ou de conciliation à titre gratuit, et en toute confidentialité.

Le règlement préventif dans l'acte uniforme sur les procédures collectives d'apurement du passif participe également d'un certain esprit de conciliation qui oblige le juge et les parties à beaucoup de dextérité, de subtilité et d'expertise pour amener les créanciers vers un concordat.

L'on peut également noter le divorce par consentement mutuel comme une forme d'accord susceptible d'éviter les longues procédures contentieuses qui exacerbent les conflits familiaux. D'ailleurs, les personnes en conflits dans les grandes villes recourent de plus en plus au divorce par consentement mutuel[227].

Cependant, un problème demeure.

Bien qu'instituée au niveau des procédures et en plusieurs matières, la pratique a révélé que les procédures de conciliations aboutissent

---

226 Décret n° 2014-1653 du 24 décembre 2014 relatif à la médiation et à la conciliation.

227 Voir les statistiques au niveau du tribunal d'instance hors classe de Dakar, au tribunal d'instance de Pikine et au tribunal d''instance de Guédiawaye.

rarement. Cela est lié en partie, au fait que l'épine dorsale du dispositif est dans la gestion du temps peu propice au dialogue et au fait que le juge lui-même n'est pas suffisamment formé aux techniques de conciliation et de médiation.

Nous avons observé dans notre propre pratique des juridictions que les Sénégalais apportaient beaucoup d'importance au temps et à l'écoute. Cela commence par leurs rituels des salutations qui peut apparaitre au regard de l'étranger comme une vaste séance de répétitions qui démarrent par une chaude poignée de main suivie de la déclamation du nom de famille des uns et des autres, ponctuée par des louanges au Seigneur, s'en suivent des demandes de nouvelles des différents parents.

Par suite, le préalable à toute réussite de conciliation consiste à écouter chacune des deux parties faire sa propre genèse de son différend sans interruption intempestive ; et le cas échéant, celle-ci se fait avec une formule de politesse : *« dogou mala, Yalla boula Yalla dog »*[228]. Une fois ces préalables accomplis, se tisse un lien de confiance qui légitime le juge dans ses propositions de conciliation.

Parfois, il y a des barrières qui se créent à partir du préjugé de la relative jeunesse du juge ou du genre. Dans ces cas, il appartient au juge de puiser dans ses us et coutumes, dans sa cosmogonie, les ressorts sociologiques de sa société telle que le cousinage à plaisanterie[229], le rôle de la femme dans la famille traditionnelle pour expliquer que peu importe que l'on soit jeune ou femme, l'essentiel est que l'on ait la sagesse et la subtilité nécessaire pour rapprocher les parties et leur faire comprendre qu'elles ont tout intérêt à se réconcilier pour préserver un intérêt supérieur qui est peut-être de sauver leur famille, leur foyer, la réputation de leur lignée, leur dignité, leur honneur.

Autant d'éléments qui ne s'accommodent pas souvent avec le caractère public de l'audience et du jugement[230].

---

228 Traduction en français : *« Je n'essaie pas de vous couper la parole, que Dieu ne vous coupe pas ».*

229 *Ibid.* Charte du mandé.

230 Le jugement, dès son classement au rang des minutes, tombe dans le domaine public.

2. *L'institutionnalisation de la médiation conciliation comme pilier de la justice*

La modernisation va consister ici à inverser le paradigme du droit moderne qui dessaisit le juge au profit du conciliateur, du médiateur ou de l'arbitre, pour élargir les prérogatives du juge en étendant ses compétences en matière de conciliation et de médiation, et en intégrant carrément les maisons de justice dans le dispositif institutionnel de la carte judiciaire.

Il s'agira alors de faire des maisons de justice une sorte de premier degré et un préalable à toute saisine du juge dans les affaires de famille, et de certains petits délits.

Le dispositif des maisons de justice sera non seulement institutionnalisé au niveau de tous les 45 départements, mais également élargi jusqu'aux villages. On pourrait même parler à ce niveau de « Case de la justice », comme l'a proposé tout récemment le président du groupe parlementaire de l'APR à l'Assemblée nationale, Monsieur Aymirou Gning à l'occasion de l'examen du budget du ministère de la Justice devant la commission des lois.

Ce dispositif devra être accompagné par la création d'une direction chargée de la justice de proximité au sein du ministère de la Justice pour une meilleure coordination des maisons de justice, des bureaux d'accueil et d'orientation du justiciable et des bureaux d'information judiciaire.

Comme dans la conception traditionnelle africaine, les techniques de conciliation médiation sont consubstantielles aux prérogatives du juge étatique, contrairement à la justice moderne qui la considère comme une justice alternative.

Le nouveau système va lui donner une nouvelle naissance en la réinstallant au cœur du dispositif judiciaire pour en faire non pas un mode subsidiaire mais le principal mode de résolution de conflits dans la justice étatique.

Il s'agira, pour paraphraser Léopold Sédar Senghor[231], de partir des cendres du passé pour nourrir les racines de la nouvelle vie judiciaire

---

[231] *« Femme nue, femme noire / Je chante ta beauté qui passe, forme que je fixe dans l'Éternel / Avant que le Destin jaloux ne te réduise en cendres pour nourrir les racines de la vie. »*, Léopold Sédar Senghor, *Chants d'ombre, suivi de Hosties noires*, 3e édition, Paris, Seuil, 1956, p. 22.

qui sera plus moderne parce que plus efficace, plus rapide, moins onéreuse et plus en phase avec les aspirations des justiciables.

L'usage d'un mécanisme plus en phase avec le monde des affaires (sécurité et célérité) et plus proche de l'identité africaine, qui, par essence, est réfractaire au mode de résolution conflictuel des différends.

En effet, la justice africaine dans son essence ne cherche pas à trancher un litige mais à le régler en rapprochant les parties.

D'ailleurs, selon Fatou Kiné Camara, Docteur d'État en droit, et Abdallah Cissé, Professeur à l'Université Gaston Berger de Saint-Louis : *« Le paradigme de la justice négro-africaine se trouve cristallisé dans un concept sacralisé sous la forme d'une divinité du nom de 'Maât'. Dans l'Égypte ancienne, Maât est le principe divin de l'équité et de la vérité source d'ordre et d'harmonie.*

La justice africaine est en effet un outil de paix sociale, son but est la résolution des conflits par la restauration de la paix et de l'harmonie sociales. Il en découle une imbrication étroite de tous les modes de règlements et litiges : médiation, arbitrage et recours aux tribunaux étatiques, dans la mesure où le médiateur, l'arbitre et le juge sont tous tenus de faire prévaloir le règlement amiable ou la solution d'équité sur l'application stricte de la loi. Car, au lieu d'être des méthodes alternatives de règlements des litiges dans le système judiciaire négro-africain, l'arbitrage comme la médiation font partie intégrante de la justice institutionnelle, dont ils constituent soit une étape soit une facette. »[232]

C'est à se demander si, finalement, la justice dite moderne n'a pas exacerbé les conflits et dérouté les justiciables, qui, à l'origine, ne connaissaient ni la prison (le mode le plus usité était en effet le bannissement pour les cas les plus graves), ni la prescription, ni les modes rigides de consécration de la propriété (titre foncier) qui constituent autant de carcan pour celui qui doit trancher, ni la déchéance.

Cela peut sembler paradoxal, mais ici la modernité va consister à donner toute sa plénitude à un mode de résolution qui tire sa source de la tradition pour lui redonner vie dans le cadre judiciaire et non judiciaire. Il s'agira d'une sorte de renaissance de la médiation

---

[232] Fatou Kiné Camara & Abdoullah Cissé, *Arbitre et médiation dans les cultures juridiques négro-africaines : entre la prédisposition à dénouer et la mission de trancher*, Revue de l'Arbitrage, 2009, n° 2, pp 285-316.

conciliation, qui donnera à la justice étatique sa dimension pacificatrice et la réconciliera avec les populations qui, au fond, ont toujours regardé la justice étatique et africaine sous ses oripeaux de modernité de type occidental comme une structure exogène inadaptée et inefficace.

B.- L'ancrage de la protection des droits et libertés

Il est impératif de stabiliser la Constitution dans ses dispositions relatives à la justice pour éviter de fragiliser l'arbitre des institutions et le dernier rempart des citoyens.

En effet, le juge, qui est le gardien des libertés, doit davantage être protégé au plan institutionnel pour mieux jouer son rôle. Cela passe par la modification de son statut et du fonctionnement du CSM (1). Mais en plus, le citoyen, pour mieux assurer la protection des droits et libertés, doit bénéficier de plus de conseil et d'assistance de la part de l'État et du barreau (2).

1. Le renforcement du cadre de protection des juges

L'adoption de nouveaux statuts de la magistrature et de nouvelles dispositions modifiant le CSM est un impératif catégorique pour éviter une précarisation plus accentuée des magistrats.

Le CSM devra également évoluer vers un fonctionnement plus autonome et plus productif. En effet, cet organe ne produit aucun document scientifique ni rapport annuel à l'instar du CSM français[233]. Il ne se réunit que pour des sessions d'affectation ou des audiences disciplinaires et jamais pour une réflexion sur une thématique particulière.

Son administration n'est constituée que de son Secrétaire général qui n'exerce pas cette fonction de manière exclusive et autonome. Le SG est en même temps conseiller technique du Ministre[234].

Le Sénégal n'a pas tiré toutes les conséquences de sa politique de décentralisation et de son intention de toujours et davantage rapprocher

---

[233] La production d''un rapport annuel d''activité est obligatoire pour le CSM français qui les produit régulièrement.

[234] Depuis la réforme de 1992, le SG a toujours été choisi parmi les membres du cabinet. Ce qui n'est pas de nature à assurer sa pleine autonomie. Dans beaucoup de pays africains (Guinée, Togo, Burkina-Faso, Bénin) et la France, il est soit autonome soit en exercice dans les juridictions.

la justice du justiciable. C'est pourquoi, depuis l'indépendance, le contentieux de la légalité est resté l'apanage des hautes cours, alors que dans les pays en développement, tout le monde sait que l'État et ses démembrements sont les principaux responsables des atteintes aux droits des citoyens. Il n'est donc pas étonnant que le droit administratif ne soit pas développé parce que la faiblesse des contentieux et la pauvreté de la jurisprudence ne sont pas un terreau fertile.

Sans pour autant faire comme la France qui a un ordre administratif autonome de l'ordre judiciaire, on pourrait s'inspirer de l'exemple du Burkina Faso qui a créé des chambres administratives[235] dans les juridictions de base, de même que Madagascar.

Le Substitut du Procureur de la République près le TGIHCD, dans son discours d'usage prononcé à l'occasion de la rentrée solennelle des Cours et Tribunaux de l'année 2016 a préconisé la décentralisation du contentieux de la légalité vers les TGI : malheureusement, son point de vue n'a pas obtenu l'adhésion du Premier président de la Cour suprême qui a milité pour le statu quo.

Nous avions nous-même en tant que membre de la commission de réflexion sur la réforme de la carte judiciaire préconisé l'éclatement du contentieux de la légalité entre le TD devenu TI, le TR désormais TGI et le Conseil d'État depuis lors dissous et supplanté par la nouvelle Cour suprême.

2. Le renforcement des actions d'assistance et de conseils pour les justiciables

L'ancrage du respect des droits et libertés implique le développement et la valorisation des fonctions d'assistance et de conseil.

Or, le Sénégal a la particularité d'avoir un barreau pour cinq cours d'appel fonctionnelles. Ce barreau composé de 395 avocats (dont 363 avocats inscrits et 32 avocats stagiaires)[236] est essentiellement confiné à

---

[235] L'article 1er de la loi n° 21/95/ADP du 16 mai 1995 portant création, organisation et fonctionnement des tribunaux administratifs dispose qu'*« il est créé au siège de chaque Tribunal de Grande Instance un Tribunal Administratif. »* L'article 2 de la loi précitée précise que *« ce tribunal Administratif comprend, un Président, un Commissaire du Gouvernement et un Greffier »*.

[236] Sur les 395 avocats, il y a 63 femmes dont 3 avocats stagiaires et 4 siégeant au conseil de l'ordre constitué de 18 avocats y compris le bâtonnier et son dauphin.

Dakar, même s'il y a quelques cabinets d'avocats installés dans certaines régions, telles que Thiès (8 cabinets), Kaolack (3 cabinets), Saint-Louis (6 cabinets), Ziguinchor (4 cabinets), Pikine (2 cabinets), Mbour (2 cabinets), Kolda (1 cabinet), Tambacounda (1 cabinet), Diourbel (1), Louga (1) et Rufisque (1). En outre, à part quelques grands cabinets constitués en société professionnelle[237], la plupart des cabinets fonctionnent avec un seul avocat.

Le Sénégal est un des rares pays, où les avocats sont moins nombreux que les magistrats. Malgré leur nombre réduit, les avocats sont rétifs à des recrutements importants par le biais d'une organisation régulière du concours du Certificat d'aptitude à la profession d'avocat (CAPA).

Même si parfois les avocats se déplacent dans des zones où ils ne sont pas installés pour plaider quelques affaires, la plupart des procès à l'intérieur du pays se tiennent sans la présence d'un avocat. Cette absence, corrélée à la situation du juge unique dans certains tribunaux d'instance, déteint sur la qualité des débats, et par conséquent sur celle du procès.

Et dans les villes du pays où la présence des avocats est régulière, le recours à un conseil est un privilège accordé à quelques nantis, puisque les frais ne sont pas à la portée de toutes les bourses. Et même pour cette catégorie, la loi a dû contraindre une partie pour les obliger au recours de l'avocat en cas de saisine du juge[238]. En effet, la loi de 1984 sur les avocats rend obligatoire la constitution d'un conseil pour les sociétés qui entendent ester en justice[239].

La constitution d'avocat est également obligatoire pour un prévenu poursuivi pour crime. Et si ce dernier n'a pas les moyens de le faire, l'État lui en constitue un d'office. Ces avocats commis d'office sont payés sur l'enveloppe dédiée à l'aide juridictionnelle.

En vérité, pendant longtemps, la constitution d'un avocat[240] est restée une obligation pour introduire un pourvoi en cassation, mais la loi modificative de 2017 de la Cour suprême l'a rendue facultative[241].

---

[237] D'après le tableau des avocats inscrits de l'année 2018, les sociétés civiles professionnelles sont au nombre de 28.

[238] Voir les dispositions de la loi de 1984.

[239] *Ibid.*

[240] Contrairement à la France où il existe des avocats n'exerçant exclusivement qu'au niveau de la Cour de Cassation et du Conseil d'État, les avocats du Sénégal, membres d'un barreau unique, exercent au niveau de toutes les juridictions.

§ 2. Les principes directeurs

Une nouvelle carte judiciaire devrait se fonder sur un certain nombre de principes directeurs pour être moderne, cohérente et efficace, à savoir : le double degré de juridiction, l'extension de la collégialité au niveau des tribunaux d'instance, le découplage de l'organisation judiciaire et de l'organisation administrative, l'attribution adéquate des compétences entre les différents niveaux de juridiction, la suppression des juridictions d'exception, la bonne articulation entre les juridictions nationales et les juridictions internationales, l'institution de chambres spécialisées en matière commerciale, économique et financière au niveau des cours d'appel et des tribunaux d'instance, le rapprochement de la justice des justiciables, l'extension de la justice militaire sur l'ensemble du territoire national à travers les tribunaux de grande instance, et la prise en compte des réalités socio-économiques pour le déploiement des juridictions. Ces réalités peuvent être prises en compte par le principe d'un véritablement rapprochement de la justice des justiciables (A) et de la rationalisation des voies de recours (B).

A.- Le rapprochement de la justice du justiciable

Rapprocher le justiciable de la Justice, c'est faire sauter les verrous qui obstruent l'accès de celui-là vers celle-ci.

Rapprocher véritablement la justice du justiciable, c'est assurément démocratiser l'accès à la justice administrative (1), mais c'est également faciliter l'accès au droit par le langage et les frais (2).

1. La démocratisation de l'accès à la justice administrative

Au niveau de la justice administrative, il est plus que temps de mettre fin au monopole de la Cour suprême sur un contentieux, qui est au cœur de l'État de droit et du respect des droits et libertés des citoyens. L'éclatement du contentieux entre le TGI et la Cour suprême, qui n'est que la pâle copie de la division de la réforme de 1984, n'a pas donné satisfaction aux justiciables, pas plus qu'il n'a allégé les

---

[241] Avec la loi organique n° 2017-09 du 17 janvier abrogeant et remplaçant la loi organique n° 2008-35 du 8 août 2008 sur la Cour suprême, une simple requête écrite suffit pour saisir la Cour suprême (article 34 à 58 de ladite loi), alors qu'auparavant, le recours à un avocat était obligatoire.

conditions d'accès à la Cour suprême. Le contentieux administratif demeure désespérément faible, alors que son champ potentiel est vaste et diversifié.

En effet, les méconnaissances des droits en matière de propriété foncière, du droit à un environnement sain, de l'exercice du droit de grève, de la marche pacifique, des principes de la libre concurrence, du droit de préservation des ressources naturelles qui sont un bien commun, sont légion, sans qu'une jurisprudence riche et accessible puisse venir donner rigueur et vigueur aux multiples lois remplies de promesses et d'espérance. Mais Cicéron n'avait-il point dit il y a déjà fort longtemps : *« Les Peuples peuvent tout accepter pourvu qu'on leur laisse l'espérance du respect de leurs droits »*. Il serait alors plus judicieux de donner aux TGI la compétence de connaître tant du contentieux de la légalité que du contentieux subjectif en premier ressort et en appel aux Cours d'appel territorialement compétentes pour respecter le double degré de juridiction et rapprocher la justice administrative des populations tant sur le plan physique que sur le plan légal.

Le rapprochement doit se faire également au niveau de la justice militaire, toujours confinée à Dakar, et sans respect du double degré de juridiction. À ce niveau également, l'heure est venue de donner cette compétence à tous les TGI avec la possibilité d'appel devant la cour d'appel du ressort territorialement compétent.

2. La facilitation de l'accès à la justice par le langage et les frais

Rapprocher la justice du justiciable, c'est également permettre aux justiciables d'avoir accès au droit par la langue et par les moyens financiers. Pour le moment, il n'y a que la Constitution qui a été traduite en wolof, alors qu'il y a huit (8) langues nationales reconnues et couramment parlées. On devrait au moins traduire la Constitution et les lois les plus usuelles telles que le Code de la famille, le Code pénal, le Code de procédure pénale, le Code des obligations civiles et commerciales, le code de procédure civile, le Code CIMA, l'acte uniforme sur les procédures simplifiées de recouvrement et des voies d'exécution dans les langues nationales.

Il est également indispensable de rendre fonctionnel le bureau d'aide juridictionnelle au niveau de la Cour suprême, institué depuis 2008, et de revoir les modalités du bénéfice de l'aide juridictionnelle. Pour le moment, elle ne bénéficie qu'à une infime minorité de citoyens, constituée essentiellement de prévenus comparaissant devant les chambres criminelles[242]. Le dispositif en vigueur a été institué depuis 1984, sans que tous les organes prévus ne soient mis en place ; et depuis 2013, le projet de loi qui devrait corriger les impairs et démocratiser le bénéfice de l'aide juridictionnelle est en souffrance au Secrétariat général du gouvernement.

Rapprocher la justice du justiciable, c'est encore faire l'économie des multiples conflits de compétences nés de l'éclatement de plusieurs infractions selon le montant du préjudice ou selon le taux de l'incapacité fixé à dire d'expert ou encore selon sa nature[243].

B.- La rationalisation des voies de recours

Il est fondamental également de rationaliser les voies de recours : en d'autres termes, faire en sorte que les voies de recours soient démocratiques et qu'elles n'aient pas pour vocation de léser une catégorie de citoyens plus qu'une autre.

Pour ce faire, il faut réduire les pouvoirs du parquet en matière de recours contre les décisions du juge d'instruction (1) mais également réduire le champ des décisions rendues en 1er et dernier ressort (2)

1. La réduction des prérogatives du parquet

Il faut dès lors mieux encadrer les pouvoirs de recours du Procureur de la République en matière de liberté provisoire. Eu égard à l'état actuel du droit, nonobstant la décision du juge d'instruction d'octroyer la liberté, l'appel du parquet la paralyse, tout comme celle du Procureur général annihile la liberté accordée par la chambre d'accusation.

---

242 Revue Annuelle du Ministère de la Justice 2018, p. 47 : *« En 2017, le montant payé pour les prestations fournies par les avocats s'élève à 406.411.600 F.CFA. 96% de ce montant est payé pour le compte des plaidoiries à l'audience des sessions des chambres criminelles (CC) contre 4% en audiences de flagrant délit (FD). »*

243 Par ailleurs, il y a lieu de ramener la compétence de connaître l'usage de chanvre au niveau du tribunal d'instance qu'une abrogation malencontreuse avait amené au tribunal de grande instance causant ainsi un sérieux éloignement de la justice du justiciable. C'est la loi N◦ 97-18 du 01-12-1997 relative au code des drogues qui a abrogé la loi de 1971. Ladite loi avait ajouté le délit d'usage de chanvre indien dans le champ des compétences d''attribution du tribunal départemental.

Mentionnons également les conditions draconiennes[244] en matière de détournement de deniers publics, de délits douaniers ou d'offense au Chef de l'État pour bénéficier de la liberté provisoire.

2. La réduction du champ des décisions rendues en premier et dernier ressort

Il y a sans doute lieu de revoir les nombreux cas donnés à la justice de se prononcer en premier et en dernier ressort. De ce point de vue, la réforme de 2014, en élevant plus que de raison les taux des litiges dans lesquels les juridictions d'instance statuent en premier et dernier ressort, risque de priver une majorité de citoyens de son droit de recours ou tout simplement de ses droits, parce que la majorité des citoyens est pauvre et que les litiges les concernant atteignent rarement les montants plafonds.

Cette tendance à relever les seuils en deçà desquels l'on ne peut relever appel est encore plus marquée avec l'institution du tribunal du commerce en 2017, juridiction ayant désormais le monopole du traitement de tout le contentieux commercial et qui statue en premier et dernier ressort pour tous les litiges n'excédant pas 25 millions de FCFA. Et si l'on prend en compte le fait que l'essentiel de ce contentieux relève des actes uniformes de l'OHADA, autant dire que ledit tribunal a pratiquement le pouvoir de prendre des décisions immédiatement revêtues de la formule exécutoire.

En effet, si l'on combine les difficultés à introduire des pourvois à la CCJA et l'éloignement de cette juridiction de cassation par rapport aux justiciables sénégalais, autant dire que la réalité va correspondre à une absence de voies de recours pour des commerçants et des entreprises aux ressources financières peu importantes et qui pourtant constituent la majorité des acteurs économiques du pays. On risque, à ce niveau, et si l'on n'y prend garde, de substituer la logique de la célérité à celle de la sécurité ; or la logique en matière de droit des affaires et en matière commerciale repose sur l'équilibre entre les deux notions, d'où

[244] Pour cette catégorie d'infraction, la loi exige la consignation intégrale des montants, objet de la poursuite, pour bénéficier d'une liberté provisoire ou à défaut l'existence de contestations sérieuses. Le paiement de la moitié des montants est requis pour bénéficier du sursis et des trois-quarts pour bénéficier de circonstances atténuantes.

l'exigence de sécurité juridique et judiciaire dans le développement de l'économie.

Enfin, il convient de remédier au déséquilibre institué par la loi n° 81-54 du 10 juillet 1981 sur la Cour de répression de l'enrichissement illicite[245], qui prive le mis en cause de voie de recours tant contre les ordonnances de la commission d'instruction que contre les décisions de la Cour alors que ce pouvoir est reconnu au procureur spécial[246]. Cette absence de recours allié au renversement de la charge de la preuve est l'une des récriminations les plus prégnantes faites contre la CREI. Ce qui accroît d'autant son caractère de juridiction d'exception avec des principes dérogatoires du droit commun et des règles du procès équitable.

245 Voir Journal Officiel du Sénégal n° 4846 du vendredi 24 juillet 1981.

246 L'article 13 de la loi n° 81-54 du 10 juillet 1981, dispose en effet que *« les décisions de la commission d'instruction ne sont susceptibles d'aucun recours. Toutefois, l'arrêt de non-lieu peut être frappé d'appel devant la CREI, par le procureur spécial. En cas d'appel, la Cour, selon le cas, évoque et juge l'affaire ou rejette le recours. »*

CHAPITRE 2

L'INSTAURATION D'UNE NOUVELLE ORGANISATION INSTITUTIONNELLE

L'instauration d'une nouvelle organisation institutionnelle va induire la modernisation de l'administration centrale, d'une part, et la mise en place d'une nouvelle architecture juridictionnelle, d'autre part. En effet, la vraie prise en compte des besoins du justiciable commande l'institution des juridictions adaptées à ses propres réalités et aptes à résoudre ses difficultés dans des conditions qui sauvegardent sa dignité, ses biens et son temps.

SECTION 1. LA MODERNISATION DE L'ADMINISTRATION CENTRALE

Moderniser l'administration centrale, c'est la rationaliser (§1), mais c'est également revoir ses liens fonctionnels avec les juridictions qui doivent être modernisées d'une certaine manière (§2).

§ 1. La rationalisation de l'Administration centrale

La rationalisation de l'administration centrale appelle un remodelage des organes de pilotage (A) et des organes d'exécution (B), et donc, à tout le moins, de revoir le mode de fonctionnement et les interactions qui doivent exister entre eux.

A.- Les organes de pilotage

Piloter, c'est conduire, diriger, commander, mener à bon port, manager !

La fonction de pilotage est exercée dans la Justice par le Garde des Sceaux, le Secrétaire général du ministère, le Directeur de cabinet, les Directeurs à l'Administration centrale, les Chefs de service et structures déconcentrés du ministère, les Chefs de cour et de juridiction, et les Chefs de greffe.

Cette fonction s'exerce, dans la conduite de grands projets ou de grandes politiques, par le biais de comités de pilotage institués par le Garde des Sceaux. Ces comités sont souvent dirigés soit par le secrétaire général du ministère de la Justice, soit par le Directeur de cabinet et accessoirement par l'IGAJ ou un Directeur à l'Administration centrale.

La fonction de pilotage a souvent été décriée, tant au niveau central qu'au niveau des juridictions, parce qu'il n'y a pas une vision claire et partagée que tout le monde s'efforce de dérouler à quelque niveau que ce soit. Les décisions sont en effet le fait d'une seule personne ou d'un groupe restreint, et elles interviennent la plupart du temps plus par réaction que par anticipation. Et une fois qu'elles sont exécutées, elles font rarement l'objet d'une évaluation objective.

Cette situation est accentuée par le fait que les acteurs principaux changent régulièrement ; et l'ampleur des tâches, la multiplicité et la complexité des projets et des programmes, le sous-effectif des directions font durer leur temps d'adaptation et de réaction. Ce qui entraîne des retards considérables dans la mise en œuvre des projets et l'exécution des politiques publiques.

Les exemples sont nombreux : le programme d'informatisation et de mise en place des chaînes (pénale, civile et commerciale, sociale) est toujours dans la phase d'expérimentation dans les juridictions de Dakar, plus de dix ans après son démarrage et des investissements financiers, humains et matériels importants ; la grande politique de poursuites des délits d'enrichissement illicite, considérée par les nouvelles autorités politiques et judiciaires comme une demande sociale, n'a pas encore produit les effets escomptés. Sur vingt-cinq personnes ciblées lors de la réactivation de la CREI, seules deux ont été jugées et condamnées à des peines d'emprisonnement en plus de lourdes amendes. Présentement, l'une a été graciée après avoir purgé la moitié de sa peine, tandis que l'autre n'a eu à faire que quelques mois de prison. Les transactions se sont soldées par la saisie de biens mobiliers et immobiliers, dont certains ont été mutés au nom de l'État et d'autres vendus.

Les autorités ont déclaré avoir perçu cinquante milliards de francs CFA issus des transactions, sans préciser les personnes qui ont transigé et à quelle hauteur, ni comment les montants ont été perçus et versés au trésor public, en violation des règles de reddition des comptes et de transparence. La polémique a été relancée tout récemment avec l'ex Garde des Sceaux et ex Premier ministre qui a déclaré[247] que la politique de la traque des biens mal acquis a généré plus de 200 milliards. Mais la traçabilité est toujours problématique, parce qu'il n'y a pas de lois de finances rectificatives attestant de nouveaux versements dans les caisses de l'État.

Ce fut également le cas du bateau « le Joola » en septembre 2002. Le naufrage de ce bateau battant pavillon sénégalais et géré par l'armée sénégalaise a été et demeure le pire naufrage de tous les temps. Il a entraîné la mort de mille huit cent soixante-trois personnes à cause de surcharges et de négligences graves.[248] Et pourtant, le règlement judiciaire s'est traduit par un classement sans suite, une indemnisation forfaitaire des milliers de victimes directes et indirectes et par aucune personne condamnée. Pire, l'État a dépensé des sommes considérables pour assurer la défense des personnes moralement responsables qui étaient poursuivies en France à l'initiative des parents des victimes de nationalité française.

On note encore le retard considérable et injustifié de la construction de la cour d'appel de Saint-Louis et de la finalisation du bâtiment devant abriter le Centre de Formation Judiciaire.

C'est le même constat d'une absence de politique pénale de lutte contre les accidents de la circulation qui causent de véritables hécatombes (669 morts en 2017). On continue en effet à voir sur les

---

[247] Sur les ondes de la radio futurs média (RFM), le mardi 19 décembre 2017, Madame Aminata Touré a déclaré qu'environ 200 milliards de francs CFA ont été recouvrés dans la procédure de la traque des biens mal acquis.

[248] AÏDARA, Nassardine et Famille, *Le Joola : An IV. Le régime de l'alternance et le naufrage du Joola*, Dakar, Saint-Paul, Septembre 2006, 7 p. : *« Le bilan officiel communiqué par le Premier Ministre lors de la déclaration de Politique Générale (3 février 2003) est de 64 rescapés et 1863 morts ou disparus. Pour le Collectif de coordination des Familles de Victimes du Joola (CCFV-J), il y a eu 1953 morts ou disparus provenant de 12 nationalités (Sénégal, Guinée Bissau, France, Espagne, Ghana, Hollande, Suisse, Belgique, Cameroun, Norvège, Liban, Niger). Donc, 1863 ou 1953 morts ou disparus ? Peu importe ! Près de 41% des passagers n'étaient pas enregistrés, toujours selon le Premier Ministre. Dire que le Joola était autorisé à embarquer seulement 550 passagers ! »*

routes sénégalaises des violations graves du Code de la route qui restent impunies.

Les responsables que sont les ministres, les directeurs de cabinet, les secrétaires généraux, les directeurs à l'administration centrale, les chefs de cour et de juridiction, les greffiers en chef doivent avoir une certaine durée à leur poste pour pouvoir appréhender –d'abord– les réformes qui sont nombreuses et complexes et –ensuite– les digérer pour –enfin– mettre en place et exécuter une stratégie de pilotage de la performance.

On pourrait aller par exemple vers l'instauration de mandats fixe comme préconisé par l'union des Magistrats du Sénégal (UMS) en 2008,[249] et la signature de contrats de performance avec les différents acteurs qui seraient évalués selon une périodicité déterminée pour impulser une philosophie de la performance et de la reddition des comptes.

1. Présentation des organes de pilotage

En vertu du décret n° 2007-554 portant organisation du ministère de la Justice, celui-ci comprend, outre le Secrétaire général, le cabinet du ministre et les services rattachés, les directions suivantes : la Direction des Affaires civiles et du Sceau (DACS) ; la Direction des Affaires criminelles et des Grâces (DACG) ; la Direction des Services judiciaires (DSJ) ; la Direction de l'Éducation surveillée et de la Protection sociale (DESPS) ; la Direction de l'Administration pénitentiaire (DAP) ; et la Direction des Constructions et Équipements des Palais de Justice et autres édifices (DCEPJ).

Les services rattachés au Cabinet sont : l'Inspection générale de l'Administration de la Justice (IGAJ), chargée de l'inspection permanente des services et organismes relevant du ministère de la Justice et des juridictions de l'ordre judiciaire, à l'exception de la Cour supreme ; le Centre de Formation judiciaire (CFJ), en charge de la formation initiale et continue des magistrats, greffiers et autres professionnels de la Justice ; le Service Communication, chargé de la mise en œuvre de la politique de communication du ministère ; le

[249] L'UMS consultée par le Ministère sur le projet de réforme du statut de la magistrature avait émis l'idée de fixer la durée d'exercice dans certaines fonctions pour favoriser la mobilité des magistrats. Il avait été recommandé une durée de six ans pour les chefs de Cour d'appel (Premier président et Procureur général), de cinq ans pour les chefs de juridiction (Président et Procureur des TGI) et de quatre ans pour les fonctions de juge d'instruction et de président de TI.

Comité de coordination et d'Évaluation du Programme sectoriel Justice, chargé quant à lui d'approuver les activités du programme sectoriel Justice, les budgets, les rapports d'étape, les rapports de performance, les révisions des politiques et les stratégies sur la base de l'évolution du programme ; et la Cellule d'Exécution administrative et financière du programme sectoriel Justice, chargée d'assurer la coordination technique d'ensemble des activités mises œuvres pour la réalisation des objectifs du programme sectoriel justice et de l'application et du suivi des décisions prises par le Comité.

Le Secrétaire général est chargé de la coordination des activités des différents services du ministère dont il s'assure du bon fonctionnement, de la préparation et du contrôle de l'exécution des décisions ministérielles, des relations et de la coordination avec les autres départements ministériels en vue de l'exécution des décisions interministérielles (à ce titre, il participe aux réunions de coordination présidées par le Secrétaire général du Gouvernement), de l'information du Ministre sur l'état de son département et particulièrement sur la gestion des crédits du ministère. Sont également placés sous l'autorité du Secrétaire général : le centre national des archives judiciaires ; le service des archives et de la documentation de la chancellerie ; le bureau de gestion du courrier ; et le bureau des statistiques.

La Direction des affaires civiles et du Sceau, qui comprend la division du sceau et de la législation et la division de l'administration judiciaire, est chargée : de l'étude et de la préparation des projets de lois et décrets à caractère civil, commercial et administratif ; de la conservation et de l'apposition des sceaux de l'État ; de l'animation et du contrôle de l'action du ministère public en matière civile, commerciale et sociale ; de l'introduction des pourvois en cassation dans l'intérêt de la loi dans les matières relevant de sa compétence ; du suivi du secrétariat exécutif de la commission nationale OHADA ; de l'exercice des attributions dévolues à la chancellerie en matière nationale ; de la réglementation et du contrôle des professions judiciaires et de la sauvegarde des successions en déshérence et des biens vacants ; de la préparation des conventions internationales portant sur des matières relevant de sa compétence, notamment en matière d'adoption internationale et de veiller à leur application ; du contrôle du service de l'État civil et de l'instruction des dossiers de naturalisation ; de l'exécution des commissions rogatoires en matière civile ; du suivi du bon fonctionnement de l'aide juridictionnelle ; de la signification et de la notification des actes civils en provenance ou à destination de l'étranger.

La Direction des affaires criminelles et des Grâces, qui comprend la division des affaires criminelles et la division de la législation criminelle et des grâces, est chargée : de l'élaboration des projets de textes législatifs et réglementaires à caractère pénal ; de la conduite des études de droit pénal et de la procédure pénale et de la participation à tous les travaux dans ces domaines ; de l'animation et du contrôle de l'exercice de l'action publique et du suivi d'une manière générale des attributions du ministère de la Justice en la matière ; de l'instruction des recours en grâce et de la préparation des lois d'amnistie ; de l'étude des recours en révision et en réhabilitation ; de l'instruction des demandes de libération conditionnelle en relation avec la direction de l'administration pénitentiaire ; de la surveillance de l'exécution des condamnations et du suivi du bon fonctionnement du casier judiciaire national ; du contrôle et de la liquidation des frais de justice en matière criminelle, correctionnelle et de simple police ; du suivi des questions relatives aux tribunaux militaires ; et de l'application des mesures d'entraide répressive internationale.

La Direction des services judiciaires, qui comprend la division de l'organisation judiciaire et de la magistrature et la division des personnels judiciaires et de la réforme, est chargée : de l'élaboration en liaison avec les autres directions, des textes concernant l'organisation, le fonctionnement, la composition et les effectifs des juridictions ; de la préparation de toute forme de nature à améliorer le fonctionnement des juridictions ; de la préparation et de l'application des statuts particuliers, du recrutement des magistrats et des fonctionnaires des services judiciaires et des services centraux ; de la préparation des mesures individuelles relatives à la nomination, à l'attribution ou au retrait de fonctions, au déroulement de carrière, à la position statutaire et à la cessation définitive de fonctions des magistrats, des greffiers en chef, des greffiers et autres personnels relevant de sa compétence ; de la préparation des tableaux d'avancement et des listes d'aptitude, en déterminant la situation des magistrats, des greffiers en chef, des greffiers et autres personnels relevant de sa compétence au regard de la réglementation statutaire et indiciaire ; de la gestion du personnel de l'assistance technique, en liaison avec la direction de l'assistance technique ; de l'étude et de l'instruction des recours gracieux des affaires relevant de sa compétence ; de la liaison avec le Conseil supérieur de la Magistrature ; et de l'établissement des propositions de décoration et des distinctions honorifiques.

La Direction de l'éducation surveillée et de la protection sociale, qui comprend l'inspection interne, la division du management des ressources humaines et de formation, la division de l'Administration, de la gestion et des infrastructures, la division de l'action éducative et de la protection sociale ; la division des études, de la recherche et des statistiques, et le service médico-social, est chargée de l'ensemble des questions intéressant la protection, la rééducation et la réinsertion d'enfants et jeunes âgés de 0 à 21 ans, en danger ou en conflit avec la loi. À ce titre, elle étudie et concourt à l'élaboration des projets de texte dans les domaines de la prévention et du traitement de la délinquance juvénile et de la protection sociale, participe aux activités concernant la protection de la jeunesse, mène une action de prévention et de réadaptation sociale et familiale envers les enfants, les jeunes, les familles et leur environnement, et contrôle l'action des établissements privés qui agissent dans les domaines relevant de sa compétence.

La Direction de l'Administration pénitentiaire est structurée selon les directions et services suivants : la division du contrôle des services ; la division de la législation, des statistiques et de l'instruction, la division des Finances, la division de l'informatique et des systèmes de communication, la division des ressources humaines, la division du matériel et des infrastructures, la division des ateliers, de la production et de la réinsertion, le service médico-social et le service de la communication et du courrier. La DAP est chargée de l'exécution des décisions judiciaires prononçant une peine privative de liberté et des mesures relatives à la détention provisoire, de l'insertion et de la réinsertion sociale des détenus. À ce titre, elle concourt à l'élaboration des projets de textes législatifs et réglementaires relevant de sa compétence, élabore la réglementation et assure la gestion des établissements pénitentiaires ainsi que le contrôle général des services extérieurs.

La Direction des constructions et équipements des Palais de justice et autres édifices, qui comprend la division technique et la division des infrastructures, est chargée, sur l'ensemble du territoire de l'infrastructure et du patrimoine bâti du ministère de la Justice, de la maîtrise d'ouvrage de construction, de la voirie et des travaux divers, de l'aménagement de l'espace vert, de la maintenance et de la réhabilitation de l'infrastructure (grosses réparations, menues réparations, entretien courant), des études architecturales et techniques, et de la réalisation de tout équipement technique (système vidéo-surveillance, sécurité incendie, climatisation et autres accessoires).

La Direction de l'administration générale et de l'équipement, qui comprend la division des ressources humaines, la division des finances, la division de la statistique et de la planification et la division de l'informatique et des systèmes de communication, est chargée de la préparation du projet de budget du ministère de la Justice, et notamment de la coordination et de la centralisation des propositions de demandes de crédits émanant des différents services et de leur présentation au ministère chargé des Finances et du Budget, de l'exécution des budgets et programmes du ministère, de la gestion des matériels, mobiliers et immeubles des services centraux ainsi que du parc automobile, de la coordination de la politique d'informatisation du ministère de la Justice, des juridictions et des services relevant du ministère de la Justice, de la gestion du personnel non judiciaire, du traitement des statistiques et de l'animation des politiques de planification du ministère.

Les Directeurs et directeurs adjoints sont nommés par décret, sur proposition du Garde des Sceaux, ministre de la Justice, sous réserve des dispositions particulières prévues par la loi. L'organisation et le fonctionnement des Directions et services sont fixés par arrêté du Garde des Sceaux, ministre de la Justice.

TABLEAU V
FIXANT LA COMPOSITION DES EMPLOIS DE L'ADMINISTRATION CENTRALE DU MINISTÈRE DE LA JUSTICE[250]

EMPLOI	NOMBRE
Secrétaire général du Ministère de la Justice	01
Inspecteur général de l'administration de la Justice	01
Directeurs à l'administration centrale de la Justice	10
Inspecteur général adjoint de l'administration de la Justice	02
Inspecteurs de l'administration de la Justice	08
Directeurs adjoints à l'administration centrale de la Justice	20

[250] Ce tableau est annexé au décret n° 2014-1039 portant aménagement de l''organisation judiciaire ; il fixe les postes budgétaires des magistrats officiant dans l'administration centrale.

2. Les limites dans le fonctionnement des organes de pilotage

Les directions ainsi que l'IGAJ, malgré leurs multiples et complexes prérogatives, ont quasiment toutes un personnel réduit : un directeur et deux adjoints, soit trois magistrats pour la DACG ; une directrice et deux adjoints magistrats, un statisticien pour la DACS ; un inspecteur de la jeunesse et des sports, un directeur et des planificateurs pour la DAGE ; deux magistrats, le directeur et son adjoint et un instituteur qui fait office de chef du personnel pour le CFJ ; une directrice et deux adjoints magistrats et, tout récemment six inspecteurs dont deux partiront à la retraite en 2018, les quatre autres étant pour le moment inactifs parce qu'affectés dans des inspections régionales non fonctionnelles pour la DESPS ; un seul cadre en la personne de son directeur pour la DCPJEAE ; et sept ingénieurs informaticiens pour la DI.

Aucun administrateur des greffes n'officie à l'administration centrale. Les conseillers techniques (CT), le chef du personnel judiciaire et le chef du courrier sont tous greffiers. Cette insuffisance en personnel de conception alliée à une multiplicité des comités de réflexion, de pilotage ainsi que des sessions à l'assemblée, des séminaires, des missions à l'intérieur du pays et à l'étranger, obèrent le fonctionnement optimal des directions.

S'y ajoute un turn-over important et intempestif, qui ralentit le rythme de mise en œuvre des réformes, car, même si tout le monde s'inscrit dans la continuité, le temps d'imprégnation des projets en cours et des dossiers en instance peut s'avérer important et peut présenter des difficultés dans des secteurs où tout est urgent et vital.

Enfin, le manque de communication et de coopération tant verticale qu'horizontale pose un problème de synergie et de cohérence.

3. Le pilotage de la performance

a. L'absence de vision

Même s'il y a quelques velléités de fixer un cap avec les projets de lettre de politique sectorielle, de circulaire de politique pénale générale, et de circulaire sur l'intervention de l'avocat dans la procédure d'enquête judiciaire, il reste que la vision est toujours tatillonne et qu'elle reste soumise aux conjonctures actuelles au lieu de prendre en compte toutes les options résultant d'une politique d'ensemble prenant elle-même en compte la cohérence du système et l'efficacité de la machine judiciaire et de la distribution de la justice.

Les errements dans le pilotage font que plusieurs projets de textes sont en souffrance : le décret sur l'indemnisation des victimes de longue détention ayant bénéficié d'un non-lieu ou d'une relaxe ; le décret sur le bureau d'aide juridictionnelle de la Cour suprême, deux structures instituées depuis 2008 et non encore fonctionnelles, faute de décret d'application ; le décret sur le paiement des assesseurs du tribunal de commerce ; le décret d'application de l'IGAJ ; les décrets d'application des lois sur le statut de la magistrature et sur le conseil supérieur de la Magistrature ; le décret sur les grilles indiciaires des magistrats.

Le déploiement de la carte judiciaire se fait difficilement, puisque les différents secteurs ont du mal à respecter le chronogramme.

À ce jour, le démarrage des TGI de Pikine, de Guédiawaye et de Mbour, la construction d'une nouvelle prison à Sébikotane, rencontrent des difficultés, tandis que les chantiers de la Cour d'appel de Saint-Louis et du Centre de formation judiciaire s'éternisent après plusieurs prorogations de délais et des rallonges budgétaires.

Le manque de pilotage performant se manifeste également dans l'absence de cohérence dans les projets de recrutement et de formation, domaines qui –jusqu'à présent– relèvent de l'appréciation du Premier ministre et de la fonction publique qui fixent le nombre de personnes à recruter, qui autorisent les ouvertures de concours et qui mettent à disposition les personnels recrutés.

Il est difficile, dans ces conditions, de faire une gestion efficace, puisque la marge de l'incertitude et d'aléas est trop grande. On n'a aucune maitrise sur le nombre, le profil et la qualité du personnel travaillant au ministère de la Justice ou appelé à y servir. Le ministère ne dispose point à ce jour d'un plan global de gestion du personnel avec une connaissance précise des départs à la retraite de tous les personnels, de leur profil, des formations suivies et des besoins de recrutement pour atteindre les objectifs de production et de productivité optimales.

Le manque de pilotage et de suivi se traduit également par la survie de structures qui devaient disparaitre avec le projet qu'elles étaient censées accompagner, telles que la CEDAF et la démultiplication de structures qui se chevauchent et se télescopent sans forcément produire de la plus-value dans le fonctionnement du secteur concerné.

Le déficit dans le pilotage se traduit également par le recours à des structures ou des groupes informels au détriment des directions ayant les prérogatives légales pour régler et délibérer sur certaines questions de fond. C'est le cas de la réunion hebdomadaire du parquet qui réunit le ministre de la Justice, le Secrétaire général, le Directeur de Cabinet, le Procureur général de la cour d'appel de Dakar, le DACG, le conseiller technique chargé des affaires pénales et la Procureur de la République pour examiner les affaires signalées et décider de la conduite à tenir. Cette structure ne respecte pas la chaine hiérarchique et exclut d'autres autorités qui –normalement– devraient y siéger telles que les procureurs généraux des autres ressorts.

En d'autres circonstances, c'est l'avis d'un ou de quelques conseillers qui est requis et traduit en décision à l'insu et au détriment des directions concernées. Cette manière de faire aboutit à un brouillage et une dilution des responsabilités, un manque de traçabilité dans les dossiers, une absence de mémoire institutionnelle, une démotivation des responsables laissés en rade et des décisions ou textes à la qualité douteuse ou à l'efficacité limitée.

C'est cette manière de faire qui a donné naissance *« à la consultation à domicile », « au retour de parquet », « au pré-conseil », « à la consultation à domicile élargie », « à l'abandon de la "circularisation" des projets de texte au niveau des directions »*. Autant de pratiques qui ont tendance à vider les textes de loi de leur substance et à installer le ministère dans une sorte d'« informalisation » de son fonctionnement.

b. L'amélioration du pilotage de la performance

Le pilotage de la performance suppose la disposition de données statistiques fiables et complètes sur la production et la productivité des juges et autres personnels de la justice.

L'Inspection générale de l'administration de la justice a élaboré des tableaux de mesure de la performance. Sont mis en annexe des tableaux conçus pour être une bonne base de recueil et d'analyse de l'activité juridictionnelle. En effet, compte tenu de la non spécialisation desjuges et des juridictions de droit commun, les magistrats tant du parquet que du siège peuvent intervenir dans des matières diverses et variées et exercer des tâches tant administratives que juridictionnelles, que l'administration centrale et les chefs de juridiction ainsi que le Conseil supérieur de la magistrature ne peuvent visualiser encore moins quantifier, faute d'un dispositif statistique pertinent.

Les vingt tableaux que nous avons élaborés à l'occasion d'un séminaire sur le pilotage de la performance devraient permettre de mieux quantifier l'activité de chaque juge ou parquetier et de mesurer la durée des procédures aussi bien au niveau de l'instruction, du parquet que du siège. A titre illustratif, le tableau intitulé : « Instument de suivi de l'activité des magistrats du parquet général » permet de voir tout le spectre d'intervention d'un magistrat du parquer général tandis que le tableau relatif « A la présentation des différentes attributions des magistrats à la Cour d'appel », donne la même information. L'intérêt, c'est de permettre à l'autorité de décision de connaître l'activité réelle de chaque magistrat pour une meilleure répartition des tâches et au besoin un rééquilibrage des charges de travail.

Le tableau relatif à « l'unité de mesure du temps de traitement des dossiers en matière civile et commerciale devant les tribunaux d'instance » permet d'évaluer la durée de la mise de état, la durée de la délibération, celle de l'enregistrement et celle de la disponibilité de la décision. Mais il faut préciser qu'au délà de la standardisation des instruments d'évaluation de l'activité des magistrats et des fonctionnaires de la justice, il est indispensable d'avoir des chaines informatisées pour faciliter et fiabiliser le recueil, le l'analyse et le partage des données.

B.- Les organes d'exécution

Les organes d'exécution se présentent comme des entités démultipliées et dispersées au niveau de l'administration centrale (1). La même tendance est notée au niveau des cours et tribunaux où cohabitent plusieurs administrateurs de crédits (2).

1. Des organes démultipliés et dispersés au niveau du ministère

À côté de la DAGE, il y a plusieurs autres cellules et commissions chargées de la mise en œuvre des politiques publiques du ministère de la Justice. On peut citer entre autres : la Cellule d'exécution administrative et financière de la justice (CEDAF), la commission de suivi des textes, la commission OHADA, la commission juridique du ministère, la cellule d'exécution et de prévision, le Centre national des archives judiciaires (CNAJ), la cellule genre, etc.

Certaines cellules sont rattachées sur le plan administratif à la DAGE et l'aident dans l'exécution des tâches qui lui sont légalement dévolues, tandis que d'autres sont rattachées soit au Secrétariat général du ministère (telles que le centre national des archives judiciaires CNAJ), alors que d'autres sont rattachées au cabinet du ministre ou à d'autres Directions. C'est le cas par exemple de la commission OHADA, qui, en principe, est rattachée à la Direction des affaires civiles et du sceau (DACS). Dans la pratique, la cellule OHADA fonctionne de manière autonome avec un budget qui lui est propre.

Il faut préciser que tous ces organes de gestion, à l'exception du CNAJ basé à Louga, sont positionnés au niveau de l'administration centrale, et qu'ils fonctionnent avec les ressources de la DAGE. Par conséquent, c'est le Directeur de la DAGE, qui est administrateur des crédits. Par contre, au niveau des juridictions, la gestion des crédits se fait différemment.

2. Une multiplicité des administrateurs de crédits au niveau des cours et tribunaux

La gestion des crédits au niveau des juridictions est le fait de plusieurs autorités. Les hautes cours ont une certaine autonomie budgétaire. Le vote de leur budget à l'Assemblée se fait sans débat, et leurs crédits sont gérés par le Premier président (Cour suprême, Cour des comptes) ou par le Président (Conseil Constitutionnel), assisté de comptables matières et/ou de gestionnaires. Les Tribunaux de Grande Instance, quant à eux, ont la particularité d'avoir pour chaque juridiction plusieurs administrateurs de crédits, qui ont chacun la faculté de choisir leur gestionnaire et les membres de leur commission de réception. Il s'agit du : Président du TGI, qui est administrateur des crédits du siège (siège pur et instruction) ; et du Procureur, qui est administrateur des crédits du parquet, et, le cas échéant, des crédits du Palais de Justice dans les juridictions de l'intérieur disposant de nouveaux édifices (Palais de Justice de Louga et de Kaolack)[251].

Le JAP est lui-même administrateur de ses crédits pour le fonctionnement des services et des structures qui lui sont rattachées, le

[251] Le palais de justice de Lat Dior à Dakar fait exception parce que les crédits d'entretien du palais sont gérés par la DAGE.

Président du tribunal du travail qui est administrateur de la juridiction sociale, et enfin le Greffier en Chef qui est administrateur des crédits du greffe. Il faut préciser, cependant, que cette démultiplication des administrateurs des crédits n'a pas toujours été en vigueur, puisque, jusque dans les années 2000, le Procureur de la République était le seul administrateur des crédits de l'ensemble des crédits de fonctionnement de la juridiction. Le soubassement d'une telle règle était que, le Procureur étant sous la hiérarchie de l'exécutif, sa gestion des crédits pouvait être facilement soumise à contrôle. Ce qui, *a priori*, n'est pas le cas du Président de la juridiction, du Président du tribunal du travail ou du JAP qui sont des juges bénéficiant d'une plus grande indépendance du fait de la garantie de l'inamovibilité et de la séparation des pouvoirs.

Au niveau des Cours d'appel, les chefs de cour, à savoir le Premier président et le Procureur général, administrent chacun les crédits des services relevant de leur autorité, le Premier président administrant en outre les crédits du greffe.

Enfin, au niveau des Tribunaux d'instance, le Président de la juridiction est le seul administrateur des crédits, A l'exception des TI de Dakar, de Pikine et de Guédiawaye où les délégués du Procureur administrent eux-mêmes leurs crédits.

Évidemment, cette multiplicité d'acteurs non formés aux techniques de gestion, et le plus clair du temps assistés par des comptables matières ou des gestionnaires de faible niveau, ne favorise pas une bonne gestion des crédits, et conduit parfois à des collusions entre fournisseurs et administrateurs des crédits voire à des détournements de crédits.

En outre, la démultiplication des administrateurs de crédits entraine un éclatement des crédits alloués qui ne favorise pas la rationalisation des dépenses au sein d'une juridiction, parce qu'elle expose des administrateurs des crédits avec des ressources faibles, réduisant leurs capacités de négociation face à des fournisseurs puissants qui imposent leurs choix. En effet, il est établi que l'importance des allocations de ressources permet d'obtenir plus facilement des économies d'échelle.

C'est sans doute ce qui a conduit la France à regrouper les crédits au niveau des Cours d'appel pour permettre aux Premiers présidents, aux Procureurs généraux et à leurs secrétaires généraux de mieux assurer, en collaboration avec les services administratifs et régionaux (SAR), les dialogues de gestion pertinents et efficients.

§ 2. La modernisation des juridictions

Pour avoir une nouvelle carte judiciaire qui réponde aux exigences d'une justice plus performante et plus équilibrée en termes de compétences et de volume du contentieux, il faut dégager un certain nombre de principes directeurs qui serviront de canevas et de balises, pour procéder à une redistribution des compétences entre les différentes juridictions et enfin trouver les dénominations adéquates. Il est donc utile de procéder à un rééquilibrage des juridictions (A), et à une rationalisation des compétences (B).

A.- Le rééquilibrage des juridictions

Le rééquilibrage des juridictions passera, d'une part, par une nouvelle philosophie de l'implantation des juridictions ainsi que de la répartition de leurs attributions (1), et d'autre part, par une meilleure prise en compte des réalités socio-économiques dans leur déploiement (2). Les TGI vont récupérer au passage une partie des attributions des TI qui céderont eux-mêmes la place aux maisons de justice, lesquelles pourront trancher les conflits familiaux en forme non contentieuse, tels que les divorces par consentement mutuel, la désignation de tuteur à la personne, de tuteur aux biens, les changements de garde d'enfants, etc.

1. Une nouvelle forme de déploiement des juridictions

Du fait du décrochage entre l'organisation administrative et l'organisation judiciaire et de la priorité accordée aux réalités économiques dans l'implantation des juridictions, il était opportun de changer les dénominations de celles-ci pour les conformer à la nouvelle vision.

C'est ainsi que les Tribunaux régionaux vont devenir des Tribunaux de grande instance avec la particularité qu'ils ne siègeront pas forcément dans le chef-lieu de région comme cela avait été le cas par le passé. On pourra avoir autant de TGI que les nécessités économiques le commanderont, et, le cas échéant, plusieurs dans une même région.

2. Une meilleure prise en compte des réalités économiques dans le déploiement des TGI

Il convient de tenir compte des incohérences déjà évoquées et d'autres facteurs comme : les taux de croissance par région (qui mettent en relief une forte concentration des populations dans les régions de Thiès, Dakar, Kaolack et Diourbel tandis que les régions de Matam, Ziguinchor et Tambacounda comptent le moins d'habitants[252]) ; la surcharge du tribunal régional hors classe de Dakar et la cour d'appel de Dakar ; la macrocéphalie de Dakar qui polarise l'essentiel de l'activité économique du pays ; les nouvelles réalités socio-économiques des régions de Thiès, de Tambacounda et de Diourbel, qui ont des incidences certaines sur le développement du contentieux ; le recrutement des magistrats en grand nombre qui a sensiblement réduit les déficits en personnel ; et l'importance et les types de contentieux dans les différents ressorts[253].

B.- La rationalisation des compétences

L'exigence d'une meilleure distribution de la justice, gage de ses performances, nécessite, d'une part, une redistribution des compétences entre les juridictions (1), et, d'autre part, entre celles-ci et les maisons de justice (2).

1. La redistribution des compétences au plan de la justice militaire

Au plan correctionnel, la réforme devrait induire l'extension des compétences en matière d'infractions militaires du TGI hors classe de Dakar vers les autres tribunaux de grande instance, ou, à défaut, décentraliser cette compétence au niveau des TGI des chefs-lieux de région les plus importants (Thiès, Kaolack, Ziguinchor et Saint-Louis). De ce fait, on opérerait un rééquilibrage entre le TGI hors classe de Dakar et les autres TGI, réduisant ainsi sa macrocéphalie.

---

[252] Cf. Estimation de la population du Sénégal de 2005 à 2015 ANSD/ MEF /2006.

[253] Dès lors, la mise en œuvre de la nouvelle carte judiciaire devrait donner la priorité à l'installation et à la fonctionnalité des TGI de Mbacké et de Rufisque. L'installation récente des TGI de Pikine-Guédiawaye et de Mbour a bien pris en compte cette nouvelle vision, longtemps méconnue.

2. L'attribution de compétences aux maisons de justice en matière de justice des mineurs

Quant aux maisons de justice, elles devraient se voir attribuer des compétences en matière de justice des mineurs, notamment pour le suivi des mineurs en danger moral, et pour l'exécution de peines alternatives à l'incarcération, telles que le travail au bénéfice de la société et le sursis avec mise à l'épreuve.

Cela donnera une réalité concrète à la recherche de la performance d'une justice de proximité à travers son accessibilité, la réduction du coût et du temps de traitement des affaires, toutes choses qui procèdent de la bonne gouvernance juridique et judiciaire.

Moderniser les juridictions, c'est aussi avoir un plan directeur pour les palais de justice à construire (des modèles types de CA et TGI ont été conçus par la Direction de la Construction du ministère de la Justice) mais également une évaluation de leurs besoins en équipements en vue de la réforme de la carte judiciaire qui n'est finalement intervenue qu'en 2014 pour son déploiement en 2015 avec la prise des deux décrets d'application, la CEDAF avait réfléchi sur les coûts d'équipements pour un TI et un TGI standards. Sur cette base, l'évaluation globale des nouveaux TI et TGI avait été faite (voir les trois tableaux en annexe).

SECTION 2. LA NOUVELLE ARCHITECTURE INSTITUTIONNELLE

Il apparaît nécessaire que la nouvelle architecture institutionnelle épouse l'architecture pyramidale d'antan avec une Cour suprême ayant des chambres spécialisées (chambre criminelle, chambre administrative, chambre financière, chambre sociale, chambre civile et commerciale), une Cour constitutionnelle, cinq Cours d'appel, des TGI et des TI avec une compétence élargie, des maisons de justice, la suppression de la CREI et de la Cour des comptes, et l'intégration des magistrats de la Cour des comptes dans la magistrature pour en faire un corps unique.

Mais il faut dire que la mise en œuvre de cette option risque de buter sur l'engagement du Sénégal appelant au respect de l'autonomisation de la juridiction des comptes par la directive N° 04/99/CM/UEMOA.

Il faut instituer le principe de la spécialisation fonctionnelle de la base au sommet pour éviter les passages intempestifs du siège au parquet et vice-versa. S'il peut être certes utile –pour avoir une expérience diversifiée– de créer des passerelles entre le siège pur, l'instruction et le parquet, la complexification des contentieux et des procédures nécessitent cependant une spécialisation fonctionnelle plus étendue, exigeant une certaine durée dans les différentes spécialités.

Malheureusement, la tendance notée au Sénégal ces derniers temps dans la gestion des magistrats consiste en l'affectation au parquet de magistrats qui ont fait toute leur carrière au siège, ou à des cabinets d'instructions importants de magistrats qui n'ont jamais pratiqué l'instruction, ou encore en l'affectation au niveau des Cours d'appel de magistrats qui n'ont jamais officié dans les TGI, ou bien enfin en l'affectation au siège de magistrats qui n'ont exercé qu'au parquet. Cette manière de procéder est loin d'être une source de performance parce qu'elle pousse les magistrats dans cette situation à un réel réapprentissage.

C'est pourquoi d'ailleurs, en France, il y a des sessions de formation continue dédiée aux primo arrivants dans les fonctions juridictionnelles.

À l'instar des corps de contrôle tels que l'IGE, l'OFNAC, la CENTIF, l'ARMP, l'ARTP, dont l'utilité est sujette à caution[254], la Cour des comptes, malgré la qualité de ses rapports, peine à atteindre sa vitesse de croisière et à peser de manière significative sur la gestion des comptes publics et sur le respect de l'orthodoxie budgétaire par les institutions et les comptables publics.

À ce niveau également, le principal blocage est son arrimage à l'exécutif, dont la tutelle est trop pesante, voire étouffante. En effet, comme dans beaucoup de domaines, c'est l'exécutif qui lui tient la bride et l'empêche de prendre son envol[255].

Le Premier président récemment nommé de la Cour des comptes a du reste listé les maux de la Cour. La nomination du Premier président ainsi que celle du commissaire du gouvernement, fonctions les plus éminentes de la Cour, relèvent de la prérogative exclusive du Chef de l'État ; la Cour n'a pas d'autonomie budgétaire, et est en sous-effectif chronique ; elle ne peut directement saisir les juridictions en cas de manquements de nature pénale relevés, puisqu'elle est obligée de passer

---

254 Leurs recommandations sont rarement appliquées ; et en cas de faute pénale identifiée, les poursuites sont faites de manière sélective ou les rapports qui les sous-tendent mis sous le boisseau.

255 Voir le document sur l'indépendance de la justice ou la communication de l'avocat général Alioune Ndao.

par le filtre de l'exécutif qui apprécie souverainement l'opportunité ou non de transmettre ses rapports aux parquets des TGI par le biais du Garde des Sceaux, ministre de la Justice, alors qu'il serait plus judicieux, pour aller vers plus de modernité et d'efficacité, voire de performance, de permettre à ladite Cour de saisir directement les juridictions selon sa propre initiative, de nommer ses chefs par la voie du Conseil supérieur de la Cour des comptes[256] et d'avoir son autonomie budgétaire.

Au passage, en cas de maintien de la Cour des comptes, il serait judicieux de prévoir une passerelle pour les juges de l'ordre judiciaire désireux d'affiner leurs compétences en matière financière : ils pourraient officier à la Cour des comptes en qualité d'auditeurs dans le cadre de la mobilité professionnelle. Quant aux magistrats de la Cour des comptes, ils pourraient devenir juges de l'ordre judiciaire selon les modalités à définir dans les statuts des magistrats de la Cour des comptes et de la magistrature judiciaire.

Mais, de façon plus générale, il faut s'efforcer de parvenir à avoir des juridictions à la fois plus proches des justiciables (§1) mais aussi plus efficaces et plus efficientes (§2).

§ 1. Des juridictions plus proches des justiciables

Malgré les multiples réformes ayant pour crédo le rapprochement de la Justice du justiciable et l'accroissement des juridictions, les justiciables sénégalais peinent toujours à accéder réellement à la Justice, à leur Justice.

Parfois, cela est dû à des juridictions géographiquement éloignées ; d'autres fois, les juridictions bien qu'étant proches n'ont pas les compétences requises pour traiter les litiges en cause. Afin de garantir aux justiciables un réel accès aux juridictions effectivement compétentes pour leur permettre de régler rapidement –à moindre coût et dans un langage qui leur soit intelligible– leurs litiges, il est souhaitable d'aller vers des juridictions véritablement plus proches du

---

[256] Au Sénégal, le Conseil supérieur de la Magistrature gère la carrière des magistrats de l'ordre judiciaire, tandis que celle des magistrats de la Cour des comptes est gérée par le Conseil Supérieur de la Cour des Comptes. Les deux corps de magistrats sont totalement autonomes, et chacun est régi par ses propres lois organiques.

justiciable (A), et plus aptes à garantir l'efficacité et l'efficience caractéristiques d'une justice de qualité (B).

A.- Des juridictions géographiquement plus proches

Finalement, peu importe l'appellation que l'on peut donner aux juridictions d'instance : TGI, TI, justice de paix, TPI, TR, ou TD.

Les différences appellations, outre l'absence de mémoire institutionnelle et de complexité dans la détermination des compétences qu'elles ont induites, n'ont pas abouti à des juridictions efficaces, dans la mesure où les mêmes récriminations en termes d'accessibilité, de célérité et d'exécution des décisions subsistent.

En outre, des décisions sont demeurées inexécutées, et la justice dans son action (ou son activité) est de plus en plus délégitimée, les réformes qui se succèdent de manière quasi rituelle avec des textes et des institutions dont la durée de vie est toujours de plus en plus courte ainsi que les multiples commissions de réforme sonnent –en vérité– comme un aveu d'échec.

Il est plus que temps de faire preuve d'audace en mettant le système à plat pour le remplacer par un autre plus simple, plus efficace et plus proche des réalités sociologiques du niveau de développement actuel du Sénégal et de la nature des ressources du pays, qui, en plus d'être modiques, subissent le poids excessif du service de la dette extérieure.

1. Des juridictions avec une nouvelle forme de proximité

Le nouveau système se traduira par la généralisation au niveau des départements de la justice de proximité, qui suppléera ou renforcera la disparition des tribunaux d'instance qui vont laisser la place à des TGI qui auront des compétences élargies dans tous les domaines avec une spécialisation plus pointue. Cette généralisation se traduira par l'institutionnalisation des maisons de justice dans les 45 départements[257] et par l'érection de cases de justice dans les villages[258].

---

[257] Pour le moment, il n'existe que 18 maisons de justice dont 6 sont situées dans la région de Dakar.

[258] Il y a 13 544 villages répertoriés au Sénégal.

2. Des juridictions plus légitimes

Mais pour que le dispositif soit efficace, il faut s'assurer de la légitimité des personnes qui auront la charge de trancher les litiges dans les cases de la justice à l'instar de celle des médiateurs-conciliateurs des maisons de justice. Cela est d'autant plus important que la conception africaine de la justice étant de rapprocher les parties tout en préservant la paix sociale, la personne en charge de cette délicate mission doit être en possession de toutes les vertus de sagesse et d'autorité morale pour susciter la confiance et l'adhésion des parties en conflits.

Il serait donc nécessaire, si cette charge est confiée au chef de village[259], que ces derniers soient nommés sur des critères objectifs et que leur pouvoir d'arbitre puisse bénéficier de l'impérium de l'État, le tout naturellement sous le contrôle du pouvoir judiciaire[260].

Ce nouveau dispositif ainsi mis en place devra être accompagné, au niveau central, par l'érection d'une direction forte de la justice de proximité, qui devra superviser le maillage du territoire en maisons de justice et en cases de justice et veiller à la sélection et à la formation des médiateurs, des conciliateurs et de leurs collaborateurs.

B.- Des juridictions plus accessibles au droit

Des juridictions plus proches des justiciables au sens large du terme « proches » supposent, en plus d'un rapprochement physique (1), un accès plus facile au droit (2).

1. Une nouvelle clé de répartition des compétences

En effet, comme nous l'avons déjà vu avec la clé de répartition entre le tribunal régional et le tribunal départemental, puis entre le TGI et TI dans les matières civile et familiale, d'une part, et entre la Cour suprême et le tribunal régional devenu TGI, de l'autre, la création de

[259] Le code de la famille implique d'une certaine manière les chefs de village en leur faisant injonction de faire les déclarations de naissance et de décès survenus dans leurs circonscriptions, dans les quinze jours suivant le début d'un mois, s'il n'est pas justifié que les personnes habilitées à le faire n'y ont pas procédé (article 33 du Code de la Famille).

[260] À l'instar des maisons de justice, il faudrait qu'en cas de désaccord des parties ou de non-respect des accords de médiation, une autorité judiciaire supérieure puisse intervenir.

nouvelles juridictions plus proches physiquement des justiciables n'a pas réglé le lancinant problème du réel accès à la juridiction. Cela est lié à une mauvaise clé de répartition des compétences, ayant pour conséquence que certaines infractions courantes telles que l'escroquerie, l'abus de confiance, quel que soit le montant du préjudice, relèvent exclusivement du TGI.

Il en va de même du casier judiciaire, qui ne peut être délivré que par les TGI nonobstant l'existence de TI physiquement plus proches.

Par ailleurs, le code de justice militaire donne l'exclusivité de la compétence des infractions commises par les militaires aux TGI hors classe de Dakar, des hommes de troupe jusqu'aux officiers subalternes et à la Cour d'appel de Dakar pour les officiers supérieurs.

2. Un meilleur accès au droit

Il serait alors plus opportun, pour un meilleur accès à nos juridictions, que les compétences soient revues afin que le rapprochement physique soit accompagné d'un accès plus effectif au droit. Cela pourrait se traduire par une généralisation des TGI et subséquemment la suppression des TI et par l'attribution de nouvelles compétences en matière administrative et de justice militaire à l'ensemble des TGI.

2.1. Vers la mise en place de tribunaux administratifs

Dans l'avenir, avec le développement du contentieux administratif et la tendance de plus en plus affirmée d'une spécialisation des juridictions, on pourrait, à l'instar du Burkina-Faso, mettre en place des tribunaux administratifs, à raison d'un par ressort de Cour d'appel et – ultérieurement, si le besoin se fait sentir– dans tous les chefs-lieux de région. Ce dispositif pourrait être accompagné par la possibilité de faire siéger les administrateurs civils et autres fonctionnaires rompus à la vie et aux règles administratives comme assesseurs dans les tribunaux administratifs.

2.2. L'augmentation des interprètes

Il faudrait également faciliter l'accès au droit par le recrutement et le déploiement suffisant d'interprètes judiciaires, pour accompagner et aider les populations majoritairement analphabètes en français dans leurs démarches judiciaires, pour ainsi contourner la barrière linguistique qui constitue souvent un sérieux handicap à l'accès au droit et à la Justice. Naturellement, ce rapprochement de la Justice du justiciable devra être accompagné par une traduction des principaux textes de loi et des règles de procédures dans les langues nationales[261] et en arabe[262].

§ 2. Des juridictions plus efficientes et plus efficaces

Il faut aussi, bien évidemment, disposer de juridictions plus efficaces et plus efficientes, qu'il s'agisse des hautes cours ou des juridictions de base. Des juridictions plus efficaces, ce sont des juridictions qui, tout en respectant les règles du procès équitable, rendent des décisions juridiquement justifiées et exécutoires dans des délais raisonnables afin de rétablir le justiciable dans son droit et/ou de réparer le préjudice causé par la méconnaissance de la règle de droit.

Cela passe par une série de mesures, qui tardent à être prises au Sénégal, et notamment par la systématisation de la motivation et – corrélativement– par la sanction efficace de l'absence de celle-ci, mais également par la réforme du dispositif de l'aide juridictionnelle et la rationalisation de l'utilisation des montants qui lui sont alloués par l'État sénégalais.

On dirait que la classe politique, qui est le bénéficiaire du suffrage universel, est atteinte d'une bipolarité qui lui fait voir les réalités d'une manière différente selon le bord où elle se situe. Cette double lecture, source de conflits, accentue la vision manichéenne, qui empêche le consensus autour des institutions, lesquelles se doivent d'être fortes et légitimes, et donc durables et acceptées par la majorité des citoyens. Au lieu d'avoir une « valse des éthiques »[263] comme dirait le philosophe Alain Etchegoyen, on a une « valse des institutions » qui donne le tournis aux citoyens, lesquels ont l'impression par moment que leurs

---

[261] Le Sénégal a officiellement 8 langues nationales : le wolof, le sérère, le toucouleur, le diola, le mandingue, le balante, le soninké, et le bambara.

[262] Le Sénégal étant en contact avec le monde arabo-musulman depuis le XIe siècle, une partie de la population sénégalaise parle et écrit couramment la langue arabe.

[263] Etchegoyen, Alain, *La valse des éthiques*, Paris, Éditons François Bourin, 1991, p. 244.

suffrages ont été confisqués par une élite peu soucieuse de leurs libertés et de leurs droits.

L'urgence de nouveaux paradigmes commande de mettre le citoyen au cœur de la réflexion et des réformes, et non de le prendre comme prétexte et comme alibi. L'on a entendu toutes sortes de débats byzantins sur notre viabilité démocratique et la fiabilité de notre Justice : la réalité est que celle-ci n'a pas atteint les standards permettant d'en faire un solide rempart contre l'arbitraire des dirigeants fascinés par « le césarisme républicain ». Or, comme le disait si bien le Président des États-Unis, Monsieur Barack Obama lors de son fameux discours au Ghana : *« L'Afrique n'a pas besoin d'hommes forts, mais d'institutions fortes »*[264].

Cela passe par la reconfiguration des hautes Cours (A) et le redimensionnement des juridictions de base (B).

A.- Des hautes cours reconfigurées

En vue de reconfigurer les hautes cours, la première des priorités est de stabiliser la Constitution. Par suite, il faudrait faire évoluer le Conseil constitutionnel vers une Cour constitutionnelle (1) et recentrer la Cour suprême sur ses missions classiques (2).

1. La mise en place d'une Cour constitutionnelle

L'évolution de l'institution constitutionnelle pourrait se passer par la mise en place d'une Cour constitutionnelle renforcée par la diversité de sa composition, par l'élargissement de son champ de compétences et par la légitimation de sa jurisprudence.

Cette Cour constitutionnelle dont la création a été souhaitée tant par la commission de réforme des hautes cours instituée par le Président Abdoulaye Wade en octobre 2007, que par la Commission nationale de réforme des institutions (CNRI) instituée par le décret n° 2013-730 du 28 mai 2013, mise en place par le Président Macky Sall ainsi que par les conclusions des assises nationales et bon nombre de citoyens et d'organismes de la société civile, serait élevée au rang de gardien de la Constitution. Cela d'autant plus qu'elle est le dépositaire du serment du Président de la République, clé de voute des institutions, mais qui –

---

[264] http://www.jeuneafrique.com/202258/politique/le-discours-d-accra/

hélas– ne peut pas être un arbitre totalement neutre du fait du phénomène partisan qui en fait un acteur du jeu politique[265].

La fragilité ou la fragilisation actuelle de la Constitution, dont l'exécutif est la principale source, milite en faveur de cette option. La Cour constitutionnelle étant un organe à mi-chemin entre le droit et la politique, sa composition devrait refléter cette double réalité. C'est pourquoi l'exclusivité de la désignation de ses membres, au profit du Président de la République, devrait être abandonnée au profit d'une désignation diversifiée. Ce peut être une partie par le Parlement, une autre par l'Université et une troisième par la société civile avec une obligation de la présence de femmes et de l'opposition parlementaire.

2. Une Cour suprême recentrée sur ses missions classiques

Par ailleurs, la Cour suprême devrait, quant à elle, être recentrée sur ses missions classiques de contrôle du respect de la norme et de la bonne interprétation de celle-ci par les juridictions et les différentes administrations ainsi que par la qualité de la motivation des décisions juridictionnelles. Mais elle devrait être délestée des multiples prérogatives que le législateur lui a assignées et qu'elle a actuellement du mal à exercer, faute de moyens en ressources humaines et techniques.

C'est le cas des pouvoirs d'inspection, qui, depuis 2011[266], sont mis en œuvre de manière sporadique et superficielle sans rédaction de rapports circonstanciés pour les inspections de fonctionnement. Rappelons que, relativement aux missions d'enquête disciplinaire, les deux inspections de la Cour se sont vite rendu compte qu'il était plus judicieux de recourir à l'inspection générale de l'administration de la Justice (IGAJ), pour éviter d'être juge et partie dans la procédure d'enquête[267]. Rappelons encore que, depuis 2000, la Cour suprême s'est vu confier la commission de l'indemnisation des victimes de détention suivie d'une relaxe pure et simple ou d'un non-lieu et de la commission

---

265 Dans la Constitution de 2001, actuellement en vigueur, le Président de la République peut être en même temps chef de parti.

266 Les inspections générales instituées à la Cour suprême par la loi de 2008 n'ont commencé à fonctionner qu'en 2011 avec la prise des décrets n° 2011-84 du 18 janvier 2011 relatif à l'Inspection générale des cours et tribunaux et le décret n° 2011-85 du 18 janvier 2011 relatif à l'Inspection générale des parquets.

267 À ce jour, l'IGCT n'a mené qu'une seule mission d'enquête disciplinaire.

de l'aide juridictionnelle. Malgré l'allègement du processus de mise en œuvre, lesdites commissions ne sont toujours pas fonctionnelles[268].

Au plan du contrôle de la légalité des actes administratifs, la Cour suprême devrait se contenter des recours en cassation et laisser les juridictions de base connaître de ce type de contentieux en premier ressort et en appel pour respecter le double degré de juridiction et ainsi rapprocher la justice du justiciable. Le monopole en ce domaine, qui n'a que trop duré, allié à un processus de saisine complexe, n'a pas donné de résultats probants en termes de jurisprudence protectrice des droits et libertés des citoyens face à l'arbitraire de l'administration. Le contentieux administratif reste faible et les déchéances, rejets et irrecevabilités nombreux[269].

B.- Des juridictions de base reconfigurées

1. De l'intérêt d'étendre les compétences des TGI

Si le principe d'uniformiser les juridictions d'instance (TGI et TI) en tribunaux de grande instance (TGI) est effectivement mis en œuvre, on aboutira à des juridictions plus accessibles par le droit, dans la mesure où tous les problèmes de conflits de compétences ou de répartition inadéquate des compétences seraient réglés. Le justiciable n'aurait plus à se poser des questions en lien avec la juridiction de base compétente, puisque le TGI, en tant qu'unique juridiction de base, récupérerait toutes les compétences initialement dévolues aux tribunaux d'instance, en sus de ses compétences propres.

Les justiciables n'auraient plus à faire plusieurs kilomètres pour obtenir des actes administratifs, tels que le casier judiciaire qui n'était

---

268 En vertu de l'article 108 de la loi organique sur la Cour suprême, il appartient au Premier président de la Cour suprême de mettre en place la commission chargée de l'indemnisation des personnes ayant fait l'objet d'une détention provisoire au cours d'une procédure terminée à son égard par une décision de non-lieu, de relaxe ou d'acquittement devenue définitive.

269 En 2015, les décisions de la chambre administrative représentaient 13,28% de décisions rendues par les 4 chambres de la Cour suprême, pour 18,66 % en 2014, 20,70 % en 2013, 18% en 2012, 13% en 2011 et 11% en 2010 Quant aux annulations d'acte administratif, elles représentaient (sur l'ensemble des décisions d'annulation) 2,29% en 2015, 3,46% en 2014, 3,5% en 2013, 4% en 2012 et 2011, 3% en 2010. Ladite chambre n'a reçu que 75 affaires et a rendu 71 arrêts en 2015 (Cf. Rapport annuel de la Cour suprême 2015, Sénégal, juin 2006, p. 23-24).

délivré qu'au niveau des anciens TGI, lesquels, pour l'essentiel, avaient leur siège dans les chefs-lieux de région.

2. De l'intérêt de développer de nouvelles juridictions sui generis

Avec une vision nouvelle de la justice, les maisons de justice ne seraient plus une justice alternative mais une vraie justice étatique, en ce qu'elles feraient désormais partie intégrante de l'organisation judiciaire, et auraient un champ de compétences où leur intervention préalable deviendrait obligatoire à l'instar de la tentative de conciliation devant l'inspecteur du travail en matière sociale[270], d'une part, et devant le juge familial pour les affaires de statut personnel, d'autre part.

On pourrait, dans le sillage des modalités[271] d'installation initialement prévues par la loi qui les a créées, prévoir au moins une maison de justice par département pour respecter l'égalité territoriale et mettre tous les citoyens sénégalais sur le même pied. Mais en cas de besoin, et si les moyens budgétaires le permettent, d'autres maisons de justice pourraient être installées dans le même ressort.

Le Sénégal ne disposant à ce jour que de 18 maisons de justice dont 6 sont installées dans la région de Dakar (soit 16 départements couverts), l'État du Sénégal devrait s'évertuer à installer 29 maisons de justice pour couvrir les 45 départements.

Ce dispositif serait complété par les « cases de justice » à installer dans les 13.544 villages du Sénégal à raison d'une case par village. Lesdites « cases » pourraient être un premier niveau institutionnel de résolution des conflits entre villageois à l'image de l'arbre à palabre traditionnel. Naturellement, les médiateurs conciliateurs seraient choisis par le ministère de la Justice sur des critères de sagesse, d'autorité morale, d'âge, d'appartenance au groupe, de résidence effective dans le village.

---

[270] En vertu de l'article L.241 du code du travail : *« Tout travailleur ou employeur pourra demander à l'inspection du travail et à la sécurité sociale, à son délégué ou à son suppléant de régler le différend à l'amiable. »* L'exécution du procès-verbal de conciliation est poursuivie comme un jugement du tribunal du travail.

[271] En vertu du décret n°99-1124 du 17 novembre 1999 (modifié) relatif aux maisons de justice, à la médiation et à la conciliation, le ministère de la Justice est responsable du choix du médiateur conciliateur et du coordonnateur des maisons de justice. Ces structures fonctionnent sous le contrôle du Procureur de la République près le TGI de leur lieu d'implantation.

Ce peut être un chef traditionnel, un imam, un doyen d'âge jouissant d'une réputation de sagesse, un chef coutumier, un khalife, un cheikh, un gardien du bois sacré, le chef de village, etc.

Ce dispositif devrait être accompagné par une architecture adaptée des locaux alliant respect de l'environnement et commodités de la vie moderne (électricité, connexion internet,…), pour faciliter le recueil de l'information et la formation à distance. On pourrait au besoin même recourir aux énergies renouvelables telles que l'énergie solaire, utiliser le mobilier national pour développer l'artisanat local et y disposer le décor mettant en valeur le génie de nos artistes (par exemple, les tapissiers de la manufacture des arts décoratifs de Thiès 'MADT).

Cette nouvelle architecture institutionnelle pourrait être utilement accompagnée par une Direction de la justice de proximité qui aurait en son sein deux sous-directions, la première chargée de la gestion des structures, et la seconde, chargée du recrutement, de la formation et de la discipline des médiateurs et conciliateurs ainsi que des assistants judiciaires[272].

[272] Ces assistants judiciaires pourraient être recrutés, soit sur la base du bénévolat, soit sur celle d'un contrat à durée déterminée parmi les nombreux maîtres en droit (de préférence) qui peinent à trouver des stages et de l'emploi. Ces nouvelles recrues auraient l'avantage d'être immergées dans leurs propres réalités socio-économiques et de pratiquer au quotidien les enseignements théoriques reçus à l'université.

FIGURE 7 : SCHÉMA DE LA NOUVELLE ORGANISATION JUDICIAIRE PROPOSÉE[273]

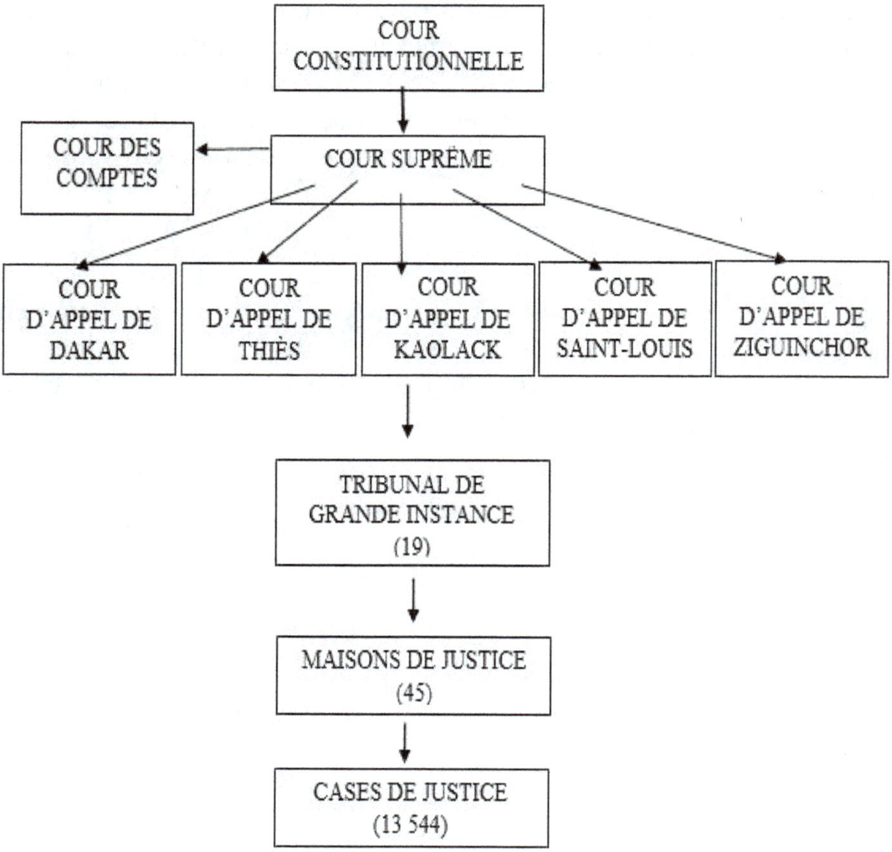

[273] Ce schéma a été conçu par Cheikh Tidiane Lam, l'auteur de cette thèse.

CONCLUSION DU TITRE II

Dans ce titre II, nous avons voulu montrer qu'il est impératif de trouver un système plus innovant appelant de nouveaux paradigmes et une nouvelle architecture institutionnelle plus apte à faire respecter les droits et libertés des citoyens, pour la mise en place d'une organisation judiciaire plus efficace dans son pilotage et dans son fonctionnement.

Il faut, contrairement aux tergiversations, aux revirements et parfois aux renoncements nés des contraintes conjoncturelles, que la vision soit claire sur le choix de la société que nous voulons, et sur les valeurs qui la sous-tendent pour bâtir un corps de règles stables autour d'un socle constitutionnel lui-même stable. Sur cette base, il sera plus facile de construire une architecture institutionnelle plus adaptée, plus cohérente, plus légitime, plus efficace et plus efficiente. Mais au préalable, s'impose une analyse –objective et exhaustive– des incohérences du dispositif issu des nombreuses réformes.

L'analyse fonctionnelle de la Justice nous a permis de mieux comprendre les interactions des services de la Justice, des ministères de la Justice, de l'Économie et des Finances, et de la Fonction publique. Le tout devant être articulé autour d'une vision claire et partagée pour justement éviter de tomber dans le piège des incohérences notées dans le processus de modernisation de la Justice depuis plusieurs décennies.

Une fois que les difficultés sont mieux cernées, nous pouvons en effet envisager, en toute pertinence, un système ayant un caractère bien plus établi et évitant de tomber dans les pièges du cloisonnement des fonctions et des réformes ponctuelles et conjoncturelles sans aucune évaluation préalable ou approche sérieuse.

CONCLUSION DE LA DEUXIÈME PARTIE

Les développements ci-dessus montrent combien les domaines de l'administration des juridictions sont variés et interdépendants, et à quel point les enjeux de cette modernisation pour la bonne marche des juridictions –et au-delà de la Justice– sont importants.

Il est cependant crucial de veiller à respecter l'indépendance juridictionnelle de chaque juge et de parvenir à une production juridictionnelle de qualité dans des délais raisonnables[274]. Il s'agit souvent d'une mission délicate, *« qui exige du temps, de la patience, beaucoup de force de conviction, un certain charisme et des savoir-faire diversifiés. »*

Il reste que, après avoir mis en place la meilleure organisation possible pour produire des décisions, il importe d'avoir des indicateurs pour apprécier le fonctionnement des juridictions : il s'agit des différentes statistiques qui permettent de mesurer principalement l'état des stocks et les délais de traitement des affaires, le rendement des personnels, la production des chambres ; il s'agit d'outils de suivi des différentes activités, dont tout chef de juridiction doit disposer pour parvenir à l'atteinte de bons résultats.

Mais au-delà des objectifs d'organisation et de fonctionnement des juridictions, de la complexité et de la multiplicité des normes, des procédures nouvelles de médiation pénale, de peines alternatives à l'incarcération, de l'aide juridictionnelle, de la création du juge de la mise en état, du juge de l'application des peines, des maisons de justice et du droit, des bureaux d'accueil et d'orientation des justiciables, de l'organisation des audiences foraines, le but ultime est en vérité de protéger les droits et libertés des citoyens qui deviennent –le temps d'un litige ou d'une demande– des justiciables. Il ne faudrait pas que le

[274] Outre l'article 1er de la loi n° 2014-26 du 3 novembre 2014 abrogeant et remplaçant la loi n° 84-19 du 2 février 1984 fixant l'organisation judiciaire qui érige en principe la notion de délai raisonnable, l'obligation de diligence et de célérité fait partie des devoirs du magistrat. Cette obligation de diligence fait partie des treize valeurs retenues par le manuel de déontologie des magistrats du Sénégal et le chapitre 5 aux pages 61-66 lui est consacré.

citoyen traverse le temps judiciaire pour en sortir frustré et/ou désabusé du fait d'un mauvais accueil, d'un langage ésotérique, de procédures longues, coûteuses et complexes, de décisions incompréhensibles faute de motivation suffisante ou de défaut de motivation ou de décisions non exécutoires parce que non signées ou non rédigées.

Les acteurs judiciaires doivent être conscients que les règles de procédure ne sont pas des clauses de style et que leur respect et leur application adaptés par les juges et autres personnels de la justice sont un gage de sécurité pour les citoyens et les investisseurs tant nationaux qu'étrangers et un facteur de stabilité et de paix sociales.

C'est au regard de ces exigences que la loi proclame que la Justice est rendue au nom du peuple[275] et que l'entité qui l'incarne *« soit le seul ministère qui porte le nom d'une vertu »*.

---

[275] L'article 9 de la loi n°84-19 du 2 février 1984 fixant l'organisation judiciaire dispose que *« La justice est rendu au nom du Peuple sénégalais. »* Cette disposition sera reprise à l'article 1er de la loi n° 2014-26 du 3 novembre 2014 abrogeant et remplaçant la loi de 1984 précitée.

CONCLUSION GÉNÉRALE

Le Sénégal, en plus de 50 ans de gestation et de maturation, a su mettre en place un système judiciaire fonctionnel malgré les multiples obstacles liés à la construction d'un État, à la consolidation d'une nation, au « choc pétrolier[276] » suivies de phases d'austérité économique.

Le système de quelques magistrats autochtones, atteignant à peine la dizaine en 1960 a passé le cap de plus de 500 magistrats tous formés à l'école de magistrature sénégalaise (section magistrature de l'école nationale et de magistrature (ENAM) de 1976 à 1995 et à partir de cette date le centre de formation judiciaire (CFJ) avec une formation initiale structurée.

Il a également renforcé son cadre institutionnel et législatif qui fait que tous les secteurs de la justice bénéficient d'un cadre légal national. Il s'efforce en outre de s'arrimer aux cadres communautaire et international en ratifiant les traités internationaux et communautaires et en procédant, au besoin, aux transpositions nécessaires que de tels traités induisent.

C'est ainsi qu'il a été le premier pays signataire du traité de Rome, le deuxième après le Burkina-Faso à ratifier la convention africaine instituant la Cour Africaine des Droits de l'Homme et des Peuples (CADHP). Et à plusieurs strates de la justice internationale, les juges sénégalais ont apporté leur concours. Ils ont participé au fonctionnement du TPIR, du TPIY, de la CIJ, de la CADH, du TI de Sierra-Léone et récemment sur la base d'un mandat donné par l'Union Africaine ont jugé Hissène Habré, donnant ainsi la preuve que l'Afrique pouvait juger ses fils, proposant ainsi une justice alternative à celle de la CPI, qui en principe, ne devrait intervenir qu'en cas de défaillance des États, en vertu du principe de subsidiarité.

Par cette jurisprudence, les sanctuaires de l'impunité se réduisent un peu plus mais il ne faut pas que le cas de Habré reste une jurisprudence isolée.

---

276 Il s'agit de la première crise mondiale des années 1970.

Notre pays a poursuivi sa mue au plan institutionnel avec parfois des allers retours au plan institutionnel qui désorientent le justiciable. L'on est passé d'une Cour suprême unique à quatre (4) Cours pour revenir à une Cour suprême reconfigurée.

Mais au fil des réformes, le système s'est complexifié pour aller crescendo vers une spécialisation et des acteurs et des structures entrainant un éclatement et souvent une dispersion des structures : ainsi, le ministère de la Justice est passé de quatre directions[277] à onze ; les hautes cours sont passées de une à quatre puis à trois ; les écoles de formation d'une à deux en attendant la scission envisagée du Centre de formation judiciaire en deux entités. Sans oublier l'institution de plusieurs juges spécialisés comme le juge de l'application des peines, le juge de la mise en état, le juge de l'expropriation[278], le juge de la distribution, ou encore le juge-commissaire.

Ce modèle qui a brillé de mille feux dans la nuit des dictatures africaines, parce qu'évoluant dans la seule République du Continent qui n'a pas connu de coup d'État ni de régime militaire, commence à s'essouffler à l'ère du multipartisme et des démocraties, des institutions telles que le Ministère de la Justice dans sa pesante tutelle sur le parquet et le Conseil supérieur de la magistrature. Le Conseil Constitutionnel avec ses nombreux arrêts d'incompétence, les juridictions de base dans l'inexécution de leurs décisions et leurs poursuites sélectives sont décriées et menacées dans leur légitimité. Les nombreux projets de modernisation n'ont pas réglé la lancinante question de l'état civil, du casier judiciaire et de la production de statistiques fiables. Autant d'éléments sans lesquels, nous ne pouvons obtenir des situations de référence pour faire des projections, des contrats de performance, des plans de recrutement pour au final mesurer la performance de notre justice avec des critères spécifiques, mesurables, adaptés, réalistes et quantifiables dans le temps (SMART).

C'est pourquoi, en plus d'avoir un système toujours revu et corrigé pour des résultats mitigés, nous devons réfléchir en profondeur

---

[277] Jusqu'en 1997, le ministère de la Justice n'avait que quatre Directions (la DSJ, la DACS, la DACG, la DESPS). La DAP qui était initialement dans le giron du Ministère de la Justice a été transféré en 1963 vers le ministère de l'Intérieur et ne reviendra à la Justice qu'en 1998.

[278] D'après l'article 11 de la loi n° 76-67 du 2 juillet 1976 relative à l'expropriation pour cause d'utilité publique et aux autres opérations foncières d'utilité publique, le juge de l'expropriation est un juge du tribunal de première instance (actuel TGI) désigné pour deux ans par le Premier président de la Cour d'appel.

pour aller vers un système plus innovant fondé sur une organisation plus rationnelle et vers des juridictions plus efficaces et plus efficientes, il est opportun de satisfaire un certain nombre de conditions préalables qui en constituent le socle et le soubassement.

Il faut d'abord avoir une vision claire et partagée sur les choix de société, et les valeurs structurantes de notre société. Ces choix de société et ces valeurs permettant de déterminer l'ordre public et les bonnes mœurs ainsi que la Constitution et les institutions de la République au cœur desquelles évoluent les cours et les tribunaux. Cela est d'autant plus important que l'absence de vision et les réformes conjoncturelles ont donné une série d'incohérences tant au plan institutionnel que procédural dans le fonctionnement de la justice. Il s'en est suivi des réformes de la réforme qui ont produit des résultats peu probants en termes de célérité, de sécurité d'efficience et d'efficacité de la justice. C'est ensuite le règlement de la persistante problématique de l'état civil, du casier judiciaire ainsi que de l'absence de statistiques complètes et fiables capables de mettre en place un dispositif d'aide à la décision, un déploiement optimal de la carte judiciaire, une gestion cohérente des ressources financières, matérielles et des personnels.

La modernisation ne peut –également– occulter les facilitations d'accès à la justice et au droit qui passent par des structures adaptées et des juridictions véritablement proches des justiciables au plan géographique et au niveau des compétences d'attribution, qui se doivent d'être plus simplement réparties.

Par ailleurs, l'agenda du Conseil supérieur de la magistrature n'est pas fixe et subit par conséquent les aléas du calendrier du Chef de l'État. Même si théoriquement, le Garde des Sceaux peut diriger une séance du Conseil supérieur de la magistrature, dans la pratique cela n'a jamais eu lieu depuis l'indépendance[279]. Par le passé, les séances du CSM n'étaient pas réglementées, ce qui accentuait les abus ; mais, au demeurant, avec la nouvelle loi (loi 2017 sur le CSM), le fait de l'avoir

---

[279] À titre d'exemple, en 2017, il n'y a eu que deux sessions du CSM contre de multiples décisions prises en consultations à domicile (pratique consistant à aller au domicile ou au bureau des différents membres du Conseil supérieur (à l'exception du Président de la République) pour recueillir leur avis sur la proposition de nomination d'un magistrat sur l'initiative du Garde des Sceaux, Ministre de la justice. Si le secrétaire général qui y procède reçoit une majorité favorable, le Ministre soumet un projet de décret d'affectation au Président de la République pour signature.)

instituée n'enlève pas pour autant son caractère dérogatoire par rapport au précepte de tenue du CSM plus respectueuse des garanties des magistrats. Les « fameuses » nécessités de service ne sont pas toujours caractérisées : comme une clause de style, elles sont utilisées sans aucun contenu, et sont devenues un mode commode de contournement du principe de l'inamovibilité des magistrats, contournement dont tout le monde semble s'accommoder. Il y a, à ce niveau, une introspection à faire, car quoi qu'on dise, les magistrats sont majoritaires au CSM ; et s'ils se comportent en sentinelles vigilantes de leur statut, certaines mesures ne devraient pas passer.

Il faudrait également aller vers plus de transparence dans la gestion des dossiers et des carrières, dans l'évaluation qui devrait être contradictoire et commune, dans la mise en compétition des postes avec la publication des postes disponibles, avec possibilité de recours devant le CSM en cas de sélection irrégulière d'un candidat, dans la limitation de la durée en fonction à certains postes de responsabilité pour assurer la mobilité, dans la possibilité d'accès au dossier. Peut-être faudrait-il carrément autonomiser le CSM, comme cela est intervenu depuis quelques années dans plusieurs pays africains (Bénin, Togo, Burkina Faso) et autonomiser aussi le parquet (comme au Maroc).

Il conviendrait en outre de remédier à l'absence d'un dialogue dans la répartition et la gestion des crédits. À part la Cour Suprême qui a une relative autonomie dans la gestion de ses crédits, dont la détermination du montant et les lignes relèvent cependant du ministère de la Justice, toutes les dotations budgétaires des cours et tribunaux sont gérées par le responsable de la Direction de l'administration générale et de l'équipement selon des choix et des critères qui échappent totalement aux chefs de juridiction.

Enfin, les autorités publiques, à divers niveaux, préjugent souvent dans certaines affaires en cours à connotation politique, du résultat des poursuites et le fait que la direction indiquée soit confirmée par les juges donnent l'impression d'une justice aux ordres ou à tout le moins d'une justice instrumentalisée.

Il y a souvent à ce niveau une violation du secret de l'instruction et de la présomption d'innocence, alors qu'en vertu de ce principe de la présomption d'innocence, il n'appartient pas –sous peine de poursuites en diffamation– à une autorité ou à un citoyen quelconque d'affirmer la culpabilité d'un justiciable tant qu'un jugement devenu définitif n'a décidé de sa culpabilité. Entre temps, personne n'a le droit de dire qu'il est coupable.

Ces violations et méconnaissances réitérées des principes qui gouvernent la séparation des pouvoirs et la présomption d'innocence fragilisent le socle de la justice et font apparaître l'indépendance de l'institution comme une arlésienne pour ne pas dire un mythe.

Pour ne pas que la Justice tombe de son piédestal et soit définitivement démystifiée parce que dépouillée des attributs et des atours qui fondent sa majesté et sa respectabilité, il serait, à notre avis, opportun de se pencher plus profondément sur son fonctionnement de la justice, qui suscite de plus en plus inquiétudes et peurs, pour lui donner sa véritable vocation de pouvoir arbitre chargé de maintenir l'équilibre du jeu des institutions et de garantir la paix sociale.

C'est d'autant plus important que les enjeux géopolitiques et la mondialisation qui placent le Sénégal au cœur de menaces de toutes sortes ainsi que la découverte de richesses telles que le pétrole et le gaz dont l'exploitation aiguise les appétits suscités peuvent être particulièrement déstabilisants. Dès lors, la Justice devra être suffisamment forte pour endiguer les menaces et constituer un rempart inexpugnable contre les menaces de déstabilisation.

Ce n'est plus à un jeu de balancier que les justices des pays d'Afrique en général, et du Sénégal en particulier, sont soumis mais plutôt à un jeu de funambule pour amener les justiciables et par ricochet la nation, au port de la stabilité, de la sécurité et de la paix durable.

Au-delà des structures reconfigurées, les modes de fonctionnement doivent tenir compte des besoins des justiciables en termes d'informations et de services de qualité. En s'appuyant sur une bonne appropriation des technologies de l'information, on pourrait revoir les modes de conservation des archives par la systématisation, de la numérisation, le développement de plates-formes d'information, les convocations par voie électronique (mails, SMS)[280].

La meilleure diffusion de l'information judiciaire et la facilitation de l'accès au droit passeront également par une meilleure diffusion des codes usuels ainsi que leurs procédures les plus courantes, non

280 La plupart des sénégalais bien que non alphabétisés en français, utilise couramment le téléphone portable et ses multiples applications au point que des sociétés comme Google ont développé des applications permettant les correspondances par la langue Wolof.

seulement en français mais également dans les langues nationales les plus usitées. L'ARMP, de ce point de vue, a déjà balisé la voie en mettant à disposition un code des marchés publics traduit en langue Wolof de même que la cellule en charge de la justice de proximité qui a développé toute une panoplie de moyens de communication (émissions radiodiffusées avec les acteurs locaux, plaquettes d'information, visio-conférences avec les responsables des différentes maisons de justice) pour mieux atteindre et informer les justiciables et les aider dans leurs démarches judiciaires ainsi que la résolution de leurs conflits.

Le nouveau système que nous avons proposé devra capitaliser tous ces acquis pour les densifier par un maillage territorial plus serré et moins couteux en structure d'accueil des justiciables pour leur offrir une justice accessible, gratuite et efficace dans une ambiance plus conviviale, plus habituelle et plus rassurante.

À travers ce dispositif, les juridictions de type classique, parce que délestées d'une bonne partie du contentieux par les maisons et les cases de justice, pourront mieux se focaliser sur les contentieux plus techniques et avoir le temps nécessaire pour la formation continue, la maturation des dossiers et avoir des décisions de qualité rendues dans les délais raisonnables.

Naturellement ce dispositif devra être accompagné par une modernisation adéquate des greffes, des services d'exécution des peines fonctionnant sous la supervision d'administrateurs des greffes confirmés comme étant de véritables gestionnaires dotés de véritables pouvoirs de chef de service afin que le passage du corps de (GEC) à (ADG) ait un sens.

Mais il faut dire que le mouvement d'une modernisation de la justice vers l'atteinte de la performance ne peut se faire sans une école de formation des magistrats ainsi que des autres personnels digne de ce nom. Il serait alors nécessaire de construire en urgence une École Nationale de la Magistrature (ENM) et une École Nationale des Professions Judiciaires (ENPJ) équipées avec des personnels pédagogiques bien formés, suffisants et motivés, pour en faire de véritables incubateurs des acteurs judiciaires du futur et des laboratoires de la réflexion prospective et non pas seulement réactive.

L'ingénierie de la formation initiale et continue existant déjà, il manque tout juste le cadre adapté pour un déploiement optimal.

Le dispositif de contrôle et d'inspection des juridictions, des directions et des personnels qui y servent, doit être revu pour plus d'efficacité et d'efficience. D'une démultiplication des inspections qui se chevauchent dans leurs attributions (IGAJ, IGCJ, IGP) on devrait aller vers une grande inspection constituée non seulement d'inspecteurs magistrats mais également d'inspecteurs issus des autres personnels de la justice et, au besoin, des spécialistes de l'audit.

Cette réorganisation des structures chargées du contrôle pourrait être accompagnée par l'extension des prérogatives des chefs de cour d'appel dans leur ressort en leur offrant, à l'instar de leurs homologues français, la possibilité de procéder à des contrôles du fonctionnement des juridictions de leur ressort, sous la supervision de l'inspection générale unifiée.

Toujours dans le sens de mieux satisfaire le justiciable-client et créer une saine émulation, on pourrait créer à l'image de la « Charte Marianne »,[281] la « Charte Baobab »[282] pour améliorer la qualité de l'accueil et des services offerts aux justiciables et labéliser les Cours et Tribunaux qui se seront distingués dans la mise en œuvre des règles de ladite charte.

Comme on l'a ressenti durant tous nos développements, l'on se rend compte que moderniser la justice en vue d'atteindre la performance est loin d'être une sinécure. Elle appelle une synergie d'actions basée une vision claire et partagée, un esprit créatif et proactif des responsables chargés du pilotage ainsi que des savoir-faire diversifiés et une grande capacité d'adaptation de la part des acteurs pour satisfaire au mieux les justiciables.

La justice sénégalaise dans sa quête de modernité, en plus des chocs endogènes devra faire face aux chocs exogènes nés du développement

---

281 La charte Marianne est le principal outil de promotion de la culture de l'accueil et de la qualité de service dans l'État en France. La Charte Marianne a été lancée en 2004 mais elle est entrée officiellement en vigueur au début de l'année 2005. La charte Marianne se fonde sur 5 séries d'engagements : Faciliter l'accès des usagers dans les services ; Accueillir les usagers de manière attentive et courtoise ; Répondre de manière compréhensible et dans un délai annoncé ; Traiter systématiquement la réclamation ; Recueillir les propositions des usagers pour améliorer la qualité du service public. Chacune de ces rubriques comporte des engagements obligatoires et des engagements optionnels. Des engagements spécifiques relatifs à certaines prestations ou à certains publics (personnes handicapées par exemple) peuvent être ajoutés. Certains ministères ont également complété ces rubriques par exemple en associant à certains engagements des standards de qualité plus exigeants.

282 Le Baobab, arbre aux multiples vertus, représente, avec le lion les sceaux de la République du Sénégal.

exponentiel des nouvelles technologies qui font apparaître de nouvelles formes de criminalité et de nouveaux besoins.

Le réseau francophone des Conseils de la magistrature judiciaire (RFCMJ) a déjà entamé la réflexion en tenant à Dakar un important Colloque sur « L'indépendance de la magistrature et les technologies se conjuguent au futur ».[283]

La France dans le cadre des nouveaux chantiers de la Justice entend revoir les modes de fonctionnement de la justice par rapport à cette nouvelle donne. Le groupe de travail mis en place par l'institut Montaigne a dégagé des pistes intéressantes en soutenant que *« La mise en œuvre rationnelle des technologies ne peut se faire sur la base d'une organisation inadaptée. Il est donc nécessaire de clarifier les missions et responsabilités des divers pouvoirs et autorités dont relève la justice. Dans son rapport, la commission préconise de voir comment la révolution numérique peut être une opportunité pour moderniser les juridictions, de manière à répondre aux attentes des personnes physiques ou morales qui entendent recourir au service public de la justice. »*[284]

Un cadre d'échange des expériences et des réflexions entre les États et les différentes administrations qui concourent et réfléchissent à l'œuvre de justice, pourrait être une bonne panacée.

---

[283] Au cours de ce Colloque qui s'est tenu les 7 et 8 novembre à Dakar au Sénégal, ont été abordées les thématiques telles que : *« Les médias sociaux: une grande séduction ; La justice prédictive ; L'accessibilité aux jugements des tribunaux en ligne: le point et des interrogations ».*

[284] *Justice faites entrer le numérique*, Institut Montaigne, novembre 2017, p. 6.

BIBLIOGRAPHIE

THÈSES ET MÉMOIRES :

BARRO, El Hadji Macky. *La Cour de Répression de l'Enrichissement Illicite : Une juridiction controversée*. Mémoire de Master 2 Professionnel, Faculté des Sciences Juridiques et Politiques, Université Cheikh Anta Diop de Dakar, Sénégal, 2014-2015, 107 p.

BEYE, Samba Penda. *Diagnostic de l'organisation et du processus de contrôle de la Cour des Comptes du Sénégal*. MBA-Audit et Contrôle de Gestion, Dakar, Centre Africain d'Etudes Supérieures en Gestion (CESAG), 2016, 68 p.

BERTHIER, Laurent. *La qualité de la justice*. Thèse de Doctorat, Université de Limoges, 30 novembre 2011, 687 p.

DIAWARA, Boubacar. *La rigidité constitutionnelle dans les États d'Afrique noire francophone ; les exemples du Bénin, Mali et du Sénégal*. Thèse de Doctorat en droit, Université Cheikh Anta DIOP de Dakar, 2015, 341 P.

DIOP, Mamadou. *Le contrôle de l'Administration*. Thèse, Université de Dakar, Novembre 1970, 646 p.

DIOUF, Mountaga. *L'intervention du juge dans les sociétés commerciales*. Thèse, Université Cheikh Anta Diop, Janvier 2007, 492 p.

DIOUF, Ndiaw. *La situation des parties au procès pénal pendant l'instruction préparatoire*. Thèse, Paris, octobre 1992, 262 p.

FALL, Adama. *Les archives judiciaires*. Mémoire de fin de formation, Section Greffe, Centre de Formation Judiciaire, Dakar-Sénégal, année 2004-2005, 40 p.

FANON, Félix. *La rationalité de la compétence de la Cour commune de justice et d'arbitrage*. Thèse, Université Cheikh Anta Diop de Dakar, Mai 2013, 449 p.

JOEL, Michel. *La réforme de la justice en Afrique noire*. Thèse, Université de Dakar, 1962, 246 p.

KANTE, Babacar. *Unité de juridiction et droit administratif : l'exemple du Sénégal.* Thèse, Université de Dakar, Juillet 1983, 426 p.

NDIAYE, Seck. *Les tribunaux musulmans du Sénégal de 1857 à 1914.* Mémoire de Maîtrise, Département d'Arabe, Faculté des Lettres et Sciences Humaines, Université de Dakar, Sénégal, année 1983-1984, 124 p.

PONSARD, Anne-Laure. *La transaction administrative.* Thèse de Doctorat, Université Paris-Nanterre, Novembre 2015, 662 p.

TRAORE, Bakary. *La Cour de Répression de l'Enrichissement Illicite : Une juridiction controversée. Citoyenneté, Droits de l'Homme et Action Humanitaire.* Master 2, UCAD, 2014-2015, 107 p.

OUVRAGES GÉNÉRAUX :

AÏDARA, Nassardine et Famille. *Le Joola : An IV. Le régime de l'alternance et le naufrage du Joola.* Dakar, Imprimerie Saint-Paul, Septembre 2006, 45 p.

BAZELAIRE, Jean-Paul et CRETIN, Thierry. *La justice pénale internationale. Son évolution, son avenir, de Nuremberg à La Haye.* Paris, Presses Universitaires de France, 2000, 261 p.

BEAUCHARD, Renaud. *L'assujettissement des nations.* Paris, Editions Charles Léopold Mayer, 2017, 172 p.

BEAUD, Michel. *L'art de la thèse.* Paris, Editions La Découverte, 1994, 175 p.

CADIET, Loïc et CLAY, Thomas. *Les modes alternatifs de règlements des conflits.* Paris, 2é édition, Dalloz, 2017, 166 p.

CAMARA, Ousmane. *Mémoires d'un juge africain. Itinéraire d'un homme libre.* Paris-Dakar, Karthala et CREPOS, 2010, 306 p.

CHARVIN, Robert : *Relations Internationales. Droit et Mondialisation. Un monde à sens unique.* Paris, Editions L'Harmattan, 2000, 350 p.

CHEVALLIER, Jacques. *Science administrative.* Paris, 5e Editions, PUF, 2013, 610 p.

CONAC, Gérard. *Les Cours suprêmes en Afrique. Organisation, finalités, procédure.* Paris, Economica, Tome 1, 1989, 437 p.

CORNU, Gérard. *Vocabulaire Juridique*. Paris, 11e Edition, PUF, Collection Quadrige, 2016, 1101 p.

CROCQ, Pierre (Dir.). *Le nouvel acte uniforme portant organisation des sûretés. La réforme des sûretés de l'OHADA*. Paris, Les Editions Lamy, 2012, 406 p.

DAVID, René et SPINOSI Camille Jauffret. *Les grands systèmes de droit contemporains*. Paris, Neuvième Edition, DALLOZ, 1988, 734 p.

DIAGNE, Pathé. *Pouvoir politique traditionnel en Afrique occidentale*. Paris, Présence Africaine, 1967, 294 p.

DIAKHOUMPA, Cheikh. *Traité théorique et pratique de procédure pénale. La phase préparatoire du procès pénal*. Dakar, Tome 1, Presse de l'Imprimerie Saint-Paul, 2015, 339 p.

DIALLO, Ibrahima Khalil. *Le contentieux maritime devant le juge : Etude de droit privé comparé du Sénégal, du Togo, de Côte d'Ivoire et de la France*. Dakar, Volume 2, Editions Juridiques Africaines, 1992, 355 p.

DIENG, Bassirou. *Société wolof et discours du pouvoir, analyse des récits épiques du Kajoor*. Dakar, Presses Universitaires de Dakar, 2008, 378 p.

DIOP, Alioune Badara. *Le Sénégal, une démocratie du phénix ?* Dakar-Paris, Éditions Karthala et CREPOS, 2009, 366 p.

DIOP, Cheikh Anta. *Civilisation ou barbarie*. Dakar, Editions Présence Africaine, 1981, 526 p.

DIOP, Cheikh Anta. *L'Afrique Noire précoloniale*. Paris, Seconde Edition, Présence Africaine, 1987, 278 p.

DIOP, El Hadji Omar. *L'instrumentalisation de la constitution dans les régimes politiques africains*. Dakar, CREDILA-OVIPA, 2017, 362 p.

DIOP, Mohamed Lamine. *Le système pénitentiaire sénégalais*. Paris, L'Harmattan, 2016, 157 p.

DIOP, Momar-Coumba. *Sénégal. Trajectoire d'un État*. Dakar, CODESRIA, 1992, 500 p.

DIOUF, Ndigue. *Droit de la famille. La pratique du tribunal départemental au Sénégal*. Dakar, abis Editions, 2011, 243 p.

DIOUF, Ndigue. *L'État civil au Sénégal. Cadre organisationnel et juridique*. Dakar, Tome 1, abis Editions, 2015, 202 p.

ETCHEGOYEN, Alain. *La valse des éthiques*. Paris, Editons François BOURIN, 1991, 244 p.

FALL, Ismaïla Madior. *Evolution constitutionnelle du Sénégal.* Dakar-Paris, Credila-Karthala-Crepos, 2009, 191 p.

FALL, Ismaïla Madior. *Textes constitutionnels du Sénégal de 1959 à 2007*. Dakar, CREDILA, 2007, 245 p.

FALL, Ndongo. *Le Droit pénal africain à travers le système sénégalais*. Dakar, Editions juridiques africaines, 2003, 550 p.

GASSAMA, Makhily (Dir.). *Mélanges offerts au Professeur Assane Seck.* Dakar, NEAS, 2010, 317 p.

HORUSITZKY, Patrick. *Les politiques publiques. Enjeux, acteurs et dispositifs*. Paris, DUNOD, 2015, p. 306.

KERTE, Amoulgam Azé. *L'Affaire Hissène Habré*. Dakar, L'Harmattan, 2015, 147 p.

LAMARQUE, Danièle. *Contrôle et évaluation de la gestion publique*. Paris, Editions Bruylant, 2016, 302 p.

MAGASSOUBA, Moriba. *Tchad-Sénégal, la machination : acte II*. Dakar, Editions Chaka, 186 p.

MARQUIS, Louis. *Droit de la prévention et du règlement des différends (PRD). Principes et fondements. Une analyse dans la perspective du nouveau code de procédure civile du Québec.* Canada, Les Editions de l'Université de Sherbrooke, 2015, 218 p.

MAURY, Suzanne (Dir.). *Les politiques publiques*. Paris, La Documentation Française, 2015, 240 p.

MAZOUZ, Bachir & LECLERC, Jean. La gestion intégrée par résultats, Québec, Presses de l'Université du Québec, 2008, 440 p.

MBAYE, Kéba. *Propos d'un juge*. Dakar, NEAS, 2006, 253 p.

MBAYE, Saliou. *Histoire des institutions coloniales françaises en Afrique de l'ouest (1816-1960).* Dakar, Imprimerie Saint-Paul, 1991, 339 p.

NDIAYE, Mandiogou et ROBBIN, Nelly. *Les mineurs en conflit avec la loi au Sénégal : une réalité à redécouvrir : chiffres clé de la justice-2003*. Sénégal, Ministère de la Justice, 2005, 57 p.

NDIAYE Mandiogou et ROBIN Nelly. *Délinquance et politique pénale au Sénégal : les chiffres clés de la justice*. Dakar, IRD, Ministère de la Justice du Sénégal, 2002, 64 p.

NDIAYE, Mansour Bouna. *Panorama politique du Sénégal ou les mémoires d'un enfant du siècle*. Dakar, Les Nouvelles Editions Africaines, 1986, 205 p.

NDOYE, Doudou. *Code pénal du Sénégal annotée*. Dakar, EDJA, 2005, 268 p.

NDOYE, Doudou. *Nouveau code de procédure civile du Sénégal et des voies d'exécution annotée*. Dakar, Editions Juridiques Africaines, 2008, 467 p.

NDOYE, Doudou. *Nouveau code de procédure pénale du Sénégal annotée*. Dakar, Editions juridiques africaines, 2000, 417 p.

NGOM, Babacar. *Comment renforcer l'indépendance de la magistrature au Sénégal* ? Dakar, L'Harmattan, 2014,121 p.

NIASSE, Sidi Lamine. *L'étranger parmi les siens*. Dakar, L'Harmattan, 2016, 284 p.

NZOUANKEU, Jacques Mariel. *Droit constitutionnel et institutions politiques du Sénégal*. Dakar, RIPAS, 1989 p.

PERRET, Bernard. *L'évaluation des politiques publiques*. Paris, Editions La Découverte, 2014, 128 p.

PISSALOUX Jean-Luc (Dir.). *Planification, développement durable et action publique locale*. Paris, L'Harmattan, 2015, 325 p.

SALL, Alioune. *Les mutations de l'intégration des États en Afrique de l'ouest. Une approche institutionnelle*. Paris, L'Harmattan, 2006, 189 p.

SALL, El Hadji Ibrahima. *Demain, la République*. Dakar, Les Editions AURA, 2012, 129 p.

SAMB, Djibril. *L'heure de philosopher la nuit et le jour (2016). Les mesures des choses*. Tome 2, Dakar, Les Nouvelles Editions Africaines du Sénégal, 2018, 168 p.

SECK, Cheikh Yérim. *Kéba MBAYE. Parcours et combats d'un grand juge*. Paris, Editions KARTHALA, 2009, 217 p.

SENGHOR, Léopold. *Chants d'ombre, suivi de, Hosties noires*. 3e édition. Paris, Editions du SEUIL, 1956, 153 p.

SOW, Seydina Issa. *Le traitement judiciaire des incidents de la saisie immobilière*. Dakar, CREDILA, 2017, 523 p.

SY, Seydou Madani. *Les régimes politiques sénégalais de l'indépendance à l'alternance politique 1960-2008*. Paris-Dakar, Editions Karthala et CREPOS, 2009, 372 p.

TAMBEDOU, Malick. *De l'indépendance du pouvoir judiciaire au Sénégal*. Dakar, Editions RADDHO, 2007, 68 p.

TINE, Alioune. *La Cour Pénale Internationale. L'Afrique face au défi de l'impunité*. Dakar, Editions RADDHO, 199 p.

TOURE, Papa Assane. *La réforme de l'organisation judiciaire du Sénégal. Commentée et annotée*. Paris, Harmattan, 2016, 432 p.

TOURE, Papa Assane. *Le traitement de la cybercriminalité devant le juge*. Paris, L'Harmattan, 2014, 616 p.

OUVRAGES SPÉCIALISÉS :

Acte uniforme portant organisation des suretés. Dakar, EDJA, 1998, 74 p.

Bulletin des arrêts rendus par la Cour d'Appel de Dakar en matière Commerciale. Cour d'Appel de Dakar 2013- vol n°1.

Bulletin des arrêts rendus par la Cour d'Appel de Dakar en matière Sociale, Cour d'Appel de Dakar 2013- vol n°1.

Code de procédure civile du Sénégal et des voies d'exécution annoté. 2008, 467 p.

Code des assurances des États membres de la CIMA. Deuxième Edition, LA FANAF, 2001, 334 p.

Code des marchés publics. Complété par le décret N° 2007-546 portant organisation et fonctionnement de l'autorité de Régulation des Marchés Publics (A.R.M.P.). Dakar, Chambre de Commerce, d'Industrie et d'Agriculture de Dakar (CCIAD), Octobre 2007, 114 p.

Code des obligations civiles et commerciales du Sénégal annoté. Textes nationaux et internationaux de l'OHADA intégrés. Dakar, Editions Juridiques Africaines, 2008, 353 p.

Justice, les mots clés. Dakar, Edition 2016, p. 94.

Manuel de Déontologie des Magistrats du Sénégal. LexisNexis, 2017, CFJ, Conseil Supérieur de la Magistrature, République du Sénégal, p. 125.

Nouveau Code de Procédure civile du Sénégal. Editions 2013, Les Presses de l'Imprimerie Horizons.

Nouveau code des sociétés annoté. Editions Mars 1994, Dakar, EDJA, Imprimerie Saint-Paul, 318 p.

Organisation pour l'harmonisation en Afrique du droit des affaires (OHADA), Traité et Actes uniformes commentés et annotés. France, Juriscope, 2012, 1460 p.

Recueil des arrêts de la Cour de Cassation. Chambre pénale, chambre civile et commerciale, chambre sociale. Années judiciaires : 1993-1998. Paris, Editions Giraf, Agence Intergouvernementale de la Francophonie- République du Sénégal, 2001, 739 p.

ARTICLES :

Centre d'Etudes des Sciences et Techniques de l'Information (CESTI). *Médias, conflits et droits humains en Afrique*. Revue africaine de communication, Janvier-juin 2014, N° 1.

Des medias en démocratie. Revue africaine de communication. 2015, n°2.

La Balance. Revue semestrielle de l'Union des Magistrats Sénégalais (UMS), Dakar, abis -Editions, janvier-juin 2017, N°1.

La modernisation de la justice au Sénégal. Association des juristes africains (AJA), Dakar, ELJA, 2017, 277 p.

NDIAYE, Isaac Yankhoba. *Le Conseil constitutionnel sénégalais*. Sénégal, Les Nouveaux Cahiers du Conseil constitutionnel, 2014/4 (N° 45), 306 p.

NIANE, Djibril Tamsir. *Les sources orales de l'histoire du GABU*. Revue Négro africaine de Littérature et de Philosophie, Ethiopiques, octobre 1981, N° 28.

PISSALOUX Jean-Luc, *La réforme de l'administration et de la gestion publique au Québec : une expérience à méditer !*, Revue du Trésor, juillet 2008, p. 509-518.

PISSALOUX Jean-Luc, *Performance et activité des juridictions administratives*, in « Réformes des finances publiques & Modernisation de l'administration – Mélanges en l'honneur du Professeur Robert Hertzog », p. 453-466, Économica, octobre 2010.

PISSALOUX Jean-Luc, *Réflexions sur les indicateurs de performance*, in O. Lenoir, *« Pour une éthique de la performance »*, L'Harmattan, septembre 2013 (233 p.), p. 201-214.

PISSALOUX Jean-Luc, *Les inspections générales au sein de l'administration française : structures, fonctions et évolution*, Revue Française d'Administration Publique (RFAP), 2015, n° 155 « Du contrôle à l'évaluation : l'évolution des fonctions d'inspection », p. 601-622.

PISSALOUX Jean-Luc, *Réflexions prospectives sur les inspections générales ministérielles et l'évaluation des politiques publiques*, in « Mélanges en l'honneur de Gérard Marcou », IRJS Editions, coll. Bibliothèque de l'IRJS – André Tunc, p. 903-920, déc. 2017, 1185 p.

Revue annuelle 2018, Ministère de la Justice, Sénégal, Mars 2018, p. 82.

Revue internationale de droit africain. Dakar, EDJA, Juillet-Août-Septembre 1998, N°38.

Revue semestrielle de la Cour d'Appel de Kaolack. « Yoon-Wi », Editions du 15 Mars 2010.

Revue Sénégalaise de Philosophie. Janvier-Décembre, 1985, Numéro 7-8.

Revue Sénégalaise de Droit des Affaires (RSDA), Yaoundé, 2003-2004, N°2-3-4.

Revue Sénégalaise de Droit des Affaires (RSDA). Dakar, Presses de la sénégalaise de l'Imprimerie, 2003, n°1.

Revue Sénégalaise de droit, n ° 36, janvier- juin 2011.

Revue Sénégalaise de droit, Nouvelles Editions Africaines, juin 1978, n°23.

RAPPORTS PUBLICS :

AFFICHARD, Joëlle. *Mise en place du système d'information sur la justice. Phase 1 : Diagnostic et définition d'une stratégie (du 16 au 28 octobre 2017).* Ministère de la justice, Justice coopération internationale, Délégation de l'Union Européenne, Sénégal, 17 p.

Audit technique de l'Informatisation du Système Judiciaire. Grant Northon, Délégation de l'Union Européenne au Sénégal. RAPPORT FINAL, Dakar-Sénégal, Mars 2015, 138 p.

Audit technique de l'informatisation du système judiciaire. Rapport Préliminaire. Grant Thornton, Union Européenne-Ministère de la justice, Dakar-Sénégal, Novembre 2014, 112 p.

Budget-Programme 2013 du Ministère de la Justice. Rapport Provisoire. République du Sénégal, Décembre 2012.

Cours des Comptes. Le rapport public 2004, République du Sénégal, Dakar, 2004, 179 p.

Dispositions Constitutionnelles, Législatives et Réglementaires relatives au Statut de la Magistrature. Diffusion Interne. Directions des services judiciaires, Ministère de la Justice, République du Sénégal, 17 juin 1992, 50 p.

Etude diagnostique des vulnérabilités de la Gouvernance dans les lieux de détention provisoire au Sénégal. Rapport Final. Bureau d'Etudes B & S Europe, Dakar, Octobre 2014, 74 p.

Evaluation de l'impact du projet gouvernance économique. Rapport provisoire. Juin 2016, 104 p.

Informatique et libertés, quel cadre juridique pour le Sénégal ? Séminaire. ACTES, Dakar, 29 et 30 Aout 2005, 227 p.

Justice : faites entrer le numérique. Rapport, Institut Montaigne, France, Novembre 2017.

L'indépendance de la justice. Actes du deuxième congrès de l'Association des Hautes juridictions de cassation des pays ayant en partage l'usage du français (AHJUCAF), Cours de Cassation du Sénégal, OIF, Dakar – 7 et 8 novembre 2007, 230 p.

La Cour Pénale Internationale et le Sénégal : Directives pour la mise en œuvre du statut de Rome au Sénégal. Sous la Direction de Mouhamadou Kébé, Conférence organisée les 23, 24, 25 et 26 octobre 2001, Dakar.

La justice et les mineurs : problématiques et judiciaires. Projet : Justice et État de Droit. Centre de Formation Judiciaire, Ministère de la Justice, Du 19 au 22 Avril 19991-Dakar, 168 p.

La réduction des délais de mise en état des procédures en matière commerciale. Présentation aux fins d'actualisation des recommandations issues des études précédentes. Dakar, Centre de Formation Judiciaire, du 26 au 28 décembre 2012.

La réforme des institutions au Sénégal. Actes du colloque des 13 et 14 février 2015, Editions Librairie Juridique Africaine, Dakar.

La Réforme Judiciaire : Approche Comparative. Rapport de Synthèse du Cours Régional de formation. IDLI-CFJ, (Présenté par Monsieur

Abdoulaye NDIAYE), du 19 Mars au 6 Avril 2001, Dakar-Sénégal, 34 p.

Les droits des enfants. Les aspects juridiques des Droits de l'Enfant. Textes internationaux. Textes nationaux. Centre de Formation Judiciaire, Dakar, 17 et 18 mars 2010.

Les maisons de Justice au Sénégal. Rapport de d'activités 2014. République du Sénégal, Dakar, Juin 2015, 160 p.

Manuel de déontologie des magistrats du Sénégal. Ministère de la Justice, Conseil supérieur de la Magistrature, Centre de Formation Judiciaire, Lexis Nexis, 2017, 115 p.

Mise en place du système d'information sur la justice. Phase 1 : Diagnostic et définition d'une stratégie (Du 16 au 28 octobre 2017). Réunion de restitution, Dakar, Justice coopération internationale, Ministère de la Justice-Union Européenne, 14 p.

Modernisation de la justice au Togo. Le guide juridique du citoyen. République Togolaise, Edition 2014, 220 p.

Opérationnalisation du schéma directeur de la statistique du secteur de la Justice : éléments constitutifs d'un dispositif de production de données judiciaires. Rapport de mission, Août 2012, Fonds Européen pour le Développement (FED), Sénégal, 56 p.

Plan d'actions prioritaires de la réforme de la Justice, 2015-2019. Ministère de la Justice, République de la Guinée, Janvier 2015, 87 p.

Programme d'appui au programme national de bonne gouvernance du Sénégal (PAPNBG). Période d'exécution 15 Août 2006 au 14 Août 2007, Dakar.

Programme Sectoriel de Justice. Cadre de Dépenses Sectoriel à Moyen Terme 2008-2010. Ministère de la Justice, République du Sénégal, Mars 2008, 58 p.

Programme Sectoriel de Justice. Ministère de la Justice, République du Sénégal, Décembre 2013, 27 p.

Programme Sectoriel de Justice. Synthèse de l'étude relative au programme sectoriel Justice. Ministère de la Justice, République du Sénégal, Juin 2004, 44 p.

Rapport annuel de la Cour Suprême 2015. Dakar, juin 2016, 243 p.

Rapport annuel du comité sénégalais des droits de l'homme, année 1987.

Rapport d'activité du service administratif régional 2008. Cours d'Appel de Paris, Vitry, Septembre 2009.

Rapport d'activité. Conseil supérieur de la Magistrature. La Documentation Française 2016, 133 p.

Rapport d'activités 2014, du Ministère de la Justice. République du Sénégal, Février 2015, 210 p.

Rapport d'activités 2015, du Ministère de la Justice. République du Sénégal.

Rapport d'activités 2016, du Ministère de la Justice. République du Sénégal, Dakar, Novembre 2016, 114 p.

Recueil des obligations déontologiques des magistrats. Conseil supérieur de la magistrature. DALLOZ, Paris, 2010, 67 p.

Sénégal. Le secteur de la justice et l'état de droit. AFRIMAP et Open society in initiative for West-Africa, Dakar, November, 2008, 175 p.

Session de formation continue sur 'Justice et Transparence. Organisée par le CFJ, USAID, La Cour de Cassation, ENAMF, Saly Portudal du 30 Juillet au 1er Aout 1998, Sénégal.

Textes sur les pouvoirs d'inspection des chefs de Cours et de Juridiction. Inspection Générale de l'Administration de la Justice, Ministère de la Justice, Dakar-Sénégal, Mai 2008, 107 p.

WEBOGRAPHIE :

http://ethiopiques.refer.sn/spip.php?article1063

http://voyagesenduo.com/senegal/3grands_empires.html

http://www.abes.fr/abes/documents/tef/index.html

http://www.afrilex.u-bordeaux4.fr

http://www.ahjucaf.org

http://www.conseil-superieur-magistrature.fr

http://www.etudier.com/dissertations/l'Empire-Du-Djolof/585465.html

http://www.jeuneafrique.com/202258/politique/le-discours-d-accra/

http://www.lesoleil.sn/component/k2/item/76805-cour-des-comptes-le-nouveau-premier-president-installe.html

http://www.mtp.gov.dz/GUIDE%20JURIDIQUE/textes-de-portee-generale/1-Loi-n84-09.pdf

http://www.ohada.com/content/newsletters/3617/Loi-n-2017-27-du-28-juin-2017-portant-creation-des-TC.pdf

http://www.osiris.sn/Adoption-des-Conventions-de.html

http://www.pnbg.gouv.sn

http://www.sup.adc.education.fr/bib/Acti/These/formulairetheses.rtf

https://aaf.ica-atom.org/region-chambre-regionale-des-comptes

https://fr.wikipedia.org/wiki/Empire_du_Mali

https://fr.wikipedia.org/wiki/Empire_songha%C3%AF

https://fr.wikipedia.org/wiki/Histoire_du_S%C3%A9n%C3%A9gal

https://juricaf.org/recherche/texte_arret:loi+n%C2%B0+84.20/facet_pays:S%C3%A9n%C3%A9gal

https://www.dakaractu.com/Independance-de-la-magistrature-profession-de-foi-ou-realite-le-cas-du-Ministre-Moustapha-DIOP-une-preuve-par-9_a132372.html

https://www.leral.net/Les-tribunaux-de-Grande-instance-et-d-Instance-arrivent_a108343.html

https://www.persee.fr/doc/outre_0300-9513_1991_num_78_291_2889_t1_0292_0000_2

https://www.sec.gouv.sn/institutions/le-pouvoir-judiciaire

https://www.universalis.fr/encyclopedie/empire-du-ghana/4-les-almoravides-et-la-chute-du-ghana/

https://rfcmj.com/fr/colloques

ANNEXES

Annexe 1

Les équipements achetés et livrés à l'État du Sénégal par les partenaires au développement dans le cadre de l'appui à la mise en œuvre du Programme sectoriel justice

- Équipements livrés par l'Union Européenne aux juridictions :

- 862 Ordinateurs de bureau + écrans + onduleurs + licences
- 58 Ordinateurs Portables
- 72 Serveurs + écrans + onduleurs +licences Windows Server
- 594 Imprimantes PC + Imprimantes réseau + Imprimantes jet d'encre
- 2 Photocopieurs et 3 Vidéo projecteurs
- Une commande de 220 PC et de 50 portables est en cours pour compléter l'équipement des tribunaux.

- Équipements livrés par la Banque Mondiale (PPIP/APIX) au Greffe Commercial Pikine :

- Serveurs : 05
- Ordinateurs PC : 32
- Ordinateurs Portables : 06
- Imprimantes : 12
- Onduleurs : 37

- Équipements livrés par l'USAID en appui au Greffe Commercial (Lat Dior) :

- Ordinateurs PC : 28
- Imprimantes : 40
- Onduleurs : 28
- Copieurs : 02

- Équipements livrés par la Coopération Française aux Hautes Juridictions, aux CA, au CFJ et au dispositif de la justice de proximité :

Équipement	Cour suprême	CFJ	CA ST-louis	CA Thiès	CA KK	CA ZIG	MJ et BIJ	Total
Serveurs	2							2
Ordinateurs PC + Portables	14	20	20	20	20	20	30	144
Imprimantes	13	4	4	4	4	4	19	52
Onduleurs	14	20	20	20	20	20	30	144

- Total matériel livré :

Serveurs	165
Ord. PC	1 690
Portables	139
Imprimantes	1 188
Onduleurs	1859

Annexe 2

Cadre de résultats de la Lettre de politique sectorielle justice (LPSJ) 2018-2022 du Sénégal

Logique d'intervention	Indicateurs de Résultats	Sources de Vérification	Hypothèses et Risques
Impact : L'accès, la qualité et l'efficacité de la justice améliorés	• Evolution du taux de satisfaction des usagers du service public de justice	• Rapport d'enquête de satisfaction des usagers de la justice	
Effet intermédiaire 1. : Accès et efficacité de la justice judiciaire améliorés	• Niveau de déploiement des chaînes judiciaires dans les juridictions (en prenant comme référence la carte judiciaire complète et en considérant les chaînes une par une) • Évolution du délai moyen de traitement des affaires	• Rapport d'activités des cours et tribunaux • Statistiques centralisées par la CS du MJ • Etudes d'impact et enquêtes réalisées • Statistiques centralisées	• Fonctionnement optimal des chaines judiciaires combiné à l'équipement des juridictions

	judiciaires[285]	par la Cellule études et Statistiques du MJ	
Effet 1.1. : Accès au droit et à la justice renforcé	• Taux de réalisation de la carte judiciaire • Evolution du ratio affaires contentieuses/ affaires portées en médiation, conciliation ou arbitrage • Evolution par année du nombre d'affaires portées devant les MJP	• Rapport DSJ • Rapport DSJ/DCPJAE/DACS • Rapports produits par toutes les institutions de médiation, de conciliation et d'arbitrage	• Sensibilisation d'une masse critique d'usagers du service public de justice sur le développement des modes alternatifs de règlement des conflits et des conditions d'accès à l'aide juridictionnelle

[285] C'est la moyenne des délais moyens de traitement et de réponse des dossiers judiciaires. Plus spécifiquement, il s'agit (i) du délai moyen de traitement des dossiers pénaux en flagrant délit ; (ii) du délai moyen de traitement des dossiers pénaux en matière criminelle ; (iii) du délai moyen de réponse pénale (flagrants délits) ; (iv) du délai moyen de réponse pénale (correctionnelle) et (v) du taux de réponse pénale.

			• Dis ponibilité des ressources financières
Produit 1.1.1. Cadre juridique modernisé	• Nombre de textes de lois ou réglementaires pris pour modernisation le cadre juridique	• JO République du Sénégal Rapport d'activités Cellule juridique	• Qu alité de la formation des magistrats en légistique • Vo lonté politique • Rét icences socio-culturelles
Produit 1.1.2. Justice de proximité et dispositif d'accueil et d'information des justiciables développés	• Nombre de médiations dans les maisons de justice • Taux de médiations réussies devant les MJP et devant les autres instances de médiation, de	• Rapport d'activité des maisons de justice • Statisti ques centralisées par la Cellule études et Statistiques du MJ	• Se nsibilisation d'une masse critique d'usagers du service public de justice sur le développement

	conciliation et d'arbitrage • Nombre de bureaux d'accueil et d'information fonctionnels		des modes alternatifs de règlement des conflits
Produit 1.1.3. Carte judiciaire mise en œuvre	• Nombre de juridictions créées, construites et équipées	• Rapport DSJ/DCPJAE	• Dis ponibilité des ressources financières
Produit 1.1.4. Mécanise efficace d'aide juridictionnelle mise en place	• Evolution du nombre de bénéficiaires de l'aide juridictionnelle • Evolution du taux de couverture du territoire en avocats, huissiers, notaires	• Rapport du gestionnaire de l'aide juridictionnelle • Statisti ques centralisées par la Cellule études et Statistiques du MJ	• Se nsibilisation d'une masse critique d'usagers du service public de justice sur les conditions d'accès à l'aide juridictionnelle

Effet 1.2. Efficacité de la justice améliorée	• Taux de DP sur la population carcérale • Durée moyenne d'écoulement des stocks	• Statisti ques centralisées par la Cellule études et Statistiques du MJ	•
Produit 1.2.1. Conditions de travail des juridictions améliorées	• Evolution du ratio nombre d'habitants/ magistrat • Evolution du nombre de juridictions effectivement équipées	• Rapport de la DSJ • Rapport annuel d'activités du MJ	• Re crutement et déploiement des personnels judiciaires (magistrats et greffiers)
Produit 1.2.2. Traitement et jugement des contentieux améliorés	• Evolution du nombre de pôles spécialisés mis en place dans les juridictions • Durée moyenne de la détention provisoire • Niveau de déploiement complet	• Rapport de la Direction de l'informatique • Rapport des cours et tribunaux • Rapport de la DAP • Rapport s conjoints Cellule	• Dis ponibilité de compétences techniques et d'équipements adaptés au niveau des juridictions • Eff icacité du management

	de la chaîne pénale (en considérant toute la carte judiciaire) • Niveau de déploiement de la chaîne civile par rapport à la carte judiciaire • Niveau de déploiement complet de la chaîne sociale • Niveau de déploiement complet de la chaîne administrative par rapport à la carte judiciaire • Niveau de mise en place des organes d'aménagement des peines • Taux de mise en œuvre des alternatives	Etude et Statistiques, DACS, DACG et comité de dématérialisation	processus de dématérialisation

	aux poursuites • Taux d'alternatives aux condamnations à des peines d'emprisonnement		
Produit 1.2.3. Exécution des décisions optimisée	• Taux d'exécution des peines d'emprisonnement à l'issue d'un délai de 06 mois • Taux d'exécution des peines pécuniaires à l'issue d'un délai de 06 mois • Taux d'exécution des condamnations civiles (juridictions civiles et pénales) à l'issue d'un délai de 6 mois	• Rapport des cours et tribunaux • Rapport d'activités de chaque parquet de TGI • Rapports conjoints DACG et Cellule études et statistiques	• Disponibilité de compétences techniques et d'équipements adaptés au niveau des greffes des juridictions • Meilleur encadrement des conditions d'intervention des auxiliaires de justice intervenant

	• Taux d'alternatives aux poursuites prononcées par les juges • Taux d'exécution des décisions rendues par les juridictions administratives à l'issue d'un délai de 06 mois		dans les décisions de justices
Effet intermédiaire 2. : Efficacité et qualité de la détention améliorées	• Niveau de conformité des EP aux normes minimales applicables en matière de détention[286]	• Rapport de l'Observatoire national des lieux de privation de liberté • Rapport de DAP/DACG	• Intégration des droits humains et des normes standards en matière de détention dans les modalités d'intervention de l'AP et des EP

286 Ensemble de règles minimales des Nations Unies pour le traitement des détenus adoptées par le premier congrès des Nations Unies pour la prévention du crime et le traitement des délinquants tenu à Genève en 1955 et approuvé par le Conseil économique et social dans ses résolutions 663 C du 31 juillet 1955 et 2076 du 13 mai 1977.

Effet 2.1. Qualité de la détention et conditions de préparation à la réinsertion des détenus améliorées	• Taux d'occupation des prisons • Evolution du taux de récidive	• Rapport de la DAP	• Eff icacité des modalités de renforcement des capacités des personnels de l'AP
Produit 2.1.1. Conditions de vie du détenu améliorées	• Taux d'évasion • Durée moyenne de la détention provisoire (sérier affaires criminelles et affaires délictuelles) • Taux d'occupation des prisons • Evolution annuelle du taux journalier de prise en charge des détenus • Niveau de mise en place des organes d'aménagement des	• Rapport s de la DAP • Rapport de la DAP/ Direction de la construction • Rapport s ONLPL • Rapport s conjoints Cellule Etudes et statistiques MJ, DACG, DAP	• Dis ponibilités des ressources financières

	peines • Evolution du nombre de places en prison		
Produit 2.1.2. Programme de construction, réhabilitation et d'équipement mis en œuvre	• Nombre d'établissements pénitentiaires construits et équipés	Rapport de la DAP/ Direction de la construction	• Par achèvement des projets de construction et de réhabilité des EP
Produit 2.1.3. Préparation à la réinsertion sociale des détenus renforcée	• Nombre de détenus formés et encadrés pour une réinsertion sociale (métiers manuels ou études) ;	• Rapport de la DAP	• Int égration optimale de la culture de réinsertion dans la droite ligne du cœur de métier de l'AP

Effet 2.2. Conditions de travail et de performance de l'AP améliorées	• Taux d'encadrement des détenus[287] • Proportion de greffes d'EP informatisés	• Rapport de la DAP • Rapport de l'ENAP	• Dis ponibilité de ressources budgétaires pour le recrutement et la formation des agents et autorisation primatoriale
Produit 2.2.1. Capacités, compétences et statut des RH de l'AP renforcés	• Taux d'évolution de l'effectif des agents pénitentiaires • Evolution du nombre d'agents • formés Evolution moyenne du salaire des agents de l'AP	• Rapport de la DAP • Rapport de l'ENAP	• Dis ponibilité de ressources budgétaires pour le recrutement et la formation des agents et autorisation primatoriale
Produit 2.2.2. Cadre de travail de la DAP et des	• Nombre d'inspections	• Rapport de la DAP/	• Dis ponibilité des

[287] Nombre de détenus par agent pénitentiaire.

inspections régionales de l'AP amélioré	régionales construites	Direction de la construction	ressources financières
Effet intermédiaire 3. : Protection des mineurs plus efficace	• Evolution du nombre de mineurs pris en charge en milieu ouvert et fermé	• Rapport d'activité DESPS • Rapport d'activité de la DAP	• Dis ponibilité de capacités institutionnelle s et financières de prise en charge
Effet 3.1. Prise en charge spécifique des mineurs dans le cadre judiciaire renforcée	• Nombre de juges pour enfants bénéficiant d'une formation continue sur les spécificités de la prise en charge des mineurs • Evolution de la population pénale des mineurs • Nombre d'éducateurs spécialisés bénéficiaires d'une	• Rapport d'activités du CFJ et des autres organismes organisant de sessions de formation	• Ad aptation des procédures et sensibilisation des juges aux spécifiés de la prise en charge des mineurs • Ins uffisance des ressources humaines et matérielles des services de

	formation continue		l'Éducation surveillée
Produit 3.1.1. Cadre juridique de prise en charge des mineurs renforcé et conforme aux engagements internationaux	• Nombre d'engagements internationaux internalisés dans le droit positif sénégalais	• JO République du Sénégal	• Eff icacité du renforcement des capacités en légistique
Produit 3.1.2. Dispositif d'accompagnement éducatif au cours des actes de procédures mis en place	• Nombre de mineurs accompagnés dans le cadre de procédures judiciaires • Taux de mineurs poursuivis ayant bénéficié d'une assistance effective des services de l'Éducation spécialisée aux différents stades de la procédure • Pourcentage des MAC disposant d'un quartier mineur séparé	• Rapport d'activité de la DESPS	• Rel èvement significatif du taux d'encadrement des mineurs en danger et en conflit avec la loi

	de celui des majeurs		
Produit 3.1.3. Collecte et gestion des données de routine relatives aux mineurs dans les juridictions, services et institutions sous mandat de justice renforcées	• Nombre de mineurs dont les données de routines sont dans la base de données de la DESPS	• Rapport d'activité de la DESPS	• Exi stence d'un système d'information efficace dédié au public mineur
Produit 3.1.4. Coordination et contrôle de l'action des services extérieurs de l'éducation surveillée renforcés	• Nombre de missions de contrôle réalisées par an	• Rapport de la DESPS	• Mo yens logistiques et financiers suffisants pour l'organisation des missions
Effet 3.2. Dispositif de prise en charge du mineur en danger et en conflit avec la loi renforcé	• Evolution du ratio nombre de mineurs prise en charge par éducateurs spécialisés • Evolution du taux de prise en charge journalier par	• Rapport de la DESPS • Rapport de la DESPS/ Direction de la construction	• Ete ndue du maillage territorial du dispositif de prise en charge en milieu ouvert

	enfant • Nombre de mineurs ayant bénéficié de formations professionnelles et techniques		
Produit 3.2.1. Partenariat et coordination des acteurs intervenant dans la protection de l'enfance améliorés	• Nombre de conventions de partenariats signées avec les ONG et mises en œuvre	• Rapport de la DESPS	• Eff icacité du leadership institutionnel de la DESPS
Produit 3.2.2. Plan de recrutement pluriannuel de renforcement des RH de l'éducation surveillée mis en œuvre	• Evolution de l'effectif d'éducateurs surveillés	• Rapport DESPS	• Dis ponibilité des ressources • Au torisation primatoriale
Produit 3.2.3. Conditions et modalités de prise en charge des mineurs améliorées	• Nombre de centres d'accueil et d'hébergement créés et réhabilités	• Rapport DESPS/ Direction des constructions	• Dis ponibilité des ressources

Effet intermédiaire 4. Capacités de pilotage, de coordination et de gestion améliorées	• Evolution de l'indice de performance annuel du département[288]	• Rapport de performance annuel • Rapport d'évaluation périodique	• Eff icacité de la stratégie d'institutionnal isation de la culture de performance au sein du département
Effet 4.1. Pilotage stratégique et opérationnel renforcé	• Evolution du taux d'exécution technique et financière des PTA • Nombre de documents de planification élaborés • Nombre de structures contrôlées / inspectées	• Rapport annuel d'activités • Rapport annuel de performance	• Eff icacité de la stratégie d'institutionnal isation de la culture de performance au sein du département
Produit 4.1.1. Ressources humaines et matérielles des	• Evolution de l'effectif des structures	• Rapport de la DAGE	• Dis ponibilité des

[288] Moyenne des niveaux d'atteinte des objectifs par an.

structures transversales (directions et services centraux) renforcées	transversales • Nombre de structures transversales équipées	• Rapport CFJ	ressources
Produit 4.1.2. Production et exploitation des statistiques judiciaires renforcées	• Évolution du nombre de juridictions transmettant annuellement les cadres de collecte diffusés par le Ministère • Disponibilité de rapport annuel des statistiques judiciaires	• Rapport statistique du MJ	• Se nsibilisation et formation des producteurs de données • Ap pui de la statistique aux juridictions • Eff ectivité mise en place Cellule études et statistiques et d'un système de collecte et de traitement

Produit 4.1.3. Organisation de missions d'inspection de fonctionnement des services effective	• Nombre de missions d'inspection organisées par an	• Rapport de l'IGAJ	• Dis ponibilité des moyens financiers et matériels
Produit 4.1.4. Fonctions de planification de gestion, de suivi, d'évaluation et de communication performantes	• Qualité des documents de planification • Nombre de rapports de suivi et d'évaluation réalisés	• Rapport de la CEP	• Int égration de la culture de la performance et systématisatio n des processus de collecte de données auprès des acteurs du ministère
Effet 4.2. Gestion des RH et formation renforcées	• Evolution de la proportion d'agents formés	• Rapport DSJ / CFJ • Rapport du SG	• Per tinence du plan de renforcement des capacités

			• Dis ponibilité des moyens budgétaires
Produit 4.2.1. Plan pluriannuel de GPEC mis en œuvre	• Nombre de personnels judiciaires formés • Nombre de personnels non judiciaires formés	• Rapport CFJ • Rapport DAP et DESPS	• Dis ponibilité des ressources • Ap pui des PTF sur des thématiques spécifiques
Produit 4.2.2. Fonctionnement du CSM renforcé	• Evolution du budget du CSM	• Rapport du CSM	• Dis ponibilité des ressources
Produit 4.2.3. Projet de valorisation des métiers du greffe mis en œuvre	• Evolution de l'effectif des greffiers	• Rapport DSJ	• Dis ponibilité des ressources • Au torisation primatoriale
	•	•	•

Effet 4.3. Droits humains et genre mieux pris en compte	• Nombre d'agents formés à la problématique du genre • Nombre d'agents formés aux droits humains	• Rapport de la cellule genre	• Eff icacité du plaidoyer en faveur de la mise en compte du genre et des droits humains dans les politiques du secteur
Produit 4.3.1. Culture de prévention de la traite des personnes promue	• Nombre d'actions de sensibilisation menées	• Rapport de la direction en charge des droits de l'homme	• Eff icacité du programme de programme de sensibilisation
Produit 4.3.2. Sensibilisation sur les droits de l'homme efficace	• Nombre de supports de communication édités et distribués	• Rapport de la direction en charge des droits de l'homme	• Eff icacité du programme de programme de sensibilisation
Produit 4.3.3. Acteurs et structures en charge de la	• Nombre d'acteurs formés	• Rapport de la Cellule genre	• Per tinence des

promotion du genre au sein du secteur renforcés			curricula de formation
		Conditions préalables	• Dis ponibilité de ressources financières suffisantes • Pri se de mesures et d'actes réglementaires nécessaires à la gouvernance • Im plication effective et l'engagement total des différents acteurs • Ac croissement conséquent

		de la part du Ministère de la Justice dans le budget national ; • les PTF sont mobilisés autour des programmes de la politique du secteur

Annexe 3

Tableau comparatif des effectifs budgétaires (fixés par le décret d'application de la loi de 1984) et des effectifs réels en 2005.

Juridiction	Poste	Effectif budgétaire	Effectif réel	Différentiel
CADK	PP	1	1	0
CADK	SG	1	1	0
CADK	PC	7	11	4
CADK	CO	15	20	5
CADK	JGsup	10	0	-10
CADK	PG	1	1	0
CADK	AG	4	2	-2
CADK	SubG	5	5	0
CAKL	PP	1	1	0
CAKL	SG	1	1	0
CAKL	PC	4	2	-2
CAKL	CO	8	8	0
CAKL	JGsup	7	0	-7
CAKL	PG	1	1	0
CAKL	AG	1	0	-1
CAKL	SubG	4	2	-2
CAZG	PP	1	1	0
CAZG	SG	1	0	-1
CAZG	PC	4	1	-3
CAZG	CO	8	0	-8
CAZG	JGsup	7	0	-7
CAZG	PG	1	1	0
CAZG	AG	1	0	-1
CAZG	SubG	1	0	-1
CASL	PP	1	1	0
CASL	SG	1	0	-1

CASL	PC	4	0	-4
CASL	CO	8	1	-7
CASL	JGsup	7	0	-7
CASL	PG	1	1	0
CASL	AG	1	0	-1
CASL	SubG	1	1	0
TRHCDK	Prés.	1	1	0
TRHCDK	Pr V. Prés.	1	1	0
TRHCDK	V. Prés.	3	3	0
TRHCDK	Juge	20	42	22
TRHCDK	PR	1	1	0
TRHCDK	PR adjt	1	1	0
TRHCDK	1 Subst	1	1	0
TRHCDK	Subt	10	16	6
TTHCDK	Prés.	1	1	0
TTHCDK	V. Prés.	1	1	0
TTHCDK	Juge	11	12	1
TDHCDK	Prés.	1	1	0
TDHCDK	Juge	0	9	9
TDHCDK	DLG PR	1	1	0
TDHCDK	Adj. DLG PR	1	1	0
TDPIKINE	Prés.	1	1	0
TDPIKINE	Juge	3	3	0
TDPIKINE	DLG PR	1	1	0
TDPIKINE	Adj. DLG PR	0	0	0
TDGUEDIAWAYE	Prés.	1	1	0
TDGUEDIAWAYE	Juge	3	1	-2
TDGUEDIAWAYE	DLG PR	1	1	0
TDGUEDIAWAYE	Adj. DLG PR	0	0	0

TDRUFISQUE	Prés.	1	1	0
TDRUFISQUE	Juge	3	3	0
TDRUFISQUE	DLG PR	1	1	0
TDRUFISQUE	Adj. DLG PR	0	1	1
TRDL	Prés.	1	1	0
TRDL	V. Prés.	0	0	0
TRDL	Juge	3	5	2
TRDL	PR	1	1	0
TRDL	1 Subst	0	0	0
TRDL	Subt	1	2	1
TDDL	Prés.	1	1	0
TDDL	Juge	2	1	-1
TDDL	DLG PR	1	0	-1
TDDL	Adj. DLG PR	0	0	0
TDMBACKE	Prés.	1	1	0
TDMBACKE	Juge	1	0	-1
TDMBACKE	DLG PR	1	1	0
TDMBACKE	Adj. DLG PR	0	0	0
TDBAMBEY	Prés.	1	1	0
TDBAMBEY	Juge	1	0	-1
TDBAMBEY	DLG PR	0	0	0
TDBAMBEY	Adj. DLG PR	0	0	0
TRFK	Prés.	1	1	0
TRFK	V. Prés.	0	0	0
TRFK	Juge	3	6	3
TRFK	PR	1	1	0
TRFK	1 Subst	0	0	0
TRFK	Subt	1	1	0
TDFATICK	Prés.	1	1	0

TDFATICK	Juge	1	1	0
TDFATICK	DLG PR	1	0	-1
TDFATICK	Adj. DLG PR	0	0	0
TDGOSSAS	Prés.	1	1	0
TDGOSSAS	Juge	1	0	-1
TDGOSSAS	DLG PR	0	0	0
TDGOSSAS	Adj. DLG PR	0	0	0
TDFOUNDIOUGNE	Prés.	1	1	0
TDFOUNDIOUGNE	Juge	1	1	0
TDFOUNDIOUGNE	DLG PR	0	0	0
TDFOUNDIOUGNE	Adj. DLG PR	0	0	0
TRKL	Prés.	1	1	0
TRKL	V. Prés.	1	0	-1
TRKL	Juge	6	6	0
TRKL	PR	1	1	0
TRKL	1 Subst	1	0	-1
TRKL	Subt	3	3	0
TDKAOLACK	Prés.	1	1	0
TDKAOLACK	Juge	4	3	-1
TDKAOLACK	DLG PR	1	0	-1
TDKAOLACK	Adj. DLG PR	0	0	0
TDKAFFRINE	Prés.	1	1	0
TDKAFFRINE	Juge	1	0	-1
TDKAFFRINE	DLG PR	0	0	0
TDKAFFRINE	Adj. DLG PR	0	0	0
TDNIORO	Prés.	1	1	0
TDNIORO	Juge	1	0	-1
TDNIORO	DLG PR	0	0	0

TDNIORO	Adj. DLG PR	0	0	0
TRKD	Prés.	1	1	0
TRKD	V. Prés.	0	0	0
TRKD	Juge	3	4	1
TRKD	PR	1	1	0
TRKD	1 Subst	0	0	0
TRKD	Subt	1	1	0
TDKOLDA	Prés.	1	1	0
TDKOLDA	Juge	2	0	-2
TDKOLDA	DLG PR	1	0	-1
TDKOLDA	Adj. DLG PR	0	0	0
TDSEDHIOU	Prés.	1	1	0
TDSEDHIOU	Juge	1	0	-1
TDSEDHIOU	DLG PR	0	0	0
TDSEDHIOU	Adj. DLG PR	0	0	0
TDVELINGARA	Prés.	1	1	0
TDVELINGARA	Juge	1	0	-1
TDVELINGARA	DLG PR	0	0	0
TDVELINGARA	Adj. DLG PR	0	0	0
TRLG	Prés.	1	1	0
TRLG	V. Prés.	0	0	0
TRLG	Juge	3	6	3
TRLG	PR	1	1	0
TRLG	1 Subst	0	0	0
TRLG	Subt	2	1	-1
TDLOUGA	Prés.	1	1	0
TDLOUGA	Juge	1	1	0
TDLOUGA	DLG PR	1	0	-1
TDLOUGA	Adj.	0	0	0

	DLG PR			
TDKEBEMER	Prés.	1	1	0
TDKEBEMER	Juge	1	0	-1
TDKEBEMER	DLG PR	0	0	0
TDKEBEMER	Adj. DLG PR	0	0	0
TDLINGUERE	Prés.	1	1	0
TDLINGUERE	Juge	1	0	-1
TDLINGUERE	DLG PR	0	0	0
TDLINGUERE	Adj. DLG PR	0	0	0
TRMT	Prés.	1	1	0
TRMT	V. Prés.	0	0	0
TRMT	Juge	3	4	1
TRMT	PR	1	1	0
TRMT	1 Subst	0	0	0
TRMT	Subt	1	0	-1
TDMATAM	Prés.	1	1	0
TDMATAM	Juge	2	0	-2
TDMATAM	DLG PR	1	0	-1
TDMATAM	Adj. DLG PR	0	0	0
TDKANEN	Prés.	1	1	0
TDKANEN	Juge	2	0	-2
TDKANEN	DLG PR	1	0	-1
TDKANEN	Adj. DLG PR	0	0	0
TRSL	Prés.	1	1	0
TRSL	V. Prés.	1	0	-1
TRSL	Juge	3	6	3
TRSL	PR	1	1	0
TRSL	1 Subst	0	0	0
TRSL	Subt	2	2	0

TDSAINTLOUIS	Prés.	1	1	0
TDSAINTLOUIS	Juge	2	2	0
TDSAINTLOUIS	DLG PR	1	0	-1
TDSAINTLOUIS	Adj. DLG PR	0	0	0
TDPODOR	Prés.	1	1	0
TDPODOR	Juge	1	0	-1
TDPODOR	DLG PR	1	0	-1
TDPODOR	Adj. DLG PR	0	0	0
TDDAGANA	Prés.	1	1	0
TDDAGANA	Juge	1	0	-1
TDDAGANA	DLG PR	0	0	0
TDDAGANA	Adj. DLG PR	0	0	0
TRTB	Prés.	1	1	0
TRTB	V. Prés.	0	0	0
TRTB	Juge	3	6	3
TRTB	PR	1	1	0
TRTB	1 Subst	0	0	0
TRTB	Subt	2	1	-1
TDTAMBACOUNDA	Prés.	1	1	0
TDTAMBACOUNDA	Juge	1	1	0
TDTAMBACOUNDA	DLG PR	1	0	-1
TDTAMBACOUNDA	Adj. DLG PR	0	0	0
TDBAKEL	Prés.	1	1	0
TDBAKEL	Juge	1	1	0
TDBAKEL	DLG PR	1	0	-1
TDBAKEL	Adj. DLG PR	0	0	0
TDKEDOUGOU	Prés.	1	1	0
TDKEDOUGOU	Juge	1	0	-1

TDKEDOUGOU	DLG PR	1	0	-1
TDKEDOUGOU	Adj. DLG PR	0	0	0
TRTH	Prés.	1	1	0
TRTH	V. Prés.	1	0	-1
TRTH	Juge	3	10	7
TRTH	PR	1	1	0
TRTH	1 Subst	0	0	0
TRTH	Subt	2	5	3
TDTHIES	Prés.	1	1	0
TDTHIES	Juge	2	2	0
TDTHIES	DLG PR	1	0	-1
TDTHIES	Adj. DLG PR	0	0	0
TDMBOUR	Prés.	1	1	0
TDMBOUR	Juge	2	4	2
TDMBOUR	DLG PR	1	1	0
TDMBOUR	Adj. DLG PR	0	0	0
TDTIVAOUNE	Prés.	1	1	0
TDTIVAOUNE	Juge	1	1	0
TDTIVAOUNE	DLG PR	1	1	0
TDTIVAOUNE	Adj. DLG PR	0	0	0
TRZG	Prés.	1	1	0
TRZG	V. Prés.	1	0	-1
TRZG	Juge	3	5	2
TRZG	PR	1	1	0
TRZG	1 Subst	0	0	0
TRZG	Subt	1	2	1
TDZIGUINCHOR	Prés.	1	1	0
TDZIGUINCHOR	Juge	2	1	-1
TDZIGUINCHOR	DLG PR	1	0	-1

TDZIGUINCHOR	Adj. DLG PR	0	0	0
TDBIGNONA	Prés.	1	1	0
TDBIGNONA	Juge	1	0	-1
TDBIGNONA	DLG PR	0	0	0
TDBIGNONA	Adj. DLG PR	0	0	0
TDOUSSOUYE	Prés.	1	1	0
TDOUSSOUYE	Juge	1	0	-1
TDOUSSOUYE	DLG PR	0	0	0
TDOUSSOUYE	Adj. DLG PR	0	0	0
		348	316	-32

Région	Magistrats	Juges d'instruction	Parquetiers	Juges au siège
Dakar	105	9	25	71
Diourbel	14	2	4	8
Fatick	14	5	2	7
Kaolack	17	3	4	10
Kolda	10	2	3	5
Louga	14	2	3	9
Matam	8	1	1	6
Saint-Louis	15	3	3	9
Tambacounda	16	3	4	9
Thiès	29	5	8	15
Ziguinchor	12	1	2	9

Annexe 4

Tableaux de mesure de la performance des juridictions élaborés par l'Inspection générale de l'administration de la justice en 2008

Instrument de suivi de l'activité des magistrats du Parquet Général

Parquet Général de : ____________________

Mois de : ____________						
		Mr_____ Procureur Général	Mr_____ Avocat Général	Mr____ Substitut Général	Mr_____ Substitut Général	Total
Participation aux audiences	Audiences ordinaires					
	Assises					
Règlement des plaintes (contre avocats et autres)	Nombre de Classements sans suite					
	Nombre de Médiations Pénales					
	Citation Directe					
	Instruction					
Nombre de Réquisitoires						
Nombre de rapports						

Instrument de mesure du temps de traitement des dossiers en matière correctionnelle devant les tribunaux d'instance

Affaire : X c/Y	Durée de l'instance										Durée disponibilité de la décision			Date délivrance
	Date dépôt de la plainte	**Durée enquête préliminaire**		**Durée de l'instruction**		**Date d'en rôle**	**Durée de la Mise en état**		**Durée de saisie, de présentation pour signature et signature**		**Durée de l'enregistrement**		**Date Apposition formule exécutoire**	
		Date de transmission pour enquête	Date de dépôt des PV après enquête	Date de règlement en RI ou FD, CD, (CSS ou médiation pénale)	Date transmission du dossier par le JI suite ordonnance de clôture		Date 1ere audience	Date audience retenue plaidoirie et mise en délibéré	Date du jugement	Date de dépôt de la minute au Greffier en chef	Date d'envoi à l'enregistrement	Date retour après enregistrement		

III - Les instruments de suivi et d'évaluation

Le pilotage de la performance suppose également des instruments de mesure pour faire des évaluations à mi parcours ou à titre définitif par rapport aux objectifs assignés, par rapport au respect des chronogrammes. Cette évaluation repose sur des instruments de suivi sur l'activité des uns et des autres.

<u>Mécanisme de suivi de l'activité des magistrats du Parquet</u>

Parquet de : ____________________

Mois de : ____________						
		Procureur de la République	Substitut A	Substitut B	Substitut C	**Total**
Participation aux audiences						
Règlement des plaintes et PV	Nombre de Classements sans suite					
	Nombre de Médiations Pénales					
	Nombre de Citations Directes					
	Flagrant-délit					
	Instruction					
Rédaction des Réquisitoires	Nombre de Réquisitions (affaires communicables)					
	Nombre de Réquisitions supplétives					
	Nombre de Réquisitions définitives					
Nombre de rapports d'appel						
Autres : activités de contrôle ...						

Siège TR de :_____________

2ème Semestre 201_____			Juil	Août	Sept	Oct	Nov	Déc
Nombre de Requêtes								
Nombre de dossiers d'appel TD								
Nombre de dossiers enrôlés	En matière correctionnelle	Flagrant délit						
		Citation Directe						
		Information						
		Tribunal Pour Enfant						
		Tribunal Militaire						
	En matière civile							
	En matière commerciale							
	En matière sociale							

Au Siège

Instrument de mesure du volume du contentieux

Siège TR de :______________

1er Semestre 201_____			Janv	Fév	Mars	Avril	Mai	Juin
Nombre de Requêtes								
Nombre de dossiers d'appel TD								
Nombre de dossiers enrôlés	En matière correctionnelle	Flagrant délit						
		Citation Directe						
		Information						
		Tribunal Pour Enfant						
		Tribunal Militaire						
	En matière civile							
	En matière commerciale							
	En matière sociale							

Parquet de : ______________________________

2ème Semestre 201____							
	Juillet	Août	Septembre	Octobre	Novembre	Décembre	**Total**
Nombre de Plaintes							
Nombre de PV d'enquêtes préliminaires							
Nombre de PV d'arrestation							
Nombre de Dossiers communiqués par les cabinets (pour règlement définitif)							
Nombre de dossiers d'appel transmis par le greffe pour rédaction du rapport							
Nombre d'affaires communiquées par le TR pour avis (affaires communicables)							
Nombre d'affaires communiquées par les TD pour avis (affaires communicables							

Instrument de mesure du volume du contentieux

Au Parquet d'instance

Parquet de : ____________________

1er Semestre 201____							
	Janvier	Février	Mars	Avril	Mai	Juin	**Total**
Nombre de Plaintes							
Nombre de PV d'enquêtes préliminaires							
Nombre de PV d'arrestation							
Nombre de Dossiers communiqués par les cabinets (pour règlement définitif)							
Nombre de dossiers d'appel transmis par le greffe pour rédaction du rapport							
Nombre d'affaires communiquées par le TR pour avis (affaires communicables)							
Nombre d'affaires communiquées par les TQ pour avis (affaires communicables							

COUR D'APPEL

Présentation des différentes attributions des magistrats – Siège-

Nom et Prénom	Président de chambre ou membre	Président ou membre de la commission d'instruction de la haute cour de justice	Président ou membre d'une Cour d'Assises	Président ou membre de la Cour de Justice Militaire	Conseiller de la mise en état (Indiquer l'ordonnance de nomination)	Président ou membre de la chambre des urgences	Autres fonctions Ex : Membre du comité d'aménagement des peines, membre de la commission de l'aide juridictionnelle, membre d'une instance disciplinaire etc…

INSTRUMENT DE MESURE DE LA QUALITE DES DECISIONS DES JURIDICTIONS D'INSTANCE A L'ATTENTION DU PREMIER PRESIDENT

TR du ressort de la Cour	Nature du contentieux	Nombre d'arrêts de confirmation par juridiction d'origine		Nombre d'arrêts d'infirmation par juridiction d'origine		Autres décisions : confirmation ou infirmation partielle, irrecevabilité …		Nombre Total de jugements traités en appel (par TR)	Nombre total d'arrêts rendus par la Cour
		Nombre de Jugements confirmés	Pourcentage	Nombre de Jugements confirmés	Pourcentage	Nombre	Pourcentage		
TR Kaolack	En matière correctionnelle								
	En matière Sociale								
	En matière civile								
	En matière commerciale								
TR Fatick	En matière correctionnelle								
	En matière Sociale								
	En matière civile								
	En matière commerciale								
TR Tamba	En matière correctionnelle								
	En matière Sociale								
	En matière civile								
	En matière commerciale								

Instrument de mesure du temps de traitement en appel des dossiers en matière correctionnelle

Cour d'Appel de : ______________

N° (suivant l'ordre d'arrivée)	Affaire X c/ Y	Juridiction d'origine du dossier	Date de réception du dossier au Parquet Général	Durée de l'instance			
				Date d'enrôlement	Date de la 1ere audience à la quelle l'affaire est enrôlée (préciser la chambre)	Date de la mise en délibéré	Date de l'arrêt

Unité de mesure du temps de traitement en appel des dossiers en matière sociale, civile et commerciale

Affaire : X c/Y	Durée de l'instance							Durée disponibilité de la décision				Date délivrance
	Date d'entrée	Date d'enrôlement	Date audience de répartition	**Durée de la Mise en état**		Date Mise en Délibéré	Date du jugement	Date de au dépôt de la minute Greffier en chef	**Durée de l'enregistrement**		Date Apposition formule exécutoire	
				Date 1ère audience de ME	Date ordonnance de clôture et de renvoi				Date d'envoi à l'enregistrement	Date retour après enregistrement		

Instrument de suivi de l'activité mensuelle des membres d'une chambre

Chambre :________

Mois de___________ 201____

Rubriques	Mr ----------- Président de Chambre		Mr --------- Conseiller titulaire		Mr -------- Conseiller titulaire		Mr ------- Conseiller suppléant		Total
Audiences de jugement	1ere aud	2e aud	1ere aud	2e aud	1ere aud	2e aud	1ere aud	2e aud	
Nombre de dossiers attribués									
Nombre de délibérés rabattus									
Nombre de délibérés prorogés									
Nombre de délibérés vidés									

03

Siège Cour d'Appel

Instrument de mesure de la production par trimestre des chambres- correctionnelles, civiles, commerciales, sociales et formations spéciales-

Chambre : ________________ **Présidée par Mr** ________________ **Membres :** ________________________________

Mois / Rubriques	Mois de :______		Mois de :______		Mois de :______		Total
Audiences de jugement	1ere audience	2e audience	1ere audience	2e audience	1ere audience	2e audience	
Affaires enrôlées							
Affaires renvoyées							
Affaires retenues							
Nombre de délibérés rabattus							
Nombre de délibérés prorogés							
Nombre de délibérés vidés							

Unité de mesure du temps de traitement des dossiers en matière sociale, civile et commerciale devant les tribunaux d'instance

Affaire : X c/Y	Durée de l'instance							Durée disponibilité de la décision				Date délivrance
	Date d'entrée	Date d'enrôlement	Date audience de répartition	Durée de la Mise en état		Date Mise en Délibéré	Date du jugement	Date de au dépôt de la minute Greffier en chef	Durée de l'enregistrement		Date Apposition formule exécutoire	
				Date 1ère audience de ME	Date ordonnance de clôture et de renvoi				Date d'envoi à l'enregistrement	Date retour après enregistrement		

Instrument de mesure de la production par trimestre des chambres- correctionnelles, civiles, commerciales, sociales, statut personnel, Tribunal pour enfant, Tribunal militaire ou du juge des référés...-

Chambre : _______________ **Présidée par Mr**_______________ **Membres :** ________________________________

Mois / Rubriques Mois de :______	Mois de :______		Mois de :______		Mois de :______		Total
	1ere audience	2e audience	1ere audience	2e audience	1ere audience	2e audience	
Audiences de jugement							
Affaires enrôlées							
Affaires renvoyées							
Affaires retenues							
Nombre de délibérés rabattus							
Nombre de délibérés prorogés							
Nombre de délibérés vidés							

Instrument de suivi de l'activité mensuelle des membres d'une chambre ou d'un Tribunal statuant en chambre unique

Chambre :________

Mois de___________ 201____

	Mr -------- -Président de Chambre		Mr -------- membre titulaire		Mr -------- membre titulaire		Mr -------- juge rattaché		Mr -------- juge rattaché		Total
Audiences de jugement	1ere aud	2e aud	1ere aud	2e aud	1ere aud	2e aud	1ere aud	2e aud	1ere aud	2e aud	
Nombre de dossiers attribués											
Nombre de délibérés rabattus											
Nombre de délibérés prorogés											
Nombre de délibérés vidés											

Instrument de mesure de la fréquence des retours de parquets dans les cabinets par rapport au nombre de saisines pour l'ouverture d'une information :

-Exemple de tableau donnant un aperçu de la pratique de 10 cabinets d'instruction sur une période de 4 mois-

	Cabinet H	Cabinet F	Cabinet B	Cabinet E	Cabinet D	Cabinet A	Cabinet G	Cabinet C	Cabinet J	Cabinet I	Total
Nombre de réquisitoires introductifs dont est saisi chaque cabinet											
Retours de parquet											
Taux (en %)											(En Moyenne)

INSTRUMENT DE SUIVI DES RETOURS DE PARQUET : Exemple de tableau élaboré sur les retours de parquet concernant 10 cabinets d'instruction pendant les 4 premiers mois de l'année (tableau qui pourrait être renseigne par trimestre)

Délai entre date de déferrement et date de PV d'inculpation par le juge d'instruction	Retours de parquet suivis d'inculpation par un juge d'instruction										Sous total des retours de parquet selon la durée
	Cabinet H	cabinet F	cabinet B	cabinet E	cabinet D	cabinet A	cabinet G	cabinet C	cabinet J	cabinet I	
Un jour - 24 h-											
Deux jours -48 h-											
Trois jours -72 h-											
Quatre jours- 96 h											
Plus de quatre jours											
Sous total des retours de parquet au niveau de chaque cabinet											

<u>Total des retours de parquet concernant les cabinets d'instruction</u> – sur une période de 4 mois - :

<u>Unité de mesure de la production des cabinets pour apprécier par trimestre le pourcentage des dossiers clôturés ou en phase de règlement définitif par rapport au stock en cours</u> :

-Exemple de tableau établi pour 10 cabinets d'instruction durant 1 trimestre –

		cabinet H	cabinet F	cabinet B	cabinet E	cabinet D	cabinet A	cabinet G	cabinet C	cabinet J	cabinet I	[illegible]
Nombre de dossiers en cours												
	Dossiers communiqués en règlement définitif											
	Ordonnance de clôture											
Nombre de dossiers communiqués en règlement définitif ou clôturés par ordonnance →	**Sous total par cabinet**											
Pourcentage (%) des dossiers communiqués en règlement définitif ou clôturés par ordonnance par rapport aux dossiers en cours												

Instrument permettant aux Chefs de Juridiction de suivre à partir des notices trimestrielles l'activité des cabinets d'instruction

Exemple de tableaux élaboré après exploitation des notices de 10 cabinets –

TR de : ________________ Situation dans les cabinets d'instruction au ______ Trimestre de l'année 201____

Cabinets d'instruction	Cabinet H	Cabinet F	Cabinet B	Cabinet E	Cabinet D	Cabinet A	Cabinet G	Cabinet C	Cabinet J	Cabinet I	Total
Composition	Juge										
	Greffier										
Dossiers en cours											
Dossiers communiqués en règlement définitif											
Ordonnances de clôture											
Dossiers ouverts depuis plus de trois ans											
Nombre total de détenus											
Détenus depuis plus de 6 mois											
Détenus depuis plus d'un an											

Annexe 5

Équipement d'un tribunal d'instance

DESIGNATION	NOMBRE	QTE	PU	TOTAL
bureau ministre en bois	13	18	398 000	93 132 000
fauteuil ministre	13	18	213 000	49 842 000
fauteuils visiteurs	13	36	440 000	205 920 000
coffre-fort	13	3	670 000	26 130 000
armoires métalliques	13	18	1 120 000	262 080 000
meuble de rangement	13	18	7 000 000	1 638 000 000
ordinateur complet + imprimante laser	13	29	1 200 000	452 400 000
table informatique en bois	13	29	65 000	24 505 000
split 1,5 cv zénith air	13	20	275 000	71 500 000
appareil téléphone	13	20	125 000	32 500 000
photocopieuse numérique	13	1	2 310 000	30 030 000
Salon	13	8	2 310 000	240 240 000
Risographe	13	1	4 500 000	58 500 000
frigo bar	13	20	120 000	31 200 000
véhicule de service	13	1	16 000 000	208 000 000

armoire pour garde-robe	13	18	380 000	88 920 000
Bibliothèque	13	8	437 000	45 448 000
TOTAL				**3 558 347 000 F.CFA**

NB : le projet de construction d'un Tribunal d'instance comporte : 29 bureaux dont : 13 pour les Magistrats, 5 pour les Greffiers et 11 pour le personnel non judiciaire.

Annexe 6. Équipement d'un tribunal de grande instance

Désignation	Nombre	Qté	PU	TOTAL
bureau ministre en bois	6	30	398 000	71 640 000
fauteuil ministre	6	30	213 000	38 340 000
fauteuils visiteurs	6	60	440 000	158 400 000
coffre-fort	6	3	670 000	12 060 000
armoires métalliques	6	30	1 120 000	201 600 000
meuble de rangement	6	30	7 000 000	1 260 000 000
ordinateur complet + imprimante laser	6	30	1 200 000	216 000 000
table informatique en bois	6	30	65 000	11 700 000
split 1,5 cv zénith air	6	20	275 000	33 000 000
appareil téléphone	6	20	125 000	15 000 000
photocopieuse numérique	6	3	2 310 000	41 580 000
Salon	6	10	2 310 000	138 600 000
risographe	6	2	4 500 000	54 000 000
frigo bar	6	15	120 000	10 800 000

véhicule de service	6	3	16 000 000	288 000 000
armoire pour garde-robe	6	30	380 000	68 400 000
Bibliothèque	6	10	437 000	26 220 000
TOTAL				**2 645 340 000 F.CFA**

NB : le projet de construction du Tribunal de Grande Instance comporte 30 bureaux dont 13 pour les Magistrats, 6 pour les Greffiers et 15 pour le personnel non judiciaire.

Annexe 7

Tableau récapitulatif de l'équipement des nouvelles juridictions

Désignation	Nombre	P. U	Total
CONSTRUCTION			
C A	2	844 350 000	1 688 700 000
TGI	6	703 625 000	4 221 750 000
TI	13	440 000 000	5 720 000 000
SOUS TOTAL CONSTRUCTION			11 630 450 000
Désignation	Nombre	P. U	Total
EQUIPEMENT			
C A	2	540 209 000	1 080 418 000
TGI	6	440 890 000	2 645 340 000
TI	13	273 719 000	3 558 347 000
SOUS TOTAL EQUIPEMENT			7 284 105 000
TOTAL GENERAL	SOUS TOTAL CONSTRUCTION		10 842 452 000
	SOUS TOTAL EQUIEMENT		18 126 557 000
			28 969 009 000

Annexe 8

Liste des 45 professeurs de droit ayant signé une note déplorant l'avis du Conseil constitutionnel sur la réduction du mandat du Président de la République

1. Penda BA, Agrégée des Facultés de droit et de science politique (Université Gaston Berger de Saint-Louis UGB).
2. Philippe BASSENE, Docteur en droit (Université Assane Seck de Ziguinchor UASZ)
3. Jean-Charles BIAGUI, Docteur en science politique (Université Cheikh Anta Diop de Dakar UCAD)
4. Marie BOUARE, Docteur en droit (UGB)
5. Mouhamadou BOYE, Docteur en droit (UGB)
6. Fatou Kiné CAMARA, Docteure en droit (UCAD)
7. Jean-Louis CORREA, Agrégé des Facultés de droit (UASZ)
8. Ndéye Madjiguéne DIAGNE, Agrégée des Facultés de droit (UCAD)
9. Sidy Nar DIAGNE, Docteur en droit (UCAD)
10. Mamadou Aliou DIALLO, Docteur en droit (UCAD)
11. Mamadou Yaya DIALLO, Docteur en droit (UCAD)
12. Abdoulaye DIEYE, Docteur en droit (UCAD)
13. Adrien DIOH, Docteur en droit (UGB)
14. Maurice Soudieck DIONE, Docteur en science politique (UGB)
15. Amadou Abdoulaye DIOP, Agrégé des Facultés de droit (UCAD)
16. Moussa DIOP, Docteur en droit (UCAD)
17. Abdoul Aziz DIOUF, Agrégé des Facultés de droit (UCAD)
18. Fatou DIOUF, Docteure en droit (UCAD)
19. Massamba GAYE, Agrégé des Facultés de droit (UCAD)
20. Souleymane GAYE, Docteur en droit (UCAD)
21. Ababacar GUEYE, Docteur en droit (UCAD)
22. Babacar GUEYE, Professeur titulaire, Agrégé des Facultés de droit (UCAD)
23. Mactar KAMARA, Agrégé des Facultés de droit (UCAD)
24. Khalifa Ababacar KANE, Docteur en droit (UASZ)
25. Boubacar KANTE, Docteur en science politique (UCAD)
26. Ousmane KHOUMA, Docteur en droit (UCAD)
27. Mayatta NDIAYE MBAYE, Agrégé des Facultés de droit (UCAD)
28. Ngor NGOM, Docteur en droit (UCAD)
29. Paul NGOM, Agrégé des Facultés de droit (UCAD)

30. Cheikh Baye NIASSE, Docteur en droit (UCAD)
31. Makhoudia MBOUP, Docteur en droit (UCAD)
32. Abdou Wakhab NDIAYE, Agrégé des Facultés de droit (UCAD)
33. Ameth NDIAYE, Docteur en droit (UCAD)
34. El Hadji Samba NDIAYE, Docteur en droit (UCAD)
35. Papa Samba NDIAYE, Docteur en science politique (UCAD)
36. Sidy Alpha NDIAYE, Docteur en droit (UCAD)
37. Aminata CISSE NIANG, Agrégée des Facultés de droit (UCAD)
38. Babacar NIANG, Docteur en droit (UCAD)
39. Mohamed Bachir NIANG, Agrégé des Facultés de droit (UCAD)
40. Ndiogou SARR, Docteur en droit (UCAD)
41. Sylla SOW, Docteur en droit (UCAD)
42. Pape Demba SY, Agrégé des Facultés de droit (UCAD)
43. Pape Mamour SY, Docteur en droit (UCAD)
44. Ibrahima SYLLA, Docteur en science politique (UGB)
45. Dielya Yaya Wane, Docteure en droit (UASZ)

Annexe 9
Ressort des six cours d'appel

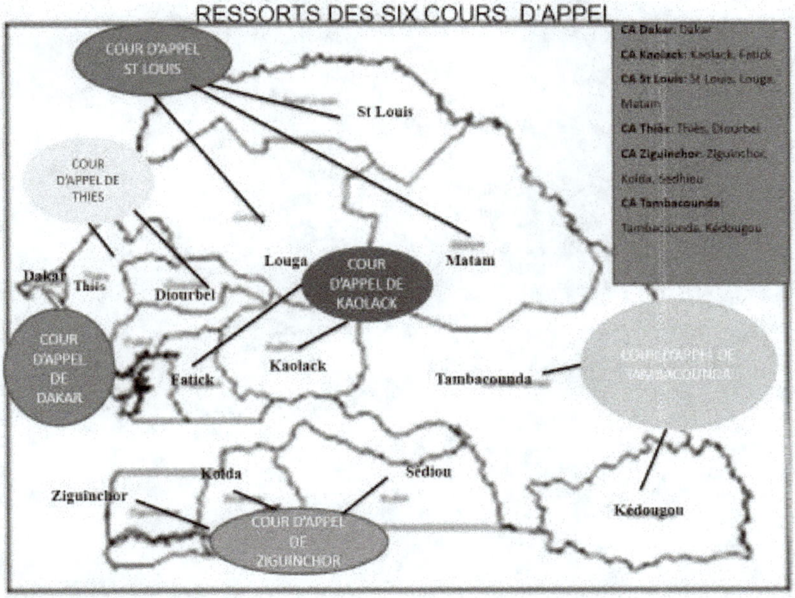

TRIBUNAUX DE GRANDE INSTANCE

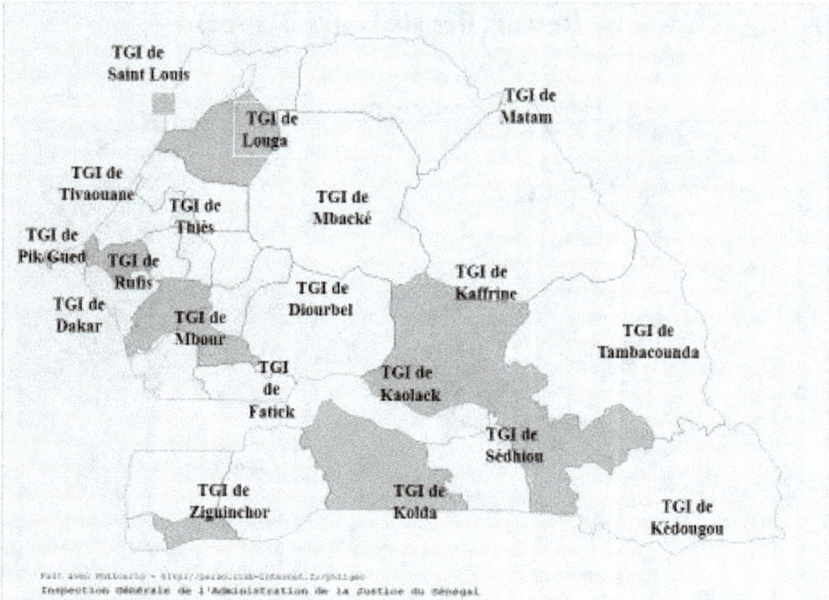

TRIBUNAUX D'INSTANCE

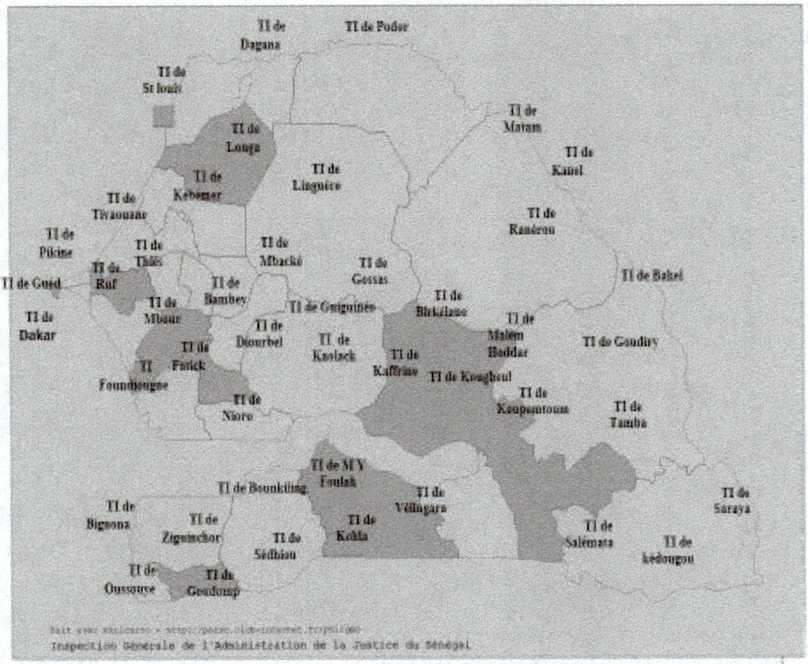

TRIBUNAUX D'INSTANCE NON FONCTIONNELS

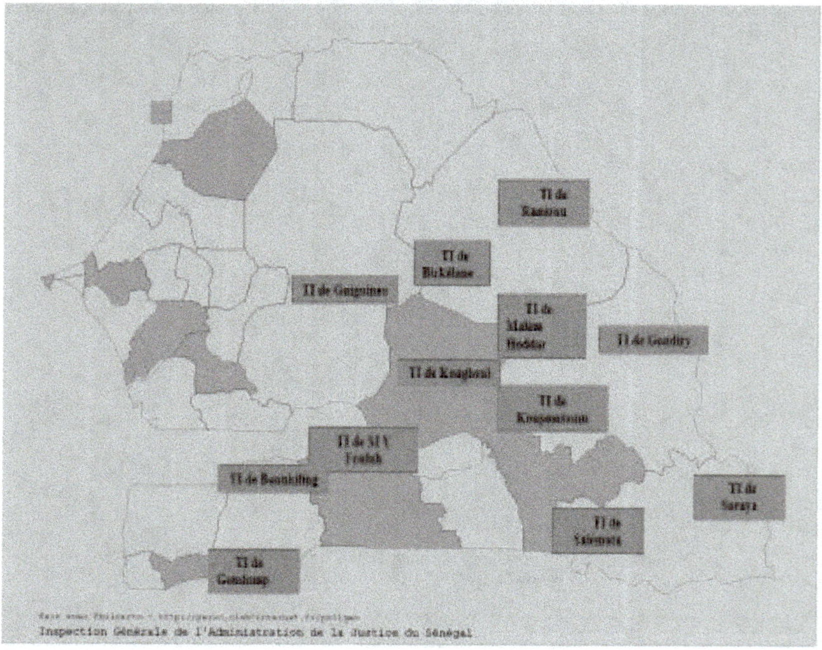

POSTFACE

Le présent travail de recherche sur « la modernisation de la Justice au Sénégal : vers la recherche de la performance » apporte une brique fondamentale dans l'oeuvre historique et scientifique d'édification d'une Institution judiciaire à la hauteur de ses missions républicaines et des enjeux du monde contemporain.

Ce travail offre en effet une histoire de l'Institution judiciaire au Sénégal durant les périodes précoloniale, coloniale et postcoloniale. Il constitue ensuite un panorama des tentatives successives de réforme à travers lesquelles on observe l'évolution des politiques dans le domaine de la Justice et les transformations du Système judiciaire.

L'auteur juriste et expert du domaine judiciaire a déployé beaucoup d'efforts et d'intelligence pour analyser le besoin de Justice et les difficultés de mise en oeuvre de la mission de « rendre Justice » à travers un Service public judiciaire caractérisé par sa Qualité et ses Performances. A partir des différentes positions occupées dans le système, il a su prendre le recul de l'observateur et le temps de la réflexion malgré les lourdes responsabilités et les servitudes quotidiennes du métier de Juger ou de gérer le Service pour la Justice.

Cette réflexion a abouti à des conclusions d'un intérêt certain sur les politiques publiques en matière de Justice, leurs objectifs, les stratégies adoptées, leur planification, leur exécution et leur évaluation, tout au long des dernières décennies. Tout praticien, tout chercheur ou tout citoyen impliqué dans l'étude ou le mise en oeuvre des transformations du système judiciaire trouvera dans ce travail des éléments déterminants pour éclairer sa démarche, analyser les problématiques, concevoir ou conduire des réformes.

Au delà des considérations techniques sur les politiques publiques, sur l'architecture judiciaire, sur le management du système judiciaire, sur le développement de la formation judiciaire, l'auteur a élargi et approfondi sa recherche en interrogeant l'histoire du Sénégal et sa construction politique. Il a comme un archéologue remué les couches sédimentaires de notre culture pour trouver les racines de certains errements ou les germes d'une certaine inertie ou encore la semence ancienne fécondante pour un avenir où la Justice sera aussi solidement et majestueusement enracinée que les Baobabs dans nos contrées. Il a enfin essayé de comprendre les mutations du monde contemporain, les risques et les opportunités qu'elles représentent pour la Justice en général et la Justice au Sénégal en particulier.

Aucun réformateur ne peut, dans sa démarche, faire l'économie d'un Bilan des dernières décennies de politique publique pour la Justice et de transformations du système judiciaire. C'est ce qui fonde l'intérêt indéniable et la position incontournable du présent travail, ainsi que le grand mérite de son auteur.

Ce qu'il faudra cependant entendre derrière les analyses et les constats de l'auteur professionnel et chercheur, c'est l'alerte qu'il lance, citoyen parmi les citoyens, sur la situation critique de l'institution judiciaire et l'urgence d'une transformation véritable et profonde, après des décennies de réformes cosmétiques et coûteuses. En effet, les premiers indicateurs d'une Justice vivante et forte résident dans le respect et la confiance que lui accordent les citoyens, dans son indépendance et son exercice souverain, dans son équité et sa transparence. A l'évidence, à l'aune de tous ses critères, notre institution judiciaire s'est gravement discréditée au fil de ses rendez-vous avec le Peuple dans notre histoire récente. Après une période où la critique et la dénonciation étaient externes et populaires, arrive une période où la contestation est interne et s'étend, portée par des juges et des membres du personnel judiciaire.

Il est aujourd'hui urgent de reconstruire une Institution judiciaire forte et souveraine pilier central de l'ordre institutionnel, garante de l'Égalité, des Libertés et du respect des Droits. Le Sénégal, dans son histoire contemporaine est à la croisée des chemins, dans un moment singulier caractérisé par : des confrontations politiques lourdes de conflits, les exigences citoyennes sur l'exploitation et le partage du produit des patrimoines nationaux anciens ou nouveaux, l'accès aux anciens et aux nouveaux média de masse qui sont le support de libertés citoyennes ou la porte ouverte à des dérives dangereuses pour la paix sociale, le terrorisme qui rôde à nos frontières mais qui doit être traité avec fermeté et intelligence, sans crispations liberticides …

Le juge et le citoyen auteur de la présente production scientifique nous alerte donc de manière rationnelle et documentée sur l'état désastreux de l'Institution judiciaire après des décennies de réformes infructueuses. La conviction forte qu'il partage avec ses concitoyens est que « Rien ne sera réalisé de manière profitable et durable sans la Justice » : pas de Paix, pas de Sécurité, pas de Prospérité ! La Justice étant le dernier rempart contre toutes les dérives.

Rebâtir une Institution judiciaire forte est plus que nécessaire, c'est vital pour la Nation. Pour y parvenir, les prochaines réformes devraient dans l'esprit de l'auteur s'attacher « au fondamental », « à l'essentiel » : à l'établissement de la Souveraineté totale et de l'Autonomie financière de l'Institution judiciaire, à garantir l'Indépendance et la Sécurité du Juge dans l'exercice de ses fonctions, à assurer un Contrôle institutionnel et même citoyen de l'activité judiciaire, à rendre la Justice proche et accessible au Justiciable, à réorganiser le Système pour la Performance et à utiliser de manière intelligente tous les outils modernes source de productivité et de sécurité.

Nous espérons que cette alerte sera entendue et qu'elle mobilisera les énergies et les intelligences de femmes et d'hommes valeureux du système judiciaire et de citoyens lucides, vigilants et déterminés hors du système judiciaire.

Baye Khalip FALL
Informaticien,
spécialiste des systèmes d'information judiciaires
Directeur associé du cabinet MCA.

LISTE DES FIGURES ET DES TABLEAUX

FIGURES

Figure 1 : Le système judiciaire du sénégal en 1960 69
Figure 2 : Système judiciaire du sénégal en 1984 100
Figure 3 : Le système judiciaire du sénégal en 1992 165
Figure 4 : Nouvelle organisation judiciaire du sénégal (mai 2018) 188
Figure 5 : Magistrats en fonction dans les tribunaux régionaux et départementaux 296
Figure 6 : Graphique de pourcentage des juges 299
Figure 7 : Schéma de la nouvelle organisation judiciaire proposée . 356

TABLEAUX

Tableau I : fixant le siège, le classement, la composition et le ressortdes tribunaux de grande instance (T.G.I) 110
Tableau IV : Le siège, le ressort, la composition et le classement des tribunaux du travail (T.T.) 114
Tableau III : Fixant le classement, la composition et le ressort des tribunaux d'instance (T.I) 118
Tableau I : Fixant le siège, la composition et le ressort des cours d'Appel (CA) 174
Tableau V : Des juges de l'application des peines (mai 2018) 180
Tableau VI : Des juges d'instruction 297
Tableau VII : Des effectifs budgétaires des juges d'instruction dans les TGI (décret d'application de 2015) 301
Tableau VIII : Des différences dans les TGI 303
Tableau V : Fixant la composition des emplois de l'administration centrale du ministère de la justice 335

TABLE DES MATIÈRES

Préface 7

Dédicace 11

Remerciements 13

Sommaire 15

Liste des sigles 17

Introduction générale 23

PREMIÈRE PARTIE

D'UNE APPROCHE INITIALE SECTORIELLE ET FRAGMENTÉE DE LA MODERNISATION DE LA JUSTICE

TITRE I : DE LA PREMIÈRE ÉTAPE DE MODERNISATION INTERVENUE À LA SUITE DE L'INDÉPENDANCE 43

Chapitre 1 : La mise en place d'un modèle juridictionnel spécifique 45

Section 1. Un système original et cohérent 45

§1. Les principes d'organisation 46

A.- Le choix d'un ordre de juridiction unique 46

1. Un choix dicté par une insuffisance de ressources humaines 47

2. Un choix dicté par la situation socio-économique des populations 47

B.- La différenciation des contentieux judiciaire et administratif. 48

1. Les règles de saisine spécifiques au contentieux 48

2. Des règles dérogatoires du droit commun. 51

§ 2. Le schéma institutionnel 53

A.- Les juridictions de droit commun 53
1. Le principe des juridictions de droit commun 53
2. Les tempéraments au principe 53
B.- Les juridictions spécialisées 54
2. Les juridictions rattachées aux tribunaux de première instance (TPI) 54
3. Les juridictions rattachées aux Cours 55
Section 2. Une architecture institutionnelle simplifiée 55
§ 1. L'unicité des cours 55
A.- La Cour suprême 56
1. Les formations juridictionnelles 57
2. Les formations non juridictionnelles 58
B.- La Cour d'appel 59
1. Le champ de compétence de la Cour d'appel 59
2. La composition et le fonctionnement de la Cour d'appel 60
C.- Les tribunaux de première instance 61
1. Le champ de compétence du tribunal de première instance 61
2. Composition et organisation du tribunal de première instance 62
D.- Les justices de paix 63
1. Composition et organisation (Décret n° 67-148 du 10 février 1967) .. 63
2. Compétence 65
E.- Le tribunal spécial 66
1. La composition du Tribunal spécial 66
2. Le fonctionnement du Tribunal spécial 67
§ 2. L'uniformité des juridictions de base 70
A.- Le principe de juridictions uniformes pour tous les citoyens 70
1. L'énoncé du principe 70
2. Sa mise en œuvre 71
B.- Les exceptions au principe 71
1. La survie provisoire des juridictions coutumières 71
2. Le maintien du Cadi dans le dispositif judiciaire 72

Chapitre 2 : Le programme sectoriel justice 73
Section 1. Présentation du programme sectoriel justice (2004-2013) 74
§1. Les objectifs du programme sectoriel justice 74
A.- Accroître l'accessibilité et l'efficacité de la Justice 74
1. L'amélioration de l'accessibilité de la Justice 74
2. Le renforcement de l'efficacité de la Justice 75
B.- Améliorer le cadre institutionnel du ministère de la Justice 75
1. Le renforcement des directions 75
2. Le renforcement des capacités 76
§ 2. Les axes du programme sectoriel de justice 76
A.- Les programmes d'actions prioritaires 77
1. Programme 1 : accroître l'efficacité de la Justice 77
2. Programme 2 : améliorer l'accessibilité de la justice 78
3. Programme 3 : améliorer le cadre institutionnel 78

B.- Les financements du programme sectoriel justice 79
1. Les financements de l'État sénégalais 80
2. L'apport des partenaires au développement dans le financement du PSJ 80
Section 2. La mise en œuvre effective du programme sectoriel justice 81
§ 1. Des avancées significatives 81
A.- La revalorisation des infrastructures et des équipements 81
1. L'amélioration du cadre de travail des personnels de la justice 82
2. La revalorisation des équipements 82
B.- La revalorisation des ressources humaines 82
1. L'augmentation des effectifs 82
2. L'amélioration des revenus 83
§ 2. Les limites observées 83
A.- La survivance de certaines difficultés 84
1. Les difficultés de déploiement optimal des chaines judiciaires 84
2. Une faible amélioration des conditions de détention 85
3. Une absence de politique de communication 86
du ministère de la Justice 86
B.- Des projets inaboutis 87
1. Des projets d'informatisations inachevés 88
a. Un état civil quasi inexistant 88
b. Un casier judiciaire en quête de fiabilité 89
2. L'absence d'un dispositif global de collecte, de traitement et d'analyse de statistiques judiciaires 90
Conclusion du titre I 93

TITRE II : DE LA NÉCESSITÉ DE RÉFORMER LE MODÈLE INITIAL 95

Chapitre 1 : Les réformes touchant plusieurs secteurs de la justice 97
Section 1. La réforme de 1984 ou la volonté proclamée de rapprocher la Justice des justiciables 97
§ 1. Un changement de paradigmes 101
A.- L'arrimage de l'organisation judiciaire à l'organisation administrative 101
1. La règle de l'arrimage 101
2. Les conséquences induites par l'arrimage 101
B.- L'extension du champ de la collégialité. 102
1. Le principe de la collégialité dans les TGI 102
2. Les limites de la mise en œuvre 102
§ 2. La rationalisation des structures de gestion, de contrôle et d'évaluation 104
A.- Le renforcement des pouvoirs du Conseil supérieur de la magistrature 104

1. L'extension des pouvoirs du Conseil supérieur de la magistrature (CSM) 104
2. L'admission de membres élus au sein du conseil supérieur de la magistrature 105
B.- Le renforcement du contrôle des cours et tribunaux 105
1. La création de l'inspection centrale 105
2. L'adoption de nouvelles règles d'efficience de l'inspection générale des cours et tribunaux 106
Section 2. La réforme de 2014 ou la nécessité de revenir à un modèle encore plus souple 106
§ 1. La création de nouvelles juridictions 108
A.- Le Tribunal de grande instance (TGI) de type nouveau 108
1. La création de nouveaux tribunaux de grande instance (TGI) 109
2. La transformation des tribunaux régionaux (TR) en tribunaux de grande instance 109
B.- Le Tribunal d'instance (TI), juridiction véritablement plus proche des justiciables 117
1. L'organisation et le classement des tribunaux d'instance 117
2. Le déploiement des tribunaux d'instance 126
§ 2. La modification des taux de compétence 126
A.- L'élargissement du champ de compétence des tribunaux d'instance . 126
1. En matière civile et commerciale 126
2. En matière de bail à usage professionnel 127
B.- L'élargissement du champ de compétence des tribunaux de grande instance 127
1. Le principe 127
2. Les limites 127

Chapitre 2 : Les réformes spécifiques 129
Section 1. Les réformes concernant les cours 129
§ 1. La réforme des hautes cours 130
A.- L'éclatement en 1992 de la Cour suprême 130
Les trois nouvelles cours issues de la réforme de 1992 131
1.1. Le Conseil Constitutionnel 132
a. La composition du Conseil constitutionnel 132
b. L'administration du Conseil constitutionnel 134
c. La faiblesse du contrôle constitutionnel 135
1.2. Le Conseil d'État 137
a. La composition du Conseil d'État 137
b. L'administration du Conseil d'État 140
c. Le Conseil d'État - une juridiction à l'efficacité limitée 141
1.3. La Cour de cassation 142
a. La composition de la Cour de cassation 142
b. L'administration de la Cour de cassation 143

c. La Cour de cassation - une juridiction amputée d'une partie de ses prérogatives 144
2. La juridiction issue de la réforme de la réforme 1992 : la Cour des comptes 145
2.1. La composition de la Cour des comptes 145
2.2. L'administration de la Cour des comptes 151
2.3. La Cour des comptes - une cour "plombée" dans son efficience 154
4. L'incursion du droit communautaire : l'exemple de l'OHADA 155
5. Le bilan de la réforme 160
B.- Le regroupement partiel des cours : la renaissance de la Cour suprême 166
1. Composition et organisation de la nouvelle Cour 166
2. Fonctionnement de la nouvelle Cour suprême 167
§ 2. La réforme relative aux autres cours 168
A.- La Cour de répression de l'enrichissement illicite (CREI) 168
1. Le champ de compétence de la CREI 169
2. Le fonctionnement de la CREI 169
B.- La cour d'appel 172
1. Évolution des compétences territoriales 172
2. Évolution des compétences matérielles 172
Section 2. Les réformes d'adaptation des règles de procédure 176
§ 1. L'institution de juges spécialisés 176
A.- L'institution du juge de l'application des peines (JAP) 177
1. Des prérogatives étendues 177
2. Une application limitée 178
B.- L'institution du juge de la mise en état (JME) 183
1. Une réforme ambitieuse. 184
2. Un échec patent 184
§ 2. La création de nouvelles règles d'adaptation des procédures. 185
A.- Les peines alternatives à l'incarcération 185
1. Une réforme novatrice 185
2. Une pratique décevante 186
B.- Les règles d'encadrement de la mise en état 186
1. Un régime juridique plus strict 187
2. Une pratique laxiste 187
Conclusion du titre II 190

Conclusion de la première partie 193

DEUXIÈME PARTIE

À UNE VISION RÉCENTE PLUS GLOBALE DE LA MODERNISATION DE LA JUSTICE

TITRE I : LES PRÉALABLES À LA MODERNISATION DE LA JUSTICE 199

Chapitre 1 : Une nécessaire nouvelle vision de la Justice au sens organique et matériel 203

Section 1. La consécration des choix de société 203
§ 1. Les déclinaisons constitutionnelles 206
A.- Les anciens droits 206
1. Les droits des première et deuxième générations 207
2. Les droits consacrés par d'autres conventions et traités 208
B.- Les nouveaux droits 208
1. La consécration de nouveaux droits 208
2. Une effectivité limitée 209
§ 2. Les déclinaisons légales et réglementaires 210
A.- La mise en cohérence des normes 210
1. Des problèmes de respect de la hiérarchie des normes 210
2. Des problèmes de transpositions des normes internationales ratifiées 212
B.- L'effectivité des normes 213
1. Une insuffisante application des normes 213
2. Le développement de l'impunité 214
Section 2. Une nouvelle forme de pilotage 214
§ 1. La rationalisation de l'intervention de l'État 215
A.- La rationalisation des structures 215
1. Des projets clés à finaliser 218
a. La finalisation de l'informatisation des juridictions 218
b. L'opérationnalisation du bureau national de recueil et d'analyse des statistiques judiciaires 219
2. La modernisation du fonctionnement et de l'équipement des greffes 220
a. La mise en place d'une organisation performante des greffes 221
b. Le renforcement des pouvoirs du greffier en chef, chef du greffe ... 221
c. Une bonne gestion des flux et des stocks 222
d. Un contrôle régulier du fonctionnement des greffes 223
e. Des registres standardisés dans leur existence et leur tenue 223
f. L'évaluation chiffrée des besoins en équipement des greffes 224

Les bases de l'évaluation 224
Les projections 225
B.- La mise en cohérence des choix budgétaires 225
1. Des choix budgétaires de construction et de réhabilitation non pertinents 225
2. Une expérimentation problématique de la GAR 226
3. La stabilisation et la sécurisation des fonds destinés aux projets de modernisation 227
§ 2. La rationalisation de l'intervention des partenaires au développement 227
A.- L'encadrement plus directif de l'intervention 227
1. La détermination préalable du périmètre d'intervention 228
2. Le développement de la mémoire institutionnelle 228
B.- La mise en cohérence des interventions des partenaires techniques et financiers 229
1. Un nécessaire arbitrage entre les différents intervenants 229
2. L'organisation d'un cadre de concertation 229

Chapitre 2 : Une meilleure perception des incohérences du système 231
Section 1. L'état actuel de la vision stratégique 231
§ 1. L'absence de lettre de politique sectorielle 231
A.- Une gestation infructueuse 232
1. Le recours inapproprié à l'expertise 232
2. Le manque d'implication des cadres du ministère 232
B.- Un projet en phase d'adoption 232
1. La nouvelle stratégie d'adoption de la lettre de politique sectorielle (LPS) 233
2. La matérialisation de la lettre de politique sectorielle 233
§ 2. L'absence de cadre d'un dialogue de gestion 234
A.- Une budgétisation inadaptée 234
1. Une absence de flexibilité 234
2. Des options coûteuses en termes budgétaires 235
B.- Une exécution budgétaire problématique 236
1. Le non-respect de la logique de la gestion axée sur les résultats (GAR) 236
2. La mise en place tardive des crédits 237
Section 2. La nouvelle articulation de la carte judiciaire 238
§ 1. Les incohérences de la répartition des compétences 239
A.- Au plan civil, commercial et administratif 239
1. Rappel sur l'exercice de la compétence administrative au Sénégal 239
a. La compétence du tribunal régional en matière administrative 240
b. La compétence de la Cour suprême en matière administrative 240
2. De la répartition des compétences civile, commerciale et administrative 241
B.- Au plan pénal 242
1. Au niveau correctionnel 242

2. Au niveau des assises 243
§ 2. Les incohérences de la répartition des personnels. 244
A.- La gestion des magistrats 244
1. Les critères de nomination à prendre en compte 245
2. Les incohérences des postes budgétaires à corriger 247
B.- La gestion des autres personnels 248
1. Les fonctionnaires et les contractuels du ministère de la Justice 248
2. Les autres personnels concourant à l'œuvre de justice 251
Conclusion du titre I 253

TITRE II : L'IMPÉRATIF DE LA MISE EN ŒUVRE D'UN SYSTÈME INNOVANT ET PERFORMANT 255

Chapitre 1 : La consécration de nouveaux paradigmes 257
Section 1. La nécessité d'une nouvelle approche fonctionnelle de la Justice 257
§ 1. Les fonctions administratives liées au fonctionnement du service public de la Justice 258
A.- Les fonctions de gestion ou de management des juridictions 258
1. Le management de la « production juridictionnelle » 260
2. Les fonctions de gestion du personnel 264
2.1. Le management des personnels 267
2.2. Le déploiement rationnel des magistrats, greffiers et autres personnels 267
3. La gestion des crédits 268
4. La gestion des palais de justice et autres locaux 269
5. La gestion des archives et des scellés 270
B.- Les fonctions de supervision et de contrôle 272
1. La fonction disciplinaire 272
2. Les fonctions d'inspection 273
a. L'organisation et le fonctionnement de l'IGAJ 274
a1. L'organisation de l'IGAJ 275
a2. Le fonctionnement de l'IGAJ 275
b. Les missions et méthodes de l'IGAJ 276
b1. Les différents types de missions 276
b2. Les méthodes de l'IGAJ. 277
c. L'exercice du contrôle par les Chefs de cour 279
et de juridiction 279
c1. Des pouvoirs légaux et réglementaires étendus 279
c2. Une mise en œuvre limitée 284
d. Le contrôle exercé par les inspections générales de la Cour suprême : 286
3. La fonction d'assistance à l'élaboration des lois 287
4. La fonction disciplinaire - la question de l'inamovibilité 288
§ 2. Les fonctions juridictionnelles à améliorer. 290

A.- Les fonctions de poursuite et d'instruction....................................290
1. Les fonctions de poursuite 290
2. Les fonctions d'instruction....................................291
B.- Les fonctions d'enquête, de jugement et d'exécution....................................304
1. Les fonctions d'enquête 304
2. Les fonctions de jugement 305
3. Les fonctions d'exécution 305
Section 2. Quelle modernité pour une justice plus efficiente ? 311
§ 1. Les valeurs fondatrices 312
A.- La médiation et la conciliation 313
1. Les prémisses déjà perceptibles d'une justice de médiation et de conciliation 313
2. L'institutionnalisation de la médiation conciliation comme pilier de la justice 316
B.- L'ancrage de la protection des droits et libertés 318
1. Le renforcement du cadre de protection des juges 318
2. Le renforcement des actions d'assistance et de conseils pour les justiciables....................................319
§ 2. Les principes directeurs 321
A.- Le rapprochement de la justice du justiciable 321
1. La démocratisation de l'accès à la justice administrative....................................321
2. La facilitation de l'accès à la justice par le langage et les frais....................................322
B.- La rationalisation des voies de recours....................................323
1. La réduction des prérogatives du parquet....................................323
2. La réduction du champ des décisions rendues en premier et dernier ressort....................................324

Chapitre 2 : L'instauration d'une nouvelle organisation institutionnelle 327
Section 1. La modernisation de l'administration centrale 327
§ 1. La rationalisation de l'Administration centrale....................................327
A.- Les organes de pilotage 327
1. Présentation des organes de pilotage....................................330
2. Les limites dans le fonctionnement des organes de pilotage....................................336
3. Le pilotage de la performance....................................336
a. L'absence de vision 336
b. L'amélioration du pilotage de la performance 338
B.- Les organes d'exécution 339
1. Des organes démultipliés et dispersés au niveau du ministère....................................339
2. Une multiplicité des administrateurs de crédits au niveau des cours et tribunaux 340
§ 2. La modernisation des juridictions....................................342
A.- Le rééquilibrage des juridictions 342
1. Une nouvelle forme de déploiement des juridictions....................................342
2. Une meilleure prise en compte des réalités économiques dans le déploiement des TGI....................................343

B.- La rationalisation des compétences 343
1. La redistribution des compétences au plan de la justice militaire 343
2. L'attribution de compétences aux maisons de justice en matière de justice des mineurs 344
Section 2. La nouvelle architecture institutionnelle 344
§ 1. Des juridictions plus proches des justiciables 346
A.- Des juridictions géographiquement plus proches 347
1. Des juridictions avec une nouvelle forme de proximité 347
2. Des juridictions plus légitimes 348
B.- Des juridictions plus accessibles au droit 348
1. Une nouvelle clé de répartition des compétences 348
2. Un meilleur accès au droit 349
2.1. Vers la mise en place de tribunaux administratifs 349
2.2. L'augmentation des interprètes 349
§ 2. Des juridictions plus efficientes et plus efficaces 350
A.- Des hautes cours reconfigurées 351
1. La mise en place d'une Cour constitutionnelle 351
2. Une Cour suprême recentrée sur ses missions classiques 352
B.- Des juridictions de base reconfigurées 353
1. De l'intérêt d'étendre les compétences des TGI 353
2. De l'intérêt de développer de nouvelles juridictions sui generis 354
Conclusion du titre II 357

Conclusion de la deuxième partie 359

Conclusion générale 361

Bibliographie 369

Annexes 381

Postface 445

Liste des figures et des tableaux 449

Le Sénégal
aux éditions L'Harmattan

Dernières parutions

L'ESTHÉTIQUE SOCIALE DES PULAAR
Socioanalyse d'un groupe ethnolinguistique
Sy Harouna
L'esthétique sociale pulaar est une mise en ordre éthique de la vie sociale. Elle est l'inventaire systématique de ce qu'il y a de beau et de laid dans le social relativement à ses valeurs, à ses normes, à ses règles et à ses codes qui commandent des postures, des relations, des rapports et des qualités appropriés. L'analyse des contradictions de la société pulaar du Fuuta Tooro a révélé des logiques et des stratégies fondées sur des rapports de castes et sur les représentations sociales que ces rapports produisent.
(31.00 euros, 304 p.)
ISBN : 978-2-343-11189-6, ISBN EBOOK : 978-2-14-002810-6

LE BAYNUNK GUNAAMOLO, UNE LANGUE DU SUD DU SÉNÉGAL
Analyse phonologique, morphologique et syntaxique
Diop Sokhna Bao - Préface de Denis Creissels
Le Sénégal est un pays multilingue avec des langues majoritaires et des langues minoritaires, de par le nombre de leurs locuteurs, mais également de par la quantité de travaux dont chacune dispose. Les langues majoritaires ont fait l'objet de nombreuses recherches, à la différences des langues minoritaires. Ce constat est à l'origine du choix porté sur la description de la variante gunaamolo du baynunk (parlé au sud du Sénégal, plus précisément à Niamone, dans la région de Ziguinchor) qui est une langue en danger très peu décrite. L'utilité et l'intérêt de ce travail résident dans la sauvegarde et la connaissance de cette langue et sa communauté. Elle peut servir aussi de référence à des recherches futures.
(Coll. Études africaines, 38.50 euros, 392 p.)
ISBN : 978-2-343-09614-8, ISBN EBOOK : 978-2-14-002913-4

DE L'HÉRITAGE ARABO-ISLAMIQUE SAINT-LOUISIEN
Une illustration par les œuvres d'Abbas Sall et d'Abdoulaye Fall Magatte
Fall Cheikh Tidiane - Préface de Samba Dieng et Postface de Mouhamed Habib Kébé
Cet ouvrage porte sur la réhabilitation du legs culturel arabo-islamique ouest-africain en général et saint-louisien en particulier. Revaloriser un pan du patrimoine culturel par l'entremise de l'imagination poétique locale de deux intellectuels demeure l'objectif principal de cette étude. Une partie descriptive constituée de la traduction d'une cinquantaine de poèmes suivie d'un volet analytique constitue la méthodologie de ce travail de recherche. La moisson tirée de ce travail préliminaire apporte quelques éclairages sur l'intérêt de la traduction de manuscrits arabes, notamment ceux produits par d'éminents ulémas du Sénégal, tels les deux poètes faisant l'objet de cette étude.
(Harmattan Sénégal, 35.00 euros, 340 p.)
ISBN : 978-2-343-11306-7, ISBN EBOOK : 978-2-14-003014-7

L'AGRICULTURE DU SÉNÉGAL SOUS LA COLONISATION

Diop Ismaïla

L'introduction de l'arachide au Sénégal au début du XXe siècle révolutionne le paysage agricole. La France décide alors de faire du Sénégal une colonie arachidière. Le Sénégal devient la troisième puissance arachidière du monde après les États-Unis et l'Inde. Cette monoculture extensive aboutit à un déficit vivrier chronique, une dégradation des sols, une dépendance vis-à-vis des importations de riz en provenance d'Asie. Pour y remédier, le rapport de la mission Roland Portères de 1952 recommande des mesures d'aménagement du territoire, de restauration des sols, de promotion de l'agriculture intégrée sérère.

(Harmattan Sénégal, 23.50 euros, 218 p.)

ISBN : 978-2-343-11129-2, ISBN EBOOK : 978-978-2-14-002836-6

CASAMANCE

À quand la paix ?

Bassène René Capain - Préface du père Nazaire Diatta

Malgré leur volonté et leur engagement affichés d'aller vers la fin du conflit armé en Casamance, la position des parties en guerre n'a jamais réellement évolué. L'État du Sénégal se dit prêt à négocier sur tous les points, sauf sur ceux relatifs à l'intégrité territoriale et l'unité nationale, alors que, de son côté, le MFDC soutient une position contraire en déclarant être disposé à ne négocier que sur la question se rapportant à l'indépendance totale de la Casamance. Cette situation montre que le conflit armé est encore loin de finir en Casamance.

(28.50 euros, 276 p.)

ISBN : 978-2-343-10426-3, ISBN EBOOK : 978-2-14-002593-8

PARCOURS D'UN JOURNALISTE AUTODIDACTE

Ndiaye Pape Ngagne - Préface de Mamoudou Ibra Kane

Pape Ngagne Ndiaye, par son style, est devenu un rendez-vous incontournable de l'espace audiovisuel sénégalais. L'émission « Faram Faccce » qu'il anime présentement sur TFM est très courue des hommes et femmes politiques pressés de se soumettre au feu roulant et nourri des questions du redoutable interviewer, unique dans son genre. Ce livre n'est pas seulement une autobiographie, mais aussi une réflexion thématique et une sélection rigoureuse de certains numéros de la célèbre émission qui se veut « un décryptage des questions majeures de l'actualité nationale ».

(37.00 euros, 360 p.) ISBN : 978-2-343-09916-3, ISBN EBOOK : 978-978-2-14-002822-9

DES FRANCENABE AUX MODOU-MODOU

L'émigration sénégalaise contemporaine

Fall Papa Demba - Préface du Professeur Abdoulaye Bara Diop

Principalement centré sur la France et ses anciennes colonies d'Afrique, le champ migratoire sénégalais s'est, de manière originale, progressivement étendu à des destinations naguère méconnues ou peu fréquentées (comme les États-Unis, l'Italie, l'Espagne, l'Afrique du Sud ou le Brésil). Peu à peu, les migrants sont devenus des acteurs incontournables du développement. La prise en compte de ces populations, et de leurs mouvements, devient donc nécessaire aux programmes et politiques de développement durable.

(Harmattan Sénégal, 40.00 euros, 559 p., Illustré en noir et blanc)

ISBN : 978-2-343-10796-7, ISBN EBOOK : 978-2-14-002539-6

« DOYEN » AMADY ALY DIENG, LE TRANSMETTEUR INTÉGRAL (1932-2015)

Économie biographique ou sémio-Histoire

Ngaïdé Abdarahmane

Amady Ali Dieng nous a quittés il y a un an. Pour lui rendre hommage et s'en rappeler les enseignements, l'auteur de cet ouvrage a décidé de compiler ses nombreux écrits ou interventions. Les quatorze textes qui composent cette anthologie sont représentatifs et significatifs de la personnalité, du style et des préoccupations d'Amady Ali Dieng. On y retrouve son style, son humour et son esprit critique.

(Harmattan Sénégal, 23.50 euros, 228 p., Illustré en noir et blanc)

ISBN : 978-2-343-10855-1, ISBN EBOOK : 978-2-14-002561-7

41 RULES TO BE HAPPY
Kane Babaly
Seeing that happiness is the goal towards which all men strive for, the author wrote this book to help the reader in treasuring the joyous of life and realizing his desires in entirety, to be fulfilled, to claw his way to the top and to assure him it will turn out well in the end. Moreover, this book intends to give the keys us to get the secret for reaching we want in this life. 41 rules to be happy is a little self help book which has 41 rules that are meant to allow every reader to live life in full potential.
(Harmattan Sénégal, 14.50 euros, 138 p.)
ISBN : 978-2-343-10904-6, ISBN EBOOK : 978-2-14-002583-9

SÉNÉGAL
Les limites du Plan Sénégal Émergent
Mansour Samb El Hadji
Cet ouvrage présente une analyse profonde des politiques publiques en décortiquant le Plan Sénégal Émergent (PSE) qui jusque-là n'a fait l'objet d'aucune analyse critique sérieuse. Le Sénégal est face à un défi, le défi de son émergence, un défi qu'il compte relever avec tous ses fils. Ce défi qui mobilise aujourd'hui tout le monde doit nous pousser à proposer de nouveaux chemins et à animer un débat nécessaire et incontournable dans tout processus d'émergence.
(Harmattan Sénégal, 27.00 euros, 276 p.)
ISBN : 978-2-343-09721-3, ISBN EBOOK : 978-2-14-002372-9

SÉNÉGAL
Dynamiques paysannes et souveraineté alimentaire
Le procès de production, la tenue foncère et la naissance d'un mouvement paysan
Diop Amadou Makhouredia - Préface d'Yves Guillermou ; Postface de Fodé Niang
Le présent ouvrage contribue à la compréhension des stratégies développées par la petite paysannerie et les dynamiques qui animent les exploitations agricoles familiales permettant la production de biens nécessaires à l'alimentation et l'entretien des familles. La capacité des paysans à prendre en main leurs propres préoccupations a été mise en évidence par l'émergence d'organisations, de groupements, d'associations et d'unions dans tout l'espace rural sénégalais.
(Harmattan Sénégal, 26.00 euros, 256 p.)
ISBN : 978-2-343-10852-0, ISBN EBOOK : 978-2-14-002457-3

HISTOIRE ET SOCIOLOGIE DES RELIGIONS AU SÉNÉGAL
Tamba Moustapha
Le Sénégal reste une exception dans le domaine religieux : 90 % de musulmans, 5 % de chrétiens et 5 % d'adeptes de l'animisme. C'est aussi le pays où les musulmans et les catholiques partagent le même cimetière, où les conjoints partagent des religions différentes, où les écoles privées catholiques comptent 60 à 70 % d'élèves de confession musulmane, etc. Ce phénomène n'est pas dû au hasard. L'histoire et la sociologie des religions permettent de l'expliquer amplement. Cet ouvrage souligne cette exception sénégalaise pour montrer qu'au moment où notre monde est en proie au fanatisme, à l'intolérance et au terrorisme religieux, le Sénégal propose un autre « modèle ».
(Coll. Études africaines, série Economie, 41.00 euros, 426 p.)
ISBN : 978-2-343-10424-9, ISBN EBOOK : 978-2-14-002506-8

FIGURES DU POLITIQUE ET DE L'INTELLECTUEL AU SÉNÉGAL
L.S. Senghor - M. Dia - A. Ly - CH. A. Diop A. Diouf & F. Mitterrand - J.R. De Benoist - A. Seck - TH. Fall - A. M. Samb - A.M. Samb JR - TH. Monod - H. Bocoum - G. R. Thilmans
Samb Djibril
Cet ouvrage réunit des personnalités politiques et/ou intellectuelles très diverses : Léopold Sédar Senghor, l'Immortel Noir ; Mamadou Dia, le brillant économiste ; François Mitterrand et Abdou Diouf, deux experts politiques, ou encore Théodore Monod, le savant probe. Ces figures sont autant de coryphées auxquels l'auteur a voulu rendre hommage, afin de rappeler que la terre africaine du Sénégal ne manque pas de princes de l'esprit ni de nourriture intellectuelle.
(26.00 euros, 266 p.)
ISBN : 978-2-343-10731-8, ISBN EBOOK : 978-2-14-002513-6

TÉLÉVISIONS AU SÉNÉGAL
Entre désert de contenu et sécheresse intellectuelle
Djimbira Cheikh Mouhamadou
« Il faut lire ce livre en considérant qu'il a été sciemment écrit dans l'intention de nuire à la société spectaculaire. Il n'a jamais rien d'outrancier. » Cette pensée de Guy Debord nous permet de comprendre à bien des égards, l'ouvrage de Cheikh Mouhamadou Djimbira qui est un plaidoyer pour la création de programmes audiovisuels de qualité.
(11.50 euros, 80 p.)
ISBN : 978-978-2-343-10790-5, ISBN EBOOK : 978-978-2-14-002528-0

UN SCOUT SÉNÉGALAIS
L'aventure citoyenne (deuxième édition)
Ndene Pascal - Préface de Jacques Moreillon
Lorsque nous parlons de l'adolescence, nous évoquons l'autonomie, la responsabilisation, la citoyenneté, le jeu, les relations avec les parents et avec les pairs. Toutes ces questions sont abordées dans ce livre qui montre avec humour le parcours éducatif d'un adolescent dans le scoutisme. Ce livre s'adresse à tous les jeunes, garçons et filles, aux parents et éducateurs de tout milieu social et culturel, ainsi qu'à tous les scouts et guides du monde.
(14.00 euros, 124 p.)
ISBN : 978-2-343-10965-7, ISBN EBOOK : 978-2-14-002526-6

LA PENSÉE DE CHEIKH AHMADOU BAMBA FACE AUX DÉFIS AFRICAINS
Sow Cheikh Mar
Cheikh Ahmadou Bamba Mbacké a su déterminer une nouvelle vision aux yeux de ses contemporains en formulant d'une façon très claire des idées novatrices capables de faire bouger le peuple. Cette conception de la société dans sa globalité a permis «à chaque individu de devenir un centre d'initiative, de création et de responsabilité à tous les niveaux : celui de l'économie, de la politique, de la culture ; une conception qui ne soit ni individualiste, ni totalitaire mais fondée sur les communautés de base».
(Harmattan Sénégal, 24.00 euros, 238 p.)
ISBN : 978-2-343-10021-0, ISBN EBOOK : 978-2-14-002284-5

LE MODERNISME EN ISLAM
Introduction à la pensée de Sayyid Amir Ali
Diagne Mbengue Ramatoulaye
« Les thèmes abordés par le Professeur Ramatoulaye Diagne dans sa lecture de la pensée d'Amir Ali ont tous un lien indéfectible avec le pluralisme et la paix. (...) Dans la lecture de son ouvrage, on arrive à comprendre que le modernisme d'Amir Ali est une sorte de renouveau dans la pensée islamique. C'est un mouvement d'intellection qui intègre, dans une cohérence architecturale, l'usage de la raison, l'esprit du soufisme pratique ghazalien et la finalité de la prière qui concilie l'ascèse de l'âme à la transformation positive des sociétés. » Abdoul Aziz Kebe, Ancien Chef du Département d'Arabe UCAD-DAKAR.
(Harmattan Sénégal, 15.00 euros, 144 p.)
ISBN : 978-2-343-09977-4, ISBN EBOOK : 978-2-14-002211-1

MA RENCONTRE AVEC ALLAH
De l'obscurité à la lumière
Mbengue Adama Ousmane
Cet ouvrage traite surtout de la question essentielle du Mahdi qui vient pour apporter les solutions idoines en s'appuyant sur la Sharia mouhammadiya et la Tariqah ahmadiya afin d'offrir à tout individu le meilleur profil dans la société idéale qu'il compte établir.
(Harmattan Sénégal, 14.50 euros, 134 p.)
ISBN : 978-2-343-10299-3, ISBN EBOOK : 978-2-14-002277-7

Structures éditoriales du groupe L'Harmattan

L'Harmattan Italie
Via degli Artisti, 15
10124 Torino
harmattan.italia@gmail.com

L'Harmattan Hongrie
Kossuth l. u. 14-16.
1053 Budapest
harmattan@harmattan.hu

L'Harmattan Sénégal
10 VDN en face Mermoz
BP 45034 Dakar-Fann
senharmattan@gmail.com

L'Harmattan Cameroun
TSINGA/FECAFOOT
BP 11486 Yaoundé
inkoukam@gmail.com

L'Harmattan Burkina Faso
Achille Somé – tengnule@hotmail.fr

L'Harmattan Guinée
Almamya, rue KA 028 OKB Agency
BP 3470 Conakry
harmattanguinee@yahoo.fr

L'Harmattan RDC
185, avenue Nyangwe
Commune de Lingwala – Kinshasa
matangilamusadila@yahoo.fr

L'Harmattan Congo
67, boulevard Denis-Sassou-N'Guesso
BP 2874 Brazzaville
harmattan.congo@yahoo.fr

L'Harmattan Mali
Sirakoro-Meguetana V31
Bamako
syllaka@yahoo.fr

L'Harmattan Togo
Djidjole – Lomé
Maison Amela
face EPP BATOME
ddamela@aol.com

L'Harmattan Côte d'Ivoire
Résidence Karl – Cité des Arts
Abidjan-Cocody
03 BP 1588 Abidjan
espace_harmattan.ci@hotmail.fr

L'Harmattan Algérie
22, rue Moulay-Mohamed
31000 Oran
info2@harmattan-algerie.com

L'Harmattan Maroc
5, rue Ferrane-Kouicha, Talaâ-Elkbira
Chrableyine, Fès-Médine
30000 Fès
harmattan.maroc@gmail.com

Nos librairies en France

Librairie internationale
16, rue des Écoles – 75005 Paris
librairie.internationale@harmattan.fr
01 40 46 79 11
www.librairieharmattan.com

Librairie l'Espace Harmattan
21 bis, rue des Écoles – 75005 paris
librairie.espace@harmattan.fr
01 43 29 49 42

Lib. sciences humaines & histoire
21, rue des Écoles – 75005 paris
librairie.sh@harmattan.fr
01 46 34 13 71
www.librairieharmattansh.com

Lib. Méditerranée & Moyen-Orient
7, rue des Carmes – 75005 Paris
librairie.mediterranee@harmattan.fr
01 43 29 71 15

Librairie Le Lucernaire
53, rue Notre-Dame-des-Champs – 75006 Paris
librairie@lucernaire.fr
01 42 22 67 13

www.ingramcontent.com/pod-product-compliance
Lightning Source LLC
LaVergne TN
LVHW021143061026
849535LV00002B/340
9782343166049